Heinz Theisen
Die Grenzen Europas

Schriften der Katholischen Fachhochschule Nordrhein-Westfalen

Katholische
Fachhochschule ○ ○ ○ ○
Nordrhein-Westfalen

University of Applied Sciences

Band 2

Heinz Theisen

Die Grenzen Europas

Die Europäische Union zwischen
Erweiterung und Überdehnung

Verlag Barbara Budrich, Opladen 2006

Gedruckt auf säurefreiem und alterungsbeständigem Papier.

Die Deutsche Bibliothek – CIP-Einheitsaufnahme
Ein Titeldatensatz für die Publikation ist bei Der Deutschen Bibliothek erhältlich.

Alle Rechte vorbehalten.
© 2006 Verlag Barbara Budrich, Opladen
www.budrich-verlag.de

ISBN 3-938094-80-X

Umschlaggestaltung: disegno visuelle kommunikation, Wuppertal – www.disenjo.de
Druck: DruckPartner Rübelmann, Hemsbach
Printed in Germany

Inhalt

Vorwort

Eine bessere Selbsterkenntnis des Menschen erfolgt oft aus der Begegnung mit anderen Kulturen. Lehraufenthalte in Russland und in Belarus, im Baltikum und auf dem Balkan belehrten mich nicht nur über orthodoxe und islamische Kulturen, sondern auch über die Stärken und Schwächen der westlichen Kultur. Auf Reisen in den Osten und Südosten Europas wird einem deutlich, wie multikulturell Europa ist. Europa wird nur dann weiter zusammenwachsen, wenn die politische Vereinigung von einem interkulturellen Lernen begleitet und wenn die Ausweitung der Märkte auch von der Ausweitung der guten Gouvernanz ergänzt wird.

Eine europäische Lern- und Integrationskultur böte den Vorteil, dass sie etwas mit Kultur hat. In der Abgleichung mit anderen Kulturen werden die Europäer wieder über ihre eigene Kultur und Identität nachdenken und womöglich zu einer NeuBildung Europas im doppelten Sinne finden. Aus der Selbstbesinnung auf die Voraussetzungen von rechtsstaatlicher Demokratie und sozialer Marktwirtschaft ergeben sich auch Antworten auf die Frage nach den Grenzen Europas.

Die große Gefährdung der Europäischen Union liegt in ihrer Überdehnung. Wo die Menschen noch nicht reif sind für die Freiheit, „verkehren sich alle Werte ins Negative" (Friedrich Schiller). Die Grenzen der Europäischen Union liegen dort, wo die Voraussetzungen für eine Ordnung der Freiheit nicht vorhanden sind. Die Warnung vor einem Überschreiten dieser Grenzen ist zugleich ein Plädoyer für die Arbeit an ihren Voraussetzungen. Die kulturelle Vielfalt Europas muss auch Ausdruck in einer vielfältigeren politischen Struktur finden. Das bloße Entweder-oder zwischen Drinnen oder Draußen wird der Komplexität Europas nicht gerecht. Der dritte Weg liegt in den abgestuften Gemeinsamkeiten differenzierter Mitgliedschaften.

Vielen Menschen, denen ich in West und Ost begegnet bin, habe ich für Anregung und Hilfe, für Gastfreundschaft und Mitarbeit zu danken: in besonderer Weise gilt dies für Thomas Beck, Jacobus Delwaide, Klaus Erdmann, Josef Freise, Heinrich Geiger, John Gerard, Nicolas Hayoz, Azra Ibrahimagic, Arianita Lukai, Ria Puhl, Olga Prozwierowa, Michaela Scharf, Stefan Schaub, Sarah Weingarten, Armin Wildfeuer und Peter A. Zervakis.

Ich widme dieses Buch meinen Studentinnen und Studenten aus Ost- und Südosteuropa, die täglich die Schwierigkeiten des interkulturellen Lernens bewältigen müssen.

Köln, im Januar 2006

I. Einleitung

„Wie soll es eine Begeisterung für Europa geben, wenn es keinen europäischen Geist gibt?"

Will Durant[1]

1. Identität und Grenzen Europas

Das „historische Abenteuer" (Jacques Delors) der angestrebten Vereinigung fast des gesamten Europas - von voraussichtlich 33 bis 35 Staaten - bedeutet gegenüber dem alten westlich geprägten Staatenverbund nicht weniger als eine zweite Gründung der Europäischen Union. Mit der geplanten Erweiterung in den orthodoxen und den islamischen Raum wird aus der bis dahin westlich geprägten Europäischen Union eine multikulturelle Union. Wenn man den Zusammenhalt der Europäischen Union vor allem auf gemeinsame kulturelle Werte zurückführt[2] könnte die durch politische Erweiterungen eintretende kulturelle Überdehnung zum Verlust des für die Handlungsfähigkeit der Union notwendigen Wir-Gefühls führen. Diesen Befürchtungen stehen die Hoffnungen gegenüber, dass das Geld und die Ideale der Europäischen Union auch für die Demokratisierung und Stabilisierung Ost- und Südosteuropas reichen.

Mit dem vollzogenen Beitritt Zyperns, den für 2007 erwarteten Beitritt Bulgariens und Rumäniens und langfristig der Nachfolgestaaten Jugoslawiens und der Türkei wird die Gefährdung des Zusammenhalts und der Handlungsfähigkeit der Europäischen Union offenkundig. Im Januar 2005 sprach sich das Europäische Parlament mit überwältigender Mehrheit dafür aus, der Ukraine „eine klare europäische Perspektive zu geben, die möglicherweise zur Mitgliedschaft führt."[3] Im Januar 2006 unterwarf Russland die Gaslieferungen an die Ukraine neuen politischen Erwägungen und machte damit klar, welche tektonischen Verschiebungen Osterweiterungen bedeuten können. Die Ausweitung der Union auf Kosten der russischen Machtsphäre droht als neuer Imperialismus des Westens verstanden zu werden und die

---

1 Will Durant, Kulturgeschichte der Menschheit. Weltreiche des Glaubens, Bd.5, München 1985, S. 603.
2 Vgl. dazu Hans Joas, Klaus Wiegandt (Hrsg), Die kulturellen Werte Europas, Frankfurt/M 2005, 2.Aufl.
3 Vgl. Eckart D. Stratenschulte, Ukraine: „Und jetzt: action!" Die Aktionspläne der Europäischen Nachbarschaftspolitik, in: Osteuropa 2/2005, S. 15ff.

Zerrissenheit von den in west-östlichen Orientierungen gespaltenen Länder zu vertiefen.

Im Frühjahr 2005 lehnte das französische und das niederländische Volk eine Verfassung ab, in der die Fragen nach der Identität und nach den Grenzen Europas unbeantwortet geblieben waren. Auch in den Schwierigkeiten der Staatslenker, sich auf einen neuen Finanzrahmen für die Union zu einigen, deutet sich schon eine aus der Uneinigkeit über die Gestalt einer künftigen Union resultierende Überdehnung an. Durch die schon heute gegebene Vielzahl der Empfängerländer scheint das Gleichgewicht der Gegenseitigkeit bereits beschädigt zu sein. Die französische Regierung möchte daher 2006 eine grundsätzliche Debatte über die Erweiterung führen. Diese Debatte wäre bereits zehn Jahre zuvor angesagt gewesen.

Es wird Zeit für eine grundsätzliche Besinnung über die Identität und Grenzen und über die politische Gestalt und Finalität der Union. Dass die Erweiterungspläne der Union über lange Jahre fast kritik- und kommentarlos auf den Weg gebracht werden konnten, lag an der seltenen Einigkeit seiner Befürworter, der ökonomischen, politischen und wissenschaftlichen Eliten, die von den Entgrenzungen Europas auf vielfältige Weise profitieren. Liberale Freihändler, neokonservative Universalisten und idealistische Multikulturalisten stimmten darin überein, Europa als „offenes Projekt" zu betrachten. Das erweiterte Europa entspricht den Handelsinteressen und dem Selbstverständnis einer „offenen Gesellschaft."

Für postmoderne Kosmopoliten gab es schließlich gar kein Europa mehr, sondern nur noch „Europäisierung" (Ulrich Beck)[4.] Der „identitäre Bundesstaat" werde - so Claus Leggewie - in einer „weltoffenen Netzwerkgesellschaft"[5] aufgehoben. EU-Erweiterungskommissar Günter Verheugen schwärmte in diesem Geist von der „Baustelle Europa" und von variablen Grenzen, in die er - jedenfalls vor der Türkeidebatte - sogar alle Nachfolgestaaten der früheren Sowjetunion einbezogen wissen wollte. Grenzen erscheinen den Globalisten als ein Relikt von Gestern, deren endgültige Überwindung nur eine Frage der Zeit sei. Nichts wäre anachronistischer - so immerhin Hans-Dietrich Genscher - als Europa in Grenzen zu denken.[6]

Die deutsche Außenpolitik schwenkte 1999 fast unbemerkt von dem jahrzehntelangen überparteilichen Konsens einer anzustrebenden politischen

---

4   Ulrich Beck, Edgar Grande, Das kosmopolitische Europa, Frankfurt/M 2004, S. 22.
5   Claus Leggewie, Ausblick, in: ders. (Hrsg), Die Türkei und Europa. Die Positionen, Frankfurt/M 2004, S. 319.
6   Vgl. Hans-Dietrich Genscher, Vorwort, in: Zbigniew Brzezinski, Die einzige Weltmacht. Amerikas Strategie der Vorherrschaft, Frankfurt/M, 2002, 5.Auflage: „Sein Plädoyer, den Raum von Lissabon bis Wladiwostok als Einheit zu betrachten, sollten alle jene bei uns beherzigen, die glauben, auch heute noch Europa in Grenzen denken zu können. Nichts wäre im Zeitalter der Globalisierung anachronistischer als eine Politik neuer Abgrenzung."

Vertiefung in einem „Bundesstaat Europa" über zur Vision eines erweiterten Europas als weltpolitischem Akteur, der dementsprechend weitgespannte „Brücken" in fremde Kulturen bauen muss. Diese strategische Rekonstruktion des Westens ordnete die politische Vertiefung einer kulturellen Erweiterung unter. Mit dem Ziel einer beispielgebenden Integration der muslimischen Türkei in die Union wurde Kultur paradoxerweise von denjenigen in den Mittelpunkt der Argumentation gerückt, die vordem kulturelle Gesichtspunkte in der Erweiterungspolitik als „kulturalistisch" oder als „reaktionär" erachtet hatten. Das multikulturelle Europa wurde ausgerechnet zu einer Zeit auf den Weg gebracht, in welcher der Multikulturalismus innerhalb der europäischen Gesellschaften gescheitert scheint. Zuvor hatte es geheißen, die EU sei eine wirtschaftliche und politische Union und sonst gar nichts. Die Übernahme der entsprechenden Spielregeln sei allein entscheidend für eine Mitgliedschaft.

Doch nicht alle Europäer sind schon „global players". Viele meinen noch auf den Schutz von Grenzen und einer handlungsfähigen Politik angewiesen zu sein. Die öffentliche Meinung teilt sich zunehmend in zwei Lager. Denjenigen, die aus wirtschaftsliberaler oder aus multikultureller Perspektive einen möglichst großen Markt und Kulturraum wollen und denjenigen, die den Markt durch politische und soziale Gestaltungsmöglichkeiten ergänzt sehen wollen. Die Unterschiede beider Positionen konkretisieren sich in der Frage nach den Grenzen Europas.

Nach der hier vertretenen Position eines dritten Weges lässt sich die Frage nicht im Entweder-oder beantworten. Es geht eher um zu konstruierende Optionen zwischen mindestens zwei parallelen Strukturen wie einem politisch integrierten Kerneuropa und einem eher locker gefügten Staatenbund. In beiden Fällen geht es um das Spezifikum der Europäischen Union als einer intelligenten Form der Kooperation. Die Bewahrung bzw. die Möglichkeit zur Schaffung dieser Qualität ist der Bewertungsmaßstab dieses Buches.

In Russland kann man leicht erkennen, dass die formale Übernahme einer demokratischen Verfassung und einer liberalen Rechtsordnung wenig über demokratische Kultur und Rechtskultur eines Landes aussagen. Politik und Ökonomie stehen in einem engen Zusammenhang mit dem kollektiven Selbstverständnis der Menschen, d.h. mit ihrer Kultur. Aus diesem Selbstverständnis speisen sich wesentliche Ressourcen der Rechts- und Sozialkultur sowie einer demokratischen Konflikt- und Kooperationskultur, also jenen Voraussetzungen einer guten Gouvernanz, welche die Europäische Union für sich konsequent in Anspruch nehmen sollte.

Die europäische Gouvernanz beruht eben nicht primär auf der immer wieder geforderten „Demokratisierung". Charakteristisch für Europa und Nordamerika ist vielmehr die Verbindung von Demokratie mit einem konstitutionellen Liberalismus, der die Rechtsstaatlichkeit in den Mittelpunkt der Politik stellt, zum Schutz des individuellen Rechts auf Leben und Eigentum sowie von Religions- und Meinungsfreiheit. Der Sicherung dieser Rechte dienen die Gewaltenteilung, die Gleichheit vor dem Gesetz, die Unparteilichkeit der Gerichte und die Trennung von Kirche und Staat. Diese Ordnung der Freiheit sollte auch die Voraussetzung für ihre Erweiterung sein.

Die formale Beachtung der Kopenhagener Beitrittskriterien von Demokratie, Rechtsstaatlichkeit und Marktwirtschaft bekommt nicht hinreichend in den Blick, dass es für eine gute Gouvernanz gerade auf das Zusammenwirken dieser Elemente ankommt. Für dieses ist wiederum ein gemeinsamer ethischer und aufklärerischer Geist unabdingbar. Anderenfalls kommt es zu illiberalen Demokratien, zu Demokraturen und Oligarchien, zur Ethnisierung der Politik, zu Separatismus und Diskriminierung von Minderheit und zur Kriminalisierung und Mafiotisierung der Politik. Schon an den Rändern des westlichen Europas, in den russischen Ländern und auf dem Balkan führt ein halbiertes und illiberales Demokratieverständnis eher zur Gefährdung als zur Erweiterung der Freiheit.[7]

Die Anziehungskraft der Union hat sich als gewaltige „soft power" erwiesen und einen konstruktiven Einfluss auf die Außen- und Innenpolitik selbst jener Länder gehabt, die - wie die Ukraine - nur eine vage Hoffnung auf künftige Mitgliedschaft hegen konnten. Eine künftige Integration aller instabilen Länder Ost- und Südosteuropas droht wiederum die Union selbst zu überfordern und zu destabilisieren. Schon für den Versuch, das Kosovo und Bosnien-Herzegowina zu demokratisieren, bedurfte die Union der massiven Unterstützung der NATO, der USA und der UNO. Von nennenswerten Erfolgen beim Aufbau der wirtschaftlichen Entwicklung und der Rechtsstaatlichkeit kann dort keine Rede sein. Die verordneten freien Wahlen haben dort vielmehr Rassisten und Ethnozentristen in Schlüsselpositionen gebracht, womit der Aufbau einer tragfähigen Rechtskultur und Bürgergesellschaft auf lange Zeit vereitelt worden ist. Aufgrund der Verwicklung der EU in diese Region kann heute der künftige Status des Kosovo nur noch im Rahmen einer europäischen Perspektive gesucht werden.

Den Erweiterungsskeptikern erscheinen die westlich-europäischen Errungenschaften der letzten Jahrzehnte gefährdet. Während Universalisten und Multikulturalisten westliche Werte für an keine bestimmte Herkunft und Religion gebunden und „radikale Offenheit" selbst für ein Wesensmerkmal des europäischen Projekts erachten,[8] gehen die Skeptiker davon aus, dass

---

7 Vgl. Fareed Zakaria, Das Ende der Freiheit? Wieviel Demokratie verträgt der Mensch?, Frankfurt/M 2005.

8 Vgl. z.B. Navid Kermani, Das heilige Phantasma, in: Die Zeit v. 2.1.2003 „Gerade weil die westlichen Werte säkular sind, sind sie an keine bestimmte Herkunft oder Religion gebun-

Skeptiker:

man kulturelle und historische Voraussetzungen von Entwicklungen nicht ungestraft ignoriert. Dabei geht es nicht um theologische Spitzfindigkeiten, sondern um grundlegende geistesgeschichtliche Voraussetzungen der modernen Demokratie und des liberalen Konstitutionalismus. Neuzeitliche Reformation und Aufklärung haben weder in den osmanisch besetzten noch in den orthodoxen Ländern Ost- und Südosteuropas Fuß gefasst. Den Hoffnungen auf kosmopolitische Vernetzungen stehen Befürchtungen vor dem Verlust des gerade erst entstehenden bürgerschaftlichen Wir-Gefühls in den bisherigen Mitgliedstaaten und vor Verstrickungen in Zustände gegenüber, die wir nicht einmal verstehen, geschweige denn beherrschen.

Das Hauptargument der „Abendländer" ist die Gefährdung der westlicheuropäischen Identität im multikulturellen Europa. Da den EU-Staaten ein weitgehender Souveränitätsverlust abverlangt wird, müsse die politische Loyalität neben dem Nationalstaat der supranationalen Europäischen Union gelten. Die Identität der Union könne nicht aus der Beschwörung universaler Werte, sondern aus einem geschichtlich gewachsenen gemeinsamen Selbstverständnis erfolgen. Statt um eine utopische Ortlosigkeit gehe es um eine kulturelle Rückbindung an Orte der Herkunft.

Mit dem Verlust einer gemeinsamen europäischen Identität würden die nationalen Identitäten, die im europäischen Föderalismus aufgehoben schienen, unweigerlich wieder in den Vordergrund treten. Der Prozess der Vertiefung gerate an sein Ende und die politische Handlungsfähigkeit der Europäischen Union schwinde dahin. Der Staatenverein der Europäischen Union werde - so Josef Isensee - mit seiner wachsenden Kompetenzausstattung und Integrationsdichte und der zunehmenden Reichweite des Mehrheitsprinzips auf die Homogenität seiner staatlichen Mitglieder angewiesen sein. Diese ergebe sich wesentlich aus den Verfassungen, jedoch nicht aus der verbalen Übereinstimmung der Verfassungstexte, sondern aus der substantiellen Gemeinsamkeit der rechtlichen Grundordnungen, die von soziokulturellen Voraussetzungen abhängt. Kultur und gesellschaftliches Ethos seien nicht nur mittelbar bedeutsam im Hinblick auf die Verfassung. Sie seien letztlich die Sache selbst: das Europäische an der Europäischen Union.[9]

Die Vertiefung der politischen Handlungsfähigkeit ist kein Selbstzweck. Die großen Probleme unserer Zeit kommen von außen auf Europa zu und lassen sich nicht mehr im nationalen Kontext bewältigen. Dies gilt für ökonomische und ökologische Folgen der Globalisierung, für die sicherheitspoli-

---

den. Die radikale Offenheit ist das Wesensmerkmal des europäischen Projekts und sein eigentliches Erfolgsgeheimnis".

9   Josef Isensee, Die christliche Identität Europas, in: Walter Fürst, Joachim Drumm, Wolfgang M. Schröder (Hrsg), Ideen für Europa. Christliche Perspektiven der Europapolitik, Münster 2004, S. 41ff.

tischen Bedrohungen sowie für Migration und Integration von Zuwanderern. Ohne die Definition von Grenzen wird es kein hinreichendes Zusammengehörigkeitsgefühl und damit auch keine hinreichende Handlungsfähigkeit geben. Selbstbesinnung, Selbstbegrenzung und Selbstbehauptung der Europäischen Union stehen in einem unmittelbaren Zusammenhang.

Man kann darüber streiten, wo die Grenzen der Europäischen Union im Osten verlaufen sollen. Dass es irgendwo Grenzen für ein konsens- und arbeitsfähiges politisches Gebilde geben muss, sollte unstrittig sein. Das Dilemma von wünschenswerter Offenheit und notwendiger Begrenzung erfordert zunächst eine Differenzierung der Europa- und Integrationsbegriffe. Das die Ukraine, Serbien, Albanien und Teile der Türkei zu Europa gehören, lehrt jeder Blick auf die Landkarte. Gesamteuropäische Interessen und Werte lassen sich aber nicht mit westlichen Werten und Interessen gleichsetzen.

Der westliche Kulturkreis weist in sich größere Gemeinsamkeiten auf als das multikulturelle Europa. Griechische Philosophie, Römisches Recht, jüdisch-christliche Religiosität, Humanismus, Reformation und Aufklärung sind die wesentlichen Bausteine der westlichen Kultur. Einzelne dieser Bausteine finden wir auch in anderen Kulturen; spezifisch westlich ist das sich aus den Steinen zusammensetzende Gebäude. Die westliche Welt definiert sich demnach aus den Spannungsverhältnissen zwischen diesen Elementen und der Notwendigkeit ihrer wechselseitigen Ergänzung - von Kultur und Struktur, von Religion und Politik, von Christentum und Aufklärung, von Ethik und Wissenschaft, von Staat und Markt, von ihren ideellen und materiellen Polaritäten. Die Aufhebung dieser Polaritäten ist in den Strukturen der rechtsstaatlichen Demokratie und der sozialen Marktwirtschaft leidlich gelungen.

Die christliche Dialektik von Gott und Mensch, Himmel und Erde, von Eigen- und Nächstenliebe, vom „Gebt dem Kaiser, was des Kaisers ist, und Gott, was Gottes ist", ist eine der Grundlagen der dialektischen Aufklärung und für die moderne Ausdifferenzierung der Gesellschaft in Teilsysteme. Ohne die abendländische Urdifferenzierung nach Kirche und Staat, Religion und Politik, letztlich nach Kultur und Welt hätten wir noch heute eine vorkritische Religions- und Wissenschaftsauffassung wie in der antimodernen Orthodoxie und im Islam. Christentum und Aufklärung haben sich ergänzt und gemeinsam den neuzeitlichen Westen geprägt. Die marxistische Reduktion auf den „dialektischen Materialismus" stellte diese abendländische Dialektik nicht auf die Füße, sondern auf den Kopf. Sie ist nicht ohne Folgerichtigkeit an der Wiederkehr der ausgeblendeten religiösen und kulturellen Identitäten gescheitert.

Die geistige Einheit Europas besteht in ihrer Vielfalt. Dieser Scheinwiderspruch erfordert, dass sich die Teile komplementär zueinander verhalten.

Die Komplementarität ermöglicht eine Form des Lernens, die vermeintliche Gegensätze wie Einheit und Vielfalt, Offenheit und Selbstbehauptung, Tradition und Fortschritt, nationale und supranationale Interessen, Wettbewerbs- und Kooperationsfähigkeit zu verbinden weiß. Die heutige westliche Zivilisation entstand aus der Spannung und dem ergänzenden Ausgleich von Gegensätzen wie Kirche und Staat, Religion und Politik, Idealismus und Materialismus, Sozialstaat und Marktwirtschaft, individuelle Freiheit und gesellschaftliche Verantwortung, Ethik und Erfolg. Die wechselseitige Durchdringung erzeugt eine Komplexität, deren Bewältigung dialektische Denk- und Verhaltensweisen erfordert.

Der westlichen Kultur drohen heute zwei Gefahren gleichzeitig: Einerseits die Verabsolutierung der Teilwahrheiten eines Weltbildes, welches die Spannungsfelder von Idealismus und Materialismus zerreißen und einen neuen, diesmal religiös gespeisten Totalitarismus begründen, andererseits eine transkulturelle Beliebigkeit, welche die Spannungsfelder erschlaffen lässt. Die Europäer werden der Frage „Wer sind wir?" und „Wer sind wir nicht?" nicht mehr länger ausweichen können. Kultur im Sinne von Identität und Selbstverständnis einer Gemeinschaft wird insbesondere in schlechten Zeiten zu einer Existenzfrage. Es genügt nicht, dass wir unseres „kulturellen Erbes" beiläufig gedenken als ob es sich bei der westlichen Kultur schon um eine Verstorbene handelt. Doch die Aneignung des gewaltigen Erbes misslingt schon im Bildungswesen. Wenn das Bewusstsein über die Fundamente verloren geht, verlieren die aus ihnen resultierenden Strukturen schließlich ihren Sinn und ihre Spannkraft.

Die Erweiterungen in orthodoxe oder islamische Kulturkreise erscheinen dem nunmehr neoliberalen Basis-Überbau Denken nur als ein Problem der ökonomischen und organisatorischen Basis. Wenn vom Marxismus in Europa eines überlebt hat, so das auf den ökonomischen Liberalismus leicht übertragbare Basis-Überbau Modell. Religion und Kultur sind demnach ein von der ökonomischen Basis und allenfalls noch von ihren politischen Strukturen ableitbares Phänomen. Konsequenterweise standen die Transformationsprozesse in den neuen Bundesländern und in Mittel- und Osteuropa primär im Zeichen der Änderung von Besitzverhältnissen und der Übernahme von Strukturen und Rechtsbeständen. Man begnügte sich mit der Transformation der Hardware. Die Ergebnisse sind entsprechend einseitig. Die Hardware der Strukturen sind ohne die Software der Rechts- und Sozialkulturen oft schauerliche Hybridgewächse.

Die mangelnde Identifizierung der Europäer mit dem erweiterten neuen Europa zeigte sich bereits an der Wahlbeteiligung zur Europawahl 2004, die mit 44,2 Prozent die geringste überhaupt war. Von den neuen EU-Bürgern gingen in Bratislava und Lublijana nur 16 bzw. 23 Prozent zur Wahl, Orte, in

15

denen Menschen vormals für ihre Bürgerrechte unter großen Risiken auf die Straße gegangen waren. Auch im Westen mussten bisher nahezu alle europäischen Fortschritte gegen demoskopische, vorsichtshalber kaum je in Abstimmungen befragte Mehrheiten durchgesetzt werden. Als diese Vorsicht beim Verfassungsvertrag aufgegeben wurde, zerplatzte die Blase sofort.

Die gebotene politische Aufklärung des EU-Volkes war den Regierungschefs eine 40minütige Debatte wert gewesen. Hohe Erwartungen setzten sie auf die Überzeugungskraft von Unterhaltungsprogrammen im Fernsehen.[10] Solche Attitüden eines aufgeklärten Absolutismus sind mit den Referenden zum Verfassungsvertrag in Frankreich und den Niederlanden aber vorbei. In den Referenden zeigte sich, dass es der Europäischen Union nicht gelungen ist, das Dilemma zwischen Erweiterung und Vertiefung zu lösen. „Maastricht" hat - unter dem Etikett „Vertiefung" - mit der Eröffnung neuer Tätigkeitsfelder für die Unionsebene zu einer Ausweitung von EU-Kompetenzen geführt. Dem Verfassungsvertrag zufolge hätte die Union zugleich vergrößert und vertieft, offener und geschlossener werden müssen.

Das Unbehagen galt nicht der Vertiefung, die insbesondere in der Arbeitsmarktpolitik und der Inneren Sicherheit als Schutz vor der Globalisierung sogar verstärkt eingefordert wird, sondern einer Entgrenzung, die den Bürger schutzloser macht. Der Verfassungsvertrag hatte die Frage nach den Grenzen der Entgrenzung nicht aufgeworfen, geschweige denn zu beantworten versucht. Europa hatte sich ursprünglich - so Karl Lamers – auch als Antwort auf die Entgrenzungen der Globalisierung verstanden. Heute werde es immer stärker als Teil davon empfunden. Das Gleichgewicht von liberaler Wirtschaftsordnung und solidarischem Gesellschaftsvertrag scheine durch zu schnelle und zu weitgehende Öffnung bereits zerstört. Polen und Ungarn werden als Konkurrenten auf dem Arbeitsmarkt und um Fördermittel noch akzeptiert; mit dem Ausblick auf Rumänien und die Türkei sei das Fass zum überlaufen gekommen. Die Solidaritätsbereitschaft ließe sich nicht beliebig vermehren.

Das Nein der Franzosen und Niederländer galt nicht dem, was der Verfassungsvertrag regelt, sondern dem, was er zu regeln unterließ: Eine Klärung des Selbstverständnisses und der Grenzen der Europäischen Union. Die große Mehrheit der Nein-Sager hatte nichts gegen eine Stärkung des Mehrheitsprinzips und der Rechte des Parlaments und der Bürger einzuwenden. Auch der Verweis auf innenpolitische Kabalen erklärt nicht genug, da Innen- und Außenpolitik in der Europapolitik zusammenfallen. Sowohl in der Innen- als auch in der Außenpolitik ist es versäumt worden, Konzepte für eine

---

10 Hajo Friedrich, Quizsendungen sollen Europa in die Wohnzimmer tragen, in: Frankfurter Allgemeine Zeitung v. 9.11.2004.

Zuwanderungs- und Erweiterungspolitik zu entwickeln, in der Pluralität und Offenheit in einem tragfähigen Verhältnis zu ihren Grenzen stehen. Die offenen Gesellschaften der Europäischen Union müssen sich über ihre Identität verständigen, weil sich erst aus ihr die Grenzen Europas bestimmen lassen.

Hinter den Differenzen um das Geld stecken verschiedene Konzeptionen von Europa. Die einen wollen einen möglichst großen Binnenmarkt mit möglichst wenig politischer Lenkung, die anderen wollen soziale Sicherheiten durch eine politische Gestaltung der Märkte. Beide Konflikte, die kulturellen und die sozialen, hängen miteinander zusammen. Je größer die EU zu werden verspricht, desto größer wird auch die Aussicht auf neue wirtschaftliche Konkurrenz und auf den Wettbewerb um die Hilfsgelder der Strukturfonds. Die Zwittergebilde des Staatenverbunds und eines Verfassungsvertrags können die unterschiedlichen Konzeptionen von Europa nicht mehr zusammenhalten.

Die äußeren Grenzen der Union werden umso wichtiger, desto weniger innere Grenzen es gibt. Eine multikulturelle Visa-Politik und Einbürgerungen von illegalen Migranten in einem Land werden zum Problem aller Mitgliedsländer. Die Entgrenzungen innerhalb der Mitgliedstaaten bedeuten mehr Wettbewerb. Damit die Europäisierung nicht zu einem Teilelement der Globalisierung wird, müssen Entgrenzungen mit Übergangs- und Anpassungsfristen gestaltet werden. Hierbei stellt sich auch die Frage nach kulturellen Grenzen, deren Überwindung nur in langfristigen Zeiträumen möglich sein dürfte.

Doch zu diesen großen Themen finden sich im Verfassungsvertrag keine Antworten. Im Artikel I-1(2) heißt es lediglich: „Die Union steht allen europäischen Staaten offen, die ihre Werte achten und sich verpflichten, sie gemeinsam zu fördern". Da das geographische Europa bis in den Kaukasus und nach Russland vermessen wird, hängt die zukünftige Gestalt Europas demnach nur vom Bekenntnis zu den Werten ab, die in Art I-2 beschrieben werden. „Die Werte, auf die sich die Union gründet, sind die Achtung der Menschenwürde, der Freiheit, Demokratie, Gleichheit, Rechtsstaatlichkeit und die Wahrung der Menschenrechte einschließlich der Rechte der Personen, die Minderheiten angehören. Diese Werte sind allen Mitgliedstaaten in einer Gesellschaft gemeinsam, die sich durch Pluralismus, Nichtdiskriminierung, Toleranz, Gerechtigkeit, Solidarität und die Gleichheit von Frauen und Männern auszeichnet."

Papst Benedikt XVI. erkennt in der Hervorhebung auf die allem politischen Handeln vorangehende Gültigkeit der Menschenwürde im Verfassungsvertrag einen Verweis auf den Schöpfer. Nur er kann Rechte setzen, die im Wesen des Menschen gründen und für niemanden zur Disposition stehen. Insofern sei hier wesentlich christliches Erbe in seiner besonderen Art von

Gültigkeit kodifiziert. Deshalb schütze das Bekenntnis zur Menschenwürde ein Wesenselement der christlichen Identität Europas in einer auch dem Ungläubigen verstehbaren Formulierung.[11]

Aber dieser Schutz erzeugt angesichts des mangelnden Verständnisses dieser Zusammenhänge kein europäisches Wir-Gefühl. Der Wertekanon im Verfassungsvertrag ist nur eine notwendige, aber keine hinreichende Bedingung für das Bewusstsein von Zusammengehörigkeit, welches erst Solidarität, gemeinsame Verantwortung und gegenseitige Rechte und Pflichten begründet. Eine Wertegemeinschaft könnte auch jeder Staat für sich alleine verwirklichen, ohne Mitglied der Europäischen Union zu sein.

Sowohl die Herkunft als auch der geistige Zusammenhang der Werte werden im Verfassungsvertrag nicht nur nicht thematisiert, sondern absichtlich verschwiegen, um keinen Anlass zur „Diskriminierung" und zur Abgrenzung gegenüber anderen Kulturen zu bieten. Eine europäische Identität scheint demnach der Philosophie von der Universalität europäischer Werte entgegen zu stehen.

Die Paradoxie eines Universalismus nach außen und eines Multikulturalismus nach innen erklärt sich aus den beiden Geisteshaltungen gemeinsame Ablehnungen der Besonderheit der westlichen Kultur. Eine Folge dieses multikulturellen Universalismus als vorherrschender Geisteshaltung ist dann jener Kulturrelativismus, dem die Maßstäbe und Richtpunkte für das Zusammenleben verloren gehen. Mit dem Verzicht auf die kulturellen Wurzeln der aufklärerischen Werte der EU verzichtet man auf Maßstäbe zur Bewertung der Werte und damit auf die Benennung der Grenzen etwa von Pluralismus und Toleranz.

Die Europäische Union achtet die Vielfalt der Kulturen, Religionen und Sprachen (Art.II-82), benennt aber nicht die Grenzen dieser Achtung gegenüber totalitären und destruktiven Strömungen wie aktuell gegenüber dem Islamismus. Durch eine klare Selbstdefinition hätte man Hinweise auf die Grenzen der Vielfalt und Offenheit geben können, vergleichbar zu der „wehrhaften Demokratie" des deutschen Grundgesetzes, in dem auch die Grenzen der Freiheit benannt werden.

Weder die Konzentration auf die düsteren Epochen der europäischen Geschichte noch der Multikulturalismus, der die Besonderheit der europäischen Kultur leugnet, kann diese Identifikation hervorbringen. Europas Identität lässt sich nur aus dem Bewusstsein der europäischen Geschichte verstehen, einschließlich seiner dunkelsten Stunden und der daraus hervorgegangenen

---

11   Joseph Kardinal Ratzinger, Werte in Zeiten des Umbruchs. Die Herausforderungen der Zukunft bestehen, Freiburg, Basel, Wien 2005, S. 85.

Wandlungen. Die Identifikation mit dieser Identität kann das Wir-Gefühl erzeugen, welches die Union für ihre Handlungsfähigkeit braucht.

2. Ein dritter Weg für Europa

Ein bloßer Rückzug auf sich selbst ist seit Srebenica in Europa und seit dem 11. September 2001 in Amerika nicht mehr vertretbar. Das Wegschauen vom Postjugoslawien war ein moralischer und im Falle der islamistischen Exzesse der Taliban und El Kaida in Afghanistan ein militärischer Fehler. In diesem Sinne ist nicht nur die Europäische Union hinsichtlich ihrer Vertiefungs- und Erweiterungspolitik, sondern die gesamte westliche Politik in einem Dilemma, welches man nicht lösen, sondern nur durch dritte Wege bewältigen kann.

Eine westliche Selbstabgrenzung im Sinne von Samuel Huntington würde es sich zu leicht machen. Die Europäische Union könnte sich als abendländische Gemeinschaft, ausgehend vom Römischen Reich nach der Konstantinischen Wende, definieren und konsequent von der orthodoxen byzantinischen und der islamischen Welt abgrenzen.[12] Doch während eine Art „Eurasien" die Kräfte des Westens überfordert, könnte eine rigide Abgrenzung den Westen unterfordern. Ein sich selbst genügendes westliches Europa würde seine Randzonen ihrem Schicksal überlassen und sich mittelfristig womöglich stärker gefährden als mit einem Eingreifen in diese Zonen, weil weder Terroristen noch Mafiosis die vom westlichen Europa gesetzten Grenzen respektieren. Jenseits der Alternativen einer westlichen Befriedung der eurasischen Welt und der Einigelung in einem westlich definierten Kerneuropa wäre ein dritter Weg in einer „vielfältigen Einheit Europas"[13] zu suchen.

Nicht mehr die formalen Strukturen, sondern die Kultur und die Gouvernanz spalten Europa heute in eine westlich geprägte Moderne und in ein halbmodernes Ost- und Südosteuropa. Die Begrenzung der Union auf den westlichen Kulturraum einschließlich Ostmitteleuropas würde Teile Ost- und Südosteuropas dem Krieg, der Armut und Kriminalität oder - im Falle der Türkei, Teilen Bosniens und Albaniens - dem Islamismus überlassen. Eine enge und präventive Kooperation der EU mit den Westbalkanstaaten gleich nach der Auflösung Jugoslawiens hätte die Balkankriege womöglich verhin-

---

12 Samuel P. Huntington, Kampf der Kulturen. Die Neugestaltung der Weltpolitik im 21. Jahrhundert, München, Wien 1997, 4. Aufl.

13 Vgl. als Übersicht über die Diskussion Katrin Langner, Verstärkte Zusammenarbeit in der Europäischen Union. Stärkung der Integration oder hin zu einem Europa von mehreren Geschwindigkeiten?, Frankfurt/M 2004.

19

dern können. Andererseits würde eine volle Integration der chaotischen Gebilde Postjugoslawiens die EU heute überfordern.

Für die Suche nach einem dritten Weg brauchen wir eine Differenzierung nach unterschiedlich abgestuften Kreisen der Zusammenarbeit. Die engste Zone der Zusammenarbeit könnten die Länder bilden, die zu einer gemeinsamen Außenpolitik in der Lage sind.[14] Neben der Integrationszone einer engen und bundesstaatsähnlichen Integration gäbe es einen eher staatenbündischen Kreis und womöglich sogar als dritten europäischen Kreis eine Kooperationszone, die sich primär über gemeinsame Sicherheitsfragen definiert. Kreise der selektiven Kooperation erfordern eine geringere Gemeinsamkeit an Werten, hier reichen schon gemeinsame Interessen. Im Staatenbund einer bloß sektoralen Integration sollte man gemäß dem in der EU gültigen Subsidiaritätsprinzip unterscheiden, in welchen Handlungsfeldern gemeinsam und in welchen getrennt entschieden wird. Nur in der Integrationszone käme es zu einer bundesstaatsähnlichen Verdichtung der Gemeinsamkeiten. Das Europa der „mehreren Geschwindigkeiten" wird seit 1975 immer wieder diskutiert und ist dabei als Europa der abgestuften Gemeinsamkeiten Wirklichkeit zu werden. Nicht überall in der Union kann man mit dem Euro bezahlen und an einigen Grenzen muss man immer noch seinen Pass vorzeigen.

Der Wille und die Fähigkeit zur aktiven und nicht nur zur proklamierten Gegenseitigkeit wären anders als die Lippen- und Gesetzesbekenntnisse zu europäischen Werten ein geeignetes Kriterium, um eine Differenzierung der Zugehörigkeiten in die Wege zu leiten. Für die europäischen Länder, die nicht zu einer engen Integration und einer entsprechenden Gegenseitigkeit Willens oder in der Lage sind, sollte ein zweiter Kreis eines bloßen Binnenmarktes mit einem lockeren Staatenbund aufgebaut werden. Bei dieser Differenzierung ginge es weniger um „unterschiedliche Geschwindigkeiten" als um abgestufte Formen von Gemeinsamkeit.

Die Komplexität Europas wird unterschätzt, solange seine Grenzen nur nach einem „drin" oder „draußen" in der bisherigen Europäischen Union definiert werden. Wenn die Balkanstaaten, die Türkei und die Ukraine in einem staatenbundähnlichen Assoziationskreis Platz fänden, bliebe der EU das Dilemma erspart, entweder ganze Regionen Ost- und Südosteuropas der Destabilisierung zu überlassen oder sich durch deren Integration selbst der Gefahr der Destabilisierung auszusetzen.

---

14 Vgl. Heinz Theisen, Ein dritter Weg für Europa. Die kulturelle Erweiterung der Europäischen Union, in: Osteuropa 2//2005, S. 3ff., vgl. auch ders., Die vielfältige Einheit Europas. Das Dilemma der Europäischen Union zwischen Erweiterung und Vertiefung, in: Scheidewege. Jahresschrift für skeptisches Denken, Jahrgang 2004/2005, S. 43ff.

Die Franzosen stimmten gegen die „Ideologie des freien Marktes", Tony Blair sagt „Nein" zur „Bürokratie" und zum Protektionismus. Den einen ist Europa bereits zu stark reglementiert und den anderen zu wenig. Da die europäischen Länder substantiell unterschiedliche Meinungen darüber hegen, ob sie lieber einem möglichst großen Binnenmarkt oder einem relativ geschützten Sozialraum angehören oder ob sie eine gemeinsame Außenpolitik wollen, wird an einer Differenzierung Europas kein Weg vorbei führen. Staaten, die eine Vertiefung der Handlungsfähigkeit wünschen, könnten sich für eine vertiefte politische Zusammenarbeit in einer Art Bundesstaat Europa und die Staaten, die primär eine Erweiterung der Märkte wollen, könnten sich für eine Art Staatenbund entscheiden. Der bisherige „Staatenverbund" Europäische Union würde differenziert.

Auch die Bürger hätten in Referenden statt einem bloßen Ja oder Nein die Wahl zwischen der Zugehörigkeit zu einem relativ homogenen, mit einer gemeinsamen Verfassung versehenen Union und einem Staatenbund, für dessen geringere Zahl an gemeinsamen Handlungsfeldern ein Vertrag ausreichen würde. Schon die Diskussion dieser Optionen würde eine neue Klarheit in die europäische Politik bringen.

In der Verfassung und im Vertrag müssten klare, aber zugleich nach beiden Seiten übersteigbare Grenzen gezogen werden. Jedes europäische Land wäre vor die Wahl und vor die Aufgabe gestellt, die Intensität seiner Zugehörigkeit und Leistungsbereitschaft zu bestimmen. Die Staaten, die sowohl den Auflagen genügen als auch der Verfassung eines Kerneuropas zustimmen, würden mit allen Rechten und Pflichten dazugehören. Nur in diesem Kerneuropa, welches man auch „Vereinigte Staaten von Europa" nennen könnte, ginge es um eine weitere Vertiefung der Handlungskompetenzen. In dem Staatenbund wäre keine gemeinsame Identität, sondern nur gemeinsame Werte und eine allgemeine Kooperationsbereitschaft erforderlich.

Die Grenzen Europas wären kein Ausdruck von Hochmut, sondern der Einsicht, dass sowohl die europäische Identität als auch die europäische Gouvernanz schon innerhalb der westlichen Welt gefährdet sind und dass sie vor Überdehnungen nach innen und außen geschützt werden müssen. Mit ihrer Überdehnung würde eine wichtige Voraussetzung für die Hilfe bei der weiteren Entwicklung auch derjenigen Länder wegfallen, die jetzt noch nicht zum Kerneuropa gehören können.

Die Suche nach einem dritten Weg zwischen den Alternativen der Überdehnung und der Unterforderung begänne damit, die kulturellen Unterschiede nicht mehr zu verleugnen, sondern sie zum Ausgangspunkt einer interkulturellen Aufbauarbeit und deren Ergebnisse zur Grundlage für Zuordnungen in unterschiedliche Kreise abgestufter Gemeinsamkeiten der Europäischen Union zu machen. Stellt man die wesentliche Unterschiedlichkeit der westli-

...chen, der orthodoxen und der islamischen Kultur in Rechnung, so ergeben sich hinsichtlich der Erweiterung der EU in fremdkulturelle Räume folgende Schlussfolgerungen:

In Kulturkreisen, in denen keine aufklärerischen Prozesse und rechtsstaatlichen Strukturen der Demokratisierung vorangegangen sind, müssen die Prioritäten anders gesetzt werden als in den west- und ostmitteleuropäischen Ländern. In ihnen muss die Einführung der Marktwirtschaft mit dem Aufbau einer Rechtskultur und einer bürgergesellschaftlichen Sozialkultur einhergehen. Freie Wahlen sollten nicht der erste, sondern der abschließende Schritt des Projekts einer liberal-konstitutionellen Ordnung sein. Dafür sollte die EU massive Bildungs- und strukturelle Aufbauhilfe leisten. Der erfolgreiche Abschluss dieser Projekte wäre die Voraussetzung für eine Mitgliedschaft im Integrationskreis der EU. Die Europäische Union, die selbst über Markt und Recht und nicht über Demokratisierung aufgebaut wurde, steht als gelungenes Beispiel für diese Reihenfolge Pate.

Wo die westliche Rechtskultur nicht vorhanden ist, sollte sie gefördert und gefordert werden und zwar vor einem weiteren Integrationsschritt. Ein guter Lehrer fördert und fordert seine Schüler, bevor er sie schwierigen Prüfungen unterzieht. Seine Verantwortung vor der Allgemeinheit verpflichtet ihn aber auch zu angemessenen Kontrollen und Prüfungen, die nicht immer positiv enden können. Abzulehnen ist das lasche Prüfungsverständnis eines Günter Verheugen, der angesichts der deprimierenden Ergebnisse der EU-Beitrittsberichte über Bulgarien und Rumänien diesen zwar die Reife für einen Beitritt im Jahre 2007 absprach, aber dieser Analyse die Meinung hinzufügte, dass vom Warten auch keiner besser werde.[15]

Verheugens Nachfolger als EU-Kommissar für die Osterweiterung, der Finne Rehn, geht die künftigen Projekte schon erkennbar besonnener an. Die Strategie für die künftige Politik der Erweiterung umfasst nun drei Schwerpunkte: die Konsolidierung der Erweiterung durch Einhaltung eingegangener Verpflichtungen und Umsicht beim Eingehen neuer; eine rigorose Konditionierung, damit ein Beitritt nur möglich werde, wenn die Bedingungen tatsächlich erfüllt seien, und eine bessere Kommunikation, um den Bürgern die Angst vor einer weiteren Ausdehnung zu nehmen. Ein sorgfältiger gesteuerter Prozess der Erweiterung sei eines der wirkungsvollsten und erfolgreichsten politischen Instrumente der EU.[16]

---

15 Vgl. Vortrag von Günter Verheugen in der Fachhochschule des Bundes für öffentliche Verwaltung in Brühl am 12.7.2004. Zur Beitrittspolitik der EU unter der Ägide Verheugen, vgl. Günter Verheugen, Europa in der Krise. Für eine Neubegründung der europäischen Idee, Köln 2005.

16 Vgl. Frankfurter Allgemeine Zeitung v. 10.11.2005.

22

Für diese größere Umsicht sowohl gegenüber den Beitrittskandidaten als auch gegenüber den bisherigen Mitgliedsländern wird es höchste Zeit. Demokratische Gesellschaften funktionieren auf Dauer nur, wenn sie bestimmte Grundbegriffe von Recht und Unrecht, Gerechtigkeit und Gemeinschaft teilen. Sie sind die Grundlage der „Guten Gouvernanz" von Regierungen und Justiz, von Kooperation und fairem Wettbewerb zwischen Staat, Markt und Zivilgesellschaft. Die Unterschiede der Kulturkreise Europas konkretisieren sich in unterschiedlichen Rechtskulturen. Eine gemeinsame Rechtskultur benötigt eine gemeinsame Vorstellung von Gerechtigkeit als Quelle der Autorität und Toleranz als Respekt vor dem prinzipiell Verschiedenen. Wie sich entsprechende Ideale in multikulturellen Zusammenhängen verheddern, zeigt sich an der Schwierigkeit, gleichzeitig für Toleranz und Gleichwertigkeit aller Menschen einzutreten. Kulturen, welche die Gleichwertigkeit der Geschlechter nicht anerkennen, können nur dann als gleichwertig gelten, sofern man den Wert der Gleichwertigkeit nicht ernst nimmt.[17]

Das Erodieren der kulturellen Fundamente des Westens treibt im Gegenzug religiösen Fundamentalismus und womöglich auch neuen politischen Extremismus hervor. Ein Europa ohne kulturelle Identität wird auch kaum in der Lage sein, sich gegen die fast nur noch aus Identität bestehenden islamistischen Bewegungen und ethnischen Partikularisten zu behaupten. Der Verbindung von Identitätspolitik mit Kriminalität in der sizilianischen, der russischen oder der albanischen Mafia ist mit rechtsstaatlichen Mitteln kaum beizukommen. Korruption, ja selbst Verbrechen scheinen als Form der Kooperation innerhalb Familien, Freunden und Clans gerechtfertigt. Aus dem ethnischen wird ein ethischer Partikularismus, in dem die Übergänge zwischen Korruption und Kooperation fließend sind. Ohne Abgrenzung und Selbstbehauptung unserer Rechtskultur gegenüber solchen Rechtsunkulturen werden sich auch in ihr mafiotische, oligarchische und pseudodemokratische Strukturen vermischen.[18]

In einer europäischen Integrationskultur müsste erst eine Brücke von der soziologischen Multikulturalität zur monokulturellen Rechtskultur gebaut werden. Bei der Integration von Zuwanderern und von Beitrittsstaaten ginge es um interaktive Auflagen und Begrenzungen, um wechselseitige Rechte und Pflichten der Einheimischen und der Mitgliedsländer sowie der Zuwanderer und der Beitrittsländer. Mit dem zu fördernden Recht auf Integration

---

17 Vgl. Heinz Theisen, Die Grenzen des Westens, in: Neue Gesellschaft/Frankfurter Hefte 12/2004. Peter Glotz kommentiert diese Analyse mit den Worten: „Die deutsche Linke muss sich neu vergewissern, was eine „multikulturelle Gesellschaft" sein soll. Vgl. Neue Gesellschaft, ebd. S. 1.

18 Vgl. Leoluca Orlando, Das Problem der Identität, in: Mut. Zeitschrift für Kultur, Politik und Geschichte 7/2004, S. 10f. Orlando hält die Sizilianische Mafia nur für besiegbar, wenn deren partikularer Identität eine andere gegenüber gestellt werden kann.

und der zu fordernden Pflicht zur Integration würden sowohl die kulturelle Selbstverständigung als auch die Bildung von Sozialkapital vorankommen. Interkulturelles Lernen könnte zu einer Selbstbesinnung und Selbstbegrenzung der Union beitragen, welche die Union nicht primär von einer Abgrenzung nach Außen, sondern von der zu bewahrenden Identität nach Innen denkt.

Zwischen den Hoffnungen auf die universale Leuchtkraft der europäischen „Software" und den Befürchtungen vor einer Überdehnung können interkulturelle Lernprozesse einen dritten Weg für Europa planieren helfen. Wenn wir Kultur als Mittel zur Annäherung der Kulturen zu nutzen verstehen, bräuchte sie kein Grund für eine definitive Abgrenzung zu sein. Das interkulturelle Lernen müsste allerdings im großen Stil und zugleich mit großer historischer Geduld angegangen werden.

II. Das Dilemma zwischen Erweiterung und Vertiefung

1. Historische Grenzen Europas

In der zweiten Hälfte des 20. Jahrhunderts befreiten sich zwei Drittel der Menschheit aus kolonialer Abhängigkeit und wurden Bürger unabhängiger Staaten. Mittlerweile entdecken diese Menschen ihre eigene Vergangenheit, ihre Wurzeln und ihre Identität wieder. Sie reagieren abweisend auf Versuche zur Entfremdung ihrer eigenen Kultur.

Aber auch frühere Kolonialherren haben ein Recht auf eine eigene kulturelle Identität. Während es noch nie so viele Staaten und damit Grenzen auf der Welt gegeben hat wie heute, erwarten Globalisten von Europa eine Identitäts- und Grenzenlosigkeit als Leitbild.[1] Doch ohne einen Begriff der Grenze kommt jedoch keine Gemeinschaftsbildung aus. Man kann über den Ort und die Art der Grenze streiten. Wenn aber der völligen Grenzenlosigkeit das Wort geredet wird, handelt es sich um Schwärmertum und nicht mehr um Politik. Die gängige Totschlagvokabel „Ausgrenzung" ist nicht akzeptabel. Grenzen sind immer Ein- und Ausgrenzungen und wer dies nicht will, muss für eine völlig grenzenlose Welt eintreten.

Eine der möglichen Grenzbestimmungen liegt in den historischen und den sich daraus ergebenden kulturellen Grenzen. Sie sollten nicht verabsolutiert, aber auch nicht vergessen werden. Ihre relative Bedeutung ergibt sich daraus, dass neben dem Allgemeinen auch das Besondere bedacht werden muss, Kriterien, die sich auf die Möglichkeiten des Zusammenlebens in einer „civitas" beziehen. Damit ein politisches Gebilde handlungsfähig und zugleich demokratisch ist, braucht es einen gemeinsamen Fundus an innerer Kommunikation und relevanten Gemeinsamkeiten. Vertrauen, soziales Kapital und politische Kultur gehen über universale Werte hinaus, weil sie sich auf Gemeinsamkeiten beziehen.[2] Die europäischen Kulturen sind miteinander verwandt und einander ähnlicher als andere Weltkulturen. Da gemeinsame Institutionen aber nur erfolgreich arbeiten können, wenn ihre Mitglieder ein gemeinsames Selbstverständnis und einen Grundkonsens teilen, dürfen die Unterschiede nicht übersehen werden.

Europa hat immer einen Unterschied zwischen sich und den Gesellschaften im Osten gemacht. Schon die Schlachten zwischen Griechen und Persern

---

2   Jürgen Kocka, Wo liegst du, Europa? Die Identität des Kontinents ist nicht eindeutig. Aber es gibt Kriterien, an denen man sie erkennt, in: Die Zeit v. 28.11.2002.

galten als Ausdruck des Ringens zwischen West und Ost, zwischen freier Stadt (der Polis) und orientalischem Despotismus. Der Gegensatz zwischen griechischer Demokratie und orientalischem Despotismus hing eng mit dem zwischen Privateigentum und herrscherlichem Allbesitz zusammen. Der Despot konnte mit dem Leben und der Habe des Untertanen machen, was er wollte.

Die beschränkte Verfügung über das Eigentum lähmte allerdings den Unternehmungsgeist und die wirtschaftliche Entwicklung. Nicht durch Produktionszuwächse, sondern nur durch eine Erhöhung des Ausbeutungsdrucks konnten die Einnahmen der Herrschenden erhöht werden. Bis heute entscheiden Privateigentum, Mentalität und Unternehmensgeist in erheblichem Maße über Wohlstand und Armut der Nationen. Die Vorstellung von ökonomischer Entwicklung ist eine westliche Erfindung, während despotische Reiche immer Ausbeutungsunternehmen gewesen sind.[3]

Die Geschichte hält genügend Warnungen vor Überdehnung bereit. Das Imperium Romanum war mit Nordafrika, Ägypten und Vorderasien um das Mittelmeer zentriert. Gegen die eurasische Landmasse bildeten Rhein und Donau den Sperrriegel, der das heutige Europa für ein halbes Jahrtausend teilte. Hier stießen zwei Kulturen von unüberbrückbaren Niveauunterschieden aufeinander. Als dann im 4. Jahrhundert die Rhein- und Donaugrenze überrannt wurde, parzellierte sich der römische Westen. Der Zerfall in Partikularherrschaften bedeutet auch einen Verlust von Universalität und Hochkultur. Es kam zu einer Regression in eine Minimalordnung kleiner Räume und zu engen Personalverbänden. Die Unfähigkeit Roms, die Provinzen südlich der Donau zu zivilisieren, trug zum Untergang bei.

Griechenland und Rom verfielen in späteren Stadien der Despotie, vor der auch der Westen bis ins 20. Jahrhundert nie gefeit war. Doch das republikanische Bewusstsein, dass dieses System nicht legitim war, blieb auch in den dunklen Zeiten immer lebendig. Der Untergang Roms und der ihm folgende Zustand der Schwäche und Zersplitterung war insofern ein Glücksfall für Europa, da die Zersplitterung den stärksten Schutz gegen Willkürherrschaft und Unterdrückung bot.

Es war das Schicksal Europas, dass seine Ursprungsepoche zweigeteilt einsetzte. Obwohl man nach dem Ende des weströmischen Reichs im 5. Jahrhundert am Gedanken der Einheit des Reichs und der Kirche festhielt, ist es dem Kaiser und den Patriarchen von Konstantinopel nicht gelungen, den Westen kirchlich und imperial zu behaupten oder wieder zu gewinnen. Die Teilung in eine westliche und in eine östliche Kirche wurde faktisch durch

---

3   David Landes, Wohlstand und Armut der Nationen. Warum die einen reich und die anderen arm sind, Berlin 1999, S. 46ff.

Kaiser Leon (717-741) bekräftigt, als er vergeblich die Dekrete gegen die kirchliche Bilderverehrung den Päpsten Gregor II und Gregor III aufzuzwingen versuchte. Im Zusammenhang mit der päpstlichen Abwendung von Konstantinopel kam es kurz darauf (751) zum Bündnis des Papstes mit dem fränkischen König, und im Jahre 800 wurde mit der Kaiserkrönung Karls des Großen das Römische Reich im Westen mit allen daraus folgenden Ansprüchen ausdrücklich erneuert. Es gab fortan in Europa zwei Kaiserreiche und zwei Reichskirchen, die sich in ihren Missionsbestrebungen gegenseitig ausschlossen.

Dies war für die bis zum 8. Jahrhundert noch ungestalteten Gebiete Mittel- und Osteuropas folgenschwer. Die Gestaltung konnte nur aus dem Zusammenwirken von politischer Herrschaftsbildung und christlicher Mission zustande kommen. Die nach Christianisierung ihrer Völker strebenden Fürsten mussten sich entweder östlich oder westlich anlehnen. Von diesen Entscheidungen, die im 9. und 10. Jahrhundert gefallen sind, hing es ab, wie sich die Grenze zwischen der römischen und der byzantinischen Kirche verfestigte.

Gegen Ende des 9. Jahrhunderts war entschieden, dass Böhmen und Mähren sowie das dalmatische und pannonische Kroatien unter römischer, Serbien, Mazedonien, Griechenland, Bulgarien und seit dem Ende des 10. Jahrhunderts auch die Kiever Rus unter byzantinischer Jurisdiktion standen. Damit war der Grundstein für die Abgrenzung Mittelosteuropas von Osteuropa gelegt. Die kirchliche Trennung wurde entscheidend für die Verschiedenartigkeit der Kulturen. Die Verwendung des lateinischen Alphabets westlich, des griechischen und kyrillischen östlich der Trennungslinie war ein äußeres Kennzeichen für tiefere Wesensunterschiede: der Liturgie, des Kirchenbegriffs, des Verhältnisses zur bildenden Kunst, der Entwicklung von Kultur, Wissenschaft und Politik.

Konstitutiv für die Herausbildung Osteuropas wurde die Missionierung des Kiever („russischen") Reichs durch Byzanz. Seit dem 10. Jahrhundert hob sich der Osten vom „römischen" Europa kirchlich und kulturell ab. Dem römisch-christlichen Europa wurde überall im Osten Einhalt geboten, wo sich die byzantinisch-christliche Kirche begründete. Die lateinisch-griechische Missions- und Kirchengrenze wurde für das kommende Jahrtausend zur Trennungslinie zwischen Mittel- und Osteuropa.[4]

Der Limes hatte einst das Römische Reich vom barbarischen Norden getrennt; das Reich selbst war seit dem dritten Jahrhundert in einen lateinischen Westen und einen orthodoxen Osten gespalten. Die Grenze von 395/1054 zwischen lateinischem Westen/Norden und orthodoxem Osten/Südosten, mit breiten Übergangs- und Mischungszonen, markiert den für Gesamt-Europa

---

4   Vgl. ebd. S. 6ff.

grundsätzlichen Gegensatz zwischen Latinität und Orthodoxie: Das Römische Reich hatte beide Varianten der griechisch-römischen Orthodoxie staatlich vereint, sein Zerfall 395 setzte sie wieder frei. Ostrom/Byzanz und der Westen drifteten auseinander.[5]

Obwohl der Limes bis zum 3. Jahrhundert eine militärisch gut gesicherte Grenze war, blieb er in Kultur und Handel durchlässig. Tauschhandel und Begegnungen hatten die große Kulturvermischung eingeleitet, die sich trotz aller kriegerischen Auseinandersetzungen im Rahmen der Völkerwanderung vollzog. In Kirchen, Schulen und auf den großen Landgütern vollzog sich eine Verschmelzung zwischen den Barbaren - zumeist Kelten oder Germanen - und den Latino-Europäern. Das Werkzeug dieser Vermischung war das Christentum. Nach dem antiken Erbe bildet die Christianisierung die zweite entscheidende Schicht Europas.[6]

Das frühmittelalterliche Chaos erleichterte durch eine Jahrhunderte lange Abwesenheit des Kaisers das Auseinandertreten von Religion, Staat und Gesellschaft und die Säkularisierung. Die Selbstorganisation von unten in freier Selbstbestimmung bildet den Kern der Identität des lateinischen Westens. Dagegen konservierte Ostrom/Byzanz sein griechisch-hellenistisches Erbe imperialer Autokratie wie theokratische Einheit von Religion, Staat und Gesellschaft.

Das Mittelalter hat - so Jacques le Goff - die realen und problematischen Merkmale Europas sichtbar gemacht und vielfach begründet: Die Verknüpfung der potentiellen Einheit mit einer fundamentalen Vielfalt, die gemischten Bevölkerungen, die Spaltungen und Gegensätze zwischen Osten und Westen, Norden und Süden, die ungewisse Ostgrenze, das einigende Primat der Kultur. Der Gegensatz zum Orient verschärfte sich im mittelalterlichen Abendland. Den Gegensatz zwischen griechischer und lateinischer Sphäre hatte das Römische Reich hinterlassen und verstärkte sich durch den wachsenden Gegensatz zwischen dem römischen und orthodoxen Christentum. 1453 erlosch Byzanz mit der Eroberung Konstantinopels durch die osmanischen Türken. Byzanz gab aber durch Mission das theokratisch-autokratische Modell seinen Tochterzivilisationen weiter: Russland bildete nach Abschüttelung der Tatarenherrschaft 1480 seine eigene Autokratie aus.

Der Humanismus drang nur bis in den mittelosteuropäischen Raum vor. Prägend blieben hier jedoch die agrarischen und aristokratischen Gesellschaftsformen. Der Adel herrschte mit Übermacht. Er verfügte über umfangreiche Kompetenzen und beherrschte die Land- und Reichstage sowie die Königswahlen. Gegen den Adel waren die Monarchen kaum in der Lage zu

---

5   Immanuel Geiss, Europas Identität, in: Universitas Heft 9 2004, S. 927ff.
6   Jacques LeGoff, Die Geburt Europas im Mittelalter, München 2004, S. 35.

regieren. Innerhalb der ländlichen Regionen nahmen die Magnaten herr-schaftliche Befugnisse wahr, bis hin zur Steuererhebung und Gerichtsbarkeit. Kraft gutsherrschaftlicher Verfassung drückte der Adel den Bauern zum gutsuntertänigen, leibeigenen Landarbeiter herab und ließ ihm nur wenige oder gar keine Rechte. Der Prozess der bäuerlichen Entrechtung vollzog sich vom ausgehenden 15. bis zum beginnenden 17. Jahrhundert. Der Bevorzu-gung des Adels entsprach die Benachteiligung der Bauern, die bis zu Formen schlimmster Unterdrückung und Ausbeutung führte.[7]

Die Grenzen des Karolingerreiches, des ersten restaurierten Nachfolge-reiches zu Westrom um 800, hatten nach Osten auf der Elbe-Saale-Böhmerwald-Enns-Linie für jeweils 300 Jahre Deutsche und Slawen, Chris-ten und Heiden, nach Süden Christen und Muslime getrennt. Die italienische Wiedereroberung des Mezzogiornos 1030-90 und die deutsche Ostkolonisa-tion ab 1134 hoben zwar die Strukturgrenzen, aber nicht die Kulturgrenzen auf. Die Bewohner in (rück-)eroberten Gebieten wurden oft Untertanen zwei-ter Klasse. Immanuel Geiss hält es für keinen Zufall, dass die Grenze des Kalten Kriegs auf der Linie von 800 und 1492/98 verlief. Eine überraschende Parallele biete Ostdeutschland nach der Wiedervereinigung als deutscher Mezzogiorno. Doch am folgenreichsten sei bis heute die geistlich-geistige, ökonomisch, politisch, mentale Kulturgrenze entlang der Linie von 395/1054, welche Europa in zwei große Kult- und Kulturregionen auseinan-dergetrieben hat.[8]

Noch stärker als in den Konflikten zwischen Ost und West wurde in den Berührungen zwischen dem türkischen Islam und dem christlichen Europa beiderseits das Gegensätzliche empfunden. Nachdem das Byzantinische Reich in Osmanische Hände gefallen war, zog sich quer durch Südosteuropa ein scharfer Schnitt zwischen Christenheit und Islam. Hinter dem griechi-schen Orient lag für die Abendländer jener Zeit ein fernerer Orient, der als Brutstätte von Epidemien und kriegerischen Bedrohungen galt, aber auch ein Reich der Träume war. Jenseits des Byzantinischen Reiches tauchte im Laufe des Mittelalters der muslimische Orient der Türken auf, der für Europa zum Alptraum wurde.

Die Unterschiedlichkeit der Lebensprinzipien beider Kulturen war kaum überbrückbar. Europa ist in vielfältiger Weise pluralistisch: durch die Tren-nung von weltlicher und geistlicher Macht, durch Glaubensspaltungen, durch die Vielzahl der europäischen Fürstentümer und Stadtrepubliken, durch die Spannungen innerhalb der Fürstenherrschaften, die oft zur Schwächung der

---

7   Ernst Walter Zeeden, Hegemonialkriege und Glaubenskämpfe: 1556 -1648, Propyläen-Geschichte Europas, Berlin 1998, S. 189ff.
8   Immanuel Geiss, Europas Identität, a.a.O., S. 932f.

Widerstandskraft nach außen führten. Das osmanische Reich war demgegenüber eine mächtige Einheit.

Nachdem sich die lateinisch-griechische Zweiteilung Europas bis zum 11. Jahrhundert herausgebildet hatte, trat das Wort „Europa", in dem das Erbe des ganzen Imperium Romanums enthalten gewesen war und welches die Landmasse nördlich der mediterranen Welt bezeichnet hatte, zurück hinter die Dichotomie „Orient-Occident." „Osteuropa", d.h. das balkanisch-russische Europa, trennte sich kulturell vom römischen Europa. Nach anfänglichen Überschneidungen und Abgrenzungskonflikten entstand bis zum Hochmittelalter die Trennungslinie sowohl auf den Balkanländern als auch in den ruthenischen Zwischenzonen zwischen Polen und den preußisch-baltischen Ländern einerseits und den russischen Fürstentümern andererseits.

Ostmitteleuropa war in seinen Ursprüngen um das Jahr 1000 ein Ergebnis jenes bereits wiederholt beobachteten Prozesses der interkontinentalen Grenzausweitung Europas und der Durchdringung des neugewonnenen „jüngeren Europas" durch die Kräfte des „älteren".[9] Die Abgrenzung innerhalb des lateinischen Europas, zwischen dem mittelosteuropäischen Teil und dem Westen ist wenig relevant, da es keine kirchlichen Grenzen gibt. Das historische Phänomen „Ostmitteleuropa" kann gegenüber dem geschichtlich älteren Westeuropa und dem geschichtlich älteren (deutschen) Mitteleuropa nur ethnisch und politisch entschieden werden. Da ethnische Faktoren für die Europäische Union keine Bedeutung haben und die politische Angleichung nach 1990 gelungen ist, stehen der Zusammengehörigkeit von West- und Ostmitteleuropa keine Hindernisse im Wege.

Um das Jahr 1000 setzte die siedlungsmäßige, agrarische und kommerzielle Durchdringung der weithin dünn besiedelten Gebiete ein und brachte in Ostmitteleuropa jene ethnische Mischung hervor, die erst im 20. Jahrhundert wieder verloren ging. Die Zivilisationsleistung, die Ostmitteleuropa schuf und die diese Zone des jüngeren an das ältere Europa des Westens und Südens angliederte, war das Werk aller dort wohnenden Bevölkerungsgruppen. Die Herrscher der slawischen Stämme hatten häufig den Anstoß für den Zuzug vom Westen gegeben, von Deutschen, Niederländern, Ungarn und von Juden, die in Mittel- und Westeuropa vom 14. Jahrhundert an zunehmend verdrängt wurden.

Nicht nur machtpolitisch, sondern auch kulturell und religiös waren die Länder und Völker Ostmitteleuropas in der werdenden Neuzeit eigenständig - in der hussitischen Frühreformation ebenso wie in der polnischen Toleranzpolitik des 16. Jahrhunderts. Hinsichtlich der Multikonfessionalität, aber

---

9   Ich folge hier Heinz Schilling, Die neue Zeit. Vom Christenheitseuropa zum Europa der Staaten. 1250 bis 1750, Siedler Geschichte Europas, Berlin 1999, S. 94ff.

auch in der inneren Verfassungsentwicklung und der historisch-politischen Kultur ist diese Region zunächst eigene Wege gegangen. Doch trotz aller Unterschiede in der politischen und staatlichen Entwicklung war die Geschichte der Gesellschaften und Staaten Ostmitteleuropas zwischen 1250 und 1750 durch gemeinsame Grundzüge bestimmt, welche die neue Zeit Europas ebenso mitgeprägt haben wie die Kräfte West- und Südosteuropas.

Allen gemeinsam war bereits die hochmittelalterliche Begründung des gesellschaftlichen, politischen und religiösen Zusammenlebens durch römisch-christliche Mission, Landausbau und Migration samt der damit verbundenen ethnischen Durchmischung. Prägend für den Gesamtraum war auch die osteuropäische Gutswirtschaft, die sich im Zuge der spätmittelalterlichen Krise herausbildete und weite Gebiete östlich der Elbe auf Jahrhunderte hin auf die Rolle des agrarischen Hinterhofs für die Gewerbelandschaften Westeuropas festlegte und zur Peripherie der frühmodernen Weltwirtschaft machte.

In Ostmitteleuropa entwickelte sich eine besondere politische Kultur, die in unterschiedlicher Intensität und Dauer alle Länder dieser Zone prägte und die politische Kultur ständischer und adelsrepublikanischer Liberalität hervorbrachte. Ihre ausgeprägteste Entfaltung fand sie im Polen des 17. und 18. Jahrhunderts, aber auch in Böhmen, Ungarn und Siebenbürgen war sie anzutreffen. Der führende Repräsentant dieses ostmitteleuropäischen Ständestaates war der im Verhältnis zur Gesamtbevölkerung prozentual außergewöhnlich starke Adel.[10]

Das Bild des polnischen Papstes Johannes Paul II. von den „zwei Lungen" Europas - der westeuropäisch-lateinischen und der osteuropäisch-orthodoxen - die gemeinsam atmen müssen, weist auf das Fundament der gesamteuropäischen Kultur und Geistesgeschichte hin.[11] Dies steht in der Tradition christlich-konservativen Denkens, demzufolge Europa vor allem das christliche Europa ist. Im Hinblick auf das aufklärerische Europa gilt das Bild nicht. In den Köpfen der aufgeklärten Staatsdenker war die „res publica christiana" die Gemeinschaft der lateinischen Christenheit. Sie schloss die islamischen Türken ebenso aus wie die orthodoxen Russen.

Politisch relevant wurden die Unterschiede der Kulturen in Europa durch die sich im neuzeitlichen Europa immer stärker ausprägende Trennung von Kirche und Staat. Schon zuvor haben während der gesamten westlichen Geschichte die eine Kirche und später dann die vielen Kirchen neben dem Staat

---

10   Heinz Schilling, Die neue Zeit, a.a.O. S. 126ff.
11   Vgl. Krzystof Malinoswski, Wo endet Europa? Polnische Ansichten zum europäischen Limes, in: Hans Arnold, Raimund Krämer (Hrsg), Sicherheit für das größere Europa. Polnische Optionen im globalen Spannungsfeld, Texte der Stiftung Entwicklung und Frieden Band 14, Bonn 2002, S. 60ff.

existiert. Dieses Nebeneinander von geistlicher und weltlicher Autorität ermöglichte Aufklärung und Pluralismus, freie Wissenschaft und freie Wirtschaft, Rechtsstaatlichkeit und Demokratie. Erst die Spannung zwischen Geistlichem und Weltlichem und die daraus resultierende gesellschaftliche und kulturelle Dynamik ermöglichten überhaupt jenen fundamentalen Wandel in nahezu allen Lebensbereichen, den wir als Werden der Neuzeit begreifen.

Die dualistische Grundstruktur garantierte beiden Seiten die Möglichkeit selbständigen Handelns. Die Relativierung der Ansprüche sowohl des Staates als auch der Kirchen ermöglichte Freiheit. Die religiöse Dynamik wurde nicht gekappt, sondern ins Weltliche hinein genommen. Aus dieser Dialektik der Säkularisierung erwuchs auch das rechtliche und soziale Engagement, das im Vergleich zu anderen Zivilisationen für die europäischen Staaten und Gesellschaften charakteristisch ist.[12]

Seit der Formierung der Latinität Europas vor über 1000 Jahren teilt sich das geographische Europa in die Kultur der Latinität im Westen und der Orthodoxie im Osten. West- und Mittelosteuropa sind seit dem Frühmittelalter lateinisch geprägt. Nur hier trugen Humanismus, Reformation und Aufklärung zur Säkularisierung und Individualisierung bei, die wiederum wichtige Voraussetzungen für Industrialisierung, Demokratisierung und Marktwirtschaft waren. Die westlich-europäische Kultur hat das volle Erbe von Griechischer Philosophie, Römischem Recht, jüdisch-christlicher Religiosität, Humanismus, Reformation und Aufklärung angetreten, während die orthodoxe und islamische Kultur sich jeweils nur auf Teilelemente dieses Erbes beruft. Zwar gibt es viele der westlichen Charakteristika auch in anderen Kulturen. Die Kombination dieser Faktoren ist jedoch das westliche Charakteristikum und macht seine Besonderheit aus.

Der Pluralismus des Westens ist auch ein Produkt der Glaubensspaltung in Protestantismus und Katholizismus, der in der Orthodoxie keine Entsprechung hat. Der sich daraus entwickelnde soziale Pluralismus steht im Kontrast zu den bürokratischen Reichen ohne bürgergesellschaftliche Entwicklungen im Osten. Die repräsentativen Körperschaften erwuchsen wiederum aus dem sozialen Pluralismus. Der westliche Individualismus verstärkte sich im Humanismus und in der Aufklärung. Er ist in anderen Kulturen in keinem vergleichbaren Maße vorhanden.

Die orthodoxen Prägungen sind spiegelbildlich konträr zum neuzeitlichen Westen: keine Trennung von Staat und Religion, keine Säkularisierung, keine Individualisierung, statt dessen kollektive Strukturen und eine Organisation der Gesellschaft von oben nach unten, lange Perioden der Fremdherr-

---

12 Heinz Schilling, ebd. S. 458.

32

schaft und Fremdbestimmung. Die kommunistische Herrschaft brach dem Ineinander von Thron und Altar das Rückgrat und zerstörte damit die kulturelle Tradition des Ostens. Auch heute wehrt die Orthodoxe Kirche Russlands geistige und religiöse Konkurrenz ab und lehnt sich wieder an die Staatsmacht an.

Soziale Arbeit und Seelsorge der Westkirchen finden in der Orthodoxie wenig Entsprechung. Die im voraufklärerischen Raum verbleibenden Kirchen pflegen zu viel Nähe zum Staat und zu viel Abstand zur modernen Welt. Das Denk- und Wertesystem der Orthodoxie steht dem Gesellschaftsmodell des Westens und damit Pluralismus, Toleranz, Individualität und Anthropozentrismus zumindest reserviert, wenn nicht ablehnend gegenüber. Die von Byzanz ererbte Vorstellung einer „Symphonie" von Kirche und Staat lässt das Spannungsverhältnis von Kirche und Staat und die Emanzipation der Gesellschaft vom Staat nicht aufkommen.[13]

Die Ostkirche hat sich niemals gegen die byzantinischen Cäsaren aufgelehnt. Die in Reformation und Aufklärung gewachsene Kritikbereitschaft kam nur bis in den mittelosteuropäische Raum. Die Trennung zwischen Mittelost- und Osteuropa vertiefte sich mit Reformation und Aufklärung. Während die Emanzipation der Individuen im Westen ihren Ausgang nahm, verblieb Osteuropa in seinen politischen Strukturen, aber auch in seinem Selbstverständnis weiter in der Nähe zur Despotie. Die Autokratie der russischen Zaren entbehrte des Gegengewichts von organisierten Ständen und regionalen Körperschaften, so dass die Selbstherrschaft oft in Willkür umschlug. Die Aristokratie wurde politisch entmachtet. Sie konnte nur im Dienst des Zaren zu Macht und Einfluss im Staat gelangen. Sozial und wirtschaftlich wurde sie dagegen wie die orthodoxe Staatskirche privilegiert. In einem Prozess, der vom ausgehenden 15. Jahrhundert bis in die Mitte des 17. Jahrhunderts verlief, wurde die bäuerliche Freizügigkeit zunehmend eingeengt und die volle Leibeigenschaft konstituiert. Noch im 19. Jahrhundert gab es in Osteuropa Leibeigenschaft.

Russland versuchte immer wieder, eine staatlich forcierte Entwicklung in die Wege zu leiten. Antrieb war dabei stets das Vorbild des Westens. Die Methoden beruhten aber auf Zwangsarbeit und Unfreiheit, wodurch Überheblichkeit oben, Habgier, Neid, Wut und Hass unten gefördert wurden. Der Drang nach wirtschaftlicher Entwicklung ohne entsprechende Voraussetzungen weckte einen schlafenden Riesen, konfrontierte ihn mit fortgeschritteneren Staaten, holte seltsame und verwirrende Technologien ins Land und vergiftete es mit Traumbildern, die das Land aus dem Gleichschritt brachten. Der große Reichtum in den Händen eines verschwenderischen Adels bedeu-

---

13 Vgl. Detlef Pollack, Religion und Politik in den postkommunistischen Staaten Ostmittel- und Osteuropas, in: Aus Politik und Zeitgeschichte B 42-43/2002, S. 22.

tete reduzierte Nachfrage nach den grundlegenden Gütern, die zu einer modernen Industrie führen.

Seit Iwan IV. befanden es die Zaren für gut, diesen oder jenen zivilisatorischen Fortschritt des Westens mitzumachen. Zu diesem Zweck zogen sie europäische Fachleute aus den verschiedensten Berufen ins Land.[14] Die zwischen dem Osten und dem übrigen Europa hin- und herlaufenden Verbindungen wurden hauptsächlich vom Handelsverkehr getragen. Europa war als Ganzes ein ausgewogenes Wirtschaftsgebiet, in welchem der Osten die Industriezone zwischen Mittelitalien und den Niederlanden mit Getreidelieferungen versorgte. Der Osten bezog dafür aus dem Westen Kolonialprodukte und Fertigwaren jeder Art.

Etwa vierundneunzig Prozent der Bevölkerung lebten in Osteuropa auf dem Lande und von der Landwirtschaft. Auch die Grenzlinie zwischen der gutsherrlichen und der grundherrlichen Agrarverfassung teilte das agrarische Europa in eine West- und in eine Osthälfte. Diese Grenze verlief mitten durch Deutschland entlang der Elblinie. In den westdeutschen Regionen der grundherrschaftlichen Bodennutzung belastete die adlige Grundherrschaft zwar den Bauern mit Abgaben, tastete aber seine persönliche Freiheit nicht an. Einen Widerpart fand der Grundherr nicht selten in den Landesfürsten. Sofern diesen an einer gesunden Ertragsfähigkeit der bäuerlichen Höfe gelegen war, hinderte er den Grundherrn an der Zerstückelung lebensfähiger Bauernstellen durch Ankauf.[15]

Reformation und Protestantismus vertieften die Unterschiede zwischen West- und Osteuropa. Kern des Protestantismus war die Schaffung des neuen Menschen - rational, ordentlich, fleißig, produktiv. Der Protestantismus ließ diese bis dahin eher seltenen Eigenschaften unter seinen Anhängern zum Gemeingut werden. Der enorme Beitrag der protestantischen Kultur zur Ausbreitung der Wissenschaft liegt angesichts dieser Eigenschaften nahe und trug zur Industrialisierung bei. In den Jahrhunderten vor der Reformation hatte das südliche Europa einen Hort der Bildung dargestellt, auch weil es an der Grenze zwischen christlicher und islamischer Zivilisation lag und Nutzen aus jüdischer Vermittlungstätigkeit zog. Die protestantische Reformation änderte die Spielregeln. Sie gab der Schriftkultur großen Auftrieb, ließ abweichende Ansichten aufsprießen und beförderte die für Wissenschaft zentrale Skepsis und ablehnende Haltung gegenüber herrschenden Lehren.

Im Jahr 1750 lag das Pro-Kopf-Einkommen in Westeuropa (ohne Großbritannien) ungefähr 15 Prozent höher als in Osteuropa; im Jahr 1800 etwas über 20 Prozent. 1860 betrug die Differenz schon 64 Prozent und gleich nach

---

14 Heinz Schilling, Die neue Zeit, a.a.O., S. 198ff.
15 Ebd. S. 213ff.

der Jahrhundertwende fast 80 Prozent. Dieselbe Polarisierung ergab sich zwischen Europa und jenen Ländern, die man später „Dritte Welt" nannte. Die Industrielle Revolution hat die Welt enger zusammengeschlossen, sie verkleinert und homogenisiert; aber zugleich hat sie den Globus gespalten und Gewinner und Verlierer einander entfremdet.

Die Industrialisierung Europas ist ein in sich zusammenhängender Prozess des unaufhörlichen Wandels. Der gesamte Kontinent wurde davon erst im 20. Jahrhundert ergriffen. Die sozial-strukturellen Gründe für diese Verspätung liegen neben der Ungunst der Geographie im Überleben einer altertümlichen Feudalordnung und in einer protektionistischen Finanz- und Zollpolitik, die weder Erfindergeist, noch Unternehmertum, noch eine ausreichende Nachfrage zuließ. Europa zerfiel im Zeitalter der Industrialisierung noch stärker in zwei Teile, in einen sich rasant entwickelnden industrialisierten Nordwesten und einen agrarischen Osten und Süden, in denen Industrietechnik lediglich als Importgut auftauchte, während man Nahrungsmittel und Rohstoffe in die Industrieländer exportierte.[16]

Die Folgen sind in den heutigen Transformationsprozessen noch spürbar. Während die von der westlichen Kultur geprägten Länder Mittelosteuropas - also der Raum vom Baltikum bis Kroatien - beachtliche politische und ökonomische Fortschritte gemacht haben, hinken die orthodox geprägten Länder Ost- und Südosteuropas hinterher. Noch viel weiter zurück liegen die muslimisch geprägten Regionen Südosteuropas und Zentralasiens. Selbst das rein ökonomische Gefälle zwischen den baltischen Ländern und den Balkanländern, oder auch zwischen Estland und Weißrussland, ist ohne kulturelle Deutungsmuster nicht erklärbar.[17] Von allen Nachfolgestaaten der Sowjetunion ist es nur den baltischen Staaten gelungen, funktionierende rechtsstaatliche Demokratien und Marktwirtschaften aufzubauen.

Europas Entwicklungsgefälle verläuft seit Jahrhunderten von West nach Ost. Wie stark die kulturellen Prägungen in die heutigen Wirtschaftsräume fortwirken, zeigt sich in Ostmitteleuropa. Als Gebiete mit besonderer Dynamik kristallieren sich die heraus, die bis zum Ersten Weltkrieg die zweite Entwicklungsschiene in Europa konstituierten. Es ist der Süden der ehemaligen DDR, Nordwest-Böhmen, das Gebiet um Brünn, Preßburg und Westungarn und im heutigen Polen das Gebiet um Posen und Schlesien.

Im Grunde wiederholt sich im heutigen Russland, was für große Regionen der Erde der Normalfall ist. Eine Elite politischer und ökonomischer

16 Hagen Schulze, Phoenix Europa, a.a.O., S. 68.
17 Vgl. Seraina Gilly, Die baltischen Staaten 10 Jahre nach der wiedererlangten Unabhängigkeit: unter besonderer Berücksichtigung Estlands, in: 10 Jahre seit dem Untergang der Sowjetunion. Der postsowjetische Raum im Wandel, hrsg. von der Schweizerischen Osteuropabibliothek, Bern 2002, S. 9ff.

Machthaber sichert sich die Herrschaft über eine verarmte Mehrheit. Der Vergleich russischer Oligarchen mit den Robber Barons aus dem Amerika des neunzehnten Jahrhunderts trügt dagegen. Die Oligarchen haben fast nichts aufgebaut, sondern sich lediglich vorhandene Finanz- und Produktionsmittel angeeignet. Als parasitäre Klasse wehren sie alles ab, was ihre Parasitenexistenz bedroht.

Der vermeintliche Segen des Öls erweist sich in korrupten Strukturen als Katastrophe. Das Öl steigt den Herrschern und ihrem Gefolge zu Kopf; sie betten sich auf einer Unmenge von Geld zur Ruhe und vergeuden es für wertlose Projekte. Auch die Rückständigkeit Südosteuropas resultiert aus einer Mischung von kulturellen, politischen, religiösen und ökonomischen Faktoren. Nachdem man sich im Zuge des erwachenden Nationalismus in endlosen Befreiungskämpfen vom türkischen Joch befreit hatte, richtete sich der Nationalismus gegen andere Balkannationen. Wenn die Identität sich mit einem unbeugsamen religiösen Glauben verband, endete alles in Hass und Unvernunft. Die selbständig gewordenen Balkanstaaten vertrieben Außenseiter, auch jene, die es zu unternehmerischer oder händlerischer Initiative gebracht hatten.

In der Sowjetunion ist es einem der mächtigsten Staaten der Menschheitsgeschichte 74 Jahre trotz eines gewaltigen ideologischen Apparats nicht gelungen, historische Materialien und projizierte Mythen zu einer neuen Identität zu formen. Der Fehlschlag bei der Integration nationaler Identitäten in die Sowjetunion resultiert nicht zuletzt daraus, dass ihre Institutionalisierung der bürokratischen und geopolitischen Logik folgte und der tatsächlichen Geschichte und kulturell-religiösen Identität der einzelnen nationalen Gemeinschaften keine Beachtung schenkte.[18]

Die Sowjetunion ist vor allem an der Unterschätzung der kulturellen Faktoren gescheitert. Geistig erwies sich sein atheistischer Materialismus als sowohl dem christlichen als auch dem islamischen Weltbild unterlegen. Die Kraft der Religion reichte allerdings nicht zu einer neuen moralischen Ordnung. Nach dem Versagen der marxistisch-leninistischen Ideologie, die Massen zu prägen, blieb oft nur der Rückzug auf ethnische Identitäten und korrupte Regime. Die meisten antisowjetischen Mobilisierungen einschließlich der demokratischen Bewegungen formierten sich unter den jeweiligen nationalen Fahnen. Politische Eliten nutzten den Nationalismus, um die Macht in den jeweiligen Republiken zu erringen.

Die neuen Nationalstaaten sind aber kaum in der Lage als souveräne Staaten zu agieren. Sie bilden ein Mosaik von Nationalitäten und historischen

---

18 Manuel Castells, Die Macht der Identität. Teil 2 der Trilogie. Das Informationszeitalter, Opladen 2002, S. 44.

Identitäten. 25 Millionen Russen leben unter fremder Fahne. Ukrainer machen nur 73% der Bevölkerung der Ukraine aus. Die Definition des nationalen Interesses auf der Grundlage der institutionell herrschenden Nationalität würde auf dem ganzen eurasischen Kontinent zu unbewältigbaren Problemen führen. Aus der „Gemeinschaft unmöglicher Staaten" müsste - so Manuel Castells - eine Gemeinschaft unzertrennlicher Staaten werden. Analog zur Entwicklung der EU bedürfe es eines Gewebes von Institutionen, welches flexibel und dynamisch genug ist, die Autonomie der nationalen Identität und die gemeinsamen politischen Zwecke im Kontext der globalen Wirtschaft zu verbinden.

Für die westlich geprägten Länder des Sowjetblocks öffnete sich der Weg in die EU. Russland ist es nicht gelungen, den orthodoxen osteuropäischen Raum neu zu ordnen. Auch dessen Fliehkräfte richten sich nun immer stärker nach Westen. Durch ihre „Soft Power" wird die EU - eher gegen ihren Willen - auch in diesen Regionen zunehmend in die Pflicht genommen. Die historischen Grenzen etwa innerhalb der Ukraine oder generell zwischen dem westlichen und dem östlichen Europa erweisen sich dabei jedoch als Hürde.

1.1 Die Wiederkehr der europäischen Kulturen

Europa hat sich am Fremden, an jüdischer, arabischer und auch an fernöstlicher Kultur gebildet und geformt. Europas Kultur entstammt zweier unterschiedlicher Elemente: dem antiken Heidentum und der jüdischen, später christlichen Tradition. Remi Brague stellt die Elemente Athens und Jerusalems einander gegenüber als Religion der Schönheit und der Religion des Gehorsams, als Ästhetik gegenüber Ethik, als Vernunft gegenüber Glauben, als Streben nach Autonomie gegenüber Tradition. Europa habe immer aus verschiedenen Wurzeln gelebt. Aus der griechisch-athenischen Wurzel des Okzidents und aus der alttestamentlich-neutestamentlichen des Orients. Das Rätsel Europa besteht darin, dass in Europa diese heterogenen Wurzeln zu einer europäischen Wurzel zusammen gewachsen sind. Das Ganze der europäischen Kultur sei durch die ständige Spannung, durch den Antagonismus von Okzident und Orient und der daraus hervorgehenden Unruhe bestimmt.[19]

---

19 Vgl. Remi Brague, Europa: eine exzentrische Identität, Frankfurt M/New York 1993, S. 20f. Brague führt in die Vorstellung von Europa eine Abstufung ein. Europa sei ein variabler Begriff; man sei mehr oder weniger europäisch. Wenn also die protestantische Welt ebenso europäisch zu sein scheine wie die katholische, so scheine die Zugehörigkeit der orientalischen Welt griechischer und orthodoxer Tradition zu Europa hingegen weniger eindeutig zu sein als diejenige lateinische und katholische Tradition.

In der Neuzeit erwächst aus dieser Spannung jene Dynamik, die heute als spezifisch westlich gilt.

Der kulturelle Code der westlichen Moderne ist durch Rationalismus, Aktivismus, Individualismus und Universalismus gekennzeichnet. Durch die teilweise Übernahme des Alten Testaments wurde der ethische Rigorismus bewahrt und mit dem Liebesuniversalismus des Evangeliums verbunden. Beide wurden mit dem hellenistischen Intellektualismus verknüpft. Diese drei Projekte schufen ein Entwicklungspotential, welches den Grundstein zur ethischen Formung, zur universellen Gemeinschaftsbildung und zur Integration von fremden Kulturen in die christliche Kultur legte.

Die Vorstellung von Eigentumsrechten reicht in biblische Zeiten zurück. Die Heilige Schrift mit ihren egalitären Gesetzes- und Moralvorstellungen und mit ihrer Machtkritik lud die Gläubigen zu Kritik und zu Widergesetzlichkeiten mit den weltlichen Autoritäten ein; eine Haltung, die schon im Römischen Reich Christen und Juden unbeliebt gemacht hatte. Mit der Übersetzung der Bibel in die Landessprachen im Gefolge der Reformation drang diese jüdisch-christliche Tradition in das politische Bewusstsein der Europäer ein und erinnerte die Herrscher daran, dass sie ihren Reichtum und ihre Macht von Gott erhalten hatten und nur unter der Bedingung genossen, dass sie sich ordentlich betrugen. Herrscher konnten mit dem Eigentum ihrer Untertanen nicht einfach machen, was sie wollten.

Das Christentum war zweitausend Jahre die prägende geistig-moralische Kraft. Erst Ende des 18. Jahrhunderts gewann die Säkularisierung die Oberhand, aber auch sie war eine „rebellierende Tochter der christlichen Religion" (H. Schilling). Das religionsgeschichtliche Muster Alteuropas basiert weder auf einer prinzipiellen Trennung noch auf einer Verschmelzung der weltlichen und religiösen Dinge. Es handelte sich um einen Dualismus, in dem Religiöses und Säkulares, Kirche und Staat zwar miteinander verzahnt waren, jede dieser Bereiche aber Selbständigkeit behält. Dieser Dualismus gilt aber nur für die westlich-lateinische Christenheit, während die griechisch-orthodoxen Länder schon seit dem hohen Mittelalter eigene Wege gegangen waren und zwar vor allem hinsichtlich der religiös-weltlichen und kirchlich-staatlichen Beziehungen.[20] Auch das islamische Weltbild mit seiner Einheit von Religion und Politik steht im Widerspruch zu diesem westlichen Dualismus.

Aus der doppelten Herkunft von Antike und Christentum gehen sowohl spezifische Gefährdungen als auch die Produktivität Europas hervor. Beide Elemente tragen zur spannungsgeladenen Dynamik Europas bei. Die dritte Größe ist die römische, die das Recht erfunden und der Nachwelt hinterlas-

---

20   Heinz Schilling, Die neue Zeit, a.a.O. ., S. 456ff.

sen hat. Das Recht regelt die Transaktionen und Zirkulationen der Güter, setzt die Zeit frei, die für ihre gleichzeitige Produktion an verschiedenen Orten erforderlich gewesen ist und erlaubt die Schaffung neuer Güter.

Die Unterscheidung des Augustinus nach Heilsgeschichte und irdischer Politik, nach dem Weg der Kirche hin zum himmlischen Jerusalem und der Funktion aller weltlichen Staaten, für Ordnung zu sorgen, vertiefte das abendländische Spannungsverhältnis von Religion und Politik. Deren wechselseitiges Infragestellen ermöglicht den Weg nach innen. Der nach Gott fragende Mensch ist ein Wesen, dem es in seinem Sein um sich selber geht. Rationalismus und Existentialismus des Westens sind in Augustinus Gottesanreden und Selbstgesprächen verankert. Die von ihm herausgehobene Lehre von der Erbsünde und der Schuld des Menschen trieb die Bereitschaft zur individuellen Selbstverantwortlichkeit hervor. Neuzeitlicher Humanismus und Aufklärung ergänzten diese pessimistische Sicht auf den Menschen um eine optimistischere Sicht insbesondere der menschlichen Vernunftfähigkeit. Auch in dieser spannungsreichen Ergänzung erwies sich das Christentum im Verhältnis zur Moderne als anpassungsfähiger als der Islam.

Max Weber definierte Kultur als ein vom Standpunkt des Menschen aus mit Sinn und Bedeutung bedachter Ausschnitt aus der sinnlosen Unendlichkeit des Weltgeschehens.[21] Als ein Element der Sinngebung präge sie Selbstverständnis und Identität des Menschen. Weber hat sowohl die Größe als auch die Krise der westlichen Kultur auf den Begriff gebracht. Die westliche Beherrschung der Welt führte er auf den „okzidentalen Rationalismus", auf die durch Reformation und protestantische Ethik begründete zweckbestimmte methodische Lebensführung zurück. In den sozialen Antrieben erkennt er spezifisch christliche Wurzeln, welche die Nothilfeethik des Nachbarschaftsverbandes zur universellen Liebesgesinnung verallgemeinert hätten. Im westlichen Materialismus sah er das menschliche Handeln zweck- und interessenbestimmt verkümmern und schließlich in Nihilismus und Narzissmus enden. Seine berühmte Prognose „Fachmenschen ohne Geist, Genussmenschen ohne Herz"[22] lässt sich in den Leistungs- und Spaßkulturen der Gegenwart unschwer verifizieren.

Der treibende Motor der Entwicklungsdynamik der okzidentalen Gesellschaft ist die wechselseitige Durchdringung von Kultur und Welt, die Max Weber am Beispiel der protestantischen Ethik beschrieben hat. Kultur und Welt sind offene Systeme, die sich gegenseitig vorantreiben. Die kulturellen Ideen greifen stets über die bestehende Welt hinaus und setzen diese einem

---

21 Max Weber, Die „Objektivität" sozialwissenschaftlicher und soziopolitischer Erkenntnis(1904), in: ders., Aufsätze zur Wissenschaftslehre, Tübingen 3. Aufl. 1968, S. 146.

22 Max Weber, Die protestantische Ethik und der Geist des Kapitalismus, Hamburg 1975. S. 189.

Druck der Veränderung in der von ihnen aufgezeigten Richtung aus. Die Welt unterwirft die kulturellen Ideen der Dynamik von neuen Erfahrungen bis hin zu divergierenden Interpretationen der Kultur und partikularen Lebenswelten. Je mehr die Kultur die Welt in sich aufsaugt, umso schneller wandelt sie sich selbst, je mehr ihre Ideen in die Welt hineingetragen werden, umso tiefgehender und weitreichender verändert sich die Welt. Diese Dynamik unterscheide okzidentale Gesellschaften von orientalischen, in denen Weltanpassung, Versöhnung und Weltflucht vorherrschend seien.[23]

In der westlichen Vorstellungswelt herrschte in der zweiten Hälfte des 20. Jahrhunderts wenig Interesse an einer kulturellen Selbstverständigung. Als das Time-Magazin Vertreter junger europäischer Eliten zusammenführte und über die Zukunft Europas beraten ließ, einigte man sich auf die Bedeutung von „community, shared values and trust in public institutions". Trotz dieser durchweg weichen kulturellen Variablen war man sich andererseits einig, dass Kultur keine Rolle beim Aufbau Europas spiele und die EU allein auf der Basis von demokratischen, politischen und ökonomischen Werten und Interessen beruhe.[24] Dass diese wiederum im Zusammenhang mit Kultur stehen, hat den jungen Eliten niemand gesagt.

Der Beitrag der progressiven Intelligenz zu Europas Identität ist eher ironisch gehalten. Aufgrund ihres materialistischen und allenfalls strukturalistischen Weltbildes fällt es ihr schwer, kulturelle Gesichtspunkte überhaupt wahr und ernst zu nehmen. Schon der älteste Mythos vom Ursprung Europas - so z.B. Thomas Meyer - enthalte in seiner Tiefe und in seinem Witz eine deutliche Warnung für das ewige Projekt europäischer Identitätssuche. Es gebe in Europa keine kulturelle Identität, die alle Europäer einigt. Eine politische Identität der Bürger Europas sei dagegen nicht nur möglich, sondern lebensnotwendig.[25] Sie könne aber nicht aus der Archäologie ihrer kulturellen Überlieferungen gewonnen werden, sondern nur aus einer Politisierung der Entscheidungsprozesse, welche die Bürger in ihren Bann zieht. Europa

---

23 Richard Münch, Die Kultur der Moderne. Bd.1. Ihre Grundlagen und ihre Entwicklung in England und Amerika, Frankfurt 1986, S. 23.

24 Vgl. Time Magazin 27.1.2003 „Voices Of A New Generation, S. 54 „No clash of civilization here, because this identity, says Aniansson, „is a political and economic one" - a name embossed on your passport and the coins jingling in your pocket. „The E.U." , says Ener, „is a Union of values, along with markets, and not much else". The 25 countries now or soon to be in the E.U. came together not because they are culturally alike - they often are not - but because they share some basic democratic, political and economic values and interests.".

25 Thomas Meyer, Die Identität Europas. Der EU eine Seele?, Frankfurt/M 2004, S. 9. Die ironische Unterüberschrift enthält im Grunde schon die gesamte Antwort auf die aufgeworfene Frage.

habe keine Grenzen. Sie zu ziehen, könne ausschließlich ein Akt des politischen Pragmatismus sein.[26]

Die vorherrschende Beliebigkeit gegenüber der europäischen Kultur spiegelt sich in der Beliebigkeit des Kulturbegriffs. Neuerdings zählt so ziemlich alles darunter, was ein Mensch tun kann. Besondere Leistungen, die früher die Idee von Kultur konstituierten, werden jetzt als Ausnahmefall von Hochkultur ausgegliedert. Es gibt eine Popkultur, eine Esskultur, eine Unternehmenskultur und sogar eine Hochschulkultur muss eigens ausgerufen werden, weil Wissenschaft und Kultur in der Tat schon lange nicht mehr zwei Seiten einer Medaille sind.

Bei der Thematisierung der europäischen Kultur geht es um Identität, Selbstverständnis und Selbstwahrnehmung Europas, um das, was den Europäern gemeinsam ist. Wie bedeutsam die Selbstwahrnehmung ist, lässt sich durch einen historischen Vergleich von Gunther Mai erkennen. „Schwer empirisch zu greifen, ist die Wirkungsmacht von Ideen und Ideologien doch unübersehbar. Wenn, wie in Deutschland, ein annähernd gleiches Niveau der volkswirtschaftlichen Gesamtleistung und der individuellen Lebenshaltung 1913, 1928, 1938 und 1955 (in Westdeutschland) zu völlig unterschiedlichen politischen Grundhaltungen und Systemoptionen führte, also im wesentlichen innerhalb der Lebensspanne einer einzigen Generation, so lässt dies die Dimension des Wandels in der kollektiven Erfahrung und Wahrnehmung erahnen."[27]

Der Einfluss der Kultur auf die Lebensweise der Menschen ist so umfassend, dass sie oft ihrer Alltagswahrnehmung entgeht. Sie stellt die Identität zwischen den Mitgliedern des sozialen Netzwerkes her und formt und beschränkt das Verhalten des Menschen. Kultur darf daher weder verdrängt noch zur dauerhaften Abgrenzung Missbraucht werden. Sie muss auf eine Weise genutzt werden, dass sie sowohl den wachsenden Vernetzungen wie dem wachsenden Bedürfnis nach Identität gerecht wird.

Die Renaissance der europäischen Kulturen nahm ihren Ausgang von Polen. Der dialektische Materialismus des Sowjetsystems war eine Auflösung der westlichen Spannungsfelder zwischen Individuum und Kollektiv, Idealismus und Materialismus gewesen. In den westlichen Kulturen des Sowjetsystems konnte dies nur als geistige Fremdherrschaft verstanden werden. Seit es klar wurde, dass das System nicht in der Lage war, die materiellen Bedürfnisse der Menschen hinreichend zu befriedigen, verlor es auch noch seine allein mögliche materielle Legitimation. Während in Russland die No-

---

26   Ebd. S. 166.
27   Gunther Mai, Europa 1918-1939. Mentalitäten, Lebensweisen, Politik zwischen den Weltkriegen, Stuttgart 2001 S. 19.

menklatura ihre Macht in Geld konvertierte, vermochten sich die westlichen Länder des früheren Sowjetblockes in die europäischen Zivilgesellschaften und ihre Institutionen einzufügen.

Aufgrund seiner Lage hatte Polen immer eine Brücke zwischen Ost- und Westeuropa gebildet. Hier kreuzten sich die wichtigsten Handelsstraßen und rieben sich die Einflüsse der Kulturen. Gleichwohl war es für die Polen nie eine Frage, dass sie zum westlichen Europa gehörten. Die Polen haben sich bereits vor der Französischen Revolution eine fortschrittliche Verfassung gegeben. Die Universität Krakau wurde zwei Jahre vor der Universität Wien gegründet. Kaum ein Land hat so sehr im Epizentrum der Geschichte des 20. Jahrhunderts gestanden wie Polen. Am Ende des Ersten Weltkriegs ist es nach eineinviertel Jahrhunderten wieder als souveräner Staat auf der europäischen Landkarte aufgetaucht. Polen war das erste Ziel des nationalsozialistischen Eroberungs- und Versklavungskriegs und das Opfer des Hitler-Stalin-Pakts. Auschwitz liegt auf polnischem Boden. Die Westverschiebung Polens brachte die Vertreibung von Millionen Menschen mit sich. Die polnische Opposition war das machtvollste, weil Dissidenten und Volk vereinende, Beispiel jener Zivilgesellschaften von 1989. Jan Roß deutet dieses Konzentrat, von allem was das 20 Jahrhundert zu bieten hat, als die Voraussetzung für die geistig-politische Wirkung von Johannes Paul II, dessen Wahl zum Papst der Solidarnosc-Bewegung die notwendige Rückendeckung gab.[28]

In der Solidarnosc waren Arbeiter und Intellektuelle in der christlichen Gewerkschaftsbewegung vereint, welche die Personalität des Menschen dem Sowjetkollektivismus gegenüber stellte. Der Grundgedanke ihrer wie der der Katholischen Soziallehre bestand darin, dem Menschen die Würde wieder zu geben. Malgorzata Perzanowska fasst die Ereignisse zusammen: „Die Kombination einer Arbeiterbewegung mit dem geistigen Leben der polnischen Intellektuellen war von solcher Stärke, das das bereits ausgehöhlte Regime in sich zusammengebrochen ist. Der Dominoeffekt ist bekannt, die politische Landkarte hat sich nachhaltig verändert und schließlich stand wieder einmal Polen an der Wurzel der Entwicklung, die uns heute mehr Chancen auf ein gemeinsames Europa gibt.“[29]

Der dialektische Materialismus des Sowjetsystems bedeutete eine Zerstörung der westlichen Spannungsfelder. In den ostmitteleuropäischen Kulturen des Sowjetsystems wurde der Totalitarismus immer auch als kulturelle Fremdherrschaft verstanden. Der polnische Papst gab der Solidarnosc-Bewegung eine wichtige Rückendeckung. In der Solidarnosc-Bewegung

---

28   Jan Roß, Der Papst. Johannes Paul II - Drama und Geheimnis, Hamburg 2003, S. 23f.
29   Malgorzata Perzanowska-Zamajtis, Polen - Brücke zwischen der EU und Europas Osten?, in: National and International Studies. Public Administration, Bialystok 2/2004, S. 14f.

waren Arbeiter und Intellektuelle vereint, welche die Personalität des Menschen dem Sowjetkollektivismus gegenüber stellten. Lech Walesa beschreibt den Einfluss des Papstes aus seiner Sicht: „In den 70er Jahren war Polen schon sehr ausgeblutet. Ich habe versucht, Leute zu finden, die mit mir kämpfen wollten, und ich habe in einem Volk von 40 Millionen nur zehn Leute gefunden. Die Leute glaubten einfach nicht daran, dass der Kommunismus zu bezwingen sei. In diesem Zustand der Schwäche wurde ein Pole zum Papst gewählt. Ein Jahr nach seiner Wahl kam er nach Polen. Er sagte. „Fürchtet Euch nicht, das Antlitz der Welt zu verändern." Er hat nicht zum Kampf aufgerufen. Es gibt keinerlei Verschwörung, in die der Papst verwickelt ist. Aber er hat das so gut gemacht, dass jeder der Bürger, der ihm zuhörte, sich selbst die Frage stellen musste: Wie ist es überhaupt möglich, das ganze Volk ist gläubig, und die Kommunisten regieren hier? Nach der Pilgerreise des Papstes hatte ich nicht nur zehn Anhänger, sondern zehn Millionen Leute standen hinter mir."[30]

Als westlichster Teil der slawischen Welt und östlichster Teil der westlichen Welt ist Polen aber auch eine Zerrissenheit eigentümlich, die auch die ideelle Hinwendung zur europäischen Union so schwierig macht. Im heutigen Polen und Litauen prägen die Kirchen noch das Privatleben, nicht aber die Gesellschaft. Die Komplementarität von Religion und Welt, von Kirche und Staat ist noch nicht gelungen, weil die dialektische Spannung von Kultur und Welt, von Christentum und Aufklärung nicht hinreichend gegeben ist. Selbstreflexion als dem entscheidenden Moment aufklärerischen Denkens, Selbstkritik und die Fähigkeit zur Gegenseitigkeit fehlen. Es kann eigentlich nicht verwundern, dass eine solche Transformation in Osteuropa ohne hinreichende ideelle Voraussetzungen nur zu einer Verlagerung des Materialismus geführt hat. Im Polen von heute - so der Solidarnocz-Experte Alain Touraine - träfen die schlimmsten Seiten des Kommunismus und die schlimmsten Seiten eines rücksichtslosen Kapitalismus zusammen.[31]

Im heutigen Deutschland zeigt sich laut einer Umfrage der Konrad Adenauer Stiftung, dass sich immerhin 43 Prozent der Befragten als „sehr" oder „ziemlich religiös" bezeichnen. Nur 18 Prozent erklären dezidiert, sie seien überhaupt nicht religiös, was auch durch den hohen Anteil der Befragten aus den neuen Ländern (dort 38 Prozent) zu erklären ist. Immerhin 70 Prozent geben an, dass sie an einen persönlichen Gott oder an eine überirdische Macht glauben und nur 17 Prozent geben an „weder noch". Nur 20 Prozent sind der Überzeugung, dass christliche Wertvorstellungen eine geringere Rolle in der Politik spielen sollten. Dagegen möchten 44 Prozent, dass der

---

30   Interview mit Lech Walesa, Bonner General- Anzeiger v. 9.8.2005.
31   Alain Touraine, in: Der Spiegel v. 15.8.05.

Einfluss christlicher Wertvorstellungen gleich bleibt, und sogar 33 Prozent sind der Meinung, dass dieser Einfluss zunehmen sollte. Als roten Faden zieht sich eine fehlende Dramatik durch die Umfrageergebnissen. Es ist immer ein bisschen besser als man befürchtet und ein bisschen schlechter als man gehofft hat. Der beherrschende Eindruck der Gesamtbetrachtung sei die Zustimmung zum Status quo.[32]

An ein Leben nach dem Tode, eine zentrale Glaubenswahrheit des Christentums glauben in Deutschland nur knapp zwei Drittel aller Katholiken und kaum die Hälfte aller Protestanten, 27 Prozent der Gläubigen sagten, Gott sei nicht allmächtig. 65 Prozent der Gläubigen stimmen dem Satz zu: „Gott kennt und schützt mich persönlich", aber schon bei der nächsten Frage sagt von diesen 65 Prozent beinahe die Hälfte das Gegenteil; das Gott zwar die Welt erschaffen habe, aber keinen direkten Einfluss auf das tägliche Leben nehme.[33]

Gleichwohl scheint aber auch dieser Patchworkglaube die Werte der Menschen zu beeinflussen. Für 72 Prozent der Gläubigen ist es besonders wichtig, Kinder zu haben, aber nur für 46 Prozent derer, die dem Glauben nichts gewinnen können. Zentrale Begriffe der bürgerlichen Lebenswelt wie „Heimat" oder „Gemütlichkeit" stoßen bei den Gläubigen auf deutlich höhere Zustimmung als bei den Nichtgläubigen. Ob Verantwortung gegenüber kommenden Generationen, Ehrlichkeit oder Umweltbewusstsein - bei all diesen Begriffen liegt die Zustimmung unter den Gläubigen höher als unter den Nichtgläubigen, die im Schnitt moderneren, fortschrittsgläubigeren, emanzipierteren und hedonistischeren Atheisten haben zudem insgesamt weniger Vertrauen in den Staat, in die Polizei und in das soziale Netz. Sie glauben dafür an sich selbst, an die Gewerkschaft oder an die „Macht der Banken".[34]

In den neunziger Jahren entfaltete die Wiederkehr der Kulturen eine destruktive Tendenz, einmal im Hinblick auf die überbordende Bedeutung, die ethnische Konstellationen insbesondere im Kaukasus und auf dem Balkan erhielten, und zum anderen im Hinblick auf den drohenden Kampf der Kulturen zwischen der islamischen und der westlichen Welt. Der Begriff Kultur erfuhr nun einen tiefgreifenden Bedeutungswandel, der zum Konflikt zwischen Kultur und Kultur führt. Kultur meinte früher diejenigen Werte, die wir vermöge unserer gemeinsamen Humanität teilen. Heute bedeutet sie dagegen oft die Bejahung einer spezifischen - nationalen, sexuellen, ethni-

---

32 Vgl. Arbeitspapier der Konrad-Adenauer Stiftung, Religion-Politik-Gesellschaft. Ergebnisse einer repräsentativen Umfrage, Sankt Augustin, Mai 2003.
33 Zahlen aus der vom Spiegel in Auftrag gegebenen Infratest Umfrage vgl. „Glaube als Patchwork", in: Der Spiegel 15.8.05, S. 138.
34 Ebd. S. 147.

schen, regionalen - Identität, nicht deren Überschreitung. Da sich jede dieser Identitäten als unterdrückt empfindet, hat sich das, was einst als Reich der Übereinstimmung gedacht wurde, in eine Kampfzone verwandelt. Die Kultur ist nicht mehr ein Teil der Lösung, sondern ein Teil des Problems.[35]

Nach dem Zusammenbruch der politischen Utopie in Osteuropa gewann der Ort der Herkunft wieder an Bedeutung. Mit dem Verlust einer imaginären Zukunft wird die Vergangenheit bedeutsamer, sie wird zum Ort der Dauer und des Sinns verklärt. Der damalige Präsident von Estland brachte dies zum Ausdruck: „Die Antwort ist einfach: der Mensch ist sterblich. Für den Menschen ist der Gedanke unerträglich, er könnte der letzte Vertreter eines Volkes, seiner Sprache, seiner Lebensweise, seiner Gewohnheiten und Werturteile, seiner Geschichte, all seiner Vorfahren sein. Der Mensch lebt in seiner Kultur, er wird darin geboren, und er verlässt sie im Wissen, dass er durch sein Lebenswerk zu ihrer Unsterblichkeit beigetragen hat."[36]

Die Wiederkehr der Kulturen wurde als „cultural turn" auch in den Sozialwissenschaften durch den Orientalisten Bernard Lewis und den Politologen Samuel Huntington auf den Begriff gebracht. Zivilisationen (so der englische Begriff für Kulturen) seien das größte „Wir", in dem wir uns wiederfänden. Die „realpolitische" Reduktion des Menschen auf seine Interessen hätte übersehen, dass Menschen nicht rational ihre Selbstinteressen verfolgen können, bevor sie ihr eigenes Selbst definiert haben. Gerade in Zeiten raschen sozialen Wandels, in dem sich alte Identitäten auflösen, nehme die Suche nach neuen Identitäten zu. Huntington plädiert nicht für den „Kampf der Kulturen", sondern für seine Vermeidung durch Selbstbesinnung, Selbstbegrenzung und Selbstbehauptung auch der westlichen Kultur.

Seine vielen Kritiker, deren Zahl die seiner Leser weit überschreitet, haben oft nicht bemerkt, dass damit ein realistischer Mittelweg sowohl zur Überdehnung des Westens als auch zur Selbstverleugnung der eigenen Kultur angeboten wird. Die Huntington-These ist insofern überspitzt, weil sie Kultur zu monokausal in den Vordergrund stellt und zu wenig Differenzierungen innerhalb der Kulturen, also etwa zwischen säkularen und islamistischen Ländern innerhalb der muslimischen Welt vornimmt.[37] Er begeht zudem die Unkorrektheit, kaum hoffnungsvolle Ausblicke zur Überwindung seiner Diagnose anzubieten. Davon fühlen sich seine Kritiker zu Recht pro-

---

35 Terry Eagleton, Was ist Kultur? Eine Einführung, München 2001, S. 56.
36 Lennart Meri, Wenn es keine Kleinstaaten gäbe, müsste man sie erfinden. Das Wissen um die eigene Kleinheit verpflichtet, die Identität zu bewahren, in: Neue Zürcher Zeitung v. 28/29.7.2001.
37 so die Kritik von Udo M. Merzinger, Die Huntington-Debatte. Die Auseinandersetzung mit Huntingtons „Clash of Civilizations" in der Publizistik, Kölner Arbeiten zur internationalen Politik, Bd.13, Köln 2000.

voziert. Dieses Gefühl sollte sich aber nicht in der Ablehnung der These verbrauchen, sondern für die Arbeit am interkulturellen Lernen genutzt werden.

Huntingtons Kulturbegriff ist - hoffentlich - zu pessimistisch, weil er einem statischen Verständnis von Identität verpflichtet bleibt. Mit dieser Kritik an dem unterschätzten Lern- und Veränderungspotential von Kulturen muss konsequenterweise die Förderung interkultureller Bildungsprozesse verbunden werden. Statt um eine Kultur der Abgrenzung oder um einen bloßen Kulturrelativismus müsste es dabei um eine „Kultur als Zivilisiertheit" gehen[38] die durch ein elitäres Selbstverständnis, durch Werte wie Offenheit, Bildung und Lernfähigkeit gekennzeichnet ist.

Terry Eagleton trifft die Unterscheidung zwischen einer „Kultur als Zivilisiertheit", die durch ein solches Selbstverständnis und das Bewusstsein der Exzellenz gekennzeichnet ist, der „Kultur als Identität", die dem Ethos der Solidarität und Eigentlichkeit verpflichtet ist und der „Kultur als etwas Kommerziellem", die dem Diktat des Konsums und Massengeschmacks gehorcht. Diese drei Formen der Kultur lägen nicht nur untereinander im Streit, sie würden sich auch wechselseitig beeinflussen. Den eigentlichen Ursprung der kulturellen Konflikte sieht Eagleton in der fatalen Allianz von postmodernem Relativismus und prämodernem Essentialismus. Erst mit der Infragestellung des modernen Fortschrittsprojekts, für das die Kultur im wesentlichen Ausdruck der menschlichen Vernunft und sozialen Gleichheit war, treten die Brüche und dunklen Seiten des Zivilisationsprozesses zu Tage.[39]

Die Trennung von Kultur und Welt als Merkmal der westlichen Kultur ist schon in Platons Lehre angelegt, der zufolge alle Dinge auf Erden nur schattenhaft sind und es in der höheren Wirklichkeit auf das Seiende, Gerechte, auf die Idee des Guten ankomme. Die christliche Dialektik von Gott und Mensch, Himmel und Erde, von Eigen- und Nächstenliebe, war eine wichtige Grundlage für die neuzeitliche Aufklärung und für die modernen Ausdifferenzierungen der Gesellschaft in voneinander relativ unabhängige Teilsysteme. Ohne die abendländische Urdifferenzierung nach Kirche und Staat, nach Kultur und Welt ist das moderne Europa nicht vorstellbar.

Die marxistische Reduktion auf den „dialektischen Materialismus" stellte diese abendländische Dialektik nicht auf die Füße, sondern auf den Kopf.

---

38 Vgl. Terry Eagleton, Was ist Kultur? Eine Einführung, München 2001.
39 Der Begriff Kultur als Zivilisiertheit umgeht auch die endlosen Unterscheidungsversuche zwischen Kultur und Zivilisation. Schon Albert Schweitzer hat zu recht darauf hingewiesen, dass nichts in der Geschichte des Wortes Zivilisation zu dieser Unterscheidung berechtigt. Zivilisation bedeutet dasselbe wie Kultur, nämlich Entwicklung des Menschen zu höherer Organisation und höherer Gesittung. Man rede von ethischer und nichtethischer Kultur oder von ethischer und nichtethischer Zivilisation, aber nicht von Kultur und Zivilisation. Vgl. Albert Schweitzer, Kultur und Ethik, München 1990.

Später sollten ihre Vertreter nicht ohne Folgerichtigkeit an der Wiederkehr der ausgeblendeten religiösen und kulturellen Identitäten scheitern. Die westliche Dialektik ist nur dann konstruktiv, wenn die Spannungsfelder nicht zerreißen und es darüber nicht zur Trennung der Polaritäten durch einen ethikfreien Sozialdarwinismus oder einen „dialektischen Materialismus" kommt. Diese Vereinseitigungen der Biologie und des Materialismus sind ein Widerspruch zur europäischen Kultur. Solche Abirrungen und Abfälle von der europäischen Kultur als Teil der westlichen Kultur zu interpretieren, gehört zum Kapitel eines oft an Selbsthass grenzenden europäischen Kulturrelativismus.

Angesichts des verbreiteten Unverständnisses über unsere eigene Kultur darf es nicht verwundern, dass andere Kulturen uns noch viel weniger verstehen. Die Hoffnungen sind oft nur auf den westlichen Raum der Freiheit und des Wohlstands gerichtet, meist ohne deren Vorbedingungen zu kennen. Sie setzen die Ergebnisse eines westlichen Teilsystems, etwa der Popkultur oder der Ökonomie mit dem Westen gleich. Damit wird die Komplexität des Westens verkannt. Die islamistische Feindschaft gegen den Westen ist weniger widersprüchlich. Sie erkennt, dass in einer in ihren Strukturen verflochtenen Welt die Ausstiegsoption für Menschen und Länder nur in der Behauptung eines vollständig alternativen Systems von Werten und Prinzipien liegen kann.[40] Den Preis einer „Talibanisierung" sind aber nur Minderheiten zu zahlen bereit. Die Mehrheit der Menschen will nicht unbedingt westlich, aber in der Moderne leben. Beides muss nicht deckungsgleich sein, lässt sich aber auch nicht ohne Bezug zueinander denken.

Das gilt aber auch für die westliche Kultur selbst, die aus der Haltung der Aneignung, der Vermittlung und Selbstbildung entstand. Von Beginn an beruhte die europäische Kultur auf Wiederbegründung, auf dem Versuch einer Renaissance.[41] Die Römer akzeptierten die kulturelle Nachrangigkeit gegenüber den Griechen. Anverwandlung, Umwandlung und Übernahmen prägten das kulturelle und politische Leben in Europa.[42] Das Römische fand seine Fortsetzung im Christentum, welches den Menschen als Ebenbild Gottes, als Teil der Schöpfung und zugleich als ihr Gestalter und Verwalter, als mit Freiheit begabt und zur Verantwortung vor Gott gerufene Person verstand. Damit war das Böse nicht gebannt, aber das Wissen um Schuld und

---

40 Auf die gemeinsamen Wurzeln der in unterschiedlichen Gewändern gekleideten Feindschaft gegenüber der westlichen Kultur verweisen Ian Buruma, Avishai Margalit, Okzidentalismus. Der Westen in den Augen in den Augen seiner Feinde, München, Wien 2005.

41 Vgl. Remi Brague, Europa. Eine exzentrische Identität, Frankfurt/M, New York , S. 197; vgl. auch ders.: Europäische Kulturgeschichte, in Ralf Elm (Hrsg), Europäische Identität: Paradigmen und Methodenfragen, Baden-Baden 2002, S. 25ff.

42 Vgl. Jacques Le Goff, Die Geburt Europas im Mittelalter, München 2004.

Sünde, um die Notwendigkeit und Möglichkeit von Umkehr und Vergebung wurde Gemeingut der christlichen Gesellschaften. Ohne Schuldgefühl findet sich auch kein Verantwortungsgefühl. Das dominantere Verständnis von Ehre beruht auf äußerlicher Anerkennung statt auf Verinnerlichung.

Die Entdeckung der Vernunft verlieh den Europäern ein Instrument zur Beherrschung der Natur wie der Menschen wie es in anderen Weltgegenden in keiner nur annähernd vergleichbaren Effektivität entwickelt worden ist. Der Rationalismus ist eine wesentliche Ursache der jahrhunderte langen europäischen Weltherrschaft. Vernunft bedeutet nicht nur Herrschaft, sondern auch Kritik. Mit ihr ist - so Hagen Schulze - der Geist des Zweifels, der Skepsis und der Ironie in das europäische Denken eingetreten, der jede Gewissheit in Frage stellt, einschließlich der Gewissheit der Vernunft selbst. Aus dem dauernden Widerspruch von Gewissheit und Zweifel hat Europa die Lebendigkeit, Wandelbarkeit und Fruchtbarkeit seiner Kultur gezogen; der Pendelschlag zwischen Vernunft und Glaube, Mythos und Logos, Aufklärung und Romantik, Tradition und Fortschritt bestimmt den Takt, in dem die Kultur Europas, während sie sich selbst unablässig in Frage stellt, unaufhörlich neu entsteht.[43]

Die westliche Unruhe - so Hagen Schulze - als ewige Suche nach Neuem unterscheidet den Westen von den meisten anderen Kulturen. Das Zeitalter der Aufklärung sei schon Teil einer langen Renaissance gewesen, die Europa seit dem späten 13. Jahrhundert ergriffen hat und die seitdem in immer neuer Gestalt andauert. Die europäische Renaissance unterscheidet sich in einem wesentlichen Merkmal von allen übrigen Renaissancen der Weltgeschichte: Die Alten lehrten, der menschlichen Vernunft zu vertrauen und ihr zu folgen, deshalb liegt das Erbe der Antike nicht in ihrer sklavischen Nachahmung, sondern in ihrer schöpferischen Weiterentwicklung.[44]

Europa hat immer wieder neu angefangen. Jede neue Erfindung, jede neue theologische oder philosophische Richtung, jeder neue Stil (etwa der romanische, der gotische, der barocke) wurde relativ rasch zu einer bestimmten Höhe getrieben, auf der sie in Spätformen eine Weile verharrten, dann aber durch andere ersetzt wurden.[45] Damit wurden auch die Grundlagen für den neuzeitlichen Fortschrittsprozess in Europa gelegt. Die wichtigsten Entwicklungen der Naturwissenschaft und Technik und deren geographische Verteilung von 800 vor Christus bis 1950 zeigen, dass 80 Prozent der bedeutendsten Ereignisse in Europa stattfanden. Fügen wir noch Nordamerika

---

43   Hagen Schulze, Phoenix Europa, a.a.O. S. 512.
44   Hagen Schulze, Phoenix Europa, a.a.O. , S. S. 44f.
45   Christian Meier, Das „europäische Wunder". Die Frage nach seinen Voraussetzungen, in: Merkur Heft 5/2001, S. 399ff.

hinzu, dann kommen wir sogar auf etwa 97 Prozent. Auch eine qualitative Gewichtung kommt zu einem ähnlichen Ergebnis.[46]

Lernwilligkeit und Lernfähigkeit fanden ihren äußeren Ausdruck in den sich seit dem Hochmittelalter über ganz Europa ausbreitenden Institutionen der Universität und seit zwei Jahrhunderten in der allgemeinen Schule für jedermann. Die Generalstudien der Genossenschaften (Universitates) von Magistern und Scholaren, wie sie sich seit dem 12. Jahrhundert zuerst in Italien und in Paris ausgebildet hatten, sind spezifisch abendländisch. Im Unterschied zu den Schulen höherer, d.h. schriftgelehrter Bildung in den Hochkulturen der Erde, genossen und erkämpften sie sich (trotz aller anerkannten Bindung an die Kirche) einen relativ unbeschränkten Raum geistiger Freiheit und unabhängiger Selbstverwaltung. Das Studium war eine europäische Lebensform sui generis, Ausdruck okzidentaler Unruhe, Rationalität und Modernität. Auch für Ostmitteleuropa waren die in Prag beginnenden Gründungen von epochaler Bedeutung.

Die eigentümliche Freude am Erfinden, am Neuen und Besseren steht im engen Zusammenhang mit religiösen Wertvorstellungen. Die jüdisch-christliche Achtung vor der Handarbeit, der lineare Zeitbegriff und die Unterwerfung der Natur unter die Menschen stehen im schroffen Gegensatz zu weitverbreiteten animistischen Glaubensvorstellungen. Märkte und der Eigentumsbegriff gaben dem Unternehmertum freie Hand. Herrscher und etablierte Interessengruppen waren nur begrenzt imstande, Innovationen zu verhindern.[47] Selbst im Zeitalter der Säkularisierung und Globalisierung findet sich noch eine eindeutige Korrelation zwischen Wohlstand und religiös geprägter Ethik. Arbeitsethos, Bildung, Verdienst und Genügsamkeit sind Wertmuster, die über geographische Grenzen hinweg vergleichbare Folgen in ganz unterschiedlichen Regionen wie Westeuropa, Nordamerika, Australien, Neuseeland und Ostasien zeigen. In ihrem gemeinsamen Kern akzentuieren die entsprechenden Werte die Wechselseitigkeit von Leistung und Gegenleistung, von Rechten und Pflichten, von Freiheit und Verantwortung als Grundlage der bürgerlichen Gesellschaft.[48]

In der Beantwortung der Frage, ob sich diese kulturell geprägten Formen der Gegenseitigkeit universalisieren lassen, unterscheiden sich die Geister. Die Hauptbefürworter einer maximalen Erweiterung der westlichen Einflusssphäre sind liberale Freihändler, die einen möglichst großen Binnenmarkt und/oder liberaldemokratische Universalisten, die eine maximale Ausdehnung westlicher Strukturen und Werte wünschen. Sie unterscheiden sich

---

46 Charles Murray, Europa, du warst besser. Fast alle Errungenschaften verdankt die Menschheit dem Alten Kontinent, in: Die Zeit v. 22.4.04.
47 David Landes, Wohlstand und Wachstum der Nationen.., a.a.O. S. 75.
48 S. 515ff.

nach ihren Prioritäten. Für liberale Freihändler ist die Ökonomie, für liberale Universalisten sind politische Werte und Strukturen entscheidend.

Die „Globalisten" hegen eine gemeinsame Abneigung gegen Kultur im Sinne innerer Wertvorstellungen und Selbstverständnisse, weil dieser angeblich ein Ruch von Rasse und Unabänderlichkeit anhafte. Ihnen gilt kulturelle Identität - so ein Europaberater von Joschka Fischer - als „eher konservativ bis reaktionär getönt".[49] Für sie hat Europa keine klaren Grenzen, die Europäische Union schaffe nur welche. Für die Integrationsprozesse reiche der Druck zur Übertragung weiterer Funktionen.[50] Sie übersehen, dass die geistigen Dimensionen der Kultur das Gegenteil von unveränderlicher Natur sind.

1.2 Von der westlichen Europäischen Union zum multikulturellen Großeuropa?

Für Vaclav Havel war die Osterweiterung das wichtigste Vorhaben der europäischen Geschichte. Während bislang die großen Staaten ihre Hausordnung den kleinen Staaten und Völkern aufgezwungen haben, sei die Europäische Union der erste Versuch, Europa nach gerechten Maßstäben einzurichten, ohne Unterscheidung zwischen Groß und Klein und mit dem ausdrücklichen Respekt unserer jeweiligen Andersartigkeit.[51] Souveräne Staaten schließen sich aus freier Entscheidung einem größeren Gemeinwesen an und geben ihre Souveränität teilweise ab.

Zum ersten Mal seit 1648 sind die Nationalstaaten zunächst im westlichen Nachkriegseuropa und dann in der nachsozialistischen Welt Ostmitteleuropas zu der Überzeugung gelangt, dass sie durch die Abgabe grundlegender Attribute der Souveränität an eine übernationale Körperschaft mehr gewinnen als verlieren. Sie lassen zu, dass fünfzig Prozent ihrer innenpolitischen und achtzig Prozent der wirtschaftspolitischen Rechtsvorschriften aus Brüssel kommen. Damit sind beispiellose Eingriffe in innere Angelegenheiten der Mitgliedsstaaten sanktioniert.

Der politische Kern der Europäischen Union liegt in der Mehrebenenpolitik. Der zunächst schleichende, aber immer stärker an Tempo gewinnende Übergang von der klassischen Machtpolitik einer souveränen Beherrschung des Raumes zu einer freiwilligen Machtteilung hat ein neues europäisches Zeitalter des Friedens begründet. Der Übergang von einer nationalstaatlichen

---

49 Vgl. den damaligen Europaberater von Joschka Fischer im Auswärtigen Amt Joscha Schmierer, Mein Name sei Europa. Einigung ohne Mythos und Utopie, Frankfurt/M, S. 10.
50 Vgl. Joscha Schmierer, ebd., S. 188.
51 „Gebt Europa eine Verfassung". Jacques Delors und Vaclav Havel - der frühere EU-Kommissionschef und Tschechiens Präsident im Gespräch, in: Die Zeit v.1.2.2001.

Politik zu einer gegenseitigen Durchdringung von nationalen, intergouvernementalen und supranationalen Handlungsträgern in der Mehrebenenpolitik
stellt jedoch höchste Anforderungen an die Wettbewerbs- und Kooperationsfähigkeit.

Die Europäische Union ist eine Art Netzwerkstaat, in dem die Staaten
und die Teilsysteme der nationalen Gesellschaften sich trans- und supranati-
onal koordinieren. Das Prinzip der Vernetzung horizontaler und vertikaler
Strukturen passt zu den wechselseitigen Abhängigkeiten, die durch wissen-
schaftlich-technische Prozesse vorgegeben sind. Das Überspringen von einzelnen Politikfeldern auf größere politische Zusammenhänge treibt die Vernetzungen voran.[52] Die Struktur der Europäischen Union versucht dem exponentiellen Anstieg des Umfangs und der Geschwindigkeit weltweiter Transaktionen in den Globalisierungsprozessen zu entsprechen.

Seit der Gründung der Montanunion gehört die Aufnahme neuer Mitglieder zu den von europäischen Verträgen vorgesehenen Handlungsoptio-
nen. Der Beitritt der Zehn im Jahre 2004 war die fünfte Erweiterungsrunde
seit der Norderweiterung von 1973. Im Jahre 2004 traten Estland, Lettland,
Litauen, Malta, Polen, Slowakei, Slowenien, Tschechische Republik, Ungarn
und Zypern der Union bei. Bulgarien, Rumänen und Kroatien sollen im Jahr
2007 neue Mitglieder der EU werden und die Beitrittsverhandlungen mit
Kroatien stehen an. Die Türkei ist 1999 als Beitrittskandidat anerkannt worden. Im Herbst 2005 werden die Beitrittsverhandlungen aufgenommen. Im
Stabilitätspakt mit Südosteuropa wurde auch den Nachfolgestaaten Jugoslawiens und Albanien langfristig der Beitritt in Aussicht gestellt.

Mit dem Stabilitätspakt der EU mit Südosteuropa von 1999 ist die Vorentscheidung für eine künftige Integration auch des westlichen Balkans gefallen. Mit der militärischen Intervention und dem anschließenden Versuch
eines „Nation-Building" auf dem Balkan hat sich die Europäische Union in
die Verantwortung für die Region genommen. Was sollte ansonsten aus dem
Kosovo werden? Eine Neuintegration nach Serbien ist undenkbar und auf
sich selbst gestellt, würde es im Chaos versinken. Es bleibt nur noch die
Rolle als Schutzgebiet der EU. Serbien wird dies auf Dauer nur akzeptieren,
wenn es selbst in die Union aufgenommen wird.

Romano Prodi nannte 2003 den künftigen Beitritt von Kroatien, Serbien
und Montenegro, Mazedonien, Bosnien-Herzegowina und Albanien einen
„unumkehrbaren Prozess."[53] Die Ukraine kann seit der „Orangenen Revolution" 2004 ebenfalls moralische Ansprüche auf eine Mitgliedschaft erheben.
In der Russischen Föderation optierte die Mehrheit der Bevölkerung zeitwei-

---

52 Vgl. Anne-Marie Slaughter, „A New World Order", Princeton 2004.
53 Frankfurter Allgemeine Zeitung v. 8.7.2003.

se für einen Beitritt. Auf der Wehrkundetagung in München 2004 meldeten die palästinensischen Vertreter ihr Interesse an einem Beitritt zur Union an.[54] Der damalige EU-Erweiterungskommissar Verheugen brachte Israel ins Gespräch.

Kaukasische und zentralasiatische Staaten beschwören ihre Zukunft in einem Gemeinsamen Haus Europa, welches mit der Europäischen Union gleich gesetzt wird. Wenn es einen Refrain gibt, in den die politische Klasse in Aserbeidschan, Georgien und Armenien und in Nagorny Karabach einstimmt, dann darin, Teil der europäisch-atlantischen Strukturen zu werden. Schon eine vage Beitrittsaussicht zur EU würde sie der ersehnten Nato-Mitgliedschaft näher bringen. Die Europäische Union muss sich darauf einstellen, dass die Nachfrage nach ihr auch zwischen Schwarzem Meer und Kaspischem Meer steigen wird.

In den politisch-strukturellen und ökonomischen Beitrittskriterien der EU werden die unterschiedlichen kulturellen Identitäten des gesamteuropäischen Raumes nicht einmal erwähnt. Die wichtigsten Beitrittskriterien sind:

- institutionelle Stabilität als Garantie für eine demokratische und rechtsstaatliche Ordnung, für die Wahrung der Menschenrechte sowie für die Achtung und den Schutz von Minderheiten
- funktionsfähige Marktwirtschaft sowie die Fähigkeit, dem Wettbewerbsdruck und den Marktkräften innerhalb der Union standzuhalten
- die Übernahme der aus einer Mitgliedschaft erwachsenden Verpflichtungen und der Ziele der politischen Union sowie der Wirtschafts- und Währungsunion.[55]

Das vierte Kopenhagener Kriterium findet selten Beachtung, obwohl es für die innere Verfassung der EU von entscheidender Bedeutung ist. Es verlangt die Fähigkeit der Union, neue Mitglieder aufzunehmen und „die Stoßkraft der europäischen Integration zu erhalten." Die Frage nach der Beitrittsfähigkeit der Kandidaten ist mit der Frage nach der Aufnahmefähigkeit der Union gekoppelt.

Die Ausklammerung von Ziel- und Sinnfragen war lange ein erfolgreiches Mittel der Integration gewesen. Dass die Überwindung jahrhundertealter Feindschaften wie sie in Frankreich und Deutschland bereits einmal gelungen ist, darf aber noch nicht zum Optimismus verleiten. Hierbei mussten

---

54 Vgl. Bonner General-Anzeiger v. 9.2.2004.
55 Frank Wiehler, Die Erweiterung der Europäischen Union: Eine Herausforderung. Textsammlung „Agenda 2000", Baden-Baden 1998, S. 61.

nur nationale, aber keine religiös-kulturellen Identitäten aufgehoben werden. Skeptiker verorten die Außengrenze der westlichen Kultur auf der Linie vom Baltikum bis nach Kroatien. Spätestens mit der Integration der Türkei würden die historischen Grenzen des Westens zugunsten einer multikulturellen Allianz überschritten. Ein politisches System brauche für seine Handlungsfähigkeit aber einen kulturellen Rahmen. Erst aus dem historisch gewachsenen Erfahrungshorizont erwüchsen die Begründungen für Prioritäten und Positionen. Eine politische Ratio könne nicht gleichsam als Ding an sich, ohne Bezugsrahmen auf einen elementaren Wertekonsens, auf gemeinsame Interessen und gemeinsame Zukunftsperspektiven existieren.[56]

Die Notwendigkeit von Grenzen entstünde schon aus der „Wolfsnatur des Menschen". Konflikte und Feindschaften werden als unabänderlich hingenommen.[57] Das Ungefügte und Grenzenlose sei das Monströse und Bedrohliche, weil ihm die Fähigkeit fehle, zwischen Zugehörigem und Fremdem zu unterscheiden. Jeder „Organismus", von der Zelle bis zur Staatengemeinschaft, bedürfe für die eigene Lebensfähigkeit und Identität der Grenze. Was nicht begrenzbar ist, sei nicht organisierbar. Das blinde Wüten gegen Grenzen betreffe gleichzeitig die Grenzen der Völker und Kulturen, des Denkens und der Wahrnehmung, der Ethik und Moral, der psychologischen Nähe und der sozialen Gemeinschaft, aber auch solche der Naturgesetze und des eigenen Körpers. Die Mythen der Begrenzung - vom Turmbau zu Babel, dem Übermut von Prometheus und Ikarus bis zu Goethes „Faust" - würden alle an die Überforderung durch zuviel und zu schnellen Wandel und an die fortwährende Entfremdung durch Entgrenzung gemahnen.[58]

Die Westler vertreten zugleich eine bundesstaatliche Ordnung für die Union und sind daher über die zweite Gründung der Union eher bestürzt. Das alles habe seinen eigenen Wert, - so Werner Weidenfeld - aber es sei weit entfernt von der alten Vorstellung, die ein föderales Europa mit staatsähnlichen Qualitäten anstrebte. Der neue europäische Raum werde mit seiner Handlungsfähigkeit näher an den Vereinten Nationen und der OSZE als an der früheren Europäischen Gemeinschaft liegen. Ohne einen umgrenzten Integrationsraum könne Europa zudem keine Identität entwickeln. Mit dem „Europe a la carte" sowie einem auf eine pick-and-choose Strategie reduzierten Politikverständnis ließen sich weder Identität schaffen noch politische

---

56 So auch die Grundfrage bei Werner Weidenfeld, Europa - aber wo liegt es?, in: Ders.(Hrsg), Europa-Handbuch, Bundeszentrale für politische Bildung, Bonn 2002, S. 15ff.

57 Vgl. Samuel Huntington, Kampf der Kulturen, .a.a.O., S. 202 „Hassen ist menschlich. Die Menschen brauchen Feinde zu ihrer Selbstdefinition und Motivation: Konkurrenten in der Wirtschaft, Gegner in der Politik. Von Natur aus Misstrauen sie und fühlen sich bedroht von jenen, die anders sind und die Fähigkeit haben, ihnen zu schaden."

58 Bernd Guggenberger, Sein oder Design. Im Supermarkt der Lebenswelten, Reinbek 2000, S. 289f.

Systeme auf Dauer erhalten. Politische Systeme lebten von Identität, normativen Vorgaben und Leitbildern.[59]

Mit der Türkei wird die Europäische Union direkte Grenzen zu Syrien, dem Irak, zum Iran, zu Armenien und Georgien haben. Diese direkten Nachbarschaften stellten eine stabilitätspolitische Herausforderung dar, deren Ausmaß bisher kaum in ihrer Tragweite erfasst worden ist. Europa sitzt in der Erfolgsfalle. Einerseits zieht der Magnetismus der Integration immer mehr politische Materien und beitrittswillige Staaten an, andererseits hält der Ausbau supranationaler Handlungsfähigkeit damit nicht Schritt. Der Kontinent droht am eigenen Erfolg zu scheitern.[60]

Ein multikulturelles Großeuropa wäre nicht mehr mit der Idee eines europäischen Bundesstaates vereinbar. Bei einer eurasischen Union würde es sich auf lange Zeit nur noch um eine Freihandelszone und nicht mehr um eine europäische Machtorganisation handeln. Wenn alle mit allen verbündet sind, bedeutet das Bündnis nichts mehr. In diesem Sinn ist bereits die NATO, einst eine mächtige Militärallianz, durch Erweiterungen entwertet worden; die Supermacht USA sucht sich aus ihr die Partner heraus, die sie gerade braucht. Wenn sich die EU überdehnt, droht ihr - so folgert Peter Glotz - das gleiche Schicksal.[61]

Skeptiker rieten schon vor der ersten Osterweiterungsrunde, dass man nicht zu viele Schritte auf einmal tun, sondern einen Schritt nach dem anderen setzen solle. Die Erweiterung der Union - so Helmut Schmidt - dürfe nur schrittweise erfolgen, denn sie zwinge bei jedem Schritt zur Neuordnung der Finanzierungs- und Haushaltsstrukturen. Auf längere Sicht werde die Erweiterung zur Herausbildung eines inneren Kerns der Union führen. Eine gemeinsame Außenpolitik so vieler Staaten sei ganz und gar utopisch. Wahrscheinlich werde sich der innere Kern aus den sechs Gründerstaaten der Montanunion neu bilden.[62]

Niemand bezweifelt, dass Mexiko oder Honduras zu Amerika gehören, aber dennoch denken die „Vereinigten Staaten von Amerika" nicht daran, sie als 51. oder 52. Bundesstaat zu integrieren. In Europa liegen die Dinge in vielerlei Hinsicht anders. Der Vergleich ist dennoch relevant, weil die geokulturellen Unterschiede zwischen west- und mittelosteuropäischen Kulturen auf der einen Seite und den orthodoxen Kulturen auf der anderen Seite von

---

59 Wolfgang Wessels, Die Erweiterung der EU- Visionen und Strategien, in: Europäische Integration: Vertiefung durch Erweiterung?, hrsg. von Rolf H. Hasse und Cornelie Kunze, Leipziger Beiträge, a.a.O. S. 29.
60 Werner Weidenfeld, Kulturbruch mit Amerika?. Das Ende transatlantischer Selbstverständlichkeit, Gütersloh 1997, S. 76.
61 Peter Glotz, Ein vereintes Europa, a.a.O. S. 4f.
62 Helmut Schmidt, Die Selbstbehauptung Europas. Perspektiven für das 21. Jahrhundert, Stuttgart, München, 2000, S. 249.

vergleichbarer Spannweite und im Falle der islamischen Kulturen größer sind als die zwischen Nord- und Lateinamerika.

Im Dilemma von Erweiterung und Vertiefung ist eine Entscheidung so zwiespältig wie die andere. Die Begrenzung der Union auf den westlichen Kulturraum droht Teile Ost- und Südosteuropas Krieg, Verelendung und Kriminalität oder - im Falle der Türkei, Teilen Bosniens und Albaniens - dem Islamismus zu überlassen. Eine Integration dieser instabilen Regionen droht wiederum die Union selbst zu überfordern und damit zu destabilisieren. Schon für den Versuch, das Kosovo und Bosnien-Herzegowina zu stabilisieren, bedurfte die Union der massiven Unterstützung der USA und der UNO.

Das Dilemma zwischen Offenheit und Identität vergrößert sich, wenn Offenheit zur einzigen Form der Identität verkommt. Ohne eine näher spezifizierte Form der Identität ist eine Ablehnung der russischen Länder, von Moldawien, den Kaukasus-Republiken und einiger Europa historisch und kulturell verbundener Staaten des Nahen Ostens und Nordafrikas wie Israel, Marokko oder Algerien nicht begründbar. Eine solchermaßen erweiterte Europäische Union würde noch den Europarat mit seinen 41 Mitgliedsstaaten übertreffen.[63]

Das heutige Europa ist nicht mehr nach Demokratien und Diktaturen, sondern nach rechtsstaatlichen und nichtrechtsstaatlichen „elektoralen Demokratien" zu unterscheiden. In den osteuropäischen Ländern hat die westliche Dialektik zwischen Staat und Markt, Konflikt und Kooperation, Regulation und Deregulation noch nicht Fuß gefasst. Die russischen Länder sind zugleich über- und unterreguliert. Sie sind überreguliert, was die Zahl der Stempel und Genehmigungen betrifft, die man für jeden Geschäftsakt benötigt, und sie sind unterreguliert, was den fehlenden Schutz von Verbrauchern und ehrlichen Unternehmern angeht. Statt eines Kreislaufs, in dem sich Demokratie und Marktwirtschaft gegenseitig stärken, gibt es einen Circulus vitiosus zwischen politischem und marktwirtschaftlichem Versagen.

Auch in Serbien oder Albanien kann man so viele Wahlurnen aufstellen wie man will; sie entsprechen eher der schon von Aristoteles beschworenen „vielköpfigen Gewaltherrschaft" als dem westlichen Demokratieverständnis. Der Rechtsstaat ist mit seiner Gewaltenteilung und den garantierten Grundrechten nicht nur ein moralischer Fortschritt, sondern die entscheidende Voraussetzung für die Gleichzeitigkeit von Wettbewerb und Kooperation der Teilsysteme und für die Rechtssicherheit von Investoren. Die Strukturen der nichtrechtsstaatlichen Demokratien werden nicht durch das Gesetz, sondern durch informelle Kontakte - vulgo: Korruption - gesichert.

---

63 Werner Weidenfeld und Claus Giering, Die Zukunft Europas, in: Werner Weidenfeld (Hrsg), Europa-Handbuch, a.a.O., S. 797.

Der Zusammenbruch jeglichen Gemeinsinns in der Russischen Föderation vollzieht sich vor dem düsteren Horizont eines aktiven Nihilismus. Es zählen nur noch die Werte des eigenen Überlebens. Obwohl in Russland sechzig Prozent der Weltreserven an Erdöl und Erdgas erschlossen werden, ist das Land hoch verschuldet. In den Jahren der Reform hat sich das Land in ein reiches und in ein armes Land gespalten. Im reichen Russland leben etwa fünfzehn Prozent der Bevölkerung. Da es kaum einen Mittelstand gibt, stehen die anderen näher zur Armut als zum Wohlstand. Die reichen Russen verfügen über 85 Prozent aller Bankersparnisse und 92 Prozent aller Eigentumserträge.[64]

Eine Steigerungsform von Korruption ist das Verbrechen in und vermittels des Staatsapparats. Auch in den potentiellen Beitrittskandidaten Bosnien-Herzegowina, Serbien und Montenegro, Mazedonien, im Kosovo und in Albanien ist ein Gebiet entstanden, in dem die Staatsmacht nur der äußeren Form nach Ähnlichkeiten mit den Staaten im übrigen Europa hat, in Wirklichkeit aber ein Werkzeug von Interessengruppen ist, für die es keine Grenze zwischen legal und illegal gibt. Mafia, Geheimdienste, Eliteeinheiten der Polizei und Teile der Justiz haben die Felle unter sich verteilt und wer dagegen angeht, bezahlt dies sogar als Ministerpräsident mit seinem Leben.[65]

Der gemeinsame Raum der Freiheit, der Sicherheit und des Rechts erzwingt auch einen gemeinsamen Kampf gegen den Terrorismus und transnationale Kriminalität. Eine völlige Abwendung von solchen Schauplätzen ist aber auch nicht realistisch. Die organisierte Schwerkriminalität deutscher Großstädte ist längst in der Hand von russischen oder albanischen Mafiabanden. Eine Kooperation mit Polizei und Justiz der „Entsenderländer" ist schwierig, aber zumindest dort möglich, wo die Polizei nicht selbst zur Mafia zugerechnet werden muss. Albanien sollte schon deshalb enger an die Union gebunden werden, um durch die Zusammenarbeit mit der dortigen Polizei den Menschenhandel von Ost nach West einzudämmen, der über Albanien nahezu ungestört nach Italien verläuft.

Anfragen und Hinweise an eine oft selbst in den Menschen- oder Drogenhandel verstrickte Polizei schaden aber oft mehr als sie nutzen. Umgekehrt verurteilen rechtsstaatliche Polizeimethoden zur Ohnmacht, eine Erfahrung, die nicht nur unsere Großstadtpolizei, sondern auch die 500 von der EU nach Bosnien entsandten Polizisten machen. Wenn sich das Verbrechen mit ethnischen Loyalitäten verbindet, handelt es sich im Grunde um einen

---

64   Wladimir Miljutenko, Abgrund der Armut in einem reichen Land, in: Wostok 3/2003, S. 28.
65   Norbert Mappes-Niediek, Balkan-Mafia. Staaten in der Hand des Verbrechens, Berlin 2003.

neuen Kriegsschauplatz. Mit den „Samthandschuhen" des Rechtsstaates steht die Polizei hier auf verlorenem Posten.[66]

Auch die Arbeitsmärkte werden sich nicht abgrenzen lassen. Die Arbeitslosigkeit in der Ukraine wird auf 35 Prozent geschätzt. Ein großer Teil der ukrainischen Schattenwirtschaft funktionierte nur durch den grenzüberschreitenden Handel, der von der EU-Außengrenze zwischen Polen und der Ukraine erschwert wird. Viele Familien leben von illegaler Arbeit im Ausland. Von beinahe jeder Familie lebt ein Familienmitglied in einem anderen europäischen Land. Die Gesamtzahl der illegal arbeitenden Ukrainer in der EU wird auf 1,5 Millionen geschätzt.[67] Mit der Schließung der Grenzen wird sich die Zahl der illegal im Westen Arbeitenden erhöhen. Der Versuch deutscher Multikulturalisten, den Zuzug durch beliebige Visavergabe zu legalisieren, kann nicht die Lösung sein.

Freie Arbeitsmärkte und freien Zugang in die Sozialsysteme für dann ca. 100 Millionen Türken und 47 Millionen Ukrainer könnten Europa selbst zum Schauplatz einer entgrenzten und schutzlosen Form der Globalisierung machen. Europa wäre dann nicht ein Ort der Gestaltung, sondern ein bloßes Objekt der Globalisierung. Auch mit dem drohenden Verlust des national organisierten, gleichwohl spezifisch europäischen Sozialmodells stellt sich die Frage nach der europäischen Identität. Der Wohlfahrtsstaat ist ein gemeinsames Leitbild der West- und Nordeuropäer nach 1945. Er gewährleistet die Unabhängigkeit wirtschaftlicher Unternehmerfunktion, das Privateigentum und die Anerkennung von sozialen Schutz- und Teilhaberechten der Bürger.

Die Ängste vor Identitäts- und Wohlstandsverlusten können zu ethnisch-populistischen Gegenreaktionen führen. Ein zu schnelles Zusammenwachsen des Unterschiedlichen kann die Menschen überfordern. Selbst in traditionell liberalen Ländern wie in Dänemark und in den Niederlanden sind Regierungen vom Wähler für eine als beliebig empfundene Offenheit in der Integrationspolitik abgestraft worden. In der EU gibt es keine abwählbare Regierung, so dass sich Ängste und Unbehagen gegen das gesamte System der Union richten könnten. Ohne das Bewusstsein gemeinsamer Erfahrungen und Prägungen - so warnt Heinrich-August Winkler - gäbe es keine Vertiefung des Einigungsprozesses. Dieses Junktim könne nur bestreiten, wer der Meinung sei, dass ein vereintes Europa auf überzeugte Europäer gar nicht angewiesen ist. Wer sich selbst für einen überzeugten Europäer hält, der kann nicht wol-

---

66 Für entsprechende Informationen aus Sarajewo danke ich Frau Azra Ibrahimagic.
67 Juri Durkot, Auf dem Weg nach Europa - an der Grenze zu Schengen, in: Wostok 3/2003, S. 88f.

len, dass der Mangel eines europäischen Wir-Gefühls durch Appelle an nationale Instinkte ausgeglichen wird.[68]

Sind die transkontinentalen Probleme des Verbrechens, der Armut, von Migration und Wettbewerb besser in einem maximal ausgedehnten oder in einem westlich geprägten Europa zu bewältigen? Droht die EU durch Überdehnung zu scheitern oder ist umgekehrt ein zu enger Handlungsraum in den heutigen Globalisierungsprozessen zum Scheitern verurteilt? Wie groß muss Europa sein, um weder das eine noch das andere Schicksal zu erleiden? Diese Fragen werden von den Bürgern eher ängstlich beantwortet. Die Stimmung der Bevölkerung in Deutschland war schon vor dem Beitritt der neuen Mitgliedsstaaten von Beklommenheit gekennzeichnet. 58 Prozent der Bevölkerung sahen der Osterweiterung überwiegend mit Befürchtungen entgegen, nur 17 Prozent mit Hoffnungen. 65 Prozent waren überzeugt, dass die Osterweiterung mehr Risiken als Chancen bietet. 78 Prozent der Bevölkerung sind von der politischen Debatte über weitere Beitrittskandidaten irritiert und unterstellen der Politik Mangel an Verantwortungsbewusstsein. Während für die Mehrheit außer Frage stand, dass im Jahre 2004 überwiegend europäische Nationen Mitglied der EU wurden, stufen nur 21 Prozent die Türkei als europäisches Land ein. Auch Russland, die Ukraine und Albanien werden nur von einer Minderheit als „europäische Länder" angesehen. Nur 12 Prozent der Bevölkerung unterstützten grundsätzlich einen Beitritt der Türkei, 66 Prozent sprachen sich dagegen aus. 42 Prozent befürworteten das Konzept einer privilegierten Partnerschaft.

Die Debatte über weitere Beitrittskandidaten droht die Bevölkerung zu überfordern und damit die Stimmung gegenüber der EU zum Kippen zu bringen. Die überwältigende Mehrheit plädierte dafür, innezuhalten und zunächst die Erweiterung des Jahres 2004 zu verarbeiten. Sie wünschen eine Konzentration auf eine Vertiefung der Zusammenarbeit statt einer weiteren Vergrößerung. Große historische Veränderungen finden selten im Vorhinein die Unterstützung der Mehrheit. Ob ein großes Vorhaben gelingt, hängt aber entscheidend vom Vertrauen der Bevölkerung darauf ab, dass die Entscheidungen mit Bedacht, im Bewusstsein der Folgen und unter Berücksichtigung ihrer Interessen fallen. Eine spekulative, leichtfertig anmutende Diskussion über die Weiterentwicklung Europas gefährdet dieses Vertrauen und damit die Akzeptanz der europäischen Integration.[69]

---

68 Heinrich-August Winkler, Europa am Scheideweg, in: Frankfurter Allgemeine Zeitung v. 12.11.2003.
69 Renate Köcher, Beklommenheit vor dem historischen Schritt. Die Bevölkerung sieht überwiegend Risiken der Ost-Erweiterung der EU, in: Frankfurter Allgemeine Zeitung v. 21.4.04.

Die bisherige Diskussion zur „Ost-Erweiterung" war nicht gerade die Stunde der Visionäre. Europa war auf die Wende der frühen neunziger Jahre nahezu unvorbereitet gewesen. Die Ratlosigkeit hält bis heute an und reicht bis in die höchsten Kreise. So hatte für den deutschen Außenminister Fischer das Konzept der Vertiefung der EU bis hin zu einem Bundesstaat zunächst Vorrang vor einer Ausdehnung. Später deutete er die Zukunft der Union eher in weltpolitisch-strategischen Dimensionen. Im Zuge eines möglichen Türkei-Beitritts entdeckte er Großeuropa als strategische Option zur Bewältigung der globalen Probleme. Die „klein-europäischen" Vorstellungen funktionierten einfach nicht mehr. Europa müsse eine große Gemeinschaft integrierter Staaten sein. Die Konflikte in der Welt seien nur noch zu beherrschen, wenn man in „kontinentalen Größenordnungen" handelt. Russland, China, Indien und die Vereinigten Staaten hätten die notwendige Größe. Für uns Europäer stelle sich die Frage, ob wir eng genug zusammenwachsen können, um unser Gewicht geltend machen zu können. In diesem Lichte müsse man auch die Türkei-Diskussion sehen.[70]

Das Konzept „Kerneuropa" wurde als „kleineuropäisch" verworfen. Eine historische Anleihe findet dieses Konzept bei der Paneuropabewegung. „Ein neues Bild des größeren Europa enthüllt sich vor unseren Augen; das alte Europa der Mitte, mit einem mächtigen Flügel im Osten, der über Russland nach Sibirien reicht, und einem mächtigen Flügel im Westen, der Nordamerika umfasst. Dem slawischen Europa des Ostens bietet das angelsächsische Europa im Westen das Gleichgewicht. Eine Hegemonie des einen oder anderen Flügels über Europa wird dadurch abgewendet. Europa bleibt das westliche Land der Mitte."[71]

EU-Kommissar Verheugen hielt der damaligen Vertiefungskonzeption Joschka Fischers seine eurasische Vision entgegen. Die Perspektive der Integration müsse auf ganz Europa ausgedehnt werden, auf die früheren Staaten der Sowjetunion und auf die Länder des Balkans.[72] Die Europäische Union müsse als Stabilitätsanker gerade den Randstaaten eine Perspektive bieten, wofür eine langfristige strategische Perspektive zu entwickeln sei. Er sprach sich gegen eine „Armutsgrenze" der Union aus und plädiert stattdessen für „offene Grenzen". Er sah mehrere Beitrittswellen bis hin zu den Ländern der früheren Sowjetunion auf die EU zurollen.[73]

---

70 Vgl. Bonner General-Anzeiger v. 1.3.04.
71 Richard Coudenhove-Kalergi, Die Wiedervereinigung Europas, Wien, München 1964, S. 14.
72 Ich folge hier meinen Aufzeichnungen eines Vortrags von Günter Verheugen vor dem Solidaritätskomitee mit Belarus am 24.3.01. in der Fachhochschule des Bundes für öffentliche Verwaltung in Brühl. Der offene Bericht des Kommissars verblüffte mich mit der Leichtigkeit, mit der er seine eurasische Vision entwarf.
73 Vgl. Bonner General-Anzeiger v. 2.9.1999.

In dieser entscheidenden Phase verfügten die beiden wichtigsten Außen- und Europapolitiker Deutschlands über diametral gegensätzliche Erweite- rungskonzeptionen, ohne dass dies von der politischen Öffentlichkeit für bemerkenswert gehalten wurde. Verblüffend ist auch, wie sehr die Heranfüh- rung der Türkei an die Europäische Union auf eine persönliche Initiative zurückgeht. Die Beiläufigkeit dieses Vorgangs verdient eine ausführliche Wiedergabe. Anlässlich seines 60. Geburtstags wird Verheugens Rolle fol- gendermaßen gewürdigt: „Stellen Sie sich mal vor, sagte Günter Verheugen irgendwann in den ersten Wochen dieses Jahres, die Europäische Union würde Israel als wirtschaftliches Vollmitglied aufnehmen. Unvorstellbar?

Das war eine andere nahöstliche Idee des deutschen Politikers auch, da- mals im Bundestagswahlkampf 1998. Günter Verheugen war noch nicht Staatsminister im Auswärtigen Amt, geschweige denn EU-Kommissar für Erweiterung, sondern einfach außenpolitischer Koordinator der SPD. Stellen wir uns mal vor, wir geben der Türkei fünf Jahre Zeit zu zeigen, was sie kann, und entscheiden dann, ob das Land EU-tauglich ist. Ein Jahr später legte die Kommission beim Gipfeltreffen in Helsinki ihren Vorschlag auf den Tisch, mit Ankara Verhandlungen vor den Verhandlungen zu beginnen. Federführend war Verheugen....„Die Haltung der Union in einer weltpoliti- schen Frage wurde binnen weniger Wochen geändert. Das bleibt für mich das Wichtigste, was ich in meinem Leben geschafft habe."[74]

Seine Visionen beruhen auf der Annahme, dass die EU der wichtigste Katalysator für positive Reformen ist. Wo eine europäische Perspektive vor- liege, kehre Reformbereitschaft und Stabilität ein. Es müsse um die Integrati- on ganzer Regionen gehen, weil die Probleme der Umwelt, der Verbrechens- bekämpfung und Energieversorgung nicht national zu lösen seien. In keinem Fall dürfe zugelassen werden, dass in Europa eine endgültige Grenze zwi- schen arm und reich entstehe. Als Beleg wertet Verheugen die Einhegung nationalistischer Politik in den mittelosteuropäischen Staaten.[75]

In keinem der zahlreichen Interviews und Vorträge Günter Verheugens findet man einen Hinweis, dass ihm der Unterschied zwischen den kulturell westlich geprägten und den nichtwestlichen Ländern Europas auch nur er- wähnenswert erscheint. Als wesentliche Bedingung für Beitritte sieht Ver- heugen lediglich, dass in diesen Ländern demokratisch gewählte Regierun- gen herrschen, ein angesichts der real existierenden Demokratien in Ost- und Südosteuropa außerordentlich offenes Kriterium. Diese Ideen von einem grenzenlosen Europa, welches sich nach Eurasien erstreckt, entstammt der-

---

74 Jochim Fritz Vannahme, Der geduldige Deutsche. Wider westliche Bürokraten und östliche Bauernführer: EU-Kommissar Verheugen hat zäh für die Erweiterung der EU gekämpft, in: Die Zeit v. 22.4.2004.

75 Ebd.

selben multikulturellen Ideologie, welche im Innern der Gesellschaften die Haltungen zu Migration und Integration lange bestimmt hat. Die Gefahr der kulturellen Überdehnung wird nicht einmal thematisiert.

Bereits mit dem Beitritt des orthodox und muslimisch geprägten, politisch und kulturell geteilten Zyperns hat die EU multikulturelles Gelände betreten, ohne interkulturelle Vorbereitungen getroffen zu haben. Erst seitdem die Türkei zur allgemeinen Verwunderung nach und nach Beitrittskriterien erfüllt, setzen die Debatten ein. Verheugen hält sie allerdings für überflüssig und politisch riskant, weil sie die Glaubwürdigkeit der EU gefährden. Statt immer wieder aufs neue die Grundsatzfrage über die Zugehörigkeit der Türkei zu Europa zu stellen, müsse die Gemeinschaft klären, wie eine EU aussehen könne, welche die Türkei als Mitglied verkraftet. Der Islam sei ein Teil der europäischen Kultur.

Wie wenig diese eurasische Konzeption in eine gesamtwestliche Konzeption eingebettet ist, zeigt sein Insistieren darauf, dass die EU-Osterweiterung und die NATO-Osterweiterung nichts miteinander zu tun hätten. Es gebe überhaupt keine politische Koordination zwischen EU und NATO und dies sei auch gut so. Anlässlich der Krise in Mazedonien hätte es das erste Mal überhaupt Kontakte der EU-Kommission mit dem Nato-Generalsekretär gegeben.[76]

Im Jahre 2004 räumt Verheugen allerdings zeitliche Grenzen für die EU ein. In Europa könne man kein Land ausschließen, da jedes europäische Land das Recht habe, sich um eine Aufnahme zu bemühen. „Aber wir sehen von uns aus für eine Reihe von Ländern eine Beitrittsperspektive nicht für die vorhersehbare Zukunft vor: Russland, Ukraine, Moldawien, Weißrussland und die Staaten des südlichen Kaukasus. Für eine ziemlich lange Zeit wird die Westgrenze der früheren Sowjetunion mit Ausnahme der baltischen Länder die Ostgrenze der Europäischen Union sein."[77] Die genannten Länder könnten nicht sagen, was für die Türkei Recht ist, müsse für sie billig sein. Die Türkei sei ein anderer Fall, da sie schon sehr privilegierte Beziehungen mit der EU und seit 1963 eine Beitrittsaussicht gehabt habe, die aufgrund der überragenden strategischen Bedeutung für die Sicherheit Europas immer wieder bestätigt wurde. Er teile das Argument nicht, wenn man die Türkei nehme, müsse man auch all die anderen aufnehmen. Man dürfe die Erweiterung nicht immer nur von den Ansprüchen möglicher Beitrittsländer her betrachten, sondern auch von unseren Interessen. Die Türkei sei ein Land, welches eine wichtige Rolle spielen kann in Bezug auf die Sicherheitsprob-

---

76 Vortrag von Günter Verheugen in Brühl am 24.3.2001.
77 Interview mit EU-Erweiterungskommissar Günter Verheugen „In Europa können Sie kein Land ausschließen", in: Das Parlament 5./12. April 2004.

leme des 21. Jahrhunderts, insbesondere für das Verhältnis zwischen europäischen Demokratien und der islamischen Welt.[78]

Die Frage nach dem endgültigen Platz der Türkei hält Verheugen für eine sicherheitspolitische Frage und zwar ganz und gar. Es gehe um das Verhältnis zwischen westlichen Demokratien und islamischer Welt. In der Türkei sei die große Verwandlung untrennbar verbunden mit der europäischen Perspektive. Für das Ziel, Europäer zu sein, und nur für dieses Ziel, seien sie bereit, Reformen auf sich zu nehmen, die noch vor wenigen Jahren für unmöglich gehalten worden seien. Da die Union auf Freiwilligkeit, Gleichberechtigung und Demokratie beruhe, könne sie sich nicht überdehnen.[79]

Bei der Lektüre des Europabuches von Günter Verheugen wird einmal mehr klar, welche bedeutende Rolle er in der Phase allgemeiner europapolitischer Visions- und Konzeptionslosigkeit einnehmen konnte.[80] Sein unbeirrbarer Idealismus zog die Orientierungslosen leicht mit sich. Verheugens friedenspolitisch motivierter Willen, die Europäische Union von einer westeuropäischen zu einer gesamteuropäischen Union zu erweitern, hat jedenfalls enorme Konsequenzen gehabt. Die unvermeidliche Ambivalenz eines Vorgangs von solcher Tragweite lässt der Tatmensch aber nicht an sich heran, würde dies doch auch seinen Willen relativieren.

Ursprünglich sollte das Buch „Weltmacht Europa" heißen, so wurde es jedenfalls noch im vergangen Jahr angekündigt. Man hätte gerne erläutert bekommen, warum das Buch stattdessen unter dem Titel „Europa in der Krise" erscheint. Dabei wäre vielleicht jene Selbstkritik erkennbar geworden, die dem von keinerlei Zweifel angekränkeltem Politiker ganz verloren gegangen ist. Kritisiert werden nur die Kritiker der Erweiterungsprojekte.

Sein nahezu ausschließliches Motiv ist die Friedenspolitik, die seit dem 11.September 2001 meistens wieder Sicherheitspolitik heißt. Es sei kein Zufall, dass wir überall dort in Europa in einem gesicherten Frieden leben, wo die Politik der europäischen Einigung schon angekommen ist. Gerne folgt man ihm in dem Urteil, wonach die Politik der europäischen Einigung das Beste sei, das Europa jemals widerfahren ist. Allerdings könnte dies auch daran liegen, dass sich die EU bisher eben nicht in jene multireligiösen, multikulturellen kaukasischen und balkanischen Regionen hineinbegeben, sondern an den Grenzen des westlichen Kulturkreises Halt gemacht hat.

---

78 Ebd.
79 Günter Verheugen, Das Kuschel-Europa ist von gestern. Ein Beitritt der Türkei würde die Europäische Union stärken und sie zum weltpolitischen Akteur machen, in: Die Zeit v.7.10.2004.
80 Günter Verheugen, Europa in der Krise. Für eine Neubegründung der europäischen Idee, Köln 2005.

Dass die Transformation in den ostmitteleuropäischen Beitrittsländern weitaus besser verlaufen ist als in den orthodoxen und islamischen Ländern, hat mit der kulturellen Tiefenprägung dieser Regionen zu tun haben. Deshalb wäre der Sicherheit der Union am besten gedient, wenn sie sich nicht in diese Regionen vorwagt. Der Kernfrage der Europäischen Union, ob die Erweiterung in fremde Kulturräume statt zu einer Überwindung der Grenzen zu einer Überdehnung ihrer Handlungsfähigkeit führt, widmet Verheugen keinen Satz. Zu seinen offenbar unerschütterlichen Glaubensgewissheiten gehört die alleinige Relevanz der materiellen und strukturellen Basis einer Gesellschaft. Die komplette Diskussion über die „Wiederkehr der Kulturen" bleibt dabei unbeachtet.

Unter diesem unreflektierten Basis-Überbau-Denken leidet das gesamte Buch, schlimmer noch - die gesamte Erweiterungspolitik. So sehr die Verdienste Verheugens um die Aufnahme von zehn Staaten im Jahre 2004 zu würdigen sind, so kritisch ist seine Rolle im Hinblick auf die nun anstehenden, sich immer deutlicher als ungeeignet entpuppenden Kandidaten Bulgarien und Rumänien und auf die von ihm massiv betriebene Aufnahme der Beitrittsverhandlungen mit der Türkei zu bewerten. Hier schlägt idealistische Gutwilligkeit in eine Mangel an eingeforderter Gegenseitigkeit um.

Verheugen verweist darauf, dass die Mitglieder im Europarat - inzwischen 46 Länder - darunter auch die Türkei, für sich auch eine Mitgliedschaft in der EU beanspruchen könnten. Die EU wäre bisher gut beraten gewesen, einerseits dem gesamteuropäischen Vertretungsanspruch unangetastet zu lassen und die Frage nach ihrem künftigen Grenzen über einen überschaubaren Zeitraum hinaus der Zukunft zu überlassen. Damit folge sie der Logik des fließenden Europa, welches sich kaum abgrenzen lässt und dessen Grenzen nur zeitweilig starr erscheinen.

Diese partielle Blindheit ist der kritische Punkt, der besonders bei seinen Ausführungen zu der von ihm maßgeblichen mit entworfener Nachbarschaftspolitik der EU erkennbar wird. Er hält es für ausgemacht, dass das Wertesystem der EU über die Grenzen der EU hinaus wirkt. Westlicher Universalismus kommt darin zum Ausdruck, dass für ungezählte Menschen in den östlichen und südlichen Nachbarregionen der EU die europäischen Werte die einzige Hoffnung auf ein menschenwürdiges Leben in Freiheit und Wohlstand sind. Für das Russland Putins gilt dies jedenfalls nicht, wie er - offenkundig fassungslos von Putin zu hören bekommt. Zu seiner grenzenlosen Verblüffung muss er zur Kenntnis nehmen, dass Russland gar nicht in die Europäische Nachbarschaftspolitik (ENP) eingeordnet werden will.

Solcherlei Renitenz gegenüber den Segnungen Europas versteht Verheugen nicht, so dass er sich auch genötigt sieht, ausgerechnet dem damaligen ukrainischen Präsidenten Kutschma zu erklären, dass die Zukunft der Ukraine nicht in Russland, sondern in der Europäischen Union liege. Die Ukraine sei ein europäisches Land und habe ohne jeden Zweifel das Recht, sich um die Mitgliedschaft in der EU zu bemühen. Hier wird doch arg viel Naivität erkennbar, denn Kutschma sah seine Zukunft weder in Russland noch in Europa, sondern im Oligarchentum, welches die Unabhängigkeit von beiden braucht. Das Gutmenschentum kommt bei solchen Figuren dann doch an seine Grenzen. Dass er Israel als Gegenleistung für die Mitgliedschaft in der ENP die Bereitschaft zum „Dialog über Terrorismusbekämpfung, Menschenrechte und Massenvernichtungsmittel abhandelt", zeigt schlaglichtartig, wie bescheiden Verheugen verhandelte.

Dieser Eifer, selbst die russischen Länder noch heim nach Europa zu holen, beruht auf einer Weltsicht, die man als multikultureller Universalismus bezeichnen kann. Er gerät ins Schwärmen, dass die EU nach dem Beitritt der Türkei auch mit den Staaten des südlichen Kaukasus, Georgien, Armenien und Aserbaidschan sowie mit dem Iran, dem Irak und Syrien eine gemeinsame Grenze haben werden. Von Zypern seien es nur wenige Flugminuten nach Beirut und Tel Aviv. Auch die Nachfolgestaaten des früheren Jugoslawiens und Albanien würden zu einer unabweisbaren politischen Aufgabe der EU werden.

Es sei das fundamentale Interesse der EU, den benachbarten Regionen dasselbe hohe Maß an politischer und wirtschaftlicher Stabilität hergestellt zu sehen, wie es in der EU bestehe.

Umgeben von einem „Ring von Freunden" würde sich mehr Sicherheit bieten und große ökonomische Möglichkeiten eröffnen. Dass dieser „Schutzwall gegen islamistischen Terror und massenhafte illegale Zuwanderung" vielleicht dann selbst zur Bedrohung werden könnte, wäre zumindest eine Diskussion wert gewesen. Die kommt dem Eiferer aber nicht in den Sinn und man versteht, warum das Buch ursprünglich von der Weltmacht Europa handeln sollte. Recht zu geben ist ihm, dass die ENP einen guten Übergang zu der privilegierten Partnerschaft und in Zonen unterschiedlicher Dichte der Integration erlaubt.

Seine Beitrittspolitik lässt sich dahingehend zusammenfassen, dass Einbindung und Nähe stets etwas prinzipiell Gutes sind. Durch Einbindung der Türkei in das westliche Lager erhofft er sich eine Verwandlung eines semiautoritären Landes mit islamistischer Bedrohung in eine moderne Demokratie und einen entwickelten Rechtsstaat. Dies könne nur in Kombination mit einer glaubhaften europäischen Perspektive gelingen. Man kann diese Hoffnung hegen, aber es gehört zur dialektischen Tradition des Abendlandes, auch die Einreden zu würdigen. Auf diese Weise käme dann die Gefahr in den Blick, dass die immerhin in der Türkei regierenden gemäßigten Islamisten europäische Freiheiten gegen das säkulare kemalistische Militär ausspielen und zugunsten der Islamisierung ausnutzen. Doch mit dem Phänomen Religion weiß Verheugen erkennbar nichts anzufangen, auch nicht mit dem christlichen Europa, einer doch immerhin ertragreichen Quelle für die aufklärerischen Werte und Strukturen, zu denen er sich immer wieder bekennt.

Die Europäer - so Verheugen - müssten überall lernen, dauerhaft mit Menschen aus anderen Kulturkreisen zu leben. Doch diese - so möchte man ihm zurufen - müssen wiederum lernen, innerhalb der europäischen Kultur zu leben. Dass die Anstrengungen der Türkei laut Verheugen nur der europäischen Perspektive zu verdanken sind, verleiht ihnen einen taktischen Charakter. Die Sicherheitsargumentation spielte bei der Entscheidung von 1999 keine erkennbare Rolle; sie ist opportunitätshalber nach dem 11. September 2001 nachgeschoben worden. Ob eine europäische Türkei für Islamisten ein Anlass zum Friedensschluss mit dem Westen ist, muss bezweifelt werden. Mit guten Gründen könnte man sogar das Gegenteil annehmen.

Angesichts ihrer Identitätsschwäche ist es nicht verwunderlich, dass die EU von einer außenpolitischen Handlungsfähigkeit noch weit entfernt ist. Wenn wir aber nicht zu bloßen Objekten oder zu Opfern weltweiter ökonomischer, sozialer und machtpolitischer Konflikte werden wollen, muss sich die Europäische Union zu einer handlungsfähigen Einheit weiter entwickeln, die angesichts der weltweit drohenden Gefahren ein angemessenes Maß an Selbstbestimmung der europäischen Nationen auch gegenüber anderen Weltmächten ermöglicht.[81]

Seit dem Jahre 2000 bemüht sich die Europäische Union um eine gemeinsame Außen- und Sicherheitspolitik. Damit berührt sie die letzte der drei klassischen Souveränitätsrechte der Mitgliedstaaten: Geld, Recht und das Monopol auf physische Gewalt. Wenn Europa durch die Integration der Türkei ein geostrategisch ausgerichteter Akteur sein wird, muss es seine Nachbarschaftspolitik auf ein dauerhaftes finanzielles Fundament stellen. Doch schon die Finanzierung der Mitgliedschaft der Türkei ist mit den alten Redistributivregeln nicht möglich. Das EU-Budget eines erweiterten Europas müsste rigoros auf Zukunftsausgaben ausgerichtet werden: Ausbau der militärischen Fähigkeiten, gemeinsamer Grenzschutz, europaweite Infrastruktur, Förderung von Forschung, Innovation und Wissen.

Im Hinblick auf die geforderte Gouvernanz ist schon die Zahl der Mitgliedsstaaten problematisch. Noch mehr ist sie durch die Formen der Willensbildung gefährdet, die im „Vertrag über eine Verfassung für Europa" (VVE) festgeschrieben sind. Auch bisher war eine Vertragsveränderung nur mit Zustimmung aller Mitgliedsstaaten möglich, ein Verfahren, welches den hergebrachten Vorstellungen über die souveräne Gleichheit der Staaten ent-

---

81   Helmut Schmidt, Die Selbstbehauptung Europas, a.a.O. S. 14ff.

spricht. Was aber - so Christian Tomuschat - in einer Gemeinschaft von sechs selbstverständlich war und sich trotz der auf mehr als das Doppelte angewachsenen Mitgliederzahl bewährt hatte, birgt in einer Union mit 25 und noch mehr Staaten erhebliche Risiken. Das Vetorecht, das jedem zusteht, der einmal in die Union aufgenommen worden ist, enthält ein Blockadepotential, das bei rationaler Überlegung kaum hingenommen werden kann. Es gebe außerhalb der Europäischen Union keine vergleichbare internationale Organisation, die ihren Mitgliedern in derselben großzügigen Weise ein Vetorecht zugesteht.[82]

Die Erweiterungsprozesse sollen den Raum des Friedens vergrößern. Schon die Aussicht auf Mitgliedschaft hat erheblich zu den Verbesserungen im mittelosteuropäischen Raum beigetragen. Die Kriege der 90er Jahre traten nur am Rande Europas und nicht in der Mitte auf. Das Kernland Europas ist bereits postnational.[83] An den Rändern finden wir sowohl die Abkehr vom Kurs der Konfrontation als auch archaischen Chauvinismus.

Die Grenzstreitigkeiten in Ostmitteleuropa sind nicht zuletzt deshalb friedlich beigelegt worden, weil der Beitritt zur Union und zur Nato an die Voraussetzung der friedlichen Konfliktregelungen gekoppelt war. Zwischen 1996 und 1998 haben die Mittel- und Osteuropäer in einer Reihe bilateraler Abkommen Probleme gelöst, die sie seit der Zeit vor dem Zweiten Weltkrieg hatten. Die Konflikte zwischen Rumänien und Ungarn, Rumänien und Moldawien, der Ukraine und Russland wurden beigelegt. Die Anziehungskraft Europas hat die Beitrittskandidaten auch zu gesellschaftlichen Anstrengungen motiviert. Die schlimmsten Auswirkungen einer kapitalistischen Vetternwirtschaft nach russischem und asiatischem Vorbild wurden vermieden. Die Rechtsstaatlichkeit gewann die Oberhand, so dass die Privatisierung der Wirtschaft ohne massive Kriminalisierung vollzogen werden konnte. Sparvorschriften von Weltbank und Internationalem Währungsfonds (IWF) wurden akzeptiert und die Anpassung an den gemeinschaftlichen Rechtsbestand der EU geleistet. Gegenüber der eigenen Bevölkerung wurden Anpassungslasten, wirtschaftliche Produktionseinbrüche und Souveränitätsverzichte durchgehalten.

Über die Friedensbewahrung hinaus verzeichnen die ostmitteleuropäischen Länder die größeren Fortschritte, während die Länder aus den orthodox und islamisch geprägten Kulturkreisen weniger günstige Entwicklungen aufweisen. Dies erklärt auch die Unterschiedlichkeit in den Nachfolgestaaten

---

82 Christian Tomuschat, Schwäche durch Starrheit, in: Frankfurter Allgemeine Zeitung v. 27.4.04.
83 Elisabeth Pond, Die Stunde Europa. Ein Kontinent auf dem Weg zur Weltmacht, Berlin , München 2000, S. 14f.

Jugoslawiens, wo das Kosovo und Bosnien-Herzegowina trotz massiver westlicher Hilfe kaum vorankommen.

Bei dem in Festreden so gerne beschworenen „Gemeinsamen Haus Europa" handelt es sich in der historisch gewachsenen Wirklichkeit um ein multikulturelles Gebilde, in dem eine moderne, eine halbmoderne und stellenweise sogar vormoderne Kultur gleichzeitig Platz finden sollen. Ihre Integration droht Europa von innen und ihre Ausgrenzung droht Europa von außen zu gefährden. Wenn der Union nicht ein erfolgreicher Stabilitätsexport gelingt, droht ihr Destabilisierung von den Rändern. Wenn sie sich dabei überdehnt, droht ihr eine innere Destabilisierung. Der Ausweg aus diesem Dilemma kann nicht im Entweder-Oder, sondern nur in einer differenzierten Erweiterungs- und Integrationspolitik gefunden werden.

2. Die Konflikte europäischer Kulturen um die Gestaltung der Moderne

2.1 Die Gleichzeitigkeit des Ungleichzeitigen in Europa

> „Die Wahrheit. In Ostpolen hatte mich ein Mann über den Friedhof einer Kleinstadt geführt, und ich hatte geglaubt, es sei der komplizierteste Friedhof der Welt. Partisanen, polnisch-stalinistische Geheimdienstleute, Rotarmisten, Nationalisten, Kommunisten, Katholiken, Orthodoxe - alle hatten sich im Leben gegenseitig bekämpft und getötet, und alle lagen nun auf demselben Friedhof, er hatte für jeden Irrsinn, für jedes Ideal eine kleine oder große Abteilung. Weißrussland war genauso, nur noch etwas komplizierter."
>
> Wolfgang Bücher[1]

Die Konflikte der Kulturen entzünden sich ähnlich wie die der verblichenen politischen Ideologien meist um die Gestaltung der Moderne. Eine sowjetische Form der Modernisierung, die auf die Identitäten der Völker keine große Rücksicht nimmt, wird auch in moderateren Formen scheitern. Eine Modernisierung, die mit der Tradition bricht, die sie verändern will, misslingt. Wo das Vertraute im Veränderten nicht mehr zu erkennen ist, breiten sich Empfindungen von Fremdheit und Orientierungslosigkeit aus.[2] Die Zivilisierung und Homogenisierung der Lebenswelten durch die Verwandlung der Differenz in Eindeutigkeit war das Signum des sozialistischen Projekts in der Sowjetunion gewesen. Europa muss dem Modernisierungswahn Formen der kulturellen Selbstbehauptung gegenüberstellen.

Die Globalisierung im frühen 20. Jahrhundert hat zum Ersten Weltkrieg beigetragen.[3] Das Gefühl der Bedrohung der Bürgerwelt hatte sich mit der wirtschaftlichen Depression verstärkt, die seit 1873 Europa erfasst hatte und die bis in die neunziger Jahre reichte. Amerikanisches Getreide und Agrarprodukte aus Russland und Bulgarien drückten die Preise europäischer Bauern. Britische Industrieimporte waren konkurrenzlos billig. Die Preise von Industriewaren und für die agrarischen Produkte verfielen. Von den Zeitgenossen wurde die Abflachung der Konjunktur als katastrophal empfunden, der allgemeine Glaube an einen dauerhaften wirtschaftlichen Aufschwung

---

1   Wolfgang Bücher, Berlin-Moskau. Eine Reise zu Fuß, Reinbek 2003, 5.Auflage, S. 87.

2   Vgl. Jörg Baberowski, Der Feind ist überall. Stalinismus im Kaukasus, München 2003, S. 588.

3   Ich folge hier Hagen Schulze, Phoenix Europa, a.a.O. S. 277ff.

verflüchtigte sich ebenso wie der an den Segen des weltweiten Freihandels. Österreich und Deutschland waren die ersten europäischen Staaten, die den Hilferufen ihrer agrarischen und industriellen Interessenvertreter folgten und 1879 Schutzzölle erhoben, andere europäische Staaten folgten. Binnen einem Jahrzehnt brach mit dem Freihandel ein entscheidendes Stück liberalen Selbstverständnisses fort.

Die Unsicherheit der Bürgerwelt Europas zeigte sich in der zunehmenden Militarisierung der Gesellschaft. In Preußen ersetzte das herausfordernde Auftreten das dezente Gentleman-Ideal. Adel und Militär wurden für die Bürgerwelt zum Vorbild. Nostalgiewellen schlugen sich selbst in der Historisierung der Gebäude nieder. Die Sehnsucht galt immer weniger der Zukunft als den Epochen, in denen man mehr Halt und Substanz vermutete als in einer kalten Gegenwart, der die kosmopolitischen und liberalen Utopien des Bürgertums abhanden gekommen waren. Ängste und Enttäuschungen trieben sowohl die nationale Konzentration nach innen als auch die imperialen Ausgriffe auf die Meere voran.

Am Horizont zeichnete sich ein neues Europa ab, in dem das Erbe der Aufklärung und des Liberalismus zugunsten umfassender Staatsautorität zurückgedrängt wurde. Europa trat in eine Epoche ein, in der Nationalismus, Chauvinismus und Imperialismus eine explosive Verbindung eingingen und die Köpfe und Herzen des Publikums besetzten, welches auf die politische Bühne Europas drängte und den Herrschenden zunehmend das Handeln aufzwang.

Sowohl in den marxistischen Klassenkampfideen als auch in den völkisch-nationalistischen Ideen vom ewigen Antagonismus der Völker und Rassen versanken die humanitären und naturrechtlichen Ideen. Die sozial- und naturgesetzlich begründeten Kampf- und Konfliktideologien dominierten die Köpfe.

Die inneren Kulturkämpfe des integralen Nationalismus richteten sich gegen die „vaterlandslosen Gesellen" der Sozialisten und des Judentums, im Deutschland des Kaiserreichs auch noch der Katholiken. Die ostjüdischen Einwanderer, vertrieben durch soziale Ächtung und Pogrome in Russland, wurden mit ihrer fremdartig erscheinenden Kultur als hochgradig andersartig, unverständlich und gefährlich empfunden.

In den totalitären Bewegungen des 20. Jahrhunderts zerbrach das alte Europa. Die alteuropäischen Synthesen von Kultur und Welt, Religion und Politik, von Wettbewerb und Kooperation lösten sich auf. Die „Moderne" wurde statt als neue Synthese als chaotische Gemengelage pathologischer und unvereinbarer Widersprüche empfunden. Da die Antinomien rational nicht auflösbar erschienen, suchte man nach Rückwegen zum Irrationalen, zur Weltflucht und schließlich die Zuflucht in den totalitären Ideologien.

Deren „Lösungsangebot" lag in der Versöhnung der Gegensätze durch Kampf und Gewalt. Die zwischen den Weltkriegen entstehenden Diktaturen und autoritären Regime waren ein Ausdruck des Versuches, die immanente Widersprüchlichkeit durch Zwang und durch selektive Aneignung der Moderne unter Vermeidung bzw. Revision ihrer Fehlentwicklungen zu überwinden.[4]

In der Zwischenkriegszeit galt die Vergangenheit als verloren, die Zukunft aber nicht als gewonnen. Angst, Entwurzelung und Entfremdung wurden zu vorherrschenden Zeitgefühlen. Schon der Glaube an den fundamentalen Charakter einer Kulturkrise bis hin zum drohenden „Untergang des Abendlandes" (Oswald Spengler) trug zu deren Verschärfung bei, weil er pragmatische Lösungen erschwerte. Aus dem Zeitalter der Angst entstand ein Zeitalter der Extreme, aus der europäischen Moderne entstand die Krise Europas.[5]

Wenn die Widersprüche als unauflösbar erschienen, schossen Angst und Irrationalismus ins Kraut. Damit war der psychologische Boden bereitet für geschlossene ideologische Glaubenssysteme, die eine Versöhnung der Widersprüche in Aussicht stellten. Die spezifisch europäische Dialektik von Kultur und Welt, ideellen und materiellen, individuellen und kollektiven Kräften wurde von extremistischen Einseitigkeiten zerrissen.

Die Versöhnungsansprüche einer alternativen, organischen und integralen Moderne wurden quer durch die politischen Lager populär. Durch eine misslingende kulturelle Anpassung an die Modernisierung war der Weg frei für Ideologien und Regressionen. Die nachholenden Modernisierungsprozesse wurden für die meisten Staaten Europas zur permanenten Zerreißprobe. Die selektive Modernisierung erhöhte die Ungleichzeitigkeiten innerhalb der Gesellschaften. Den „global players" aus Wirtschaft und Kultur stand eine wachsende Schar von „local players", von Nationalisten, ressentimentgeladenen Populisten, identitätssuchenden Ethnozentristen und Besitzstandswahrern gegenüber.

Die verzögerte, gescheiterte oder verweigerte kulturelle Anpassung an die Modernisierungsprozesse lässt sich auch aus der verspäteten Ausbildung eines kulturellen Koordinierungswissens zwischen den sich auseinander entwickelnden Lebenssphären und zwischen tradierten Gewohnheiten und neuen Anforderungen erklären. Die „Weltanschauunglosigkeit", die Albert Schweitzer nach dem Ersten Weltkrieg als tiefere Ursache der europäischen

---

4 Vgl. Gunther Mai, Europa 1918-1939 Mentalitäten, Lebensweisen, Politik zwischen den Weltkriegen, Stuttgart 2001.

5 Vgl. Karl Dietrich Bracher, Die Krise Europas. Seit 1917, Aktualisierte Ausgabe, Berlin 1998.

Krisen diagnostiziert hatte, machte den Weg frei für die ideologischen und ethnischen Feindbilder.

Im Europa der Zwischenkriegszeit bestand weiterhin jenes starke Ost-West- und zugleich Nord-Süd-Gefälle, welches für Europa seit langem kennzeichnend geworden war. Die nachholenden Modernisierungen der Zwischenkriegszeit wurden für die Staaten Ost- und Südosteuropas zu Zerreißproben, weil sie nachahmende Modernisierungen bei ungleichen Voraussetzungen waren. Bei den aus der Konkursmasse der Großreiche Österreich-Ungarn, Russland und Osmanisches Reich hervorgehenden Staaten handelte es sich um ethnisch-ökonomisch und sozial äußerst heterogene, aus strategischen Gründen territorial künstlich zugeschnittene Staaten.

Doch die Verwerfungsprozesse der Modernisierung blieben den Ost- und Südosteuropäern nicht nur nicht erspart; der beschleunigte Nachahmungsprozess verstärkte sie noch. Technokraten und Liberale übersahen damals schon, dass kollektive Mentalitäten und Verhaltensweisen eine langsamere Zerfallszeit haben als soziale und ökonomische Strukturen, und dass die Übernahme fortgeschrittener Technologien und Sozialinstitutionen vor allem kulturelles Kapital voraussetzt.

In ganz Europa herrschten instabile Übergangsgesellschaften, deren Parlamente, Parteien und Verbände sich damit als überfordert erwiesen, entweder konsensual zu regieren oder klare Mehrheitsvoten durchzusetzen. Dadurch gewannen integrale Gemeinschaftsvorstellungen und autoritärer Korporativismus an Einfluss, deren zunächst erfolgreichster und mächtigster Exponent die faschistische Bewegung Italiens war. Europa stand zwischen dem kommunistischen Russland und dem liberal-kapitalistischen Amerika. Deutschland lag im Schnittpunkt jener Achsen, nicht allein aufgrund seiner geopolitischen Mittellage, sondern auch infolge des inneren Ost-West-Gefälles in der sozialen und wirtschaftlichen Struktur wie in der politischen Kultur.[6]

Wahrscheinlich wären die Kriegsfolgen des ersten Weltkrieges relativ schnell überwunden worden, hätte nicht eine erstmals auf die nationalen Interessen fixierte „Nationalökonomie" die Politik beherrscht. Um die eigenen Kriegsschäden schneller zu überwinden, versuchten alle beteiligten Nationen, sich auf Kosten der anderen zu sanieren. Was in betriebswirtschaftlicher Perspektive richtig erscheint, hatte für die Weltwirtschaft verheerende Folgen. Die neuen Grenzen wurden nun zu wirtschaftspolitischen Gräben und Dämmen, mit denen der Krieg ökonomisch fortgesetzt wurde. Allein das alte Habsburger Staatsgebiet teilte sich in zahlreiche Nationen, von denen jede darauf bedacht war, ihren ökonomischen Vorteil zu wahren. Arbeitstei-

---

6   Ebd. S. 15.

lige transnationale Produktionen wurden zerrissen, die komparativen Handelsvorteile gingen dahin. Eine gigantische Fehlsteuerung von Kapital war die Folge.

Nach dem Wiederaufstieg Europas stellt sich die Frage, ob Europa, nachdem es der Welt seine markwirtschaftlichen Gesetze aufgezwungen hat, auch in der Lage ist, rechts- und sozialstaatliche Demokratien zu globalisieren. Die Globalisierung der westlichen Hardware ist in erstaunlichem Maße gelungen. Das „Freedom House" klassifiziert 120 Länder als „electoral democracies". Mehr als die Hälfte der Staaten hatte demokratisch gewählte Regierungen und mehr als die Hälfte der Weltbevölkerung (58,2 Prozent) konnte ihre Regierungen selbst wählen.[7] Ein anspruchsvolleres Demokratieverständnis meint aber mehr als freie Wahlen; ihre Software umschließt die Verbindung von Volkssouveränität, den Prinzipien der politischen Gleichheit, der individuellen Freiheit und der Herrschaftskontrolle. Ein demokratischer Rechtsstaat vermittelt den Schutz der individuellen Grund- und Freiheitsrechte und die Vertragssicherheit der Investoren.

Mit den heutigen Globalisierungsprozessen verbreiten sich die Ungleichzeitigkeiten fast über die ganze Erde. Sie erhöhen den globalen Reichtum und die globale Ungleichheit. Das Einkommen des reichsten Fünftels der Welt war 1960 30mal höher als das des ärmsten Fünftels, 1990 betrug die Differenz das 60fache und 1997 sogar das 74fache.[8] Auch innerhalb der Gesellschaften vergrößert sich der Abstand. Die Fußkranken des Fortschritts werden von mobilen Eliten abgehängt. Steigende Verwirrung und Aggression gegenüber dem Neuen und Fremden, gegenüber einer damit einhergehenden beständigen Zunahme von Konkurrenz und Unsicherheit sind die Folge. Dies geht bis zu antimodernistischen Exzessen, die eine völlige Abkehr vom Fortschrittsdenken fordern und das Heil der unverfälschten Ursprünge versprechen.

Der Human Development Report unterscheidet die ca. 200 Staaten der Erde in drei Gruppen: Die erste Gruppe von etwa 30-40 Staaten sind demnach die reichen demokratischen Staaten in Westeuropa, Nordamerika, Japan und Australien. Mit Ausnahme Japans gehören sie der westlichen Welt an. 50 bis 60 Staaten sind chronisch arm und unterentwickelt, vor allem in Afrika, aber auch in Asien und Lateinamerika. Die mittlere Gruppe umfasst 60 bis 70 Staaten, die großen strukturellen und sozialen Herausforderungen gegenüberstehen, die aber über erzieherische und infrastrukturelle Ressourcen sowie über den Zugang zu Kapital verfügen. Zu dieser Gruppe, zu der Indien, Brasilien, Mexiko, China und Indonesien gehören, kann man auch die postsozia-

---

7   Wolfgang Merkel, Demokratie in Asien, a.a.o. S. 23.
8   UNDP, Human Development Report, New York, Oxford 1999, S. 3.

listischen Länder Osteuropas zählen. In ihnen leben etwa 60 Prozent der Weltbevölkerung.[9]

Der Unterschied zwischen dem Pro-Kopf-Einkommen in den reichsten Industrienationen wie der Schweiz und der ärmsten nicht-industrialisierten Nation Mosambik beläuft sich auf 400 zu 1. Wirtschaftshistorisch gesehen ist diese Kluft nicht normal. Vor zweihundertfünfzig Jahren betrug das Verhältnis zwischen den reichsten und ärmsten Nationen 5 zu 1 und der Unterschied zwischen Europa und beispielsweise Ost- oder Südostasien (China oder Indien) lag bei etwa 1,5 oder 2 zu 1. Zu manchen Ländern wächst die Kluft heute weiter, zu anderen wird sie geringer. Es sei - so David Landes - auch im Interesse der reichen Nationen, den armen Ländern zu helfen, wohlhabender zu werden. Ansonsten werden diese sich nehmen, was sie nicht selbst erzeugen können. Wenn sie keine Verdienstmöglichkeiten durch den Export von Waren haben, exportieren sie Menschen. Reichtum übt eine unwiderstehliche Anziehungskraft aus, während Armut hochgradig ansteckend ist.[10]

Die Kluft zwischen armen und reichen Nationen wird oft als Gegensatz zwischen Nord und Süd dargestellt. Passender wäre es, von einem Gegensatz zwischen dem Westen und der restlichen Welt zu sprechen. Dieser Gegensatz kann auf Dauer nicht nur durch Erhöhung der materiellen Produktion gemildert werden, da die Verschwendung von Ressourcen und die Naturzerstörung, die mit der steigenden Produktion und dem wachsenden Einkommen zunimmt, uns ebenfalls bedrohen. Die neuzeitliche Modernisierung muss in eine nachhaltige Entwicklung überführt werden, die wiederum eine Angleichung der Kulturen voraussetzt.

Die Abkopplung der sozialistischen Länder von der kapitalistischen Weltwirtschaft hat durch ihre protektionistischen und dirigistischen Maßnahmen die Potentiale gelähmt oder in falsche Richtungen gelenkt. Die Sozialisten haben den Kern ihrer entwicklungspolitischen Probleme nicht verstanden: die vorhandenen Ressourcen können nur dann sinnvoll genutzt werden, wenn freiheitliche Verhältnisse für die kulturellen einschließlich der wissenschaftlich-technischen Eliten garantiert sind. Der eiserne Vorhang hat die Reizpotentiale aus den Zentren der Weltwirtschaft abgewehrt und den alten Strom der ökonomischen Beziehungen zum stehenden Binnengewässer gemacht.[11]

---

9   UNDP, Human Development Report, New York, Oxford 2000, S. 178-181.
10 David Landes, Wohlstand und Armut der Nationen, a.a.O. S. 16.
11 Martin Kutz, Zentrum und Peripherie, oder: Über den Zusammenhang von kultureller und wirtschaftlicher Dynamik Europas in Geschichte und Gegenwart, in: Martin Kutz, Peter Wegland (Hrsg), Europäische Identität? Versuche, kulturelle Aspekte eines Phantoms zu beschreiben. Schriftenreihe des wissenschaftlichen Forums für internationale Sicherheit Bd. 15, Bremen o.J. , S. 201.

Die Ungleichzeitigkeiten prägen sich heute zwischen den Transformationsländern aus. Während die politische und ökonomische Transformation in den Ländern Ostmitteleuropas gelingt, kann davon in Ost- und Südosteuropa noch keine Rede sein. Die Länder Osteuropas und Zentralasiens erleben den größten Anstieg gesellschaftlicher Ungleichheit, der je registriert wurde. Damit bewegen sie sich in Richtung Dritte Welt, für die gewaltige Einkommensunterschiede kennzeichnend sind.[12] Für Ostmitteleuropa ist die Transformation zu einem Prozess geworden, für die Osteuropäer wird er zu einem Zustand, in dem manche sich zu ihrem Vorteil eingerichtet haben.

Für kleine Minderheiten mögen Subsistenzwirtschaften des alternativen Lebens möglich sein. Die massenwirksame Alternative zur westlichen Dynamik war der Sozialismus, der im Kern Schutz vor Konkurrenz und damit innergesellschaftliche Gleichzeitigkeit bedeutete. Umso größer wurde die Ungleichzeitigkeit zum dynamischen Westen. Die Menschen wollten aber die komplexe westliche Erfolgsgeschichte der Sozialen Marktwirtschaft von Wohlstand und Sicherheit, Kapitalismus und Sozialstaat. Doch man kann nicht zu den Ergebnissen des Westens kommen, ohne seine Voraussetzungen zu akzeptieren und zu erfüllen.

Die moderne westliche Kultur ist heute eine global agierende Kultur. Die westlichen Normen definieren, was Modernität ist. In jeder Periode der menschlichen Geschichte hat sich Modernität auf die Gebräuche, Normen und Standards der herrschenden und sich ausbreitenden Kultur bezogen. Jede herrschende Kultur - so Bernard Lewis - hat in ihrer besten Zeit anderen ihre Modernität aufgezwungen. Atatürk, indische Computerspezialisten und japanische High-Tech-Firmen hätten daraus unnostalgische Konsequenzen gezogen.[13]

Der Westen ist der einzige Kulturkreis, der in jeder anderen Kultur oder Region wesentliche Interessen hat und nur er besitzt die Fähigkeit, die Poli-

---

12 Die wachsende Ungleichheit in Indien schildert Rammanohar Reddy, Wer spielt mit, wer gewinnt, wer verliert? Indien - ein Aufschwung mit Schattenseiten, in: Neue Zürcher Zeitung v. 27.12.2000. „Weitaus am meisten profitierte die städtische Mittelklasse von der wirtschaftlichen Entwicklung; die große Masse der Armen dagegen - in deren Interesse ursprünglich die staatliche Planwirtschaft aufgegeben wurde - hat noch keine spürbare Verbesserung ihrer Lebensumstände erfahren." Insgesamt hätten 50-100 Millionen vom neuen wirtschaftlichen Paradigma profitiert - eine beeindruckende Zahl, die jedoch dadurch relativiert wird, dass es sich dabei nur um 5-10% der Bevölkerung handelt.

13 Vgl. Bernard Lewis, Der Untergang des Morgenlandes. Warum die islamische Welt ihre Vormacht verlor?, Bergisch-Gladbach 2002, S. 217 „Es gab in der Vergangenheit andere dominante Kulturen, und es wird sie zweifellos auch in Zukunft geben. Die westliche Kultur enthält in sich viele Modernitäten aus der Vergangenheit - das heißt, sie ist bereichert worden durch den Beitrag und die Einflüsse anderer Kulturen, die ihr in der Führerschaft vorausgingen. Sie wird selbst als ein westliches Kulturerbe an andere, zukünftige Kulturen weitergegeben werden."

tik, Wirtschaft und Sicherheit jedes anderen Kulturkreises zu beeinflussen. Gesellschaften aus anderen Kulturkreisen können ihre eigenen Ziele und Interessen nur durchsetzen, wenn sie die westlichen Mächte und Investoren davon überzeugen, sie zu unterstützen. Der Westen kontrolliert alle harten Währungen, er ist der wichtigste Kunde der Weltwirtschaft, er liefert die meisten Fertigprodukte, er beherrscht die internationalen Kapitalmärkte, er kontrolliert die führende technische Ausbildung und hat das Potential zu militärischen Interventionen.

In der wissenschaftlich-technischen und ökonomischen Sphäre ist die Dominanz des Westens erdrückend, auch wenn sie relativ abnehmend ist zu den ostasiatischen Gesellschaften. Die westliche Kultur ist zu einem Synonym für Moderne geworden und wer an den fortgeschrittensten Äußerungen der Wissenschaft, Technologie und Kultur teilhaben will, muss auf irgendeine Weise dem Westen seinen Tribut zollen. Jedes Land, jede Kultur kann der Moderne ein gewisses lokales Kolorit, eine Nuance hinzufügen, aber kein Land kann heute zur Moderne vordringen, ohne sich teilweise zu verwestlichen.

Intrakulturelle Konflikte werden häufig als Argument gegen die Theorie der Kulturkonflikte angeführt.[14] Sie sind aber nur deren Differenzierung. Die Strukturen der Globalisierung werden von Modernisierungseliten sowohl verstanden als auch genutzt. Während es einigen ostasiatischen Ländern gelungen ist, ihre Kultur mit westlichen Zielen kompatibel zu machen, scheitern andere Regionen, die allenfalls die Hardware des Westens übernehmen.

Karl Schlögel macht auch auf das Stadt-Land Gefälle aufmerksam, wenn er den „Metropolitan Corridor" Berlin-Posen-Warschau-Brest-Minsk-Smolensk-Moskau beschreibt. In ihm hätten die Städte mehr miteinander zu tun als mit den Provinzen, die sie umgeben. Die zivilisatorische Differenz, die man beim Verlassen des Korridors durchmisst, scheint größer als die Distanz zwischen den Städten. Am Rande des Korridors blüht - so Karl Schlögel - die Sehnsucht und brütet der Hass der Provinz auf die Stadt. In den Korridoren wachse das urbane Europa zusammen, aber an seinen Rändern staue sich der Neid und die Wut der Zurückbleibenden. Diese Ungleichzeitigkeit erscheint Schlögel bedrohlicher als der „Clash of Civilization.[15] Allerdings muss dem entgegengehalten werden, dass sich das Stadt-Land-Gefälle in Deutschland und Polen nicht mit dem in den russischen Ländern vergleichen lässt. Hier scheint der Anschluss an die Moderne eben mit Zeit-

---

14   Vgl. z.B. Thomas Meyer, Identitätspolitik - vom Missbrauch kultureller Unterschiede, Frankfurt/M 2002.
15   Karl Schlögel, Promenade in Jalta und andere Städtebilder, München, Wien 2000, S. 18f.

verzögerung zu gelingen, während er dort, wo die Software der Moderne nicht gilt, eher größer wird.

Das sozialistische Gleichheitsideal macht eine Abschottung vor Konkurrenz, vor westlicher Freiheit und Dynamik unumgänglich. Ein Preis für die Sicherheit eines wettbewerbsfreien Lebens liegt in der kollektiven Armut. Die Menschen waren angesichts der Verlockungen des Westens nicht mehr bereit, diesen Preis zu zahlen. Das 21. Jahrhundert steht im Zeichen weltweiter Versuche nachholender Modernisierung, für die ein anderer Preis gezahlt werden muss. Die Modernisierung kann weder gegen die eigene Kultur noch ohne westliches Know-How, Kapital und Anpassung an westliche Freiheitsspielräume und Rationalität gelingen.

Sofern sich die importierten Strukturen und angestammten Kulturen nicht ergänzen, sondern abstoßen, erwachsen daraus schaurige Hybridgewächse. Ohne die kulturellen Voraussetzungen verkommen Demokratien zu Oligarchien und Marktwirtschaften zum Frühkapitalismus, ohne die Verankerung von Menschenrechten verkommt das Selbstbestimmungsrecht der Völker zum Separatismus und zur Legitimation der Vertreibung von Minderheiten. Solche Ergebnisse vermeintlicher, in Wirklichkeit äußerst unvollständiger Verwestlichungen nähren wiederum antiwestliche Affekte.

Sowohl die innergesellschaftlichen Teilsysteme als auch die unterschiedlichen Kulturen folgen einerseits einer je eigenen Entwicklungslogik, andererseits sind sie hochgradig interdependent. Diese Dialektik muss im Erweiterungs- bzw. Verwestlichungsprozess ihre Entsprechung in einer Gleichzeitigkeit von Wettbewerbs- und Kooperationsfähigkeit zwischen den Teilsystemen und Kulturen. Mehrere Transformationsprozesse müssen gleichzeitig gelingen: die politische Transformation (Übergang von der Diktatur zur Demokratie), die wirtschaftliche Transformation (der Wechsel von der Kommando- zur Marktwirtschaft) und die gesellschaftliche und persönliche Transformation, die mit Mentalitäts- und Paradigmenwechsel verbunden ist. Für diese Aufgabe gibt es weder historische Vorbilder noch eine wohlwollend siegreiche Besatzungsmacht, welche die Lösung der Verfassungs- und Wirtschaftsfragen „von außen" oktroyieren könnte.[16] Eine multikulturelle Europäische Union würde eine politische Gleichzeitigkeit trotz der kulturellen Ungleichzeitigkeiten erzwingen.

---

16 Wolfgang Merkel, Systemtransformation. Eine Einführung in die Theorie und Empirie der Transformationsforschung, Opladen 1999, S. 377ff.

2.2. Das Westchristentum und die Moderne

Die Gleichzeitigkeit von äußeren und geistigen Elementen als Wesensmerkmal der westlichen Kultur war schon in Platons Lehre angelegt, der zufolge alle Dinge auf Erden nur schattenhaft sind und es in der höheren Wirklichkeit auf das Seiende, Gerechte, auf die Idee des Guten ankomme. Im Christentum wurde diese Dialektik durch die Polarität von Gott und Mensch, von Himmel und Erde, von Eigen- und Nächstenliebe, von Papst und Kaiser, Kirche und Staat verstärkt.

Mit der griechischen Philosophie wurden die Grundlagen des analytischen, logischen Denkens und damit auch der Wissenschaft und Technik gelegt. Aus dem Dialog mit der griechischen Rationalität ergab sich im Christentum die grundsätzliche Anerkennung der Rechte der Vernunft auch im Bereich des Glaubens und der Theologie. Aus dem spannungsreichen Miteinander von Glaube und Vernunft resultiert die spezifische Rationalität der christlichen Theologie. Sie ruht zugleich auf den Pfeilern des biblischen Evangeliums und des griechischen Logos. Daraus konnte mit innerer Konsequenz die europäische Aufklärung der Neuzeit aufbauen.

Das Christentum hat sich von Anfang an als die Religion des Logos verstanden und seine Vorläufer in der Aufklärung Griechenlands erblickt. Es erklärte alle Menschen zu Geschöpfe Gottes und proklamierte in den Grenzen der Sozialordnung die gleiche Würde aller Menschen. Insofern - so Papst Benedikt XVI. - ist die Aufklärung christlichen Ursprungs und sie sei nicht ohne Grund gerade und nur im Raum des christlichen Glaubens entstanden. Hier sei das Christentum aber auch entgegen seiner Natur zur Staatsreligion und zur Tradition geworden, wodurch die Stimme der Vernunft allzu sehr domestiziert worden ist. Es sei ein Verdienst der Aufklärung gewesen, die Ursprungswerte des Christentums neu aufzunehmen. Die innere Korrespondenz von Christentum und Aufklärung verlange Korrekturbereitschaft auf beiden Seiten.[17]

Das Spannungsverhältnis von Römischem Recht und jüdisch-christlicher Religiosität prägte unser Verständnis von Menschenwürde und Personalität, von Freiheit und Verantwortung jedes Menschen. Rom hat das Recht erfunden und der Nachwelt hinterlassen. Die Bibel lud mit ihren egalitären Gesetzes- und Moralvorstellungen und ihrer Machtkritik Gläubige zur Kritik und Widerstand gegen weltliche Autoritäten ein. Das Recht regelt die Transaktionen und Zirkulationen der Güter; es setzt die Zeit frei, die für ihre gleichzei-

---

17 Joseph Ratzinger, Europa in der Krise der Kulturen, in: Marcello Pesa, Joseph Ratzinger, Ohne Wurzeln. Der Relativismus und die Krise der europäischen Kultur, Augsburg 2005, S. 78ff.

tige Produktion an verschiedenen Orten erforderlich gewesen ist. Es verbindet ideelle und materielle Elemente der Kultur.

Das spezifische Nebeneinander von geistlicher und weltlicher Autorität ermöglichte Aufklärung und Pluralismus, freie Wissenschaft und freie Wirtschaft, Rechtsstaatlichkeit und Demokratie. Erst die Spannung zwischen Geistlichem und Weltlichem und die daraus resultierende gesellschaftliche und kulturelle Dynamik ermöglichten überhaupt jenen fundamentalen Wandel in nahezu allen Lebensbereichen, den wir als Werden der Neuzeit begreifen. Die dualistische Grundstruktur garantierte beiden Seiten die Möglichkeit selbständigen Handelns. Die Relativierung der Ansprüche sowohl des Staates als auch der Kirchen ermöglichte Freiheit. Die religiöse Dynamik wurde nicht gekappt, sondern ins Weltliche hinein genommen. Daraus erwuchs auch jenes soziale Engagement, welches für Europa charakteristisch ist.

Im christlichen Menschenbild wurde der Mensch zum ersten Mal in der Geschichte nicht mehr nach seiner Volkszugehörigkeit, nach Rasse, Geschlecht oder Klasse bestimmt. Inmitten der weiter bestehenden Ethnien gab es von nun an das „Volk Gottes", dessen Mitgliedschaft ausschließlich an Christus gebunden war. Wer in dieser Weise an der Erneuerung des Menschengeschlechts Anteil hatte, der unterschied nicht mehr zwischen „Juden" und „Heiden", zwischen „Freien" und Sklaven".[18] Das christliche Gottesverständnis wurde zum Mittel der brüderlichen Gemeinschaft der Menschen, es diente dazu, der menschlichen Gattung Selbstbewusstsein zu vermitteln. Jeder Mensch wurde dazu angeleitet, sich so zu sehen, als besitze er zumindest potentiell eine Beziehung zu Gott. Das verlangt und rechtfertigt die sittliche Gleichrangigkeit aller menschlichen Wesen.

Die Wurzeln der humanistischen Menschenbilder liegen im Christentum. Die Würde des Menschen, Freiheit, Gleichheit und Solidarität implizieren ein Menschenbild, welches sich keineswegs von selbst versteht. Diese Werte haben ihre Wurzeln nicht nur in der Aufklärung, sondern bereits im Christentum. Da es christlicherseits keine Freie und Sklaven geben sollte, wandelte sich die Sklaverei zur Hörigkeit, so dass die Reste der aus der Antike ererbten Sklaverei etwa im 9. Jahrhundert erloschen. Die nun hervortretende Hörigkeit vermittelte im Unterschied zur Sklaverei Grundrechte wie Lebenssicherung, Heirat und Besitz. Das Christentum vollzog eine ethische Revolution, weil es sich konsequent für die menschliche Gattung engagierte. Das Neue Testament setzte sittliche Grundlagen der modernen Demokratie, indem es einen moralischen Rang für alle Einzelpersönlichkeiten als Kinder

---

18 Horst Bürkle, Das Christentum und die Integration Europas. Der europäische Gedanke. Hintergrund und Finalität. Hrsg. von Reinhard C. Meier-Walser, Bernd Rill (Sonderausgabe Politische Studien), München 2000, S. 115.

Gottes begründete. Das neue Verhältnis begründete eine Beziehung zu einem göttlichen Wesen, die radikal persönlich und nicht mehr stammesbezogen war.

Das Christentum schützte nicht vor Sklaverei, aber es brachte eine Kultur hervor, welche die Sklaverei abschaffte. Die Gleichwertigkeit des Menschen vor Gott differenzierte selbst im Feudalismus das adelig-bäuerliche Herrschaftsgefüge, formte es aus einer Beziehung von Gewalt und Gehorsam zu einem Verhältnis gegenseitiger Rechte und Pflichten um. Aus Machtträgern und Machtunterworfenen wurden „Stände". Im Personenstand wurde der Einzelne über Familie, Sippe, Stand hinaus in seiner Individualität anerkannt.

Die breite Wirkung christlicher Lehre wäre ohne Erziehung und Bildung nicht möglich gewesen. Im Armen- und Krankenwesen sind Elemente moderner politischer Kultur vorgeprägt. Auch ist der Einfluss christlichen Mitleidens in der Sozialethik der Moderne nicht zu übersehen. Die Ideen von Humanität, Fortschritt, Gleichheit und Demokratie bezeichnet Hans Maier als „Schatten Gottes in der modernen Zivilisation."[19] Das biblische Menschenbild hat deutliche Spuren in der Geschichte des modernen Rechts-, Sozial- und Kulturstaats hinterlassen. Ohne das christliche Menschenbild ist die Mittelpunktstellung des Individuums in der westlichen Kultur nicht zu verstehen; der Kapitalismus ist nicht ohne die protestantische Ethik zu erklären und der Sozialstaat steht in einem Zusammenhang mit dem Gebot christlicher Nächstenliebe. Die postchristlichen Gesellschaften Europas verfügen noch über ein Reservoir an christlichen Moralvorstellungen, das zwar nicht mehr religiös legitimiert ist, aber das eigene Verhalten irgendwie noch bestimmt.

Die beiden Säulen des modernen Abendlandes - Christentum und Aufklärung - koexistieren durch die Trennung von Religion und Politik. Das Christentum hat die dem Altertum ganz selbstverständliche Einheit von Staatlichem und Göttlichem, Kult und Politik und mit ihr die „Theologisierung" existierender Staats- und Gesellschaftsformen aufgelöst. Durch seinen welttranszendenten Gottesbegriff durchbrach es den Bann theologisch-politischer Immanenz. Die christliche Gemeinde verweigerte dem Kaiser den Götterkult und stellte im Namen Gottes die Eigenmacht christlicher Herrscher „zur Schau". Die Geschichte des Christentums ist daher die Geschichte einer fortwährenden Destruktion „politischer Theologien". Das Politische darf nicht mehr die letzte und sinngebende Instanz sein. Ein Staat ist totalitär, wenn er Staat und Kirche in einem ist.[20]

Jesus wollte dem Kaiser geben, was des Kaisers ist und Gott, was Gottes ist. Auch das „ora et labora" des Benedikt von Nursia verweist auf diese

---

19 Hans Maier, Welt ohne Christentum - was wäre anders?, Freiburg, Basel, Wien 1999, S. 25.
20 Ebd. S. 158f.

spannungsreiche Auseinandersetzung zwischen religiösen und weltlichen Motiven. Im Mittelalter führte sie zum Dauerkonflikt zwischen Kaiser und Papst, in der Neuzeit zwischen Staat und Kirche oder auch zwischen Vernunft und Glaube. Die konfliktfreie Vereinigung des Weltlichen und des Geistlichen im lateinischen Abendland, die dort nicht weniger ersehnt wurde als anderswo, wurde niemals historische Wirklichkeit. Der Papst stellte immer ein Hindernis für den Ehrgeiz der Kaiser und Könige dar. Doch dieser Konflikt erlaubte es Europa, seine Eigentümlichkeit zu bewahren. Die Unabhängigkeit des Religiösen vom Politischen wurde zur Keimzelle des europäischen Pluralismus und der sich später ausdifferenzierenden gesellschaftlichen Teilsysteme.

Die Annahme, dass die Gesellschaft aus Individuen besteht, von denen jedes eine eigene ontologische Basis besitzt, ist eine Interpretation der christlichen Prämisse von der Gleichheit der Seelen vor Gott. Die christliche Ontologie liefert die Grundlage für das, was im Westen gewöhnlich als liberale Wertvorstellungen bezeichnet wird - die Verpflichtung auf Gleichheit und Gegenseitigkeit und das Postulat individueller Freiheit. Diese Festlegungen sind fundamental, während Toleranz, Pluralismus und Skeptizismus des Westens abgeleitet und sekundär sind. Wenn der Zusammenhang zwischen moralischer Gleichheit und der Forderung nach gleicher Freiheit nicht verstanden wird, ist die moralische Basis einer demokratischen Gesellschaft nicht fundiert.

Die jüdisch-christliche Tradition des Westens erinnerte die Herrscher immer daran, dass sie ihren Reichtum und ihre Macht von Gott erhalten haben und beides nur unter der Bedingung genießen, dass sie sich ordentlich betragen. Die Dauerfehde zwischen staatlicher und kirchlicher Macht verhinderte politische und geistige Willkür, im besten Fall kam es zu einer Ergänzung im gemeinsamen Wirken für das Gemeinwohl.

Dem Verweis des europäischen Verfassungsvertrages auf das „religiöse Erbe" zufolge scheint das Christentum bereits gestorben zu sein. Diese Verleugnung der eigenen Religion ist sowohl Ausdruck eines weltanschaulichen Relativismus als auch von Angst vor alten konfessionellen Streitigkeiten. Das Christentum ist aber in Europa auch heute keine Religion unter anderen. Im geographischen Europa zwischen Atlantik und Ural, das etwa 520 Millionen Menschen umfasst, leben 255 Millionen (49 Prozent) Katholiken und 99 Millionen (19 Prozent) orthodoxe Christen. 83 Millionen (16 Prozent) entfallen auf die Kirchen der Reformation. 84 Prozent der Europäer verstehen sich demnach noch irgendwie als Christen. 83 Millionen (16 Prozent) sind konfessionslos oder gehören anderen Religionsgemeinschaften an,[21] wozu vor

---

21 Mariano Delgado, Ein Glaube, verschiedene Wege. Europäisches Christentum an der Schwelle zum dritten Jahrtausend, in: Das gemeinsame Haus Europa, a.a.O. S. 509.

allem Muslime zählen. Von ihnen leben etwa 15 Millionen in den Mitgliedsländern der Europäischen Union. Dem Rückgang des Christentums in Europa
steht eine Zunahme in anderen Erdteilen gegenüber. Im Jahre 2025 werden
50 Prozent der Weltchristenheit in Afrika und Lateinamerika leben und weitere 17 Prozent in Asien.[22]

Nicht die Rolle „der Religion" - wie es im Verfassungsvertrag heißt -,
sondern die Rolle des Christentums war für die Entwicklung Europas grundlegend. Erst mit der aus dem östlichen Mittelmeerraum kommenden Fremd-
religion des Christentums wurde jene Gemeinsamkeit geschaffen, die Europa
ausmacht. Das Christentum war „die große religiöse und ideologische Neu-
heit des westlichen Europas seit dem 4. Jahrhundert".[23] Nach der friedlichen
Ausbreitung im antiken Imperium wurde die Ausbreitung des Christentums
im frühen Mittelalter oft mit Gewalt vorangetrieben. Die von Karl dem Großen zwangsbekehrten Sachsen erhoben dies zum Modell, die ostwärts sie-
delnden Slaven zu unterwerfen und zu christianisieren. Die Deutschherren
verfuhren so mit den Balten.

Das Ergebnis war ein religiöser und auch kultureller Einheitsraum und
dieser blieb in seinen säkularen Konsequenzen bis in die heutige Zeit hinein
bestehen. Die westlich missionierten Balten, Polen, Tschechen, Slowenen,
Ungarn und Kroaten verstehen sich heute noch als Teil der westlichen Kultur.[24] Die dreifache Bekehrung - zum römischen Christentum, zur lateinischen Sprache und zur Schrift - beseitigte die alte Unterscheidung zwischen
Römern und Barbaren und integrierte in religiöser Hinsicht eine Vielzahl von
Ethnien. Das Bewusstsein der Gemeinsamkeit erwuchs aus der Zugehörigkeit
zu ein und derselben Universalkirche und weltlichen Kultur. Europäische
Kultur war christliche Kultur. Dadurch unterschied sich die beginnende europäische Hochkultur des Mittelalters von ihrer antiken Vorgängerin im
Mittelmeerraum. Rom war noch Orient und Okzident gewesen. In Europa
war die Kulturträgerin von vornherein allein oder fast vorwiegend die
christliche Kirche, die durch ihre Kleriker nicht nur den christlichen Glauben
predigte und im Gottesdienst sinnfällig einprägte, sondern auch antikes Bil-
dungsgut.[25]

Europa - so Werner Conze - bildete sich in den letzten Jahrhunderten des
ersten Jahrtausends jenseits der Grenzen von Rhein und Donau, indem es
christlich wurde und seine Völker kirchlich-politisch in Verfassung gebracht

---

22   Phillip Jenkins, The Next Christendom: The Coming of Global Christianity, Oxford 2002.
23   Jacques LeGoff, Das alte Europa und die Welt der Moderne, München 1994, S. 11.
24   Arnold Angenendt, Die religiösen Wurzeln Europas, in: Das gemeinsame Haus Europa,
     a.a.O., S. 481ff.
25   Werner Conze, Ostmitteleuropa. Von der Spätantike bis zum 18. Jahrhundert, München
     1992, S. 14ff.

wurden. Wenn man die Wurzeln Europas in einer sozialräumlichen Zugangsweise erklärt, so ist eine Übereinstimmung besonders auffallend: Spezifisch europäische Phänomene finden sich in all jenen Regionen des Kontinents, die im Mittelalter der Westkirche zugehörten. Das gilt für die Reichs- und Landstände als Element europäischer Herrschaftsorganisationen genauso, für gotische oder barocke Bauten als eigentümlich europäische Kunstdenkmäler sowie für Universitäten.[26]

Als die Karolingerherrschaft im 9. Jahrhundert zerfiel, vermochte die darin geschaffene Kircheneinheit zu überdauern und prägte die Gestalt für ganz Europa. Die religiöse, soziale und kulturelle Einheit der lateinischen Christen bildete den Kontrast zu den weltlichen Kämpfen und Zersplitterungen des Mittelalters. Der gesamte europäische Raum wurde aufgegliedert in ein System von Bistümern mit ihren Kathedralen, Bibliotheken und Schulen und in ein dicht verzweigtes System von Pfarrgemeinden, von denen das allgemeine Unterrichtswesen seinen Ausgang nahm. Das Papsttum war Ausdruck der Einheit der Kirche und wirkte auf entlegenste Regionen ein. Die „Papstkirche" im Westen ist keine Reichskirche oder Landeskirche, sondern eine vielfältige Herrschaftsgebilde umgreifende soziale Organisationsform. Die meisten ihrer spezifischen Eigenarten lassen sich mit diesem Wesenszug in Verbindung bringen.[27]

Die Einheit der Kirche hatte ihre Kehrseite in der Unduldsamkeit, die sich gegen alle richtete, die aus diesem Konsens herausfielen. Dies wurde als Bedrohung der Einheit verstanden. Die Intoleranz des christlichen Abendlandes wurde mit der Aufklärung um die Toleranzgebote ergänzt. Die europäische Neuzeit setzte mit dem Humanismus, der Renaissance und der Reformation ein. Wie ersterer das Menschliche betonte, so hob letztere Gottes Allmacht hervor. Erst aus der Distanz erkennen wir wieder, nach langen Kämpfen und Rivalitäten mit dem Naherücken anderer Kulturen, in welchem Maße in ganz Europa hinter der katholischen wie protestantischen Variante ein gleiches Gerüst christlicher Werte bewusst oder unbewusst erhalten geblieben ist.[28]

Die Glaubenskämpfe in Europa waren über Jahrhunderte hinweg eine Quelle ewigen Streits in Dörfern, in der Kirche und in Klöstern, in Städten, Regionen, in und zwischen den Königreichen. Der Streit hatte seine Wurzeln in der „Konfession". Katholiken, Calvinisten, Lutheraner, Anglikaner, Spiritualisten, Täufer und anderweitige Sektierer wichen in der Auslegung des christlichen Glaubens in einzelnen Punkten voneinander ab; sie hatten in den

---

26 Michael Mitterauer, Warum Europa? Mittelalterliche Grundlagen eines Sonderwegs, München 2. Auflage 2003, S. 152.
27 Ebd. S. 154.
28 Jacques LeGoff, Das alte Europa, a.a.O. S. 41.

Kontroverspunkten ihre jeweiligen Lehrmeinungen und nahmen diese für so wichtig, dass sie sich lieber entzweiten, als in einer Bagatellfrage nachzugeben. Die Beteiligten fühlten sich nicht als Querulanten, sondern als Streiter des Herrn. Jeder Teil nahm sich für das Ganze und sah das formulierte Dogma seiner speziellen Lehre als für Gottes Wahrheit. Theologen ermunterten die Landesherrscher, gegen Menschen einzuschreiten, die nicht nach dem Landesbekenntnis lebten. Wer sich nicht dem vorherrschenden Bekenntnis fügte, störte den Zusammenhalt und verstieß damit gegen staatserhaltende Einheitlichkeit. Häresie galt als Vergehen gegen Gott und gegen die Menschen.[29]

Mit der Glaubensspaltung setzte sich ein Pluralismus durch, den das Mittelalter nicht gekannt hatte. Der Dauerstreit vergrößerte den geistigen Reichtum Europas. Im unaufhörlichen Hervorbringen von gegensätzlichen Staats-, Welt- und Religionsentwürfen, im Widerstreit bei den geschichtlichen Versuchen, das eine oder das andere oder ein drittes Prinzip zu verwirklichen, kann man eine unentbehrliche Voraussetzung europäischen Lebens sehen. Im Streit, im agonalen Prinzip und in der Bereitschaft, die Gegensätze konsequent auszutragen, sah Jakob Burckhardt das charakteristische Element europäischen Wesens. Dies erst würde die schöpferischen Kräfte ganz herausfordern und sie zu höchsten Leistungen anspornen. Hinter dem Streit stehe allerdings die Einheit in der Vielfalt. Der Kampf wäre nämlich weniger Zweck als Mittel. Sein Ziel muss die Gestaltung sein.[30]

Nicht ein geeintes Abendland hat die überseeische Expansion vorangetragen. Das Entdeckungsalter steht im Zeichen der politischen und kirchlichen Spaltung Europas. Souveräne und rivalisierende Einzelstaaten bemächtigen sich der seefahrerischen und kolonisatorischen Unternehmungen, und der Nationalgeist der beteiligten europäischen Völker ist durch das stolze Bewusstsein ihrer Leistungen in der Entdeckung, Eroberung und Besiedlung ferner Erdteile belebt worden.[31]

Auch die Reformation war nicht auf Luther beschränkt, sondern eine gesamteuropäische Bewegung. Immer deutlicher tritt die Leistung der Vorläufer hervor: die von John Wyclif in England, Jan Hus in Böhmen sowie die der Zeitgenossen und Mitstreiter, Zwingli in Zürich, Bucer in Straßburg, Calvin in Genf, Vermigli in Italien. Den protestantischen „Häretiker-Reformatoren" sind die tridentischen Reformatoren des Katholizismus zur Seite zu stellen.

---

29   Ernst Walter Zeeden, Hegemonialkriege...a.a.O.S. 34.
30   Zit. nach ebd. S. 80f.
31   Eugenio Garin, Die Kultur der Renaissance, in: Propyläen Weltgeschichte, Sechster Band, Frankfurt/M 1976, S. 539.

Auf dieser Basis begann in Europa die neuzeitliche Christianisierung, ein Prozess der Konfessionalisierung, der gleichzeitig mit der Etablierung institutionell und rechtlich abgegrenzter Weltanschauungssysteme Glauben, Denken und Verhalten der Menschen formierte und disziplinierte und die Gesellschaften Europas mit den sittlich-religiösen Normen dieser neuzeitlichen Konfessions- und Weltanschauungssysteme durchdrang.[32]

Der dreißigjährige Konfessionskrieg in Europa stürzte den Kontinent ins Chaos und erzwang die Abkoppelung von Glaube und Politik. Er lehrte die Menschen, dass die fundamentalen religiösen Gegensätze rechtlich gebändigt und politisch eingehegt werden mussten. Diese traumatische Erfahrung erhöht die Angst der Europäer, wenn ihnen im Islamismus jene Koppelung von Glaube und Politik wieder begegnet. Die europäischen Gegensätze waren die notwendige Voraussetzung für jene Vielfalt und Differenziertheit, aus der dem spätmittelalterlichen und frühneuzeitlichen Europa eine nie erlahmende Dynamik und Innovationskraft zuwuchs. Verbunden war dies mit der Verlagerung seiner Kraftzentren, wobei ökonomische, politische und geistige Dynamik meist zusammenfielen und sich addierten. Vorreitergesellschaften, Wechsel von Kraftzentren, Ausgleichsprozesse zwischen altem und jungem Europa, Verschiebung der Grenzen, Begegnung mit dem Fremden und Selbsterkenntnis im Spiegel des Fremden - dies sind die Kardinalsmerkmale Europas in dem halben Jahrtausend zwischen 1250 und 1750. Zu Beginn des späten Mittelalters war die europäische Verflechtung bereits soweit vorangeschritten, dass wichtige politische, ökonomische oder kulturelle Ereignisse in einem Teil des Kontinents direkt oder indirekt die anderen Teile berührten.[33]

Während das Luthertum vor allem auf den deutschen und skandinavischen Raum beschränkt blieb, hat der Calvinismus in der angelsächsischen Welt größeren Einfluss auf die politische Wirklichkeit genommen. Mit der „innerweltlichen Askese", bei der die religiösen Energien in welthaft effektive Tätigkeiten umschlagen, erklärt Max Weber die weltlichen Erfolge des Calvinismus.[34] Amerika ist ohne seine calvinistischen Wurzeln nicht zu verstehen. Es waren vor allem ethische Grundhaltungen, die den Calvinismus vom Luthertum abhoben: nicht leidendes Sichfügen der Welt, sondern kämpfende Heiligung der Welt, in der Verantwortung des Erwählungsgefühls. Die calvinistische Haltung in der Welt ist die der Verantwortung, Bewährung und der innerweltlichen Askese; es geht nicht wie im Luthertum um ein quietistisches Sichabfinden mit der Welt der Sünde und um die Flucht in die Innerlichkeit. Auf dem calvinistischen Boden gedieh sowohl die angelsächsische

---

32 Heinz Schilling, Die neue Zeit, a.a.O. S. 12f.
33 Ebd. S. 22f.
34 Max Weber, Die protestantische Ethik. Hg. von Johannes Winckelmann, Bd.1. Hamburg 1978, S. 9.

Strenge der Lebensführung als auch die Weltoffenheit, der Sinn für Fortschritt und das Interesse für Technik. Die Gewissensfreiheit führte vom Staatskirchentum zum Freikirchentum, das sich in den USA durchgesetzt hat. Die Kirchen sind die moralischen Zensoren des Staates, sind aber selbst frei von ihm.[35]

Die tiefste Zäsur in Europas Geistes- und Religionsgeschichte nach der Reformation war die Aufklärung, die auch aus der Abscheu vor den konfessionellen Kämpfen und aus den naturwissenschaftlichen Fortschritten erwachsen war. Der Bruch mit Gottes Allmacht eröffnete neue Horizonte. In der Französischen Revolution wurden die Prinzipien der Gewaltenteilung, des Konstitutionalismus, von Republik, Demokratie und Menschenrechten geboren. Reformation und Aufklärung erreichten jedoch nur in Ausläufern den ost- und südosteuropäischen Raum, wodurch sich die schon vorher vorhandenen Unterschiede der europäischen Räume verstärkten.

2.3 Das Ostchristentum und seine zwiespältige Haltung zur Moderne

Die neuzeitliche Verbindung von Christentum und Aufklärung gilt nicht für die Orthodoxie, die weder den westlichen Individualismus noch den Universalismus mitträgt. Die Verwurzelung der Orthodoxie in der jeweiligen Nation steht dem westchristlichen Universalismus entgegen. Sie ist auch der Grund für die vielfältigen Spannungen zwischen den orthodoxen Kirchen. Es ist folgerichtig, dass es auch heute keinen nennenswerten Liberalismus in der orthodoxen Welt gibt. Im Gegenteil: Orthodoxie bedeutet im Kern Kritik an der westlichen Religion und an der westlich-liberalen Kultur. Westliche Einflüsse werden als Gefährdung der eigenen Identität gesehen. Da die Orthodoxie in Osteuropa die stärkste bürgergesellschaftliche Kraft darstellt, kann sie jederzeit ihren Einfluss auf die Politik ihrer Länder intensivieren. Eine enge Anlehnung an den Westen droht kulturellen Widerstand zu verstärken. Die Widersprüche zwischen Modernisierern und Traditionalisten werden oft gerade über die Mitgliedschaft zur EU ausgetragen.

Die politische Verantwortung der Christen in einer liberalen Kultur besteht in der Sorge, dass sich die Politik innerhalb ihres Bereiches hält und nicht auf das übergreift, was ihrer Verfügung und ihrem Zugriff entzogen bleiben soll.[36] Religion und Politik müssen unterschieden, aber sie dürfen nicht geschieden werden. Sie müssen sich wechselseitig Grenzen setzen. Die Stellung der Religion zur Welt bestimmt sich bis heute in ganz wesentlichem

---

35 Friedrich Berber, Das Staatsideal im Wandel der Weltgeschichte,a.a.O. S. 174f.
36 Günter Rohrmoser, Geistige Wende. Christliches Denken als Fundament des Modernen Konservatismus, München 2000, S. 52ff.

Maße dadurch, ob sie diese Trennung bejaht, ob sie eine Harmonie von Thron und Altar oder ob sie sogar die Einheit von religiöser und weltlicher Lebensführung anstrebt.

Untrennbar ist das Christentum mit dem Römischen Recht als der wichtigsten Errungenschaft Roms verbunden. Es schuf die „religiöse Romanität" bzw. Latinität. Sie behauptete sich im Westen, Süden und Norden Europas. Die Grenzen zu Byzanz oder Moskau führten zur Verdoppelung, ja Verdreifachung „Roms" im europäischen Selbstverständnis. Daraus erwuchs ein unauflösbares Paradox: Rom stand für den orbis christianus, für Europa im Westen, aber auch für das griechisch-orthodoxe Christentum. Da aber alles Christliche wesensmäßig missionierend war, musste diese Teilung, die jeder zur Einheit überwinden wollte und gerade dadurch vertiefte, zu einer ständigen Wunde am Leib Europas werden. Die Narben dieser Trennungen kennzeichnen das Gesicht Europas bis heute.[37]

Das Verhältnis des Christentums zur Welt ist maßgeblich von Augustinus definiert worden. In dem Buch „Der Gottesstaat" hat er die für das Abendland grundlegende Unterscheidung von Staat und Kirche ausgearbeitet. Der Mensch ist ein Bürger zweier Reiche, des Staats seiner Geburt und des Gottesstaats. Auf der einen Seite steht der irdische Staat, gegründet auf den Begehrungen und dem Besitztrieb der niederen menschlichen Natur, auf der anderen Seite der Staat Gottes, gegründet auf der Hoffnung auf himmlischen Frieden und dem Heil der Seele. Die Geschichte ist das Drama zwischen diesen beiden Reichen und des schließlichen Sieges des Gottesstaats. Aber die beiden Reiche sind nicht klar nach irdischen Institutionen wie Staat und Kirche getrennt; alle Institutionen seien von einer Mischung dieser Prinzipien durchzogen, die erst beim jüngsten Gericht geschieden würden.

Das Gleichgewicht zwischen den beiden Schwertern war von Anfang an labil, was zu den beständigen Kämpfen zwischen Kaiser und Papst im Mittelalter geführt beitrug. Die Probleme der Abgrenzung und der Ranghöhe dieser beiden Gewalten prägten das Mittelalter. Auch mit der Reformation änderte sich nichts am Spannungsverhältnis zwischen Staat und Kirche. Luther lehnte jede Vermischung der Gewalten ab. „Es sind zweierlei Reiche, eines ist Gottes Reich, das andere der Welt Reich.... Gottes Reich ist ein Reich der Gnade und Barmherzigkeit, und nicht ein Reich des Zorns und der Strafe... Aber das weltliche Reich ist ein Reich des Zorns und Ernsts...Wer nun diese zwei Reiche ineinander mengen wollte, wie unsere falschen Rottengeister es tun, der würde Zorn in Gottes Reich setzen und Barmherzigkeit

---

37   Michael Salewski, Die Idee Europa, in: Till Lume u.a., Herausforderung Europa... a.a.O. S. 59f.

in der Welt Reich: das wäre eben den Teufel in den Himmel und Gott in die Hölle setzen."[38]

Mit der Abwanderung des Kaisertums aus Rom konnte sich in der alten Reichshauptstadt die selbständige Stellung des Römischen Bischofs als Nachfolger Petri und Oberhaupt der Kirche entwickeln. Seit Beginn der Konstantinischen Ära gibt es einen Dualismus der Gewalten: Kaiser und Papst haben je getrennte Vollmachten, keiner verfügt über das Ganze. Die stärkere Unterscheidung zwischen geistlicher und weltlicher Macht im Westen wird entscheidend für die Entwicklung der abendländischen Staatsphilosophie. In die Loyalität gegenüber der weltlichen Gewalt wird eine Spaltung getragen und damit die spezifische europäische Entwicklung gegenüber der Staatsallmacht eingeleitet. Aus dem Anspruch auf Autonomie des geistlichen Sektors, der ursprünglich nur für die organisierte Kirche erhoben wurde, erwuchs die Autonomie des christlichen Gewissens.

Im Jahre 330 hatte Kaiser Konstantin die neue Hauptstadt des Römischen Reiches Konstantinopel am Bosporus an der Stelle der antiken griechischen Stadt Byzantion begründet.[39] Die eingedeutschte Bezeichnung Byzanz wurde zur wissenschaftlichen Bezeichnung für das oströmische Reich. 395 wird das Reich endgültig in ein west- und oströmisches Reich geteilt. Es ist verblüffend, wie diese Grenzen heute den Grenzen im zerfallenen Jugoslawien entsprechen, in dem sich der alte Antagonismus zwischen West- und Ostrom, römischem Katholizismus und byzantinischer Orthodoxie für politische Zwecke mobilisieren und missbrauchen ließ.

Im Byzantinischen Reich blieben nur die Institutionen römisch: die Bevölkerung, Volkssprache, Kultur und Religion waren griechisch. Während aus dem Römischen Reich im Westen im Lauf der Jahrhunderte durch die Verbindung mit den Franken ein germanisches Reich wurde, entstand im Osten ein griechisches Reich. Im Gegensatz zur Entwicklung in Westrom hat der byzantinische Kaiser trotz der theoretischen Gleichstellung mit der Kirche das Übergewicht. Charakteristisch ist das Zusammenwachsen des orthodoxen Staates und der orthodoxen Kirche zu einem einzigen staatlich-kirchlichen Organismus. Der Kaiser wurde zum Chef der Kirche, der die Bischöfe ernennt. In der Nachfolge des römischen Gott-Kaisers und zugleich dem christlichen Leitbild vom Gottesgnadentum entsprechend sahen sich die christlichen „Autokraten" als Abbild von Gottes Alleinherrschaft. Der Kaiser verstand sich als Stellvertreter Christi. Seit dem 6. Jahrhundert führt er den Titel „König und Priester".

---

38 Martin Luther, Ein Sendbrief von dem harten Büchlein wider die Bueren", zit. nach Friedrich Berber, Das Staatsideal im Wandel der Geschichte...a.a.O. S. 163f.

39 Ich folge in der Darlegung der historischen Entwicklung des Ostchristentums Hans Küng, Das Christentum. Wesen und Geschichte, München 1994, 3. Aufl. , S. 240-335.

Trotzdem handelt es sich um keinen reinen Caesaropapismus, denn der Kaiser konnte der Kirche nicht willkürlich Dogmen aufzwingen. Als Gläubiger galt er der Kirche unterworfen und seine Autorität war durch die Kirche begrenzt. Statt Trennung wurde eine „Symphonie" (Harmonie) von Reich und Reichskirche angestrebt. Eine „Symphonie" freilich - wie Hans Küng formuliert - bei der zumeist der Kaiser die Partitur schrieb und dirigierte.[40] Der Patriarch von Konstantinopel blieb in seinen Funktionen auf den geistlichen Bereich beschränkt: Wahrung der Reinheit der Lehre und der gottesdienstlichen Ordnung im engeren Sinne. Die spezifisch westliche Dialektik von Religion und Welt konnte sich auf diese Weise nicht entfalten.

Die konkrete Gestalt der orthodoxen Kirche des Ostens bleibt bis heute von Byzanz geprägt. Der christliche Glaube im neuen Rom wird nicht mehr in erster Linie als gläubiges Vertrauen in Gott verstanden, sondern als Rechtgläubigkeit, als Überzeugung von der Richtigkeit bestimmter, vom Staat sanktionierter Lehrsätze der Kirche. Die besondere Rolle der Liturgie erklärt sich daraus, dass Orthodoxie nicht nur die rechte Lehre sein will, sondern rechte Lobpreisung Gottes, die sich im rechten Glauben, Kult und Leben der Kirche verwirklicht. Aus diesem Selbstverständnis leitet sich nicht nur das Bemühen um die Einheit der Orthodoxie her, sondern auch deren fortschreitende Zersplitterung. Diese wird durch das Gliederungsprinzip in selbständige Einheiten auf der Basis kultureller, ethnischer, nationaler und sprachlicher Übereinstimmung der jeweiligen Teilkirche verstärkt. Mehrere Kirchenoberhäupter verschiedenen Ranges stehen den orthodoxen Kirchen vor, jeder seiner einzelnen Kirche. Die autokephalen Kirchen der Orthodoxie stehen damit auch organisatorisch im Gegensatz zum Universalismus der westlichen Papstkirche.[41]

Von Byzanz aus war es zur Christianisierung der östlichen Slawenvölker und jener Südslawen gekommen, die im 8. Jahrhundert in das durch die Pest verödete Griechenland eingedrungen waren. Die Ungarn, die Westslawen (Böhmen, Polen) und die westlichen Südslawen (Kroaten, Slowenen) orientierten sich nicht an Byzanz, sondern am alten Rom. Vor allem seit dem 9. Jahrhundert wurden Kroaten und Slowenen vom Westen aus christianisiert und latinisiert. Sie lösten sich von der byzantinischen Oberhoheit und blieben - im Gegensatz zu den Serben - im Wirkungsbereich der romanisch-germanischen Kultur.

Mit dieser Aufteilung der Slawenwelt zwischen byzantinischer und römischer Kirche, zwischen einer griechisch-byzantinisch und einer germanisch-romanisch bestimmten Kultur zeichnen sich zwei verschiedene Para-

---

40   Hans Küng, Das Christentum, a.a.O. S. 252.
41   Vgl. Martin Tamcke, Das Orthodoxe Christentum, München 2004.

digmen ab. Die Wirkungen dieser Polarisierung sind gerade in der postkommunistischen Ära besonders virulent. Die unterschiedlichen kirchlichen Entwicklungen und die verschiedenen Kulturen wirken sich bis heute auf die ethnischen, politischen und kulturellen Identitäten und Antagonismen der Südslawen aus. Die heutigen Nationalitätenkonflikte sind ohne diese fast ein Jahrtausend bestehende Grenze zwischen Ostrom und Westrom nicht zu verstehen.[42]

Die ostslawischen Stämme der Rus hatten sich im Reich von Kiew von den östlichen Steppenvölkern unabhängig gemacht. Im Jahre 988 führte Großfürst Wladimir, auf der Suche nach einer dauerhaften ideologischen Grundlage für sein Land, Russland in die Gemeinschaft der christlichen Völker. Es handelte sich um eine wohlüberlegte Staatsangelegenheit, die den Eintritt Russlands in die christliche Tradition der kultivierten Welt bezweckte. Spätestens seit dem 11. Jahrhundert hatte Russland sich zwischen dem hellenistischen-byzantinistischen und dem lateinisch-römischen Paradigma zu entscheiden. Die Wahl und die Einfügung in die byzantinische Kirchenorganisation führten dazu, dass die Christenheit in Russland von Anfang an im Geist des damaligen Byzanz traditionalistisch ausgerichtet wurde und die „Symphonie" von Staat und Kirche dominierte.

Das Schisma zwischen Ost- und Westkirche kann nicht datiert werden. Es gibt kein Trennungsdatum, wohl aber eine lange Trennungsgeschichte. Die Historiker stimmen heute darin überein, dass Ost und West sich aufgrund einer progressiven Entfremdung voneinander trennten, die mit dem gleichsam progressiven Wachstum der päpstlichen Autorität zusammenfiel. Die Einheitskirche, wie sie sich im Westen langsam ausbildete, war im Osten von Anfang an als Neuerung abgelehnt worden. Die Kirche des Ostens bewahrte sich weit stärker als die westliche eine ursprüngliche Kirchenordnung. Die Neuerungen der westlichen Kirche galten als häretisch.

Mit dem Ende von Byzanz war nicht das Ende des hellenistisch-altkirchlichen Paradigmas gekommen. Der orthodoxe Glaube hielt die Süd- und Ostslawen in den Jahrhunderten der muslimischen Herrschaft zusammen und bewahrte sie vor einer Auflösung im Islam. Das hellenistisch-altkirchliche Paradigma wurde vom Russischen Reich übernommen, welches sich zur großen Schutzmacht der Orthodoxie auf dem Balkan entwickelte. Im 13. und 14. Jahrhundert war es vor allem die Orthodoxe Kirche, die in einer Zeit der politischen Auflösung, des wirtschaftlichen Niedergangs und des kulturellen Verfalls während der Tatarenherrschaft das Bewusstsein von der nationalen Einheit Russlands wach hielt.

---

42 Hans Küng, Das Christentum, a.a.O., S. 288f.

Die Russen suchten auch zur Zeit der Tatarenherrschaft keine Orientierung am katholischen Westen, weil sie befürchteten, dass Rom diese Gelegenheit nutzen würde, das „schismatische" Russland wieder unter seine Autorität zu zwingen. Wiewohl Russland zu Europa und nicht zu Asien gehören wollte, grenzte sich die russisch-orthodoxe Welt von der abendländischen Welt ab. Die Russische Orthodoxie beanspruchte auch gegenüber Byzanz den Status einer autokephalen Kirche. Dafür zahlte die russische Kirche den Preis einer definitiven Unterordnung der Kirche unter den russischen Staat. Anders als unter byzantinischer, übernationaler Autorität war die Kirche jetzt allen politischen Manipulationen der Herrscher unterworfen.

Nach dem Untergang von Byzanz und der Unterwerfung weiterer orthodoxer Länder (Bulgarien, Rumänien, Serbien) durch die islamischen Türken war das von der Tatarenherrschaft befreite Russland die letzte politisch selbständige Macht des christlichen Ostens. Moskau verstand sich, nachdem das erste Rom „häretisch" geworden und das zweite Rom gefallen war, als das neue Zentrum der Orthodoxie und damit als letzten Hort der wahrhaft rechtgläubigen Christenheit. Die Russen wurden dadurch zu einem auserwählten Volk und ihr Zar zum einzig rechtgläubigen Herrscher. Alles Fremde galt als der Häresie verdächtig. Moskau begann seine historische Mission als Drittes Rom zu begreifen und zu ergreifen. In der Idee vom Dritten Rom gründet auch der später von den Slawophilen und Panslawisten vertretene politische Messianismus.

Zu einer Reformation konnte es in Russland schon deshalb nicht kommen, weil die Kirche mit dem Staat eng verbunden war. Seit Peter dem Großen war das Oberhaupt der Kirche ein Staatsbeamter, Gott wurde zum „Juniorpartner der Regierung" (Hans Küng). Wenn die christliche Kirche sich in ununterscheidbarer Weise mit dem politischen Imperium verbindet, kann sich keine über die Liturgie hinausgehende selbständige Theologie bilden. Zudem unternahmen die meisten orthodoxen Kirchen alles, um Einwirkungen der großen kirchlichen Umwälzungen in Europa von sich fernzuhalten. Die religiöse Haltung drückt sich im Weltverständnis aus. In ihr geht es nicht um Veränderung, sondern um Verinnerlichung. Für den Orthodoxen ist der Mensch das Abbild Gottes, das immer mehr in Gott hinein verklärt werden soll. Für den Lateiner ist das menschliche Leben ein aktives Vorwärtsschreiten des Menschen auf Gott zu.

Die Orthodoxe Kirche war aber nicht nur Gefangene, sondern zusammen mit Adel, Armee und Polizei auch Garantin und Stütze des zaristischen Regimes. Vertreter einer alternativen Orthodoxie wie Leo Tolstoj oder Fjodor Dostojewski gelang es nicht, eine eigenständige christliche Sozialethik zu entwickeln. Das Leben der Kirche wurde faktisch auf Liturgie reduziert. Eine zeitgemäße Verkündigung und die Inspiration für soziale und politische

Reformen kamen nicht auf. Andererseits ermöglichte dies der Kirche auch das Überleben trotz Fremdherrschaft und trotz der totalitären Herrschaft der Kommunisten.

Für die slawischen Völker unter osmanischer Herrschaft bildete die Kirche jahrhunderte lang die letzte Bastion der Erinnerung an die eigene Identität und Selbständigkeit. Dadurch hatte die Kirche eine die Nation konstituierende und legitimierende Funktion. Die daraus hervorgehende nationalistische Ideologie trug in der neueren Geschichte der Orthodoxie oft dazu bei, ethnische Rivalitäten aufzuheizen. Die Balkan-Kriege resultierten auch daraus, dass die Kirchen den Nationalismus gefördert statt gezähmt hatten.

Das Ende des Kommunismus wird von der orthodoxen Hierarchie vor allem als Signal zur Besinnung auf ihre vorneuzeitlichen Fundamente verstanden. Die Orthodoxie orientiert sich nach wie vor am VII. Ökumenischen Konzil von Nicäa im Jahre 787. Sie ist die einzige Kirche, die sich noch heute im Bereich des Glaubens, des Kultes und des Lebens seit der Trennung der Kirchen unverändert erhalten hat. Sie betrachtet die Entwicklung ihrer dogmatischen Lehren seit dem Jahre 787 als abgeschlossen.

Diese Statik im religiösen Bereich korrespondiert mit einer mangelnden Entwicklung hinsichtlich sozial-ethischer Fragen. Der Religionswissenschaftler Demosthenes Savramis hält es für keinen Zufall, dass der Kommunismus sich in einem orthodoxen Land entwickelte. Die marxistische Phrase, der zufolge Religion das Opium des Volkes sei, konnte nur dort Anklang finden, wo die Kirche als Mitläuferin eines antisozial eingestellten Staates keine eigene Stellung zur sozialen Frage bezog. Die gesamte Theologie des Ostens sei zu einer rein spekulativen Theologie geworden. Die Idee einer Durchdringung des sozialen, wirtschaftlichen und politischen Lebens mit dem christlichen Glauben sei nie Thema ernster theologischer Arbeit gewesen.[43]

Die orthodoxe Kirche verspürt aufgrund ihrer eigenen pastoralen und evangelisatorischen Schwäche Angst vor der zahlenmäßig zwar geringeren, aber pastoral wesentlich effektiveren katholischen Präsenz in Russland.[44] Die Beziehungen zwischen der Römisch Katholischen Kirche und der Russisch-Orthodoxen Kirche sind wieder auf einen neuen Tiefpunkt gesunken, weil die Erhebung von Administraturen zu katholischen Bistümern in Russland als unzulässige Anwerbung von Gläubigen empfunden wird. Selbst Atheisten gelten - als „potenziell orthodox". Auf ihrem „kanonischen Territorium" sei

---

43 Demosthenes Savramis, Wesen und Eigenart der griechisch-orthodoxen Kirche im Vergleich zu anderen Kirchen, in: ders. (Hrsg), Religionen, Düsseldorf 1972, S. 210.
44 Vgl. Walter Kasper, Theologische Hintergründe im Konflikt zwischen Moskau und Rom, in: Ost-West. Europäische Perspektiven 3 (2002) Heft 3, S. 230ff.

die Russisch- Orthodoxe Kirche die einzige, die das Evangelium verkünden dürfe.[45]

An den meisten russischen Schulen werden heute wieder die „Grundlagen der orthodoxen Kultur" gelehrt.[46] Darin drückt sich der Wille aus, wieder eine moralische Basis und einen geistigen Unterbau statt einer Kultur als bloßen Überbau zu erhalten. Russland erlebt heute eine Wiederkehr der Religionen, in der okkulte Strömungen des New Age, aber auch die Orthodoxie an Einfluss gewinnen. Die Mehrheit der Russen bekennt sich heute zur Orthodoxie. Diese Religion kannte keine Inquisition und keine Kreuzzüge, aber auch keine neuzeitliche Aufklärung. Ihre Geschichte ist in fast jeder Hinsicht anders verlaufen als die der Westkirchen, so dass eine ökumenische Annäherung in weiter Ferne liegt. Es überkreuzt sich eine wachsende Prozentzahl von Gläubigen mit einer abnehmenden Bedeutung der Religion im Leben der Menschen. Eine Schlüsselrolle wird der Orthodoxen Kirche zufallen. Das Christentum stellt die geistige Brücke dar, die Ost- und Westeuropa sowohl miteinander verbindet als auch von ihm trennt.[47]

Durch die nach 1991 wieder aufgebaute Nähe der Orthodoxie zum russischen Staat hat sich die Kirche wie in zaristischen Zeiten Privilegien verschafft; sie droht sich aber erneut zu diskreditieren. Die serbisch-orthodoxe Kirche hatte sich unter dem Einfluss des nationalistisch-slawophilen Flügels sogar mit dem Kriegsherrn Milosevic solidarisiert. In Russland wurde die Politik der russischen Führung in Tschetschenien kritiklos unterstützt.

Die Gemeinsamkeiten zwischen den Orthodoxen Kirchen sind wenig ausgeprägt. Das universalistische Papsttum ist den nationalen autokephalen Kirchen des Ostens als ethische Instanz überlegen. Bis heute kann der Papst der ganzen Welt als moralische Instanz ins Gewissen reden.[48] In der westchristlichen Unterscheidung von Kirche und Staat lebt das Wissen um die Freiheit des Menschen als des im Glauben durch Christus von der Welt befreiten und vor Gott im Glauben gerechtfertigten Menschen weiter. Diese Freiheit entspricht dem Wissen, dass der so befreite Mensch zugleich Geschöpf Gottes und somit zur Verantwortung in der Welt berufen ist."[49]

West- und Ostchristentum haben wichtige Botschaften zu vermitteln; beide sind - so Hans Maier - aber auch ergänzungsbedürftig. Im Westen haben Protestanten und Katholiken die pluralistischen Lektionen der Moder-

---

45   Vgl. Thomas Bremer, Ist die Lage völlig verfahren? Katholische und orthodoxe Kirche in Russland, in: Herder Korrespondenz 56 9/2002 , S. 459.
46   Vgl. Jutta Scherrer, Kulturologie. Russland auf der Suche nach einer zivilisatorischen Identität, Essener Kulturwissenschaftliche Vorträge Nr. 13, Göttingen 2003.
47   Kerstin Holm, Massentrost in der Wüste. Gottes eigener Kontinent, in: Frankfurter Allgemeine Zeitung v. 27.2.04.
48   Hans Küng, Spurensuche. Die Weltreligionen auf dem Weg, München 1999, 3.Aufl., S. 256.
49   Ebd. S. 154.

ne gelernt. Im Osten steht dieser Lernprozess noch aus: die Orthodoxie muss vermehrt „Außenwerke" entwickeln und verstärken: Diakonie, kirchliches Recht, Selbständigkeit gegenüber dem Staat, eigene Soziallehren, eine eigene gesellschaftliche Praxis. Die westlichen Kirchen können auch etwas vom patristischen und mystischen Erbe, von der Präferenz von Gottesdienst und Liturgie lernen.[50]

2.4 Totalitärer Islamismus als Ausdruck gescheiterter Modernisierung

> „Eine Religion, die der Vernunft unbedenklich den Krieg ankündigt, wird es auf Dauer gegen sie nicht aushalten."
>
> Immanuel Kant[51]

Der Zusammenbruch der politischen Ideologien am Ende des 20. Jahrhunderts schien ein Ende der Ideengeschichte zu signalisieren. Aber dies war falsch, weil Menschen nur schwer ohne Weltanschauung und ohne Selbstverständnis leben können. Der weltanschauliche Relativismus droht das Gegenextrem des Fundamentalismus mit herbei zu führen. Im islamistischen Fundamentalismus erkennen wir eine neue totalitäre Antwort auf das geistige Vakuum.

Der Islam ist heute in Europa die zweitstärkste Religion nach dem Christentum. Im Europa des Europarates leben heute über 70 Millionen, innerhalb der Länder der Europäischen Union etwa 15 Millionen Muslime. Ca. 4 Millionen, die Mehrzahl von ihnen Türken, haben in der Bundesrepublik Deutschland ihren Lebensmittelpunkt. Seit den 90er Jahren sind in Deutschland mehr als 1000 neue muslimische Gemeinden entstanden. Es gibt mehr als 2500 muslimische Glaubensgemeinschaften und Einrichtungen. Die muslimische Gemeinde in Westeuropa wird im ersten Quartal des 21. Jahrhunderts 30 Millionen überschreiten. In den Nachfolgestaaten Jugoslawiens leben heute über 4 Millionen, in Albanien 2,3 Millionen, in Bulgarien 1,5 Millionen und in der Russischen Föderation etwa 20 Millionen Muslime. Eine Mehrheit stellen die Muslime nur in Albanien. In Bosnien-Herzegowina und in Mazedonien sind Staaten entstanden, in denen Muslime eine relative Mehrheit sind.[52]

---

50 Hans Maier, Europäische Kultur: Phantom oder Wirklichkeit?, in: Ost-West. Europäische Perspektiven 2 (2001) Heft 4, S. 255f.

51 Immanuel Kant, Werke in sechs Bänden, hrsg. von Wilhelm Weischedel, Wiesbaden und Frankfurt/M 1956, IV Bd.,S. 657.

52 Bekir Alboga, Islamische Welt. Selbstverständnis in Deutschland, in: Ost-West. Europäische Perspektiven, Heft 1, 2004, S. 3f.

Der Anteil der Zuwanderer wird in vielen deutschen Großstädten schon ab 2010 bis 2015 bei dem unter Vierzigjährigen die 50 Prozent-Schwelle erreichen oder überschreiten. Die Bevölkerungszahl in Deutschland wird von 1998 bis 2080 von 82,1 Millionen auf 53,1 Millionen zurückgehen - der Anteil der Ausländer wird in gleicher Zeit von 7,4 Millionen (9. Prozent) auf 22,9 Millionen (43,1 Prozent) steigen.[53] Welche Brisanz hinter solchen Zahlen steckt, wird in der Erinnerung an die Bürgerkriege im Libanon und auf dem Balkan deutlich, denen jeweils ein starker Bevölkerungsanstieg der Muslime vorangegangen war. Die Bevölkerung von Bosnien-Herzegowina war 1961 zu 43 Prozent serbisch, zu 26 Prozent muslimisch. 1991 hatte sich das Verhältnis umgekehrt. 31 Prozent Serben stand ein muslimischer Bevölkerungsanteil von 44 Prozent gegenüber.[54]

Der Gedanke an Europa trat immer in den Vordergrund, wenn den europäischen Völkern Gefahr drohte.[55] Diese Gefahr drohte meist von islamischen Ländern. Vom frühen Mittelalter bis in die Neuzeit erwies sich der Islam als der eigentliche Gegenspieler Europas. Im Gegensatz zum Buddhismus oder Hinduismus war die islamische Zivilisation in ihrer Grundhaltung und in ihrem Streben auf Eroberung und Mission ausgerichtet. Weder Inder noch Chinesen hatten Spanien erobert, Konstantinopel besetzt oder Wien belagert, die christliche Bibel als verfälscht oder überholt bezeichnet und eine bessere Version von Gottes Wort als Ersatz angeboten.[56]

Die Muslime kamen zwischen dem 7 und 8 Jahrhundert und dem 14 und 17 Jahrhundert als Eroberer nach Europa, die Europäer kamen ihrerseits zweimal mit feindseligen Absichten in die Welt des Islam, auf Kreuzzügen und als Kolonialisten. Im 7. Jahrhundert rückten islamische Armeen von Arabien aus nach Syrien, Palästina, Ägypten und Nordafrika vor und eroberten diese bis dahin christlichen Gebiete. Die erste Aggression des islamisch-arabischen Aufbruchs richtete sich 630 - also noch zu Lebzeiten Mohammeds und auf dessen Befehl - gegen das byzantinische Reich und die seit Jahrhunderten blühende christliche Kultur des Nahen Ostens. Mohammeds Nachfolger Umar eroberte 635 Damaskus, 638 musste sich die christliche Stadt Jerusalem dem Kalifen ausliefern. Auch Ägypten und Nordafrika, welche die Beduinenheere danach eroberten, waren christlich.

Im 8. Jahrhundert eroberten arabische Muslime von Nordafrika aus Spanien und Portugal und drangen in Frankreich ein. Im 9. Jahrhundert nahmen

53 Herwig Birg, Dynamik der demographischen Alterung. Bevölkerungsschrumpfung und Zuwanderung in Deutschland, in: Aus Politik und Zeitgeschichte B20/2003 S. 6ff.
54 Vgl. Frankfurter Allgemeine Zeitung v. 10.3.04.
55 Helmut Gollwitzer, Europa, Abendland, in: Joachim Ritter (Hrsg), Historisches Wörterbuch der Philosophie II, Basel, Stuttgart 1972, S. 826.
56 Bernard Lewis, Der Untergang des Morgenlandes, a.a.O. S. 56f.

sie Sizilien und Teile des italienischen Festlandes in Besitz. Im Jahre 846 drangen arabische Schiffe von Sizilien aus zum Tiber vor und besetzten Ostia und Rom. In Osteuropa eroberten die Tataren von der Goldenen Horde zwischen 1237 und 1240 Russland, welches mit einem großen Teil Osteuropas jetzt unter muslimischer Herrschaft stand. Erst Ende des 15. Jahrhunderts konnten sich die Russen vom Tatarenjoch befreien. An beiden Enden Europas verfolgten die siegreichen Christen ihre ehemaligen Herren dorthin, woher sie gekommen waren. Bald wurde die Rückeroberung zur Eroberung, getrieben von der gleichen Dynamik und erfüllt von der gleichen Mischung religiöser und handfester weltlicher Motive.[57]

Europa musste sich noch lange Zeit einer dritten Welle muslimischer Angriffe erwehren. Die osmanischen Türken bezwangen Anatolien, nahmen die alte christliche Metropole Konstantinopel in Besitz, eroberten und kolonialisierten den Balkan und bedrohten das Zentrum Europas als sie zweimal bis vor Wien gelangten. Erst im Laufe des 19. und frühen 20. Jahrhunderts gelang es auch den christlichen Völkern des Balkans, sich Schritt für Schritt von der Osmanischen Herrschaft zu befreien. Von diesem Zeitpunkt ab wurde der Djihad fast ausschließlich defensiv geführt, insbesondere gegen die „Angriffe der Ungläubigen" im Zeitalter des Imperialismus. Der Islam blutete in verspäteten Siegen aus. Schließlich wurde die islamische Welt von Mongolen ausgeplündert und verfiel in eine finstere Zeit der Kulturfeindlichkeit und Armut. Währenddessen vergaß der Westen seine Niederlagen, lernte begierig vom Feinde, wagte sich in den weiten Ozean der Vernunft hinaus und trat in die Renaissance ein.[58]

Jahrhunderte lang verfügte der Islam über die größte Militärmacht. Als bedeutendste Wirtschaftsmacht unterhielt er ausgedehnte Handelsbeziehungen zu Asien, Europa und Afrika. Im Hinblick auf Künste und Wissenschaft hatte der Islam hohes kulturelles Niveau erreicht. Vom 7. bis zum 12. Jahrhundert war der Islam nach Macht, Ordnung, Ausdehnung der Regierungsgewalt, Verfeinerung der Sitten, Lebensstandard, humaner Gesetzgebung und religiöser Toleranz, Literatur, Wissenschaft, Medizin und Philosophie führend in der Welt. Kunst und Kultur fanden eine weitere Verbreitung im Volk als in der mittelalterlichen Christenheit. Der Einfluss des Islam auf das Christentum war gewaltig. Europa übernahm von den islamischen Ländern Nahrungsmittel, Getränke, Arzneimittel, Drogen, Waffen und Handelsartikel jeder Art.

---

57 Bernard Lewis, Der Atem Allahs. Die islamische Welt und der Westen - Kampf der Kulturen?, Frankfurt, 2001, 3.Aufl.S. 48.
58 Will Durant, Weltreiche des Glaubens, a.a.O. S. 602.

Es gab auch Epochen gegenseitiger Befruchtung, wie die Hellenisierung des Islams und die Übernahme des von Muslimen weiterentwickelten griechischen Erbes durch die Europäer am Vorabend der Renaissance. Dennoch war die Barriere zwischen den Kulturen so groß, dass die neuzeitlichen Fortschritte des Westens fast spurlos an der islamischen Welt vorbeigingen. Noch vor der Renaissance hatten die Europäer bedeutende kulturelle Fortschritte gemacht, die das islamische Erbe weit hinter sich ließen. Renaissance, Reformationen und technologische Revolutionen gingen praktisch unbemerkt am Islam vorbei. Die liberalen Ideen der französischen Revolution waren den Herrschenden schon deshalb nicht willkommen, weil sie die traditionellen Herrschaftsstrukturen in Frage gestellt hätten.

Islamische Theologen nehmen schon an den Aussagen Jesu Anstoß: „Gebt dem Kaiser, was des Kaisers, und Gott, was Gottes ist" oder „Mein Reich ist nicht von dieser Welt". Für Mohammed war die Allmacht Allahs unbegrenzt und ließ keinen Bereich weltlichen Zusammenlebens oder des Alltags aus. Ein wesentlicher Unterschied liegt auch in der Deutungsbereitschaft. Im Gegensatz zu den vier Evangelien kommt dem Koran als dem Wort Gottes eine andere sakrale Bedeutung zu. An seinem Text darf kein Jota verändert werden, und der Deutung der Suren sind äußerst enge Grenzen gesetzt. Wie weit die Auslegung der Schrift gehen kann, darüber streiten sich Pragmatiker und Fundamentalisten.

„Islam" kann sowohl einen religiösen Glauben als auch eine politische Ideologie bezeichnen; er kann zur Kennzeichnung der Identität eines Individuums oder einer Gruppe dienen. Gerade diese Unbestimmtheit ist das Problem, da sie auf westlicher Seite zu ungerechtfertigten Gleichsetzungen und auf islamistischer Seite zum Ausweichen von Festlegungen und zum Verstecken politischer Ziele hinter religiösen Gewändern führen kann. Die fließenden Übergänge zeigen sich schon an der Moschee als Ort der Begegnung, die sowohl als Gebetshaus wie auch als politischer Versammlungsort dient.

Bei dieser Unbestimmtheit handelt es sich nicht um eine heimtückische Taktik, sondern sie resultiert aus der religiösen Quelle selbst. Die Religion ist im Islam das alles, also auch Staat und Gesellschaft durchdringende und bestimmende Gesetz. Der Islam ist das Gesetz und das Gesetz ist der Islam. Da die Gesetze unmittelbar als Gottes Wille verstanden werden, ist ihre Befolgung Gottesdienst. Gleichwohl sind Religionen historisch und geographisch wandelbare Gebilde. Die laizistischen Länder haben sich weitgehend von diesem Unbedingtheitsanspruch gelöst und sind in diesem Sinne modernisiert.

Der Islam ist schon in seiner Entstehung in gewisser Hinsicht ein Zurückgehen zum uneingeschränkten Monotheismus, der die christliche Wende zum menschgewordenen Gott nicht aufnimmt und sich ebenso der griechischen Rationalität auf Dauer nicht geöffnet hat. Damit wird auch die Trennung von Glaube und Gesetz, von Religion und Politik nicht vollziehbar. Die westliche Dialektik und spätere Ausdifferenzierung der gesellschaftlichen Teilsysteme hat in dem totalen Monotheismus des Islam keine Entsprechung.

Auch die islamische Zivilisation besitzt altgriechische Fundamente, weil islamische Rationalisten im Mittelalter eine ähnliche Hellenisierung vollzogen haben. Dies wird oft als gemeinsame westlich-islamische Grundlage herausgehoben. Die entscheidende Frage ist aber, ob der politische Islam dies als Grundlage anerkennt. Das sei nicht der Fall. Ebenso wie die Europäisierung von heute werde die Hellenisierung von damals durch die Islamisten zurückgewiesen.[59]

Islam bedeutet „Unterwerfung" und der zentrale Grundsatz dieser Religion lautet: „Keine Gewalt außer bei Gott!" Die Geschichte der islamischen Kultur kann daher gedeutet werden als ein Ringen der „religiösen Allmacht" mit den diversen „weltlichen Mächtigkeiten", den Gegenkräften in Philosophie, Medizin, Kunst und Gesellschaft. Dem Muslim ist eine Teilhabe an der Allmacht und Mächtigkeit durch Unterwerfung möglich. Der islamische Staat war ein vom Kraftstrom göttlich legitimierter Mächtigkeit durchdrungenes und kontrolliertes Gemeinwesen. Der Einzelne hat die Wahl, durch Unterwerfung an dieser Mächtigkeit zu partizipieren oder sich durch Auflehnung von ihr auszuschließen.

Islamismus ist nicht mit Fundamentalismus gleichzusetzen. Der Fundamentalismus ist ein weltweites Phänomen, welches parallel zur forcierten Modernisierung im 20. Jahrhundert aufgekommen ist. Das Wort Fundamentalismus trat erstmals im Jahre 1910 in die Welt. Protestantische Christen aus den USA brachten eine Schriftenreihe unter dem Titel „The Fundamentals" heraus. Einige ihrer Grundsätze sind kennzeichnend für fundamentalistische Bewegungen überhaupt; der Glaube an die buchstäbliche Unfehlbarkeit der Heiligen Schrift in allen ihren Teilen, verbunden mit der unbeirrbaren Gewissheit, dass sie keinen Irrtum enthalten könne, der Glaube, dass alle Theologie, Religion und Wissenschaft nichtig seien, soweit sie den Heiligen Texten widersprechen und die Überzeugung, dass niemand, der von dem wörtlichen Verständnis dieser Texte abweicht, ein wahrer Gläubiger sein könne.

Die Modernisierungsprozesse führen zur sozialen wie zur geistigen Verunsicherung, weil sie vertraute soziale und geistige Rollen gleichermaßen in Frage stellen. Auch der christliche oder jüdische Fundamentalismus ist eine Reaktion auf Krisenerscheinungen; er wehrt sich gegen den Verfall der Moral und insbesondere gegen den Zerfall von Familien. Der Unterschied zum islamischen Fundamentalismus liegt aber darin, dass die westliche Kultur

---

59 Bassam Tibi, Mit dem Kopftuch nach Europa? Die Türkei auf dem Weg in die Europäische Union, Darmstadt 2005, S. 29.

einschließlich der Trennung von Kirche und Staat im Prinzip bejaht und nur ihre Verfallserscheinungen kritisiert werden.

Der Islamismus steht in der Tradition jenes Kulturpessimismus, welcher der westlichen Kultur immer wieder den Untergang prophezeit hat. Er" wendet sich heute vor allem gegen Urbanität, Bürgerlichkeit, Rationalität und Feminismus. Ihm zufolge haben orientalische Kulturen in den letzten Jahrhunderten eine passive Dekadenz erlitten, der scheinbar erfolgreichere Okzident erleide aber eine aktive Dekadenz durch seinen Werteverfall. Der gewöhnliche Europäer kenne nur noch eine Religion, und diese sei die Anbetung des materiellen Fortschritts.

Der Kontakt mit dem Westen gilt als eine Ursache der passiven Dekadenz des Orients und wird daher abgelehnt. Damit nimmt man aber auch die Unterentwicklung und Armut der großen Mehrheit ungerührt in Kauf. Sozialökonomisch handelt es sich bei den Islamisten um eine Bewegung von Mittelschichten und Intellektuellen, die der geistigen Versuchung des Kulturpessimismus erlegen sind.[60] Es ist einfacher, alles im Lichte einseitiger Entwicklung zu interpretieren als die unterschiedlichen positiven und negativen Entwicklungen in ihrer Komplexität zu bewerten. Natürlich gibt es Pathologien der Vernunft so wie es Pathologien der Religion gibt. Sich auf die Pathologien des anderen einzuschwören, heißt in Selbstgerechtigkeit zu verharren. Stattdessen wären eher neue Formen der Ergänzung zwischen Religion und Vernunft zu suchen..

Wenn diese Krisen der Hypermoderne nicht als Chance zur Selbstbesinnung genutzt werden, droht uns der Rückfall in totalitäre Entwicklungen, die hier vor allem als Ausdruck gescheiterter Moderne gedeutet werden. Der islamistische Totalitarismus ist eine neuerliche Form der Auflehnung gegen die Zerrissenheit der Modernisierung. Er findet dort am meisten Zulauf, wo ein vernünftiger Umgang mit dem Pluralismus der Moderne gescheitert ist. Der Antimodernismus richtet sich im Kern gegen die Ausdifferenzierung und gegen die damit verbundenen gesellschaftlichen Freiheiten. In einer moderateren Fassung zeigen sich diese antipluralistischen Sehnsüchte in den Vereinfachungen des Populismus und im Hass gegen die Globalisierung.

Sobald religiöser Wahrheitsanspruch und politischer Machtanspruch zusammenfallen, spricht man von Islamismus. Im Islamismus verbinden sich sowohl religiöse und politische Ziele als auch ökonomische, soziale und kulturelle Ursachen. Sie lassen sich nicht trennen, weil die sozialökonomischen und politischen Modernisierungsrückstände der islamischen Welt wiederum kulturelle Ursachen haben. Häufig wird der Islamismus aus den Verwerfungen der Modernisierung erklärt. Dies ist kein Widerspruch zu

---

60   Karsten Fischer, Das Projekt des Fundamentalismus. Über Kulturkritik und Identitätspolitik, in: Merkur, Heft 4, 2004, S. 358ff.

der Totalitarismustheorie, denn auch der Totalitarismus des 20.Jahrhunderts war jeweils mit dem Scheitern an der Modernisierung verbunden gewesen.

Die sozialen Ursachen des heutigen Islamismus gehen auf das wirtschaftliche Scheitern in den 70er und 80er Jahren zurück. Die Volkswirtschaften der meisten islamischen Länder waren nicht in der Lage, sich an die Bedingungen des globalen Wettbewerbs und der technischen Revolutionen anzupassen. So wurde eine jugendlich-städtische Bevölkerung, die als Ergebnis der ersten, noch staatlich gelenkten Modernisierung in den 50er und 60er Jahren oft ein hohes Bildungsniveau hatte, in ihren Erwartungen enttäuscht und auf kulturelle Identifizierungen verwiesen. Sie trafen sich in ihrer Unzufriedenheit mit den verarmten Massen.[61]

Islamisten machen für die gegenwärtigen Probleme der islamischen Welt nicht eine unzureichende Modernisierung verantwortlich; im Gegenteil: sie sehen die Ursache ihrer Malaise in der Modernisierung. Über ihr Scheitern an der Modernisierung trösten sie sich hinweg, indem sie diese als Verrat an den unverfälschten islamischen Werten brandmarken. Die Lösung liegt demnach in der Rückkehr zum wahren Islam. Das beinhaltet auch die Aufhebung aller vom Westen entlehnten Gesetze und sozialen Institutionen und die Wiedereinsetzung des islamischen Gesetzes, der Scharia, als alleiniges Regelwerk.[62] Der Islamismus wehrt sich auch deshalb gegen die Dominanz der westlichen Kultur, weil er sich deren Anforderungen, die in den Globalisierungsprozessen noch deutlicher werden, nicht gewachsen fühlt. Auch Chinesen, Inder und Japaner sind mit westlicher Dominanz konfrontiert, wissen sie aber zunehmend als Hilfe für die eigenen Entwicklungen zu nutzen.

Islamisten erklären den Entwicklungsrückstand zum Triumph, indem sie die westliche Kultur nur in ihren oft negativen Formen wahrnehmen. Die von der Modernisierung ausgelöste Krise wird in eine Krise der Moderne umgedeutet.[63] Für Modernisierer ist der Niedergang dagegen Ausdruck des Festhaltens an den alten Traditionen, von mangelnder Flexibilität und Offenheit. Die Modernisierer führen die Schwierigkeiten auf den Mangel an Freiheit zurück, von der Freiheit des Geistes bis zur Freiheit der Wirtschaft, der Freiheit der Frauen von männlicher Unterdrückung bis zur Freiheit der Bürger von staatlicher Tyrannei. Der von außen ausgelöste Wandel wird als Bedrohung durch fremde Mächte gedeutet.

Der Islamismus begreift so wenig wie zuvor der faschistische oder der kommunistische Totalitarismus, dass Ausdifferenzierung und Pluralismus

---

61   Manuell Castells, Die Macht der Identität, a.a.O. S. 21.
62   Bernard Lewis, Die Wut der arabischen Welt. Warum der jahrhunderte lange Konflikt zwischen dem Islam und dem Westen weiter eskaliert, Frankfurt/M, New York 203.
63   Bassam Tibi, Die fundamentalistische Herausforderung. Der Islam und die Weltpolitik, München 3. Auflage, 2002, S. 12ff.

nicht nur Schwächen, sondern auch Stärken hervorbringen. Er steht in der Tradition des totalitären Denkens. Der Totalitarismusbegriff geht wesentlich auf C.F. Friedrich, Hannah Arendt und Karl Dietrich Bracher zurück.[64] Im Orient hat es Despotie immer gegeben, aber beim weltanschaulichen Islamismus haben wir es mit einer Ordnungsvorstellung der Gottesherrschaft zu tun, die eine andere Dimension hat. Die islamistischen Bewegungen streben weltweit dieses totalitär-theokratische Herrschaftsmuster an.[65]

Sowohl beim politischen als auch beim religiösen Totalitarismus entfällt die Trennung von Religion und Politik. Der politische Totalitarismus verstand die immanente Geschichte als Heilsgeschichte und ist insofern mit dem Begriff des politischen Messianismus treffend gekennzeichnet. Jacob L. Talmon hat dieses Phänomen zusammengefasst: „Das Wesentliche an der Religion der Geschichte, die dem politischen Messianismus zugrunde liegt, ist der tiefe Glaube daran, dass die Abfolge der Zeiten gleichbedeutend sei mit einer ständig wachsenden Integration und Bindung menschlicher und gesellschaftlicher Inhalte, die ihrerseits ein immer größeres Maß an individuellem Selbstausdruck durch Aktivierung aller Kräfte des Menschen in einem harmonischen Ganzen ermöglichen. In dieser Hinsicht betrachten alle messianischen Richtungen das Christentum, manchmal die Religion als solche, immer aber die historische Form des Christentums als den Erzfeind. Sie proklamieren sogar sich selbst triumphierend als Ersatz dafür. Ihre eigene Heilsbotschaft war gänzlich unvereinbar mit der grundlegenden christlichen Doktrin von der Erbsünde, mit ihrer Vision der Geschichte, als der Geschichte des Sündenfalls und ihrer Leugnung der Macht des Menschen, durch eigene Anstrengung zur Erlösung zu gelangen.“[66]

Beim Islamismus handelt es sich umgekehrt um einen religiösen Messianismus, der weltliche Konsequenzen hat. In beiden Fällen kommt es zur Verschmelzung von religiösen und politischen Zielen und Mitteln. Beiden Messianismen gemein ist die Unbedingtheit und Intoleranz des Engagements. Der Totalitarismus zielt auf die Beseitigung aller persönlichen, vorstaatlichen Freiheitsrechte und auf die Auslöschung des Individuums. Dafür ist die Unterdrückung gesellschaftlicher Teilsysteme eine unabdingbare Voraussetzung.

Im Kampf zwischen pluralistischer Moderne und dem Messianismus von Modernisierungsverlierern wiederholen sich Muster aus dem 20. Jahrhundert. Die totalitäre Versuchung, die komplexe Vielfalt aus einer Wurzel zu

---

64 Meinem Doktorvater Karl Dietrich Bracher danke ich an dieser Stelle für die Sensibilisierung gegenüber den totalitären Bewegungen auch der 70er Jahre, wobei der Begriff Totalitarismus damals gegenüber marxistischen Umtrieben politisch ähnlich inkorrekt war wie dann später lange Zeit noch gegenüber dem Islamismus.

65 Bassam Tibi, Der neue Totalitarismus. „Heiliger Krieg“ und westliche Sicherheit, Darmstadt 2004, S. 9.

66 Jacob L. Taubes, Politischer Messianismus, Köln, Opladen 1963, S. 11.

erklären und uns von den Schwierigkeiten des Lebens zu erlösen, wechselt seine Schauplätze und Anlässe. Nach dem Scheitern der politischen Ersatzreligionen nimmt jetzt der religiöse Messianismus wieder die Rolle des Erlösers ein. In jedem Fall führt dies zur Entgrenzung von Gewalt und zu ihrer Rechtfertigung, zur Ausrufung von Gewalt als revolutionärer Notwendigkeit und einem Feindbild von Menschen als Schädlingen aufgrund ihrer Rassen-, Klassen- oder Religionszugehörigkeit.[67]

Weitere gemeinsame Strukturmerkmale sind die Ablehnung von Menschenrechten, von Pluralismus, Mehrparteiensystemen und Gewaltenteilung, die Feindbilder, in denen eine Gruppe für alle Probleme kollektiv verantwortlich gemacht wird (die Kapitalisten, die Juden, die Ungläubigen), die ideologische Durchdringung aller Lebensbereiche, der ständige Zwang zum öffentlichen Bekenntnis für das ideologische Konzept und die Totalerfassung und Indoktrinierung von Kindern (Hitlerjugend, Junge Pioniere, Koranschulen). Auch den Glauben, dass die Massen nicht in der Lage sind, ihr eigenes Glück zu erkennen und es deshalb eines Führers, eines Kalifen oder einer revolutionären Avantgarde bedürfe, kennen wir in allen totalitären Denksystemen. Ihnen gemein ist schließlich das Versprechen der Erlösung des Menschen von den alltäglichen Zwängen, Konflikten und Niederlagen. Sie pflegen alle den Märtyrerkult.[68]

Der Glaube des Islamisten, dass die göttliche Rationalität der menschlichen Vernunft überlegen ist, und dass sich die menschliche Rationalität im Glauben an und in der Unterwerfung unter die göttlichen Vorgaben vollendet, ist mit dem westlichen Spannungsverhältnis von Religion und Politik oder auch von Religion und Aufklärung nicht vereinbar. Angesichts eines alle Lebensbereiche umgreifenden Wahrheitsanspruchs ist es umso schlimmer, wenn die eigene Kultur dem Westen gegenüber in allen Bereichen zurückfällt.

Der islamistische Totalitarismus steht im Widerspruch zur westlichen Demokratie. Diese Unversöhnlichkeit wurde zunächst durch seine religiösen Quellen verdeckt. Unter der Überschrift der Religionsfreiheit konnte sich der Islamismus unter der Gastfreundschaft der westlichen Welt großzügig entfalten, während man dem politischen Totalitarismus nach dem Zweiten Weltkrieg aus guten Gründen Entfaltungsfreiheiten genommen hatte. Die demokratische Rechtskultur fand sich im Dilemma zwischen Religionsfreiheit und Selbstbehauptung so wenig zu recht wie bereits in der ersten Hälfte des 20. Jahrhunderts im Dilemma zwischen politischer Freiheit und Selbstbehauptung.

---

67 Ralph Giordano, Islam, Islamismus - Totalitarismus des 21. Jahrhunderts?, in: Bernhard C. Wintzek (Hrsg), Denkfalle Zeitgeist. Eine Ermutigung zu Maß und Mitte, Asendorf 2003, S. 149ff.
68 Friedbert Pflüger, Ein neuer Weltkrieg? Die islamische Herausforderung des Westens, München 2004, S. 11f.

Der Zusammenprall der Kulturen ist vor allem ein Problem der islamischen und der westlichen Kultur, weil sie jeweils universelle Ansprüche erheben. Die Welt des Islams mit ihren 1,3 Milliarden Menschen (ca. ein Fünftel der Weltbevölkerung) ist zum Teil westlich, zum Teil antiwestlich orientiert. Doch schon wenige Prozente von Islamisten unter den Muslimen werfen ein Sicherheitsproblem auf. Auch jenseits der Gewaltfrage stellen sich Probleme der Integration, der Selbstghettoisierung durch Koran-Schulen und durch eine Haltung, die zwar den Broterwerb in einem „heidnischen" Umfeld gestattet, sich aber gesellschaftlichem Austausch aus Prinzip verschließt.

Eine der wichtigsten Pflichten des Muslims ist der „Djihad". Dessen eigentliche Bedeutung „Anstrengung oder Bemühung" wird in den klassischen Texten häufig mit der eng verwandten Bedeutung „Eifer" oder „Kampf" übersetzt. Üblicherweise wird Djihad mit „Eifern in seinem Weg" (z.B. Koran 9:24, 60:1 usw.) übersetzt und kann demnach entweder als moralisches Streben oder als bewaffneter Kampf gedeutet werden. Es muss aus dem Kontext erschlossen werden, welche Bedeutungsvariante gemeint ist. In den vierzehn Jahrhunderten islamischer Geschichtsschreibung wurde er größtenteils in der Bedeutung des bewaffneten Kampfes zur Verteidigung oder zur Ausweitung der islamischen Gemeinschaft interpretiert. Wer im Djihad kämpfe, könne auf Lohn in beiden Welten hoffen: auf Beute in dieser Welt und auf das Paradies im Jenseits.[69] Im heutigen Islamismus steckt das Potential, göttlichen Lohn für Terror und Selbstmordanschläge zu verheißen, wenn er der Tötung Ungläubiger dient und das Gesellschaftssystem des Westens destabilisiert.

Der Islamismus besitzt keine Antworten auf die sozialen und wirtschaftlichen Probleme der muslimischen Welt. In den Ländern, in denen er Macht entfalten konnte, in Afghanistan und im Iran, im Sudan und in Algerien, hat er sich als katastrophal erwiesen. Gleichwohl vermag er sich wie im Iran zu behaupten oder in Ägypten an Zulauf zu gewinnen. Im Islamismus vermischen sich Tradition und Nihilismus. Aussagen wie „Ihr liebt das Leben, und wir lieben den Tod" zeigen die Nähe auch dieses Totalitarismus zum Nihilismus. Wer bereit ist, für nur eine Idee, eine Rasse, Religion oder soziale Klasse wahllos Leben zu opfern, bei dem verschwimmen die Verabsolutierungen eines Wertes mit der Verneinung anderer Werte.

Die mangelnde Ausdifferenzierung der Gesellschaft führt zu mangelnder Dynamik der Teilsysteme. Das Streben nach Wohlstand durch wirtschaftliche Entwicklung führte in vielen Ländern zu Verarmung und Korruption und einer dauerhaften Abhängigkeit von außen. Selbst die Ölquellen sind durch

---

69 Bernard Lewis, Die Wut... a.a.O. S. 51f.

westlichen Einfallsreichtum entdeckt und später durch den Westen ausgebeutet worden. Das Streben nach Unabhängigkeit vom Westen hat eine Reihe von armseligen Tyranneien an die Macht gebracht.

Gemessen an allen Maßstäben, die in der heutigen Welt eine Bedeutung haben - wirtschaftliche Entwicklung und Schaffung von Arbeitsplätzen, die Fähigkeit zum Lesen und Schreiben, Errungenschaften in Wissenschaft und Bildung, politische Freiheit und Achtung vor Menschenrechten - hat diese ehemals große Kultur einen tragischen Niedergang erlebt. Durch die Medien ist den arabischen Völkern erst bewusst geworden, dass sie trotz des teilweise enormen Reichtums in ihren Ländern in Armut leben. Statt die Schuldigen bei den Eliten ihrer eigenen Länder zu suchen, ließ sich ihre Wut auf den „ungläubigen" Westen umlenken. Dieser hatte sich vor allem durch die Zusammenarbeit mit Despoten und korrupten Eliten schuldig gemacht. Für die Schuldzuweisungen waren die Identifizierung mit Religion und die dadurch mögliche kollektive Abgrenzung gegenüber dem Westen nützlich.

Die Schuld an diesem „Untergang des Morgenlandes" wird oft der politischen Dominanz, dem wirtschaftlichen Eindringen und dem kulturellen Einfluss des Westens gegeben. Doch diese haben das Leben der Menschen nicht immer zum negativen verändert. Die englisch-französische Herrschaft und der amerikanische Einfluss waren wie zuvor schon die Invasion der Mongolen, eine Folge und nicht der Grund für die innere Schwäche der nahöstlichen Staaten und Gesellschaften.[70]

Obwohl der überwiegende Teil der arabischen Halbinsel außerhalb der imperialen Machtbereiche verblieb, hatte der Imperialismus in den Augen der meisten Araber einen starken und ausschließlich negativen Einfluss auf die Region. Neben negativen Einflüssen kamen der Ausbau der Infrastruktur, der öffentlichen Dienstleistungen und der Bildungssysteme sowie gesellschaftliche Veränderungen wie die Abschaffung der Sklaverei voran. Vergleicht man Länder, die wie Ägypten oder Algerien unter dem Imperialismus gelitten haben, mit solchen, die sich wie Saudi-Arabien oder Afghanistan ihre Unabhängigkeit bewahren konnten, dann treten diese Unterschiede deutlich hervor. Die Sklaverei wurde in Saudi-Arabien erst 1962 gesetzlich abgeschafft, und an der rechtlosen Stellung der Frauen hat sich bis heute nichts geändert.[71]

Die geringe wirtschaftliche Produktivität, besonders aber die hohe Geburtenrate im Nahen und Mittleren Osten, welche die ohnehin schon große Zahl frustrierter junger Männer ohne Arbeit und Ausbildung weiter in die Höhe treibt, stellen eine gefährliche Mixtur dar. Im Gegensatz zu den auf-

---

70 B. Lewis, Der Untergang... a.a.O., S. 222.
71 Ebd. S. 77.

steigenden Mächten Asiens, die zum größten Teil von einer niedrigeren wirtschaftlichen Basis aus gestartet waren, liegt der Nahe Osten im Hinblick auf Investitionen, Schaffung von Arbeitsplätzen und Produktivität weit zurück. Die Exporte der arabischen Welt fallen nur beim Öl ins Gewicht. Es fließen kaum Kapitalinvestitionen in diese Region. Die Statistiken der internationalen Organisationen zeichnen ein verheerendes Bild der Wirtschaftsleistung.

Aus dem Unverständnis gegenüber westlichen Ausdifferenzierungen resultiert auch die Schizophrenie, einerseits die technische Vernunft für ihre Zwecke zu nutzen, andererseits die kulturelle Moderne vehement abzulehnen. Bassam Tibi nennt dies den Traum von der halben Moderne, der zu einem Alptraum werde, wenn diese Widersprüchlichkeit dem Westen in die Schuhe geschoben wird. In einer Mischung von vormodernen religiösen Vorschriften und willkürlich ausgewählten Elementen der Moderne wollen sie sich die materiellen Güter der Moderne, nicht aber ihre Weltsicht aneignen.

Es gab keine Beiträge der islamischen Welt zum Frieden auf dem Balkan. Stattdessen kam es zur Einschleusung von Kämpfern. Auch von humanitärer Hilfe in Afrika ist nichts zu sehen. Während das Christentum trotz aller Abirrungen eine Religion der aktiven und universalen Liebe ist, bleiben karitative Aktivitäten im Islam auf den eigenen Kulturkreis und auch dort oft auf das engere Umfeld beschränkt. Selbst als das muslimische Indonesien Ende 2004 von der Flutkatastrophe getroffen wurde, hielt sich die Hilfe der islamischen Welt in engen Grenzen. Die Hilfsbereitschaft der westlichen Welt war dem gegenüber sehr eindrucksvoll.

Der Hauptunterschied zwischen Islam und Christentum oder Buddhismus liegt darin, dass bei Christen und Buddhisten Geist und Macht, der religiöse und der politische Bereich auseinander treten. Für Mohammed fallen die beiden Pole zusammen, eine Spannung zwischen ihnen hat er kaum empfunden. Durch diese scheinbare Vereinigung der Gegensätze sind dem Islam wohl manche Erschütterungen und Krisen der christlichen Welt fremd geblieben, aber auch das unabhängige schöpferische Ringen um den Sinn von Geist und Macht und um das wahre Leben im Kampf um diesen Sinn, das bei allen Leiden, die es im Gefolge hat, die Größe der abendländischen Geschichte ausmacht.[72]

Es gehört zum Ritual der Diskussionen, dass die Unterschiedlichkeit zwischen den unterschiedlichen Formen des Islams betont wird. Übersehen wird dabei aber, dass Muslime - sei es im Nahen Osten, in Südasien oder in Schwarzafrika - eine vormoderne Weltsicht teilen. Diese vormoderne Weltsicht ist kosmologisch und steht im Widerspruch zum westlichen Menschen-

---

72 Zit nach Friedrich Berber, Das Staatsideal im Wandel der Weltgeschichte, München 1978 2.Aufl. S. 127.

bild. Sie macht es Muslimen schwer, die mit den individuellen Menschenrechten verbundenen Normen und Werte zu akzeptieren. Muslime teilen eine Allahzentrierte Weltsicht (Theozentrismus), die dem Individuum wenig Handlungsspielraum einräumt und ihm Pflichten gegenüber dem Kollektiv auferlegt.

Im Totalitarismus tritt das Denken und Handeln, welches Unterschiede, Zweifel und Alternativen ausschließt, an die Stelle der Offenheit und ermöglicht damit Halt und Sicherheit, Orientierungsgewissheit, feste Identität und Wahrheit. Religiöse und politische Vormachts- oder Herrschaftsansprüche schließen Kritik, Alternativen, Zweifel und Dialoge aus. Menschenrechte werden als von Menschen gesetztes Recht und demokratische Mehrheitsregeln verworfen.

Der Islamismus ist nicht Ausdruck von Armut und Ungleichheit. In den 49 Staaten, die von den Vereinten Nationen derzeit als die am wenigsten entwickelten Länder eingestuft werden, sind keine terroristischen Aktivitäten zu verzeichnen.[73] Meist handelt es sich bei den Terroristen um Angehörige der Mittelschicht. Dies trifft besonders für das Netzwerk Osama bin Ladens zu, das zum größten Teil aus Absolventen von Universitäten, Technischen Hochschulen oder Militärakademien besteht. Die Mehrzahl von ihnen hat in der westlichen Welt studiert. Islamisten sehen in der Demokratie wie schon ihre totalitären Vorgänger einen geebneten Weg zur Macht. Ihre Wahlpolitik lautet: „Ein Mann (nur Männer), eine Stimme, einmal."[74] Wenn sie an die Grenzen demokratischer Mehrheitsbildungen stoßen, schlägt ihre Teilhabe oft in Hass auf die nur relative Möglichkeiten eröffnende Demokratie um.

Auch die Globalisierung ist nicht die Ursache des Terrorismus. Wo der Islamismus grassiert und wo er zur „Talibanisierung" der Verhältnisse beiträgt, ist von Globalisierung nichts zu spüren. Die Schutzländer des Terrorismus gehören eher in die Kategorie der „failing states", in denen nicht einmal die elementarsten Dinge des Lebens funktionieren; umso heftiger wird ein ethnisch oder religiös motivierter Kampf um die Macht ausgetragen.

Während die Mischung von Eindämmung und Beschwichtigung sich gegenüber dem Kommunismus als erfolgreich erwiesen hat, hat die Beschwichtigungspolitik der 30er Jahre gegen den Nationalsozialismus nicht geholfen, sondern ihn ermutigt. Der islamistische Terrorismus war während der Präsidentschaft von Jimmy Carter besonders aktiv, obwohl sich dessen Administration mehr als jede andere um gute Beziehungen zur muslimischen Welt bemühte. Der nächste Aufschwung des gegen die USA gerichteten Terrorismus erfolgte während der Präsidentschaft von Bill Clinton. Es herrschte der

73   Ebd. S. 21ff.
74   Bernard Lewis, Der Untergang des Morgenlandes, a.a.O. S. 127.

Eindruck vor, dass man die USA ungestraft provozieren könne, zu einer Zeit, als in Oslo der Friedensprozess vorangetrieben wurde und Washington zum Schutz der Muslime im früheren Jugoslawien intervenierte.

Die Fehleinschätzungen haben zu den Misserfolgen in der Terrorprävention beigetragen. Das Asyl aufgrund „religiöser" Verfolgungen und anschließend Religionsfreiheit in den westlichen Ländern wird zur politischen Propaganda ausgenutzt. Die islamistischen Hassprediger wurden als religiöse Würdenträger betrachtet und waren gegen Ermittlungen geschützt. In den USA waren vor dem 11. September ethnische Täterprofile streng verboten. Obwohl viele junge Muslime mit dem Gesetz in Konflikt kamen, galt auch die ethnische Aufschlüsselung der Gefängnisinsassen als politisch inkorrekt.

Der Islamismus will keinen Dialog, weil bereits die Bereitschaft zum Denken in Alternativen ein Teil der verhassten liberalen Kultur ist. Die „soziale Ungleichheit" innerhalb islamischer Länder ist oft größer als die zwischen Nord und Süd. Islamisten haben weniger ein soziales als ein instrumentelles Verhältnis zur Ungleichheit, die sie für religiöse Feindbilder nutzen. In ihren Augen gilt zudem der Westen und nicht die islamische Welt als unterentwickelt. Josef Joffe fragt daher zu Recht: „Was haben nordossetische Kinder mit dem Unrecht zu tun, das Tschetschenen erleiden? ... Was gibt den „Schwachen" (die bestens bewaffnet sind) das Recht, die wirklich Schwachen, die Kinder, zu ermorden? Die Wehrlosen und Unschuldigen abzuschlachten ist in jeder Kultur das gemeinste aller Verbrechen. Im eigenen Land würde niemand, auch kein Muslim, das präsumptive Unglück der Massenmörder als Erklärung akzeptieren. Wer sich auf diesen glitschigen Hang begibt, rutscht unweigerlich ab in die Unmoral, wo nur das eigene Elend zählt und folglich alles erlaubt ist."[75]

Der Islamismus ist der Ausgang aus den Zumutungen der Eigenverantwortung, der Begründungspflicht und der Unsicherheit und Offenheit aller Geltungsansprüche. In der Sicherheit und Geschlossenheit absoluter Fundamente soll alles Fragen Halt machen.[76] Unter Dialog verstehen Islamisten den Versuch, Nichtmuslime von der für sie einzig gültigen islamischen Offenbarung zu überzeugen. Die islamistische Weltsicht ist im Gegensatz zur kartesianischen, welche sich selbst zur Debatte stellt, keiner Diskussion zugänglich, weil sie auf einer Skriptur (dem Koran) beruht, die für Gottes Wort gehalten und daher als absolut und sakral jenseits alles Skepsis gehalten wird.[77]

---

75   Josef Joffe, Die Verständnis-Falle, in: Die Zeit v. 9.9.04.
76   Thomas Meyer, Fundamentalismus - Aufstand gegen die Moderne, Hamburg 1989, S. 157.
77   Bassam Tibi, Die fundamentalistische Herausforderung, a.a.O. S. 86.

Islamisten verstehen die Begegnung mit dem Westen immer auch - wenn nicht vorrangig - unter religiös-kulturellen Gesichtspunkten in der Tradition der Hidjra - der Umsiedlung des Propheten Mohammed 622 von Mekka nach Medina - als Vorbereitung einer umfassenden Islamisierung. Der Streit zwischen Laizismus und Islamisierung wird auch in Europa ausgetragen, vielleicht sogar entschieden. Islamistische Gruppen, die etwa in der Türkei in der Illegalität wirkten oder nur eine begrenzte Bewegungsfreiheit hatten, konnten in Westeuropa ungestört Organisationen aufbauen und ihren Anhang vergrößern.

Im Streit um das Kopftuch handelt es sich um einen symbolischen Konflikt des innerislamischen Streits um Laizismus und Islamismus. Er trägt zum Streit um die Form der Auseinandersetzung mit dem Islam und zur Debatte um das europäische und das islamische Selbstverständnis bei. Wer Kopftücher nur als religiöses Symbol sieht, verkennt eben die Einheit von Religion und Politik im Islam. Wo Kopftücher sogar mit dem Kreuz im Klassenzimmer auf eine Stufe gestellt werden, wird unserem Staat, der zwar kein christlicher Staat ist, aber in einer christlichen Tradition steht, das Recht auf Identität aberkannt.

Man muss schon einen sehr großen Abstand zur Religion haben, wenn einem die verschiedenen Symbole der Religionen als gleichgültig erscheinen. Es gibt Symbole der Freiheit und Symbole der Unterwerfung, Symbole der Exklusivität und Symbole der offenen Gemeinschaft, Symbole des Lebens und Symbole des Tötens. In unserem Kulturbereich verdanken wir die Freiheit des Staates von der Kirche und die Freiheit der Menschen von einer Staatsreligion nicht dem Koran, sondern der Bibel. Wir verdanken Religionsfreiheit und die Achtung der Menschenwürde der Frau sicher nicht dem islamistischen Kopftuch als ein geschlechtsspezifisches Symbol, das Frauen auf eine bestimmte Rolle festlegt.[78]

Die bizarren Argumentationen im Kopftuchstreit zeigen deutlich, wie wenig unsere Kultur auf eine Auseinandersetzung mit dem Islamismus vorbereitet ist. Das säkulare Deutschland war auf den Islam nicht vorbereitet, weil es, nach öffentlicher Entmachtung des Christentums, mit dem öffentlichen Anspruch einer ihrer selbst und ihres Geltungsanspruchs sichere Religion nichts anzufangen wusste. Gottfried Küenzlen sieht in dieser Kultur- und Religionsvergessenheit sogar den tieferen Grund dafür, dass Deutschland das Vorbereitungsland für die Anschläge des 11.Septembers war. Im deutschen Gespinst aus allumarmender „Toleranz", als dem letzten Wert auf den wir uns kulturell noch verständigen können, Dialogseligkeit, multikultureller

---

78 Jürgen Moltmann, Die Würde der Differenz. Im sich verschärfenden Kopftuchstreit muss der Staat anerkennen, das die Symbole der Religionen nicht alle gleichwertig sind, in: Die Zeit v. 26.2.04.

Träumerei und Realitätsverweigerung hat der Terror seinen Schutzraum gefunden."[79]

Den Verzicht auf die Einforderung zivilisierter Gepflogenheiten in der westlichen Politik gegenüber islamischen Ländern hält Bernard Lewis für eine Respektlosigkeit gegenüber der arabischen Geschichte und Gedankenlosigkeit gegenüber den Folgen dieses Tuns für die arabische Gegenwart. Diese „diplomatische" Haltung gegenüber arabischen Regierungen habe den Menschen dort sehr geschadet und werde von ihnen als Gleichgültigkeit wahrgenommen.[80] Auch wenn eine Demokratisierung im westlichen Sinne kaum möglich scheint, könnte der Westen nachdrücklicher auf Formen der guten Gouvernanz bestehen.

Die Korrektur dieses Fehlers könnte damit beginnen, dass die Gelder, welche die EU z.B. der palästinensischen Autonomiebehörde zufließen lässt, von den Europäern selbst verteilt werden. So könnten europäische Entwicklungshelfer in den Lagern des Gaza-Streifens und im Westjordanland jene Aufbauprojekte gemeinsam mit Palästinensern umsetzen, die den Menschen Modernisierungshilfe leisten.[81]

Wir haben nicht die Wahl, ob wir den Kampf der Kulturen wollen oder nicht. Wo uns dieser Kampf erklärt wird, bleibt uns nichts anderes als neu zu entdecken, was unsere kulturellen Wurzeln sind und ob wir bereit sind, die nicht selbstverständlichen Werte unserer Verfassungen zu erkennen und zu verteidigen. Wir sind gezwungen, alte Tugenden neu zu lernen: moralischen Mut und Ausdauer, geistige Entschiedenheit und das Wissen vom Wert und der Würde unserer eigenen kulturellen Grundlagen.[82]

2.5 Der europäische Kulturrelativismus

Europäisches Christentum und europäische Aufklärung sind heute gemeinsam in der Krise, weil die dialektischen Spannungsverhältnisse von Glaube und Vernunft, Ethik und Interesse, Religion und Politik, Sozialstaat und Marktwirtschaft in den Spaß- und Leistungskulturen und in einer neoliberalen Grenzenlosigkeit zu erodieren drohen. Der Relativismus ist heute in Europa zu einer Konfession geworden, die mal postmodernes Denken, mal Dekonstruktivismus oder Denken ohne Wahrheitsanspruch heißt. Unsere Werte haben demnach keine Grundlagen und es gäbe keine Beweise, dass irgendetwas besser oder wertvoller ist als irgendetwas anderes. Die Pluralität von Werten verführt zur Fehldeutung, man könne Werte bzw. Kulturen nicht

79 Gottfried Küenzlen, Die Wiederkehr der Religion, a.a.O. S. 194.
80 Bernard Lewis, Der Untergang des Morgenlandes, a.a.O. S. 122.
81 Josef Thomas Göllner, „Ich wurde mit dem Schwert in der Hand zu euch gesandt", in: Das Parlament v. 29.3.04.
82 Gottfried Küenzlen, Die Wiederkehr der Religion, a.a.O. S. 201ff.

miteinander vergleichen. Doch wozu sollte es einen Dialog der Kulturen oder Dialoge überhaupt noch geben, wenn die Wahrheiten einander gleichwertig sind?

Von den Massenmedien wird die westliche Kultur heute weniger in Frage gestellt als einfach vergessen. Diese Kulturvergessenheit reduziert und banalisiert den Menschen auf seine leiblichen Bedürfnisse. Hedonistische Materialisten leben in ewiger Gegenwart, ohne Sinn für Herkunft und Zukunft. Sobald die Hoffnungen auf eine Veränderbarkeit der Gesellschaft geschwunden sind, bleiben nur die Kompensationen und Verdrängungen der Spaßgesellschaft oder der individuelle Kampf um Marktanteile. Kinder scheinen bei beidem hinderlich. Europa ist der einzige Kontinent, auf dem die dramatisch absinkende Gebürtigkeit eine gleichzeitige Vergangenheits- und Zukunftsvergessenheit signalisiert.

Europa durchlebt heute eine umgekehrte Renaissance, in der sich seine äußere ökonomische, technische und politische Macht erweitert, während die kulturelle Entwicklung regressive Züge trägt. In der Renaissance des 16. Jahrhunderts war es umgekehrt, weil die damalige Entfaltung der Kultur keine Entsprechung in den materiellen Feldern fand.[83] Aber - so fragte bereits Raymond Aron - bestimmen denn Wissenschaft und Technik tatsächlich das Schicksal der Staaten? Bleiben nicht im Sinne Machiavellis gestern wie heute die Tugend, die Fähigkeit zu kollektivem Handeln und die geschichtliche Kraft die eigentlichen Ursachen für das Schicksal, den Aufstieg oder Fall der Nationen? Aron hatte Ende der 70er Jahre noch die Freiheit und die Rote Armee als die beiden Gespenster des „dekadenten Europas" beschworen.[84] Die Gespenster der schlecht gebrauchten Freiheit scheinen im gleichen Maße gewachsen wie die der Roten Armee geschwunden sind.

Albert Schweitzer hat die Krise der europäischen Kultur schon vor über 80 Jahren auf den Begriff der „Weltanschauungslosigkeit" gebracht. Kultur und Ethik beruhten aber auf Weltanschauung als dem Inbegriff der Gedanken, welche die Gesellschaft und der Einzelne sich über Wesen und Zweck der Welt und über die Stellung und Bestimmung der Menschheit und des Menschen machen. Der Wiederaufbau unserer Kultur müsse mit dem Wiederaufbau der Weltanschauung beginnen. Für die Gesamtheit wie für den

---

83   Vgl. Eugenio Garin, Die Kultur der Renaissance, in: Propyläen Weltgeschichte. Sechster Band. Weltkulturen, Renaissance in Europa, Frankfurt/M, Berlin 1976, S. 432f „Während Malerei, Architektur und Bildhauerei aufblühen, die literarischen Hervorbringen immer verfeinerter werden und erzieherische Ideale von einzigartiger Höhe sich kundtun, ist die Wirtschaft der Städte erschüttert, verkümmert das Gewerbe und scheint einer Rückkehr zur Landwirtschaft mit quasi-feudalem Charakter zu weichen, werden die bürgerlichen Rechte unsicher, verschwinden die „Freiheiten" der Kommunen und scheint die Kirche sich immer mehr bis ins Innere zu korrumpieren."

84   Raymond Aron, Plädoyer für das dekadente Europa, Frankfurt/M 1978, S. 19.

Einzelnen sei Leben ohne Weltanschauung eine pathologische Störung des höheren Orientierungssinnes, die nur in den Ruin führen könne. Die weltanschaulichen Antworten würden über Geist und Gesinnung der Zeit entscheiden.[85]

Schweitzer führt diese Entwicklung auf Hegel und Marx zurück. In Hegels Weltanschauung werde der Bund zwischen Ethik und Fortschrittsglaube, in dem die geistige Energie der Neuzeit von jeher begründet war, gelöst. An der Trennung gingen beide zugrunde. Die Ethik verkümmere und der selbständig gewordene Fortschrittsglaube werde geist- und kraftlos, weil er nur Glaube an immanenten Fortschritt und nicht mehr enthusiastischer Fortschrittsglaube sei. Mit Hegel komme der Geist auf, der die Ideale empirisch aus der Wirklichkeit entnehme und mehr an den Fortschritt glaube, als an ihm arbeite. Durch Marx sei Hegels Glaube an den immanenten Fortschritt in etwas veränderter Fassung Überzeugung der Massen geworden. Die Hoffnung richte sich nicht mehr auf eine sozial wirkende ethische Gesinnung, sondern auf das, was erreicht werde, wenn den in den Dingen selbst angenommenen Gesetzen des Fortschritts freie Bahn geschaffen werde.[86]

Die marxistische Lehre, nach der Geist ein Produkt der Materie und die Moral ein Produkt der Umstände ist, die je nach den Zwecken der Gesellschaft definiert und praktiziert werden, bedeutete eine vollständige Umwertung der europäischen Werte, ja mehr noch, ein Bruch mit der gesamten moralischen Tradition der Menschheit. Wenn es keine von den Zwecken des Fortschritts unabhängigen Werte mehr gibt, alles je nach Gegebenheit erlaubt oder sogar notwendig und im neuen Sinne moralisch sein kann, wenn der Einzelne nichts ist und ein angemaßtes Wissen über die Zukunft des Kollektivs alles erlaubt, dann haben wir es mit dem Ende Europas und der Moral zu tun. Der Kommunismus war ein Versuch, die Kultur Europas abzuschaffen.

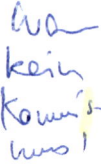

Während die Vergangenheitsbewältigung in den nachfaschistischen Gesellschaften ihren Platz gefunden hatte, steht sie in den nachkommunistischen Gesellschaften noch aus. Die dortige „Aufarbeitung" vollzieht sich in der Tradition des kommunistischen Doppeldenkens, welches Gut und Böse nicht als Gegensatz, sondern als Einheit begreift. Diese Entkernung „absoluter Begriffe" durch die sowjetische Sprachregelung operierte ausschließlich mit Worthülsen, denen beliebige Inhalte verpasst werden konnten. So wurden die Begriffe von Gut und Böse zu einer trivialen Formel verschliffen: „Im- Einzelnen-zwar-schlecht-aber-alles-im-allem-gut". „Alles in diesem riesigen Land geriet allmählich durcheinander", schrieb Joseph Brodsky. „Man konnte nicht mehr erkennen, wer mit Aufbauen, wer mit Töten beschäftigt war.

---

85 Albert Schweitzer, Kultur und Ethik, München 1990, S. 62ff.
86 Ebd. S. 249f.

Man wußte nicht mehr, wen zu lieben, wen es zu fürchten galt, wer das Böse schuf und wer das Gute. Man konnte einzig zu dem Schluß kommen, dass all dies eins war. Unter solchen Umständen zu leben, war wohl möglich, aber es war sinnlos."[87]

Erfolge mussten um des Erfolges wegen in Kauf genommen werden. Zwar sind Missstände und Fehlentwicklungen zu bedauern, aber sie waren nötig auf dem Weg in die „lichte Zukunft" des Kommunismus; die Opfer mögen rehabilitiert werden, die Henker jedoch bleiben unbehelligt, da auch sie letztlich nur taten, was im Interesse der Allgemeinheit Not tat. Eine offizielle „Abrechnung" mit der stalinistischen Vergangenheit hat es so wenig geben wie die strafrechtliche Verfolgung von Verbrechen gegen die Menschlichkeit, deren Urheber noch am Leben sind. Diese halten sich keineswegs versteckt, sondern treten gern und auffallend oft an die Öffentlichkeit, um ohne jedes Unrechtsbewusstsein von ihrem „Dienst am Vaterland" zu berichten. Das Fehlen jeglichen Schuldbewusstseins führt konsequenterweise zur völligen Verantwortungslosigkeit.

Die kommunistischen Systeme sind nicht nur an ihrer falschen ökonomischen Dogmatik gescheitert, sondern auch an der Missachtung der individuellen Menschenrechte, an der Unterordnung der Freiheit unter Zukunftsutopien und an Unterordnung der Moral unter der Ideologie. Ethisches und selbstverantwortliches Handeln setzt aber Freiheit voraus. Die Zerstörung der Fähigkeit zur individuellen Verantwortlichkeit erweist sich als die katastrophalste Hinterlassenschaft des Kommunismus.[88]

Nach dem Zweiten Weltkrieg hatte im westlichen Europa zunächst eine Neubesinnung auf das christliche Abendland eingesetzt. Das „christliche Abendland" gehörte zum Kernbestand der Gründerväter Europas. Die Besinnung auf die christlichen Traditionen und der Widerstand gegen den neuzeitlichen Materialismus sollten zur europäischen Wiedergeburt führen. Diese Ideen verloren seit den 60er Jahren an Anziehungskraft. Auch im Grundgesetz der Bundesrepublik Deutschland fand die christliche Weltanschauung ihren Ausdruck. Das Bekenntnis zur unantastbaren Würde jedes Menschen und zu seinen Grundrechten, zum natürlichen Sittengesetz, zur Religionsfreiheit, zum Religionsunterricht an allen staatlichen Schulen und zum besonderen Schutz von Ehe und Familie sind verfassungsrechtliche Konsequenzen des christlichen Menschenbildes. In der europäischen Verfassung werden wohl die politischen Konsequenzen des Christentums gewürdigt, allerdings ohne Verweis auf ihre Quellen.

---

87 Zit. nach Felix Philipp Ingold, Doppeladler und Stalinhymne, in: Neue Zürcher Zeitung v. 20.12.2000.
88 Joseph Kardinal Ratzinger, Warum hasst sich der Westen?, in: Cicero. Magazin für politische Kultur Juni 2004, S. 64ff.

Mit dem Verlust der Spannung von christlicher Ethik und geistiger Mündigkeit des Individuums droht auch die Dialektik von Religion und Welt zu verschwinden. In der Abkehr vom Zeitpfeil der christlich-aufklärerischen Kultur und der Hinwendung zu mystischen Naturwahrnehmungen deuteten sich generelle Abwendungen von der westlichen Denk- und Lebensweise an. Mit der Faszination für östliche Religionen entfallen Antriebe und Formkräfte der westlichen Forschungs- und Wissenschaftskultur. An die Stelle des freien Erkundens und der Wissensbegierde, des rationalen Zugriffs auf die Welt treten östliche Weisheit und Versenkung.

Die göttlichen Attribute sind - so Eugen Biser - in einer usurpierenden Weise vom Menschen an sich gerissen worden, mit der Folge, dass wir in einer Zeit des nicht nur faktischen, sondern des strukturellen Atheismus leben. Er bilde den Raum für den Raub der göttlichen Attribute, der den Menschen zum Prothesengott hat werden lassen.[89] Die Selbstvergöttlichung, die man im Gegensatz zu der noch rückgebundenen Moderne „Hypermoderne" nennen könnte, gefährdet nicht nur die Umwelt, sondern die Kultur selbst.

Der amerikanische Soziologe Daniel Bell hatte schon in den 70er Jahren des 20. Jahrhunderts die Widersprüche der westlichen Kultur akzentuiert: In den unterschiedlichen Teilsystemen würden kaum vereinbare Prinzipien vorherrschen; in der Wirtschaft das Effizienzprinzip, in der Kultur das Selbstverwirklichungsprinzip und in der Politik das Gleichheitsprinzip. Die daraus erwachsenden unterschiedlichen Denk- und Verhaltensweisen hätten die vormals vorherrschenden bürgerlichen Identitäten, in denen Rechte und Pflichten in einem Ergänzungsverhältnis gestanden hatten, erodieren lassen.[90]

Die hypermodernen Versuche, durch immer dynamischere Formen der Modernisierung in Wissenschaft, Technik, Wirtschaft und privater Lebensführung die Grenzen der Moderne nicht nur voranzutreiben, sondern aufzulösen, beruhen auf einer reduktionistischen Verabsolutierung von Teilwerten und Teilwahrheiten, die kulturelle Zusammenhänge ignoriert. Dieser heute meist ökonomische Reduktionismus wurde nur möglich vor dem Hintergrund der geistig-moralischen Beliebigkeit. Das postmoderne Bild vom Menschen korrespondiert mit dem neoliberalen Leitbild des „flexiblen Menschen", welches den Menschen keine stabile Lebensform und Kultur mehr zugesteht. Menschen gelten nur noch als Umschlagplatz von Produktion und Konsumtion, die immerfort den neuesten technologischen Fortschritten und Kapitaltransfers hinterher hecheln.

---

89 Eugen Biser, Das Friedenspotential der abrahamitischen Weltreligionen, in: Mut. Zeitschrift für Kultur, Politik und Geschichte Mai 2004, S. 79.
90 Daniel Bell, Die Zukunft der westlichen Welt. Kultur und Technologie im Widerstreit, Frankfurt/M 1976.

Der Ökonomismus hat - so Larry Siedentop - zu einer Art liberalen Schizophrenie und zu einer gespaltenen Persönlichkeitsstruktur geführt. Der klassische Liberalismus habe keinen Vorrang von Rechten gegenüber Pflichten vertreten, da Rechte notwendigerweise anderen Verbindlichkeiten oder Verpflichtungen auferlegen. Schon die Aufteilung von Philosophie, Wirtschaftswissenschaften und Politologie in verschiedene Fächer habe den Liberalismus in eine Gussform hineingezwungen, die sich gründlich vom ursprünglich ganzheitlichen Liberalismus unterscheidet. Dieser hatte Fragen der Moralphilosophie, der Geschichte und der Wirtschaft mit Rechtsfragen verbunden und war insofern eine Theorie vom menschlichen Wohlergehen. Siedentop vergleicht diesen Reduktionismus mit einem Studium des Geschlechtsaktes, in dem nicht in irgendeiner Weise auf Liebe und Begierde Bezug genommen wird.

Dieser reduzierte Liberalismus stand ausgerechnet zu jener Zeit wieder in Blüte als die Mauern in Osteuropa fielen. Doch so impotent politischer Liberalismus ohne ökonomischen Liberalismus ist, so blind ist ökonomischer Liberalismus ohne politischen Liberalismus. Die neoliberalen Formen der Transformationen führten zu entsprechend einseitigen Ergebnissen.[91] Die Vernachlässigung funktionierender Formen der Staatlichkeit in Kombination mit regellos liberalisierten Märkten brachte statt Marktwirtschaften oft nur Marktgesellschaften hervor.

Wenn die der Moderne noch gesetzten Grenzen etwa hinsichtlich der Embryonenforschung als „ideologische Scheuklappen" (Gerhard Schröder) bezeichnet werden und ein anderer Befürworter des Postmodernismus das Klonen des Menschen mit den Worten „Alle Grenzen werden fallen" bejubelt, so ist dies der Ethik der Selbstbegrenzung und damit jeder Ethik entgegengesetzt.[92] Solange wir die sozioökonomischen Bedingungen als Schlüssel aller Probleme begreifen, ist der Marxismus nicht tot. Selbst die Rede von den „Werten" bedient sich noch der Sprache der Ökonomie.[93] Was nur einen Wert hat, ist miteinander vergleichbar, untereinander austauschbar und letztlich auf einen Preis zu bringen. Religiöse Menschen definieren sich nicht über Werte und Wertvorstellungen, sondern sie erkennen ihre persönliche Aufgabe in der Welt.[94] Solange die religiöse Rückbindung gegeben ist, be-

---

91   Larry Siedentop, Demokratie in Europa, a.a.O. S. 60 und S. 122
92   Die Belege entnehme ich Gottfried Küenzlen, Die Wiederkehr der Religion., a.a.O., S. 203f
93   Günter Rohrmoser, Geistige Wende. Christliches Denken als Fundament des Modernen Konservativismus, München 2000
94   Vgl. Volker Stümke, „Nur die Religion kann Europa wieder aufwecken". Impulse der Europarede des Novalis für die Evangelische Kirche, in: Martin Kutz, Petra Wegland (Hrsg), Europäische Identität? Versuch, kulturelle Aspekte eines Phantoms zu beschreiben, a.a.O. S. 233ff

freit sich der Mensch nicht durch Selbstentgrenzung, sondern durch die Suche nach Transzendenz.

Der Zerfall von gesellschaftlichen Verträgen hat seine Ursache im Zerfall der Identität des Menschen. Die bürgerliche Gesellschaft sei eine Vertragsgesellschaft. Sie breche zusammen, wenn keine Versprechen mehr eingehalten werden. Die Solidaritätswellen der Bürgergesellschaft beruhen auf Moralismus, aber nicht auf Verträgen. Schließlich drohe das bürgerliche Subjekt selbst zu zerfallen. Die Individualisten werden zu lauter kleinen Göttern. Die Menschen hätten die Fähigkeit verloren, für sich selbst und auch für die Zukunft noch Zusagen zu machen. Wenn die Menschen in ihrer Identität zerfallen, dann zerfallen auch die Bedingungen, die etwa zum Zeitpunkt der Eheschließung vorgelegen haben.[95]

Aus christlicher Sicht ist die Fähigkeit, Schuldbewusstsein zu erfahren, für die Bestimmung des Menschen entscheidend. Nur der Mensch ist verantwortungsgebunden, pflichtgebunden und mit Schuldbewusstsein begabt. Der Einzelne ist Träger des Guten und Bösen. Der Hedonismus sieht uns demgegenüber als schuldfrei und pflichtfrei. Alle Schuld und alles Übel wird der Gesellschaft, d.h. niemandem zugeschrieben. In diesem moralischen Schlaraffenland lösen sich die sozialen Bindungen auf und werden durch das Spiel der zusammenstoßenden Egoismen ersetzt. Alle wünschen sich die Befreiung von den Pflichten sowie maximale Befriedigung und es ist Sache der Gesellschaft, uns beides zu verschaffen. Die Gesellschaft ist jedoch dasselbe wie alle anderen Menschen, und deshalb erreicht niemand sein Ziel und wir sind alle frustriert. Dieser Infantilismus der Spaßgesellschaft ist eine existentielle Herausforderung der europäischen Kultur.[96]

Im Niedergang kollektiver Glaubensbezüge und Zugehörigkeitsgefühle sind wesentliche Ursachen für die Zerstörung von Zukunft und von politischer Handlungsfähigkeit zu erkennen. Kollektive Glaubensvorstellungen und ihre sozialen Milieus sind „Ewigkeitsstrukturen", die über das Leben des Einzelnen hinaus bestehen. Nur wo es solche Ewigkeitsstrukturen gibt, die dem Einzelnen erlauben, dem trostlosen Gefühl der eigenen Vergänglichkeit zu entrinnen, haben langfristige Überlegungen, die Generationen und Schichten integrieren und aufeinander beziehen, einen Sinn und hat die Dauerhaftigkeit der Kultur eine Chance.[97]

Als Teil der Kultur kann die Politik gar nicht anders, als selbst in der Krise zu sein. Die Suche nach einer politischen Antwort auf kulturelle Krisen, wie sie der Totalitarismus zu geben versucht, verschlimmert dies. Die

---

95 Günter Rohrmoser, Nietzsche als Diagnostiker der Gegenwart, a.a.O. S. 67

96 Leszek Kolakowski, Die Wiedergeburt des Abendlandes?, in: Europa - Horizonte der Hoffnung, in: Karl Rahner, (Hrsg), Europa - Horizonte der Hoffnung, a.a.O. S. 79f

97 Franz Walter, Tobias Dürr, Die Heimatlosigkeit der Macht. Wie die Politik in Deutschland ihren Boden verlor, Berlin 2000

totalitären Strömungen des 20. Jahrhunderts verstanden sich als kulturrevolutionär, sie wollten nicht weniger als einen neuen Menschen und eine neue Gesellschaft. Die Massentötungen des 20. Jahrhunderts waren der diametrale Gegensatz zum christlichen Glauben von der Einzigartigkeit jedes einzelnen Menschen gewesen.

Der totalitären Verabsolutierung von Teilwahrheiten steht das Extrem einer Verabsolutierung von Teilinteressen gegenüber. Nihilismus im Sinne einer Verneinung von allgemeingültigen Werten ist das Gegenteil einer Kultur im Sinne von allgemeingültigen Einstellungen, Werten und Überzeugungen. Doch auch der Nihilist pflegt Werte - nämlich die seines eigenen Überlebens. Damit schließt sich der Kreis von Materialismus, Nihilismus und Narzissmus. Materialismus und Hedonismus ergänzen sich zum kollektiven Narzissmus. Mit dem Tode der politischen Götter des 20. Jahrhunderts hat die Selbstvergötterung des Individuums ein Ausmaß angenommen, welches unterdessen nicht mehr nur ein moralisches, sondern auch ein intellektuelles Problem geworden ist. Wenn die Informationsaufnahme nur noch im Lichte der eigenen Probleme und Bedürfnisse erfolgt, ist aufklärerische Diskursivität kaum mehr möglich. Statt selbst zu denken, wie es die Aufklärung fordert, denken die Menschen nur an sich selbst.

Postmoderne Emanzipationsbewegungen gehen längst über die modernen Forderungen nach neuen Bürgerrechten hinaus. Jetzt geht es ihnen um die Loslösung von herkömmlichen Abhängigkeiten und Verpflichtungen. Dieser radikale Individualismus ist als Gegenreaktion zu den kollektiven Metaerzählungen der Vergangenheit verständlich. Aber ein Gegenextrem ist keine Lösung. Günther Rohrmoser hält Nietzsches Prognosen für eingetreten. Wir seien an einem Punkt angelangt, an dem Nietzsche ein integraler Bestandteil des Lebensgefühls von Millionen von Individuen in der westlichen Welt geworden sei.[98] Nietzsche unterscheide sich von allen progressiven Positionen der Aufklärung durch seine Überzeugung, dass das Ende der Metaphysik das alles verändernde fundamentale Ereignis überhaupt ist, welches nichts unberührt lassen werde.

Nach dem Niedergang sowohl der religiösen Konfessionen und der politischen Ideologien ist der einzelne auf seine Identität in einer Weise verwiesen, die ihn einem Spannungsverhältnis zu sich selbst aussetzt. Daran sind schon viele freie Geister zerbrochen. Das „verzweifelt gierige Ich" (John Updike) wird zum Massenschicksal. Als die Unterhaltungsschriftstellerin Hera Lind die Auflösung ihrer sechsköpfigen Familie zugunsten einer neuen Beziehung mit dem Satz begründet: „Meine Kinder können nur glücklich sein, wenn ich auch glücklich bin", war das Spannungsverhältnis zwischen

---

98 Günther Rohrmoser, Nietzsche als Diagnostiker der Gegenwart, München 2000, S. 15.

Ich und Wir, zwischen Wünschen und ethischen Ansprüchen in einem gleichsam totalitären Ichbegriff aufgelöst.

Der kollektive Narzissmus durchbricht alle von Mitte und Maß gesetzten Grenzen und lebt seine Bedürfnisse auf Kosten kommender Generationen aus. Seit mehr als 30 Jahren wird in den europäischen Demokratien mehr an öffentlichen Geldern ausgegeben als eingenommen, werden weniger Kinder geboren als wir zur Bestandssicherung brauchen, wird die Natur stärker belastet als es ihre Regenerationskraft erlaubt und mehr Geld für Alkohol, Nikotin und andere Drogen ausgegeben als für Forschung und Entwicklung.[99]

Neben vielen spezifischen strukturellen Ursachen hat das Leben auf Kosten der Zukunft eine gemeinsame kulturelle Ursache: die jahrzehntelange Vernachlässigung langfristiger Notwendigkeiten zugunsten kurzfristiger Ansprüche und Bedürfnisse beruht auf einem Wertewandel, dem Glück und Genuss selbst zum Lebenssinn geworden sind. Glück und Lebensgenuss machten Ende der 90er Jahre für die Mehrheit der Deutschen den Sinn des Lebens aus. Damit hatte sich im Verlauf von nur 25 Jahren ein tief greifender Lebenswandel vollzogen. 1997 erklärten 68 Prozent der Befragten, für sie bedeute Glück und möglichst viel Freude den Sinn des Lebens. 1974 waren es erst 49 Prozent gewesen. 1997 sagten 56 Prozent, dass Lebensgenuss Sinn ergibt, während es 15 Jahre zuvor nur 26 Prozent gewesen waren. Damals war viel mehr von Gewissen, von Religion, von Aufgabenerfüllung und gesellschaftlicher Verantwortung die Rede gewesen.[100]

Den kollektiven Hedonismus des Westens können sich ärmere Länder an den Rändern Europas nicht leisten. Sie changieren zwischen Korruption zur Sicherung der jeweiligen Eigeninteressen und regressivem Identitätswahn. Der Ökonomismus ist mit dem Hedonismus der Spaßgesellschaft eine fatale Koalition eingegangen, die schon den Blick auf die Notwendigkeit einer Erneuerung der kulturellen Identität verstellt. Für die Bekämpfung dieser Formen von Kulturkrise nur aus ihren Strukturfonds ist Europa nicht reich genug. Es wird auf andere Reichtümer zurückgreifen müssen.

In den Medien spiegeln sich Nihilismus und Dekadenz einer Spaßgesellschaft, aber es hieße ihnen zuviel Ehre erweisen, wenn man sie als Ursache der Spaßgesellschaft sähe. Andererseits ist es aber auch kein Zufall, dass die Vervielfachung des Medienangebots seit Mitte der 80er Jahre mit einer breiten Geistes- und Verhaltensströmung in Kunst und Wissenschaft, in Architektur und Pädagogik einhergeht, die man ebenfalls als „postmodern" etikettiert. Das Fernsehen ist - so Bernd Guggenberger - der Motor einer rundum

---

99 Vgl. Heinz Theisen, Zukunftspolitik. Langfristiges Handeln in der Demokratie, München 2000.
100 Langzeitumfrage des Instituts für Demoskopie Allensbach, zit. nach Bonner General-Anzeiger v. 22.1.1998.

populären Trivialisierung, die alles mit allem bis zur Unkenntlichkeit mischt; der große Gemischtwarenladen der Motive und Meinungen, der Ideen und Stile, der konsequente Eindeutigkeit und Qualität durch Masse ersetzt und damit die Beliebigkeit ins Grenzenlose wuchern lässt. Die elektronischen Medien seien dabei, die Gesamtheit der überkommenen sozialen Strukturen aufzulösen. Sie kreieren ein neues Sozialuniversum in Gestalt einer großen offenen Bühne der Gleichzeitigkeit. Das traditionelle Band zwischen unseren physischen Orten und den sozialen und psychologischen Erlebniswelten sei zerschlissen.[101]

Die Zerstörung der spannungsreichen Komplementarität von Idealismus und Materialismus durch den „dialektischen Materialismus" oder derjenigen von Natur und Kultur im Nationalsozialismus beruht auf dem Bedürfnis nach Auflösung schmerzhafter Gegensätze durch utopische Synthesen. Auch selbst so widersinnige Verbindungen wie die von Existentialismus und Marxismus konnten begeistern, weil sie die tragische Unauflösbarkeit der Widersprüche von Individualismus und Kollektivismus oder von Freiheit und geschichtlicher Determination aufzulösen vorgaben. Statt mühsamer Ergänzungsverhältnisse versprechen sie die Aufhebung der Begrenzungen von Raum und Zeit und der aus ihnen hervorgehenden Widersprüche. Das Bedürfnis nach Erlösung durch Auflösung der Widersprüche in einer endgültigen (ewigen) Synthese ist die Versuchung einer säkularisierten Kultur.

Günther Rohrmoser führt die Dekadenz der modernen Kultur darauf zurück, dass sie keine Antwort auf das Leiden hat. Die Frage nach dem Sinn des Leidens könne die Moderne nicht beantworten. Nicht das Leiden selber sei das Problem, sondern der Sinn des Leidens. Leid werde erst unerträglich, wenn es kein Sinn des Leidens gibt. Die Hypermoderne werde daran scheitern, dass sie das Leiden nicht nur nicht überwinden, sondern ihm auch keinen Sinn geben kann. Die Quelle aller Utopien besteht in der Annahme, dass es Leiden eigentlich nicht geben dürfe. Die christliche Kultur ist dagegen dadurch gekennzeichnet, dass sie ein tiefes Bewusstsein von dem über uns verhängten Leiden mitbringt. Sie weiß, dass Menschen nur durch Leiden lernen. In der Sinngebung des Leidens liegt das Zentrum des Christentums.[102]

Solange unser Kulturbegriff keine Normativität mehr enthält, sei auch keine Erziehung zur Kultur möglich. Der Relativismus sei aber schon erkenntnistheoretisch widersinnig. Der Satz, dass alles relativ ist, müsse sich selber davon ausnehmen. Der Mensch könne nicht ohne die Wahrheit bzw. ohne eine Vorstellung von dem, was Wahrheit ist, existieren. Der gelebte

101 Bernd Guggenberger, Sein oder Design. Im Supermarkt der Lebenswelten, Reinbek 2000, S. 143f.
102 Günter Rohmoser, Nietzsche als Diagnostiker der Gegenwart, a.a.O. S. 174.

117

Relativismus bedeute das Ende und den Tod jeglicher Kultur, damit auch der bürgerlichen, und bedrohe heute schon die physische Überlebensfähigkeit der Europäer. Die Krise unseres gesamten Sozialisations- und Erziehungssystems habe viele Ursachen, aber entscheidend sei, dass wir keinen normativen Kulturbegriff mehr hätten und keine Antwort auf das, was ein Mensch ist.[103]

Die philosophische Grundlage der Demokratie beruht darauf, dass niemand in Anspruch nehmen darf, den richtigen Weg zu kennen. Die Demokratie lebt davon, dass alle Wege einander als Bruchstücke des Versuchs zum Besseren anerkennen. Eine freiheitliche Gesellschaft ist insofern definitionsgemäß eine relativistische Gesellschaft. Die Konstruktion des freiheitlich geordneten Zusammenlebens der Menschen darf aber nicht absolut gesetzt werden. Und selbst im politischen Bereich darf kein totaler Relativismus herrschen, da es auch hier Recht gibt, das nie Unrecht werden kann und umgekehrt. Wenn der Relativismus schließlich auf das Feld der Religion und der Ethik übertragen wird, verabsolutiert und zerstört er sich selbst.[104]

Dass der Relativismus aber nicht das Schicksal der westlichen Welt sein muss, beweisen die USA. In Amerika wird die Problematik weit intensiver diskutiert als in Europa. Die Wahlen werden längst nicht mehr über die Links-Rechts Positionen der Ökonomie oder Sozialpolitik, sondern über kulturpolitische Fragen entschieden. Die Kulturpessimisten Amerikas halten ihr Land für ähnlich dekadent wie Europa. Die Wurzel der Dekadenz erkennt etwa Patrick J. Buchanan in den Erfolgen der westlichen Welt. Mit den Familien sterbe die Kultur. Durch die gleichzeitige Bevölkerungsexplosion in der Dritten Welt würde der Westen marginalisiert.[105]

Die meisten Amerikaner halten diesen Kulturpessimismus für unberechtigt und stellen ihm Verbesserungen und Chancen entgegen. Joseph Nye räumt zwar ein, dass bestimmte kulturelle Indikatoren wie Verbrechensquote, Scheidungsraten und Schwangerschaften Minderjähriger heute in Amerika schlechter aussehen als in den 50er Jahren, aber diese drei Werte hätten sich während der 90er Jahre wieder verbessert. Mordrate und Drogenmissbrauch seien zurückgegangen. Auch in den Bereichen Gesundheit, Umwelt und Sicherheit habe sich die Situation verbessert. Die meisten Kinder lebten nach wie vor in intakten Familien, die Scheidungsrate steige nicht mehr. Im Laufe des 20. Jahrhunderts sei die Mitgliedschaft in religiösen Organisationen von

103 Ebd. S. 32., vgl. dazu auch Huston Smith, Beyond the Post-Modern Mind, New York 989, S. 234 „Multiple views, yes; multiple realities, no. Constructivists who speak of „many realities" or „many worlds" speak either figuratively or misleadingly."
104 Joseph Kardinal Ratzinger, Glaube Wahrheit Toleranz. Das Christentum und die Weltreligionen, Freiburg Basel Wien 2003, S. 94ff.
105 Patrick J. Buchanan, The Death of the West. How dying Populations and Immigrant Invasions Imperil Our Country and Civilization, New York 2002, S. 13.

41 Prozent auf 70 Prozent gestiegen. 1939 besuchten etwa 43 Prozent regelmäßig einen Gottesdienst, 1999 seien es 40 Prozent gewesen.[106]

Wenn man die amerikanische Geschichte genauer betrachte, zeige sich ein stetiges Auf und Ab des staatsbürgerlichen Engagements, ein Zyklus von Zusammenbruch und Erneuerung, und keine lineare Abwärtsentwicklung. Der Dekadenz in bestimmten Bereichen stehe der Aufstieg in anderen Bereichen gegenüber. So hätten die Amerikaner an Gemeinschaftlichkeit verloren, jedoch schließen in den USA heute jährlich viermal so viele Studenten ihr Studium ab wie in den 60er Jahren.[107]

Der Kampf gegen Dekadenz gehört heute zum Programm beider großer Parteien der USA. Die Kulturdebatte scheint Früchte zu tragen. Im Kern geht es darum, wie man kollektive und persönliche Identität in ein neues wechselseitiges Verhältnis setzt. Das amerikanische Grundverständnis einer Gleichwertigkeit des Ungleichen ist demokratieverträglicher als den Wert der Demokratie von sozialstaatlichen und damit wiederum von ökonomischen Erfolgen abhängig zu machen. Den angelsächsischen Umgang mit Modernisierung und Globalisierung hat Thomas Friedmann treffend als Komplementarität von „Lexus und Olivenbaum", also von Hochtechnologie und lokaler Kultur bezeichnet. Amerika nehme die Gleichzeitigkeit von Markt, Individualismus und Gemeinschaftlichkeit ernst. Es sei in seiner besten Verfassung nicht nur ein Land, sondern eine spirituelle Kraft.[108]

Moralischer Konservatismus und liberale Tradition sind integrale Bestandteile der amerikanischen politischen Kultur. Mit der Reagan-Revolution ging eine Renaissance des kulturellen Konservatismus einher, welche die Revitalisierung der traditionellen amerikanischen Werte sowohl gegen den kommunistischen Gegner als auch gegen die permissiven Strömungen der „counterculture" im eigenen Land vorantrieb. Die protestantische Ethik in Gestalt einer moralisch gebundenen Individualität setzte sich bis hin zur Remoralisierung der Sozialpolitik fort. Wohlfahrtsprogramme werden in Umfang und Dauer begrenzt und ihre Gewährung wird an das Verhalten der Empfänger geknüpft.[109]

Die Renaissance der Religion als gesellschaftlich einflussreicher Kraft ist für die Amerikaner der Weg, sich den Verfallsformen der Gesellschaft entgegen zu stellen. Darin unterscheidet sich Amerika von Europa. Die Religion ist ein bleibender Faktor des persönlichen Lebensraumes und der amerikanischen Gesellschaft geblieben. Die Kirchgangshäufigkeit hat sich von 1939

---

106 Joseph Nye, Das Paradoxon der amerikanischen Macht, a.a.O. S. 170f.
107 Ebd. S. 191.
108 Thomas L. Friedmann, The Lexus and the Olive Tree, New York 1999, S. 474.
109 Hans Vorländer, Liberale Tradition und kultureller Konservatismus in den USA, in: Österreichische Zeitschrift für Politikwissenschaft 28 (1999), S. 375ff.

bis heute so gut wie nicht verändert. Nach wie vor sind 70 Prozent der Amerikaner Mitglieder einer Kirche oder einer kirchlichen Gemeinschaft. International vergleichende Studien haben immer wieder gezeigt, dass religiöse Werte in den USA nicht oder nur kaum an Bedeutung verlieren. 94 Prozent der Amerikaner glauben an Gott; nur 70 Prozent der Briten und 67 Prozent der Westdeutschen teilen diesen Glauben. 86 Prozent der Amerikaner glauben an die Bedeutung des Himmels, in England sind es nur 54 Prozent und in Westdeutschland 43 Prozent. 64 Prozent der befragten Amerikaner glauben, dass die Religion heute Antworten geben kann auf die meisten Tagesprobleme. 81 Prozent sind der Auffassung, dass religiöse Werte eine bedeutende Rolle in alltäglichen Entscheidungen spielen sollten.[110]

Die starke Religiosität Amerikas widerlegt die These von der Unvereinbarkeit von Moderne und Religion. Die Wurzel des amerikanischen Sendungsbewusstseins liegt in der Verschmelzung religiöser Impulse mit den Energien der Aufklärung. Religion und Aufklärung standen niemals in Feindschaft zueinander wie in Europa.[111] Dass das Land der „angewandten Aufklärung"(Ralf Dahrendorf) zugleich ein Land tiefer religiöser Prägung ist, hat europäische Beobachter immer wieder irritiert. Moralischer Fundamentalismus und gesellschaftliches Modernitätsstreben gehen in Amerika eine Symbiose ein, die dem europäischen Relativismus gegenübersteht. Die Zukunft Europas könnte einmal mehr in Amerika liegen.

Das zunehmend fundamentalistischer werdende evangelikale Sendungsbewusstsein vieler Amerikaner bedarf wiederum der Relativierung durch aufgeklärtere und abgeklärtere Formen der Religion. Politischer Universalismus und kultureller Relativismus und führen heute je auf ihre Weise zu einer gefährlichen Überdehnung westlicher Möglichkeiten. Die Missverständnisse zwischen Amerika und Europa beruhen auch darauf, dass sie jeweils nur die Überdehnung des anderen kritisch wahrnehmen. Wir müssen uns sowohl vor übertriebenem Kulturoptimismus als auch vor übertriebenem Kulturpessimismus hüten. Die Angst vor dem Untergang der westlichen Kultur ist so alt wie diese selbst. Sie hat auch ihren Sinn, nämlich als self-destroying prophecy. Es ist wichtig, vor gewissen Trends und Entwicklungen zeitig zu warnen, um konstruktive Gegenkräfte zu mobilisieren. Aber ein einheitlicher Blick auf den Westen ist schon methodisch falsch, weil er die Pluralität des Westens verfehlt. Die Lernfähigkeit der Teile

---

110 Hans Vorländer, Politische Kultur, in: Willy Paul Adams, Peter Lösche (Hrsg), Länderbericht USA, Schriftenreihe der Bundeszentrale für politische Bildung, Band 357. 3. Auflage, Bonn 1998, S. 280ff.
111 Klaus Harprecht, Bibelfest ins Übermorgen. Wie hälst du`s mit der Religion? Die Antwort darauf trennt Amerika von Europa - und die Kluft wird immer breiter, in: Die Zeit v. 5.12.2002.

wird unterschätzt, wenn unterstellt wird, dass die Probleme nur in einer tief greifenden Transformation der gesamten Gesellschaft oder Kultur zu bewältigen sind.[112]

Die Dekadenz der westlichen Kultur zeigt sich in der Absage an seine eigenen Normen. Kultur ist aber - so Papst Benedikt XVI. - immer gebunden an ein gemeinschaftliches Subjekt, welches die Erfahrungen der einzelnen in sich aufnimmt und sie vorprägt. Das gemeinschaftliche Subjekt verwahre und entfalte Erkenntnisse, die über das Vermögen des Einzelnen hinausgehen und zu der die Wertedimension unabdingbar gehört. Die Frage nach dem Menschen und nach der Welt sei immer auch Frage nach der Gottheit. Die Krise eines Kultursubjekts entstehe, wenn es ihm nicht mehr gelinge, diese überrationale Vorgabe mit kritischer Erkenntnis in eine überzeugende Verbindung zu bringen.[113]

Dem europäischen Kulturrelativismus fehlt der Sinn für die jeweils notwendige Ergänzung von Religion und Politik, von Idealismus und Materialismus, von Sozialrechten und Sozialpflichten, von Offenheit und Begrenzung. Die relativen Einsichten der Politik und die an der Wahrheit orientierten Postulate der religiösen Ethik müssen sich aber ergänzen. Glaube und Vernunft, Christentum und Aufklärung müssen aufeinander bezogen sein. Die Dreifaltigkeit der französischen Revolution braucht z.B. vertikale Wurzeln, weil säkularen Werten ohne vertikale Verankerung der Halt fehlt.[114]

Die Ergänzungsbedürftigkeit säkularer Begriffe zeigt sich auch in der Ambivalenz des Individualismus. Individuum bedeutet: ein einzelner, ein Mensch für sich genommen, was nur besagt, dass er sich von anderen Menschen unterscheidet. Das christliche Verständnis von Personalität besagt und verlangt dagegen eine Öffnung zu anderen und eine gegenseitige Ergänzung der Individuen. Die Kennzeichnung westlicher Gesellschaften als „säkular, pluralistisch, offen oder ausdifferenziert" reicht nicht aus. Der Relativismus hält den Raum offen für ihre Ausfüllung durch Individuen oder Gruppen. Wenn diese aber nicht im Stande sind, diesen Raum zu füllen, drohen sie ihr Erbe und ihre Zukunft zugleich zu vernichten.

Die Feststellung, dass es auf Dauer keine Kultur ohne religiöse Rückbindung der menschlichen Gemeinschaft geben kann, ist weniger eine Wertung als eine aus historischen Erfahrungen abzuleitende These. Der Bezug auf das Christentum als entscheidendem Element in der historischen Evolution Euro-

---

112 Arthur Herman, Propheten des Niedergangs. Der Endzeitmythos im westlichen Denken, Berlin 1998, S. 456ff.

113 Vgl. Joseph Kardinal Ratzinger, Gott und die Welt. Glauben und Leben in unserer Zeit. Ein Gespräch mit Peter Seewald, Stuttgart, München 2000, S. 50f.

114 Miloslav Kardinal Vlk, Wird Europa heidnisch? Kardinal Miloslav Vlk im Gespräch mit Rudolph Kucera, Augsburg 1999, S. 60ff.

pas ist nicht normativ, sondern deskriptiv. Es sei - so J.H.H. Weiler - schlichtweg lächerlich, die Diskussion über die europäische Identität zu führen, ohne die zentrale Bedeutung des Christentums für diese Zivilisation anzuerkennen.

Wie die Demokratie die Existenz eines (wie auch immer definierten) Demos voraussetzt, so setzen Gemeinschaft und Identität die Existenz des Gedächtnisses voraus. Ohne geschichtliche Verankerung könne Europa keine Identität haben, keine Erzählung, um die es sich sammeln könnte, kein Ethos und kein Telos. Die Verdrängung der eigenen Kultur würde der Tendenz Vorschub leisten, Schwierigem zugunsten einer oberflächlichen und vereinfachenden Rhetorik auszuweichen.[115]

2.6 Politische Folgen des Kulturrelativismus

> „In der Tat können Institutionen nicht halten und wirken ohne gemeinsame innere Überzeugungen. Diese aber können aus bloßer empirischer Vernunft nicht kommen... Sich von den großen sittlich-religiösen Kräften der eigenen Geschichte abzuschneiden ist Selbstmord einer Kultur und einer Nation. Die wesentlichen moralischen Einsichten zu pflegen, sie als ein gemeinsames Gut zu wahren und zu schützen, ohne sie zwanghaft aufzuerlegen, scheint mit eine Bedingung für das Bleiben der Freiheit gegenüber allen Nihilismen und ihren totalitären Folgen zu sein."
>
> Papst Benedikt XVI.[116]

Die für Europa charakteristische Trennung von Glaube und Gesetz befördert die Rationalität des Rechts und seine relative Autonomie gegenüber dem religiösen Bereich. Das Politische steht zwar unter religiös begründeten ethischen Normen, ist aber nicht theokratisch verfasst. Die Eigenständigkeit der Vernunft droht dann zu ihrer totalen Emanzipation und zur unbegrenzten Vernunftautonomie zu führen. Die heutigen europäischen Gesellschaften erscheinen Papst Benedikt XVI. bereits als post-europäische Gesellschaften, die nur noch vom Nachwirken des europäischen Erbes leben und nur insoweit noch europäisch sind. Die Pluralität der Werte, die legitim und europäisch ist, werde zunehmend zu einem Pluralismus gesteigert, aus dem jede sittliche Verankerung des Rechts und jede öffentliche Verankerung des Hei-

---

115 J.H.H. Weiler, Ein christliches Europa. Erkundungsgänge, Salzburg, München 2004.
116 Josef Kardinal Ratzinger, Werte in Zeiten des Umbruchs. Die Herausforderungen der Zukunft bestehen, Freiburg 2005, S. 47.

ligen, der Ehrfurcht vor Gott als einem auch gemeinschaftlichen Wert mehr und mehr ausgeschlossen wird. Ein solches Europa habe keine Zukunft.

In den neunziger Jahren des 20. Jahrhunderts kam es auch in Teilen Europas zu einer Wiederkehr der Kulturen. Nach dem Zusammenbruch der politischen Utopie hatte der Ort der Herkunft an Bedeutung gewonnen. Mit dem Verlust der Zukunftsutopie wurde die Vergangenheit zum Ort der Dauer und des Sinns verklärt. Ethnische Konflikte im Kaukasus und auf dem Balkan und der Kampf von islamistischen Gruppen gegen die westliche Welt sind Kehrseiten der Globalisierung.

Europa war auf diese Wiederkehr der Kulturen nicht vorbereitet. Das lange Jahrzehnte in Europa vorherrschende materialistische Menschen- und Weltbild, ob nun in sozialistischer oder neoliberaler Form, hatte die Kultur zu bloßen Überbauphänomen degradiert. Als auf dem Balkan ein Kampf der Kulturen ausbrach, verstanden die Europäer nicht, was hier vor sich ging. Man erklärte sich die Kriege z.B. mit einer Erhöhung der Ölpreise. Erst der Völkermord in Srebenica ließ eine humanitäre militärische Intervention unvermeidbar werden - mit dem allerdings irrealen, wiederum die Prägekraft der Kulturen ausklammernden Ziel eines multikulturellen Kosovos und Bosnien-Herzegowinas. Auch nach den Kriegen wollte man die kulturellen Kriegs- und Trennungsgründe nicht wahrhaben.

Den Kampf der Islamisten gegen die westliche Zivilisation glaubte man bis zu den Anschlägen von Madrid und London als amerikanisches Problem missverstehen zu dürfen. Die Erweiterungspolitik der EU klammerte kulturelle Unterschiede konsequent aus. Orthodoxe Länder wie Zypern, Bulgarien und Rumänien und islamische Länder wie die Türkei wurden in gleicher Weise zum Eintritt in die EU ermuntert wie die weitaus stärker westlich geprägten ostmitteleuropäischen Länder, obwohl ihnen die entscheidenden Säulen der abendländischen Kultur - Christentum und Aufklärung - entweder ganz wie im Islam oder zur Hälfte wie in der Orthodoxie fehlen. Die entsprechenden Defizite können auch nicht behoben werden, weil die Ausblendung des kulturellen Faktors das Problem unkenntlich gemacht hat.

Die kulturellen Anpassungsschwierigkeiten werden bis heute in den meist ökonomisch und administrativen Anpassungsprojekten außen vor gelassen. Bildungsprojekte versuchen das Recht der EU und die ökonomischen Gegebenheiten zu erklären, von kulturellen Wurzeln ist erst seit kurzem wieder die Rede.

Die ideellen Grundlagen der Demokratie wurden in den Transformationsprozessen nicht thematisiert. Diese Art von Systemwechsel verblieb im Grunde nur im ökonomischen Bereich. Er fand sein Gegenstück in einem EU-Verfassungsvertrag, der die kulturelle Identität auf aufklärerische Werte verkürzte, ohne ihre christlichen Wurzeln auch nur zu erwähnen. Wohl um eine „Diskriminierung" von nichtchristlichen Kulturen zu vermeiden, verleugnet man das Christentum und setzt stattdessen auf die Universalität aufklärerischer Werte. Selbstverleugnung und Größenwahn gehen eine unglückliche Mischung ein, die uns im Inneren Kulturrelativismus und nach außen Kulturuniversalismus beschert. Der Universalismus ist eine neue Form von Kulturchauvinismus, diesmal nicht nach Gutsherrenart, sondern nach Gutmenschenart.

Die angenommene Universalisierbarkeit aufklärerischer Werte verleitet zu haarsträubenden Fehlern wie den angesetzten freien Wahlen in Bosnien, wo prompt Ethnozentristen und Rassisten in die Parlamente des „multikulturellen Landes" gewählt wurden, welches danach in einer ethnisch geprägten Korruption versank. Die Menschen im Westen wenden sich wiederum entfremdet von einer als technokratisch und seelenlos empfundenen EU ab.[117]

Die langfristig gravierendsten Folgen eines spaßkulturellen Selbstverständnisses unserer Gesellschaft zeigen sich aber in der gesamteuropäischen und weltweit einmalig niedrigen Gebürtigkeit, in der ideelle und materielle Elemente schließlich wieder zusammenfallen. Wer rechnet, bekommt keine Kinder. Aber auch die Steigerung der Prämien hat nirgends zu einer Trendwende geführt.

Wenn Europa bis zum Ende des 21. Jahrhunderts auf eine zudem überalterte Hälfte seiner Einwohnerschaft zusammengeschmolzen ist, kann man sich die Weltmachtphantasien sparen. Ein Altersheim wird auch kein demokratisch-humanistisches Modell für irgend jemand sein, wie etwa Jeremy Rifkin träumt, sondern sich durch die unvermeidlich in die Lücke zwängende Armutsmigration so verändern, wie man sie jetzt in den Vororten von Paris oder London besichtigen kann. Diese Armutszuwanderer haben wenig Sinn für europäische Kultur, sie hassen diese sogar oft, weil sie nicht im vollen Umfang dazugehören, nicht dazu gehören können oder wollen.[118]

Das Europa des Jahres 2050 wird ein vergreister Kontinent sein. Europa wird also Zuwanderung von außen brauchen, um die Wirtschaft in Gang und den Sozialstaat funktionsfähig zu halten. Die meisten Migranten werden aus Nordafrika und dem Nahen Osten sowie aus einigen asiatischen Ländern kommen, jedenfalls vornehmlich aus der islamischen Welt. Sofern die Integration nicht gelingt, droht die europäische Kultur in Europa zu einer Randerscheinung zu werden.

Es geht um einen durchhaltbaren Mittelweg zwischen Offenheit und Selbstbegrenzung. Wir brauchen eine europäische Leitkultur, welche uns selbst zu definieren erlaubt und die zwischen Gemeinsamkeiten und Widersprüchen mit anderen Kulturen zu differenzieren hilft. Die europäische Iden-

---

117 Vgl Heinz Theisen, Kulturelle Grenzen der Demokratisierung, in: Mut. Forum für Kultur, Politik und Geschichte August 2005.
118 Vgl. Walter Laqueur, Europa im 21. Jahrhundert, Merkur August 2005.

titätsverleugnung ruft keinen Kampf der Kulturen, aber einen Kampf der Interessen hervor, in dem wie auf einem Basar gefeilscht wird, weil jede Vision von Gemeinsamkeit abhanden gekommen ist. Es ist der Geist, der Menschen verbindet.

Noch gravierender als die Spaltung zwischen den Religionen in Europa ist heute die Spaltung der christlichen Konfessionen und den Formen der Säkularität, die statt einer Unterscheidung und Ergänzung von Religion und Welt ihre rigide Trennung betreiben. Dabei werden beide schwer beschädigt. Christliche Ethik und Rationalität werden von einer hedonistischen Spaßgesellschaft und vom Ökonomismus gleichermaßen gefährdet.

Die in den atheistischen Milieus Ostdeutschlands betriebene Ersetzung des Religionsunterrichts durch einen „Werteunterricht" droht die europäische Identität dem Vergessen anheim zu geben. Nach dem Willen des Berliner Senats wird in den Schulen der von 2006 an „Werteunterricht" auf dem Stundenplan stehen - gegen den Willen der beiden großen Kirchen, die für die Möglichkeit plädieren, dass die Schüler zwischen Ethik- und Religionsunterricht wählen können. An letzterem liegt den beiden Regierungsparteien SPD und PDS nichts. Der Werteunterricht, so die Begründung der Berliner SPD, solle die Schüler dazu befähigen, sich mit unterschiedlichen Weltreligionen, Weltanschauungen und Lebensauffassungen zu beschäftigen und im Dialog zu lernen, eigene Vorstellungen weiter zu entwickeln, fremde Auffassungen und Lebensformen zu respektieren und zu verstehen.[119] Man könnte von einer Magna Charta des Relativismus sprechen, da eine Identifizierung mit der eigenen Kultur ausdrücklich nicht auf dem Plan steht.

Im Verfassungsvertrag der EU reduzierten unsere Verfassungsgeber die Identität Europas auf Offenheit und Universalismus der Aufklärung. Der Wertekanon im Verfassungsvertrag ist jedoch nur eine notwendige, aber keine hinreichende Bedingung für das Bewusstsein von Zusammengehörigkeit, welches erst Solidarität, gemeinsame Verantwortung und gegenseitige Rechte und Pflichten begründet.

Sowohl die Herkunft als auch der geistige Zusammenhang der Werte werden im Verfassungsvertrag nicht thematisiert. Die Europäische Union gedenkt von ihrem geistigen Erbe unterschiedslos und allgemein zu profitieren. Die Union „...achtet den Status der Kirchen, religiösen Vereinigungen und weltanschaulichen Gemeinschaften in gleicher Weise und pflegt mit ihnen einen offenen, transparenten und regelmäßigen Dialog". (Art I-52) Die verbindende Kraft eines Kulturchristentums, welches keine persönlichen Glaubensbekenntnisse erfordert, wäre als Hinweis auf die Grenzen der Universalisierbarkeit westlicher Werte in nichtchristliche Kulturkreise verstan-

---

119 Vgl. Hermann Wentker, Die Verdrängung des Religionsunterrichts, in: Frankfurter Allgemeine Zeitung v. 6.8.2005.

den worden. Doch Europas Eliten wollen von zwei Illusionen nicht Abschied nehmen: von der Illusion eines Universalismus nach außen und der eines Multikulturalismus nach innen. Den Hoffnungen auf kosmopolitische Vernetzungen stehen Befürchtungen vor dem Verlust des erst entstehenden bürgerschaftlichen Wir-Gefühls in den bisherigen Mitgliedstaaten entgegen. Ohne eine gemeinsame europäische Identität könnten nationale Identitäten, die im europäischen Föderalismus aufgehoben schienen, wieder in den Vordergrund treten.

In der Präambel konnte man sich nur auf den Hinweis verständigen, dass sich die Rechte des Menschen sowie Freiheit, Demokratie, Gleichheit und Rechtsstaatlichkeit als universelle Werte aus dem kulturellen, religiösen und humanistischen Erbe Europas schöpfend entwickelt haben. Die Formulierung von Kurt Hübner hätte hingegen nicht nur der historischen Wahrheit entsprochen, sondern auch die Erinnerung an jene Identität erweckt, die Europa unverwechselbar auszeichnet. „Schöpfend aus dem kulturellen Erbe Europas, der Antike und dem Humanismus des Christentums, der im Laufe der Geschichte zu den Grundsätzen von Freiheit, Demokratie, Gleichheit und Rechtsstaatlichkeit führte...." Der in der Präambel unterschlagene Zusammenhang von Christentum und den Werten der rechtsstaatlichen Demokratie erzeugt das Missverständnis, dass man sich in einer Art krönendem Abschluss von religiösem Erbe Europas emanzipiert habe. Als Folge davon sei - so Kurt Hübner - die christliche Begründung des Humanismus verloren gegangen, ohne dass man eine andere gefunden hat. So rede man zwar ständig von ihm, wisse aber gar nicht, was damit eigentlich gemeint ist.[120]

Auf die Folgen einer solchen Emanzipation von christlichen Quellen in einer wurzellos gewordenen Aufklärung macht Kurt Hübner am Beispiel der „Menschenwürde" aufmerksam. Die allgemeinen Erfahrungen, die man mit Menschen mache, böten wenig Anlass, von ihrer Würde besonders beeindruckt zu sein. Es gäbe daher nur zwei Möglichkeiten von der Würde des so fragwürdigen Menschen zu sprechen: entweder ethisch oder christlich. Nach Kant gehe die Würde des Menschen darin, Träger des ethischen (kategorischen) Imperativs zu sein, was bedeute, ein Gewissen zu haben. Das Gewissen verweise auf Freiheit als Voraussetzung von Moral und Selbstverantwortlichkeit. Die empirisch nicht fassbare Natur des Menschen mache ihn gleichsam zum Bürger einer höheren Welt. Wenn „Menschenwürde" nicht ein gedankenloses Schlagwort bleiben soll, so müsse man sich an die den Europäern allgemein vertraute christliche Begründung, die zugleich die Begründung allen sittlichen Handelns ist: „Du sollst Gott lieben und den ande-

---

120 Kurt Hübner, Der Unterschied des Abendlandes. Was die Präambel der Europäischen Verfassung verschweigt, in: Frankfurter Allgemeine Zeitung v. 19.5.2005.

ren wie dich selbst" halten. Aus der Gottesliebe folgt diejenige für alle seine ebenbildlichen Geschöpfe. Allein darin also, Gottes ebenbildliches Geschöpf zu sein, liegt jedermanns unantastbare Würde, wie fragwürdig er im Übrigen auch sein mag. Indem mit dem heutigen Humanismus diese christliche, allgemein verständliche und dem Europäer geläufige Begründung der Würde des Menschen in Vergessenheit geraten ist, ist die Rede von ihr nur noch der Ausdruck jener Überheblichkeit, die ihn zum Maßstab aller Dinge macht.[121]

Eine Folge dieses multikulturellen Universalismus ist der Kulturrelativismus, dem die Maßstäbe für das Zusammenleben verloren gehen. Mit dem Verzicht auf die Benennung und Aktivierung der kulturellen Wurzeln der Aufklärung Werte verzichtet man auch auf Maßstäbe zur Bewertung der Werte und damit auch auf die Grenzen von Pluralismus und Toleranz.

---

121 Kurt Hübner, Kritische Bemerkungen zur Präambel der europäischen Verfassung, in: Mut. Zeitschrift für Kultur, Politik und Geschichte, September 2005, s. 6ff.

3. Kulturelle und politische Grenzen in Europa

> „Der Erfolg war, dass sich die demokratische Revolution im äußeren Gefüge des Staates vollzog, ohne in den Gesetzen, Vorstellungen, Gewohnheiten und Sitten den Wandel zu bewirken, der nötig gewesen wäre, um die Revolution fruchtbar zu machen. So haben wir die Demokratie, aber ohne das, was ihre Fehler mildern und ihre natürlichen Vorzüge zum Durchbruch verhelfen könnte; schon sehen wir das Schlechte, das sie mit sich führt, aber noch bemerken wir das Gute nicht, das sie hervorbringen kann."[1]
>
> Alexis de Tocqueville

3.1 Der Westen und der multikulturelle Balkan

Mit der Zurückdrängung des türkischen Machtbereichs, die als „Orientalische Frage" in das Vokabular der europäischen Geschichte einging, drangen die politischen Ideen der Französischen Revolution auf den Balkan vor. Damit kam es im 19. Jahrhundert zur Übertragung von Ideen in eine Region, in der die Voraussetzungen für ihre Realisierung nicht gegeben waren. Die christlichen Balkanvölker waren in ihren Freiheitskämpfen von den Ideen der deutschen Romantik, von der Französischen Revolution und dem westeuropäischen Staatsdenken beeinflusst und übernahmen das Leitbild eines in sich geschlossenen Nationalstaats.

Das Selbstbestimmungsrecht der Nationen gilt im westlichen Europa als Voraussetzung fortschrittlicher und demokratischer Politik. Die Minderheitenprobleme konnten hier durch demokratische und sozial-ökonomische Teilhabe entschärft werden. Der Vielvölkerstaat Schweiz verdankt seine Stabilität nicht zuletzt der besonderen Förderung von Minderheiten.

In Mittel- und Osteuropa existieren kaum großräumige, ethnisch einheitliche Siedlungsgebiete. Sprachliche, konfessionelle und kulturelle Gruppen überkreuzen sich. Eine kleinteilige Gemengelage von Nationalitäten war der Normalfall. Die Forderung nach der Einheit von Nation, Sprache und Staatsgebiet war in dieser Region gefährlich. Die Nationalstaaten wurden zu Agenturen nationaler Mehrheiten, die über nationale Minderheiten herrschen, welche oft schrankenlosen Unterdrückungen ausgesetzt waren.[2]

Die Übertragung des westlichen Nationalstaatsgedankens auf den Balkan erwies sich auch in den 90er Jahren des 20. Jahrhunderts als verhängnisvoll.

---

1   Alexis de Tocqueville, Über die Demokratie in Amerika, Stuttgart 1997, S. 22.
2   Hagen Schulze, Phoenix Europa, a.a.O., S. 362f.

Die vielen Nationalitäten, die allmählich aus jahrhunderte langem Schlaf unter türkischer, österreichischer und ungarischer Herrschaft erwachten, lebten in dichtem, unentwirrbarem Gemenge ineinander verklammert. Das Evangelium des Nationalismus forderte aber die Einheit von Nation, Staat, Kultur und Sprache. Slowenen, Serben, Kroaten, Albaner, Mazedonier, Griechen, Bulgaren, Rumänen, Magyaren wollten Autonomie oder Selbständigkeit; sie wehrten sich gegen die herrschenden Staatsvölker, unterdrückten aber zugleich die Minderheiten in den eigenen Gebieten. Die Ausweglosigkeit des Nationalismus wurde noch gesteigert durch die konfessionellen Widersprüche zwischen katholischen, orthodoxen und islamischen Völkerschaften. Zugleich war der Balkan die strategische Drehscheibe des östlichen Mittelmeerraums; jede Nationalität besaß in einer der europäischen Großmächte ihren Patron. So vermischten sich nationaler und religiöser Fanatismus mit Großmachtinteressen, die nirgendwo in Europa so direkt aufeinander trafen wie auf dem Balkan.

Die meisten Analysen der Balkankriege der 90er Jahre des 20. Jahrhunderts verweisen auf Nationalismus und Ethnozentrismus.[3] Aber das ist nur eine Beschreibung und keine Erklärung dafür, warum diese Partikularitäten plötzlich wieder so wichtig wurden, zu einer Zeit, in der sie im westlichen Europa an relativer Bedeutung verlor. Die Balkankriege trugen sich entlang der Bruchlinien der drei europäischen Kulturen zu. Das verwirrende Bild der ethnischen Struktur Südosteuropas wird durch die verschiedenen Religionen chaotisch. Neben der in Westungarn und im Nordwesten (nördlicher Adriaraum, Slowenien, Kroatien, Nordalbanien) dominierenden Katholischen Kirche und der im Süden und Südwesten vorherrschenden Orthodoxie gibt es erhebliche Minderheiten muslimischen Glaubens (Bosnien, Mittel- und Südalbanien, Westmazedonien) und einen kleinen Anteil Juden.

Die Zwischenlage zwischen Europa und Asien macht den Balkan zu einem klassischen Übergangs- und Durchzugsgebiet, zu einer Begegnungszone der Völker und Kulturen, an der Okzident wie Orient, kontinentaleuropäische und mediterrane Bereiche Anteil haben.[4] Idealerweise wäre eine solche Region ein Scharnier oder eine Brücke zwischen dem Abendland, dem orthodoxen Osteuropa, dem griechisch-balkanischen und dem türkisch-

---

3   Edgar Hösch, Geschichte der Balkanländer. Von der Frühzeit bis zur Gegenwart, München 1933, 2. Aufl, .S. 274 „Jugoslawien ist am mangelndem Konsens der politischen Führungsschichten und an den zentrifugalen Kräften, die mit dem rapiden wirtschaftlichen Niedergang einen immer stärkeren Auftrieb erhielten, zerbrochen. Die Zeit arbeitete für die Republiken, die immer mehr Kompetenzen an sich zogen und eifersüchtig über ihre nationalen Interessen wachten."

4   Edgar Hösch, Geschichte der Balkanländer, .,a.a.O. S. 17ff.

islamischen Vorderasien. Stattdessen brachen hier wieder die historisch geprägten Bruchlinien des multikulturellen Europas auf.

Der durch die geographische Natur des Balkans begünstigte Partikularismus wurde zur politischen Eigentümlichkeit des Balkans. Die Ursachen der „Balkanisierung" liegen auch an dem Expansionsstreben mächtiger Nachbarn. Dies hat hoffnungsvolle Ansätze eigenständiger politischer Herrschaftsbildungen in größerem Rahmen wiederholt gewaltsam unterbunden und fremde Ordnungen aufgezwungen.

Die Fragen nach der Übertragbarkeit europäischer Ideen, Institutionen und Interessen stellen sich vor allem aufgrund der geographischen Zugehörigkeit zu Europa. Die „Rückkehr nach Europa", wäre für einige Balkan-Regionen eine Rückkehr nach sechs Jahrhunderten. Nahezu fünfhundert Jahre, vom 14. Jahrhundert bis zum Beginn des 20. Jahrhunderts, war der Balkan von den kulturellen und spirituellen Entwicklungen der westlichen Zivilisation isoliert. Die abendländischen Geistesbewegungen der Neuzeit sind nur bis nach Ungarn und in die dalmatische Randzone gekommen, die Reformation machte an der Grenze Sloweniens und Binnenkroatiens zum eigentlichen Balkan halt. Daher bildete sich auch ein Gegensatz zum balkanischen Binnenland heraus, der die Entwicklung der neuen nationalstaatlichen Gebilde im Verlaufe des 19. Jahrhunderts belastete.[5]

Abendland und Islam waren länger als ein Jahrtausend - vom siebten bis mindestens zum Ende des siebzehnten Jahrhunderts - auf dem Balkan in einem Kampf um Gebiete und um Seelen verwickelt. Über vier Jahrhunderte teilten sich die Habsburger und das Osmanische Reich die Herrschaft über den Balkan. Im 19. Jahrhundert setzte der allmähliche Verfall des Osmanischen Reiches ein. Griechenland gewann 1827/1830 seine Unabhängigkeit zurück. 1878 sind auf dem Berliner Kongress Rumänien, Serbien und Montenegro als unabhängige Staaten in neu definierten Grenzen etabliert worden. Damit weitete sich der russische und österreichische Einfluss auf den Balkan aus.

Die Islamisierung war vom Osmanischen Reich nur wenig forciert worden. Sie war eher ein schleichender Prozess, der sich über den langen Zeitraum der osmanischen Herrschaft verteilt. Da die „Ungläubigen" höhere Steuern zahlen mussten, waren die Osmanen nicht an einer Islamisierung interessiert. Wo der Islam auf dem Balkan mehrheitsfähig wurde, war dies ein Ergebnis der Kollaboration. Ein eher passiver Islam wurde zum Instrument der Anpassung und Karriere. Der Antrieb der albanischen Expansion ist bis heute nicht der Islam, sondern der Nationalismus.[6]

---

5   Ebd. S. 105ff.
6   Richard Wagner, Der leere Himmel. Reise in das Innere des Balkan, Berlin 2003, S. 245f.

Die europäischen Länder hatten aufgrund ihrer divergierenden Einzelinteressen selbst angesichts der osmanischen Gefahr zu keiner gemeinsamen Abwehrfront gefunden. Seit dem ausgehenden 18. Jahrhundert hatten sie noch größere Schwierigkeiten, sich bei der Beerbung des „kranken Mannes am Bosporus" auf eine einheitliche Linie zu einigen. Die mit dem Niedergang der osmanischen Machtstellung wachsende Bereitschaft der Balkanvölker, einen militärischen Aufstand gegen die drückende Ausbeutung und die selbstherrlichen Machenschaften einzelner Provinzstatthalter zu wagen, wurde von den Großmächten einem kleinlichen Streit um Einflusssphären, Arrondierungen und einem eigennützigen Expansionsstreben dienstbar gemacht.

Durch den Ausgang des Ersten Weltkrieges schwand zugleich der Einfluss der Türkei und Russlands, Österreich-Ungarns, Italiens und Deutschlands. Die daraus erwachsende Chance zur Selbstbestimmung wurde jedoch nicht genutzt. Die Völker vertrugen sich nur so lange, wie sie von Diktaturen dazu gezwungen wurden. Die westliche Idee nationaler Selbstbestimmung hatte nach Auflösung der Großreiche zu Beginn des 20. Jahrhunderts zu einer Vielzahl kleiner, nicht lebensfähiger, untereinander verfeindeter und nach innen intoleranter Staaten geführt. Die Ideale von nationaler Selbstbestimmung waren mit der Wirklichkeit einer zerstückelten und destabilisierten Welt kaum in Übereinstimmung zu bringen. In Deutschland und Italien hatte der Nationalismus die Menschen zu einer größeren, ökonomisch vernünftigeren Einheit zusammengeschweißt, auf dem Balkan lief es auf das Gegenteil hinaus.[7]

Religion wurde zu einem Kennzeichen nationaler Identität. Durch das unmittelbare Zusammenspiel des Nationalen und Religiösen zog die politische Verselbständigung auch die kirchliche Unabhängigkeit nach sich. Die griechisch-orthodoxe Kirche wurde 1833 in Athen ohne Billigung des Patriarchen in Konstantinopel gegründet. Auch die Bulgaren gründeten 1870 - noch bevor sie einen unabhängigen Staat hatten - eine eigene Kirche. Im Jahr darauf wurde die rumänisch-autokephale Kirche gegründet. Der Bruch mit dem Patriarchat in Konstantinopel war damit unvermeidlich. Während das Papsttum heute immer noch eine wichtige politische Macht darstellt, kämpft der Patriarch von Konstantinopel ums Überleben, seine Zuständigkeit erstreckt sich über wenige orthodoxe Bewohner der Türkei.[8]

Zu den besonderen Bedingungen der Türkenherrschaft gehörte, dass die Kirchenführer als die vom Sultan anerkannten Sprecher (Ethnarchen) der kirchlichen Untertanen mit einem politischen Mandat auftraten. Die orthodo-

---

7   Mark Mazower, Der Balkan, Berlin 2002, S. 29f.
8   Ebd. S. 140f.

xe Kirche war während der Türkenherrschaft die einzige selbständig gebliebene Institution. In ihr haben christliche Kultur und Sprache überlebt. Von den konfessionellen Trennungen und Spaltungen sind dann nachhaltige Wirkungen auf die geistige Physiognomie der einzelnen Balkanvölker ausgegangen.

Die Differenzierungen und Nuancierungen selbst zwischen Katholizismus und Orthodoxie sind in ihren prägenden Auswirkungen noch heute im öffentlichen Leben der Balkanvölker zu beobachten. Die politischen, wirtschaftlichen und sozialen Faktoren, insbesondere das nationalistische Denken, haben im Verlauf der neuzeitlichen Entwicklung den Glauben überformt und insbesondere bei den Serben, Bulgaren, Rumänen und Griechen - das Aufkommen eines gemeinorthodoxen Selbstbewusstseins und Zusammengehörigkeitsgefühls verhindert. Die Vielfalt der ethnischen, religiösen, wirtschaftlichen und sozialen Differenzierungen ließ sich nur notdürftig einem gesamtstaatlichen Willen unterordnen. Der Traum von der Errichtung eines nationalen Großreiches war nur auf Kosten der unmittelbaren Nachbarn zu verwirklichen und hat die gegenseitigen Beziehungen vergiftet. Bis heute werden die zufälligen Grenzziehungen in Frage gestellt.[9]

In Serbien konnten die abendländischen Prägungen nicht Fuß fassen. Während der Osmanischen Herrschaft bildeten die Menschen Lebensformen aus, welche auf Stamm, Sippe und Dorfgemeinschaft beruhten und auf diese Weise das Überleben ermöglichten. Wie in Russland sind diese Dorfgemeinschaften eine mentale Vorbereitung für den Kommunismus gewesen und für die Vernachlässigung öffentlichen Eigentums mitverantwortlich.

Nachdem sich Serbien im Verlauf des 19. Jahrhunderts aus dem Osmanischen Reich herausgelöst und am Berliner Kongress 1878 die Unabhängigkeit zugesprochen bekam, trug es sämtliche Merkmale einer rückständigen Gesellschaft. Kapitalismus und Bürgertum standen weiter im Schatten patriarchalischer Werte- und Normsysteme. Über die aus dem Westen importierten Ideale wie Nationalismus, Sozialismus und Liberalismus konnten die Eliten keinen Konsens erzielen. Das Land spaltete sich - auch darin Russland vergleichbar - in fortschrittliche „Westler", die das Privateigentum als Grundlage persönlicher Freiheit ansahen und eine parlamentarische und pluralistische Demokratie anstrebten und denjenigen, die den westlichen Weg als dekadent und abträglich für die gewachsenen Strukturen und Traditionen betrachteten.

Der Kern der vormodernen serbischen Ideologie besteht im Konstrukt eines Volksstaates. Garant des Volksstaates soll eine Volkspartei sein, die

---

9   Edgar Hösch, Geschichte der Balkanländer. Von der Frühzeit bis zur Gegenwart, München 1993, 2.Aufl. S. 15f.

über ein System der Selbstverwaltung die Volksdemokratie verwirklicht. In ihm verwirkliche sich die serbische Kulturnation. Dieser Rückgriff auf serbische Kultur und Vergangenheit implizierte mit dem Rückgriff auf die Größe des mittelalterlichen Reiches den imperialen Gedanken. Das für die Staatsbildung konstitutive ethnische Prinzip war angesichts des komplizierten ethnischen Gemengelages auf dem Balkan explosiv.

Das Bestreben einer Befreiung und Vereinigung der serbischen Siedlungsgebiete auf dem Balkan absorbierte materielle und ideelle Energien, wodurch die soziale und ökonomische Modernisierung zurückblieb, am deutlichsten im völlig vernachlässigten Bildungswesen. Der Staat investierte nur einen Bruchteil seiner Ausgaben in die Alphabetisierung der Bevölkerung. Bildung wurde allenfalls als Mittel zur Verbreitung der herrschenden Ideologie gebraucht. Auch die kollektivistischen Modernisierungsprojekte Titos konnten diese grundlegenden Defizite nur begrenzt verbessern. Eine hohe Zahl der Serben gilt auch heute noch als strukturelle Analphabeten. Unter Tito erhielt die Bevölkerung oft nur eine auf ihre jeweilige Tätigkeit zugeschnittene selektive Grundbildung. Dies reichte für den Übergang vom extensiven zum intensiven Wirtschaftswachstum nicht aus. Selbst bei der Elite handelt es sich um „Halbintellektuelle mit schulischem Diplom, aber ohne kulturelle und moralische Erziehung."[10]

Die Ungleichzeitigen wurden nach dem Zweiten Weltkrieg mit der Machtergreifung der Kommunisten in Südosteuropa vertieft. Eine der eigenen multikulturellen Identität entsprechende Form konnte der Balkan wieder nicht entwickeln. Die aus der osmanischen und habsburgischen Herrschaft entlassene Staatenwelt wurde nach einer kurzen und wechselvollen Übergangsphase erneut in einen imperialen Rahmen hineingezwängt, in dem Kultur eher als Gefahr denn als Chance galt. Mit der Zwangskollektivierung, dem forcierten Aufbau der Schwerindustrie und der Abwendung vom „bürgerlichen" Westen wurden jahrhundertealte Lebensgewohnheiten zerschnitten und die überstürzte Angleichung an eine moderne arbeitsteilige Industriegesellschaft erzwungen.[11]

In Jugoslawien führte die erzwungene Gleichzeitigkeit ungleichzeitiger Kulturen zur Katastrophe. Nach 1990 trugen die übereilte und selektive Übernahme moderner Ideen wie des Selbstbestimmungsrechts der Völker zum Separatismus und die als Mehrheitsherrschaft missverstandene Demokratie zur Diskriminierung und Verfolgung von Minderheiten bei. Parteien und Parlamente verkamen im Clan- und Cliquenwesen. Statt von kooperativen

---

10 Vgl. Latinka Perovic, „Serbiens Regime in historischer Perspektive. Dominanz des Kollektivismus über liberales Denken, in: Neue Zürcher Zeitung v. 28.9.00.

11 Edgar Hösch, ebd. S. 251ff.

Vernetzungen wurde die politische Kultur von korrupten Verstrickungen geprägt.

Niemals zuvor in der Geschichte Südosteuropas haben die Menschen mit so viel Hass gegeneinander gekämpft wie in den 90er Jahren des 20. Jahrhunderts. Sie wollten nicht nur gewinnen wie in früheren Kriegen, sondern oft gegenseitig ihre kulturellen Wurzeln auslöschen. Die Veränderungen nach 1990 sind im Gegensatz zu den Übergängen seit dem Beginn des 19. Jahrhunderts (1815, 1878, 1918, 1945) nicht zielbewusst organisiert und gestaltet worden, sie vollzogen sich wildwüchsig.

Die alten Identitäten gewannen auch deshalb eine neue Bedeutung, weil ein nach dem Zusammenbruch der kommunistischen Ideologie entstandenes Vakuum gefüllt werden musste. Nach dem Ende des Kommunismus radikalisierten und fundamentalisierten sich katholische Kroaten, orthodoxe Serben und muslimische Bosniaken gegenseitig. Differenzen bei materiellen Interessen können verhandelt und durch Kompromisse beigelegt werden, kulturelle Identitäten nicht.

Die Rechte des Individuums, die eigene Verantwortung, die Beziehung zu Gott, die eigene Verpflichtung wirkt über den Humanismus und Aufklärung in das westliche Freiheitsdenken hinein. Im orthodoxen Bereich ist aufgrund der Abwehr früherer Gefahren aus dem arabisch-islamischen oder chinesisch-mongolischen Raum, die Gemeinschaft als Gut über die Individualität erhoben worden. Dieses Gemeinschaftsband sei in den Balkan-Kriegen auf schreckliche Weise neu geknüpft worden.[12]

In Bosnien-Herzegowina treffen drei verschiedene Kulturkreise auf engstem Raum zusammen. Die Parteinahme und auch Unterstützung während des Krieges aus dem Ausland vollzog sich ebenfalls entlang der kulturellen Grenzen. Westliche, russische und muslimische Länder halfen den ihnen nahestehenden Völkern. Dieses Schema wurde durch das Engagement der USA für die Bosniaken durchbrochen. Im Kosovo-Krieg kündigte Russland Serbien die Freundschaft auf und der Westen zog für die muslimischen Kosovaren in den Krieg. An diesem Punkt schlug der „Kampf der Kulturen" in den Versuch einer „Zivilisierung der Kulturen" um. Den allgemeinen Menschenrechten und der Kultur der Zivilisiertheit sollte Vorrang vor der Kultur als Identität gegeben und „die Stärke des Rechts gegen das Recht des Stärkeren (Klaus Kinkel)[13] zur Geltung gebracht werden. Dieses Konzept der Zivilisiertheit überschritt ausdrücklich die kulturellen Zuordnungen. Der

---

12 Hans Koschnik, Politische Friedensarbeit im Auftrag der Europäischen Union in Mostar, in: Peter Graf (Hrsg) Dialog zwischen den Kulturen in Zeiten des Konflikts, Osnabrück 2003, S. 24.

13 Zit. nach Hans-Dieter Heumann, Deutsche Außenpolitik jenseits von Idealismus und Realismus, München 2001, S. 54.

Westen schützte die Muslime des Kosovo vor den Serben.[14] Die Ziele eines multikulturellen Kosovo und auch eines multikulturellen Bosnien-Herzegowinas wurden allerdings verfehlt. Gute Absichten und die Ergebnisse liegen weit auseinander.

Es war äußerst umstritten, ob sich NATO und Europäische Union in das Gemengelage des Balkans hinein begeben sollten. Vielen erscheinen hier keine dauerhaften Erfolge möglich. Bestenfalls - so z.B. Helmut Schmidt - entstünden auf diese Weise westliche Protektorate, eine Prognose, die sich bewahrheitet hat. Die verwickelten Probleme der miteinander verfeindeten Völker würden durch kriegerische Interventionen so wenig gelöst wie durch alle anderen auf der Halbinsel ausgefochtenen Kriege im 20. Jahrhundert. Die Europäische Union sollte sich auf keinen Fall die balkanischen Unruheherde einverleiben. Dazu zählte Schmidt auch Bulgarien und Rumänien, die bisher keine innenpolitische Stabilität erreicht hätten.[15]

Auf welchem Niveau die öffentliche Wahrnehmung mit den balkanischen Wirren umging, zeigt sich schon in der journalistischen Berichterstattung. Während seines Bosnien-Aufenthalts 1992 und 1994 sei ihm - Peter Scholl-Latour - bewusst geworden, dass die Heimatredaktionen an einer Berichterstattung über die historisch-religiösen Hintergründe des Jugoslawien-Konflikts, über seine tragische Zwangsläufigkeit, ja nicht einmal an einer Auflistung der kriegerischen Optionen ernsthaft interessiert waren. Gewünscht waren „crime and horror". Wer sich überschlug in der Darstellung von Scheußlichkeiten, der hatte die Nase vorn, der brachte die hohen Einschaltquoten, jener kulturellen Variante einer „Diktatur des Proletariats". Aber auch die politischen Debatten wären nicht in der Lage gewesen, das Problem im Kern zu erfassen. Der Abgrund, der sich in unmittelbarer Nachbarschaft auf europäisch-balkanischem Boden auftat, sei im erhabenen Tonfall der „political correctness" oder im stammtisch-ähnlichen Tollhaus der Talkshows abgehandelt worden.[16]

Die Wahrnehmung und Interpretation der Kriege durch den Westen krankte von vornherein an der Ausblendung der Rolle der Religionen, die weder in das Basis-Überbau Denken noch zu den säkularen Hoffnungen des Gutmenschentum passten. Die agnostischen Europäer haben den Krieg der Konfessionen in Bosnien als ethnischen Konflikt fehlinterpretiert, nicht ahnend, dass auf dem Balkan wie in vielen anderen Kulturkreisen das Bewusstsein religiöser Zusammengehörigkeit noch über mehr Gewicht als die aus dem Westen importierten politischen Begriffe verfügt.

---

14 Walter Laqueur, Krieg dem Westen. Terrorismus im 21. Jahrhundert, München 2003, S. 300.
15 Helmut Schmidt, Die Selbstbehauptung Europas, a.a.O. S. 166.
16 Peter Scholl-Latour, Allahs Schatten über Atatürk. Die Türkei in der Zerreißprobe. Zwischen Kurdistan und Kosovo, München 2001, S. 438f.

Die europäischen Soldaten und Beamten würden sich in dem Balkan-Chaos von Schuld und Sühne nicht zurechtfinden. Man solle sich nicht wundern, dass die Albaner wahllos über die verbleibenden Serben herfallen. In dieser Region des Balkans gäbe es ein unerbittliches Sühnesystem - die Blutrache. Er sieht nach seinen Erfahrungen keinen Anlass, seine Feststellung zu revidieren: Auf dem Balkan gäbe es keine „good guys or bad guys", sondern nur Starke und Schwache - und wehe den Schwachen.[17]

Auch Jahre nach dem Eingreifen des Westens ist die Situation der Nachfolgestaaten Jugoslawiens immer noch chaotisch. Es existieren mehr Staaten als jemals zuvor. Regionen, die seit Jahrhunderten multiethnisch waren, streben jetzt nach ethnischer Homogenität. Zum Teil sind sie inzwischen ethnisch homogenisiert wie die Krajina, große Teile von Bosnien und Herzegowina und das Kosovo. Die Staatenstruktur ähnelt einem chaotisch sortierten Gemischtwarenladen: zwei Nato-Protektorate, eines davon ein Staat auf dem Papier (Bosnien und Herzegowina), mit zwei staatsähnlichen Gebilden (die Bosnisch-Kroatische Föderation und die Republik Srpska), das andere (Kosovo), welches de jure zu Serbien und Montenegro gehört, obwohl deren überwältigende Bevölkerungsmehrheit die Unabhängigkeit wünscht; das Neugebilde Serbien und Montenegro steht unter der ständigen Auszugsdrohung des nur locker assoziierten Montenegros, zwei Staaten (Albanien, aber auch Kroatien), die den außerhalb ihrer Grenzen lebenden Landsleuten besondere Aufmerksamkeit widmen; ein Staat (Mazedonien) ist in Folge der fast vollständigen Trennung zwischen slawischen und albanischen Mazedoniern ein Staat ohne Gewähr.

3.2 Vorzeitige Demokratisierung und undifferenzierte Beitrittsversprechen

In Bosnien-Herzegowina wurden die Bürger wenige Monate nach Unterzeichnung des Dayton-Vertrags zu den Wahlurnen gerufen. Aus den Wahlen gingen jene ethnozentrischen Kräfte gestärkt hervor, die den Aufbau einer freiheitlich demokratischen Ordnung seit jeher sabotiert hatten. Sie besetzten Polizei und Justiz mit ihren Parteigängern, womit das alte System auf lange Zeit fortexistieren kann. Fareed Zakaria fordert daher, dass man vor einer ersten landesweiten Mehrparteienwahl fünf Jahre für politische Reformen und die Herausbildung sozialer Institutionen veranschlagt - zumal dort, wo wie im Irak starke regionale, ethnische oder religiöse Gegensätze herrschen. Nur so bestehe die Aussicht, dass in einem Umfeld gewählt werde, in dem

---

17 Ebd. S. 400.

Zivilgesellschaft, Rechtssprechung, Parteien und Wirtschaft bereits funktionieren. Wie überall im Leben komme es auch hier auf den richtigen Zeitpunkt an.[18]

Eine Verwestlichung, die nur westliche Strukturen überträgt, hat sich schon oft als vorzeitig erwiesen.[19] Gerade die Demokratisierung kann das organisierte Verbrechen fördern; aus dem „Selbstbestimmungsrecht der Völker" resultiert ethnische Zersplitterung, aus Minderheitsrechten Separatismus.[20] Aus der „Hilfe zur Selbsthilfe" wird nur zu leicht Förderung der Korruption und aus den geförderten demokratischen Parteien werden Gangs.[21]

Vorzeitigkeit war oft schon ein Problem der Balkan-Staaten gewesen. Nach der gewonnenen Unabhängigkeit vom Osmanischen Reich versuchten die neuen Nationalstaaten Südosteuropas eine zentralistische Struktur zu etablieren. Was sich im Westen in Jahrhunderten vollzogen hatte, sollte in wenigen Jahrzehnten nachgeholt werden. Der Staat zog immer mehr Kompetenzen an sich. Die lokale und regionale Selbstverwaltung wurde beseitigt, anstatt auf ihr aufzubauen und sie allmählich zu modernisieren.

Die vorzeitige Übernahme von westlichen Institutionen erzeugte in den betroffenen Ländern hybride Strukturen und Erscheinungsformen, „Formen ohne Inhalt."[22] Die Balkanländer nahmen in den 20er Jahren manches von den späteren postkolonialen Verwerfungen vorweg: Staatsbürokratie, Korruption, Militarismus, Klienteldemokratie. Der Prozess der Modernisierung vollzog sich ausschließlich von oben nach unten, gelenkt von einer politischen Elite, die ihre Ausbildung in Westeuropa absolviert hatte. Sie meinte, mit der Übernahme von Institutionen nach westlichem Vorbild auch deren Leistungsfähigkeit importieren zu können. Mit der Einführung parlamentarischer Strukturen entwickelte sich rasch ein neues Patronagesystem, das aus dem alten vormodernen Klientelwesen erwuchs. Man konnte auf kein professionelles Beamtentum zurückgreifen und stützte sich auf die Anhänger der jeweiligen Regierungspartei. Wechselte die Regierung, wurden die Beamten entweder entlassen oder durch Parteigänger der neuen Regierung ergänzt, was dazu führte, dass der öffentliche Dienst fortwährend aufgebläht wurde.

Welche politischen und ökonomischen Schwierigkeiten sich aus der EU-Mitgliedschaft eines nur halbmodernisierten Landes ergeben, zeigt sich am

---

18 Fareed Zakaria, Das Ende der Freiheit? Wieviel Demokratie verträgt der Mensch?, Frankfurt 2005, S. 151.

19 ch folge hier „Der Balkan und die Last der Vergangenheit", in: Neue Zürcher Zeitung v. 14.2.2001.

20 Ich folge hier der Argumentation von Magarditsch Hatschikjan, Die „großen Fragen" in Südosteuropa. Ein Balkan-Locarno für stabile Strukturen, in: Aus Politik und Zeitgeschichte B 13-14/2001, S. 17ff.

21 Wim van Meurs, Den Balkan integrieren. Die europäische Perspektive der Region nach 2004, in: Aus Politik und Zeitgeschichte B10-1172003, S. 34ff.

22 Richard Wagner, Der leere Himmel, a.a.O., S. 75.

Beispiel Griechenlands. Aufgrund der Trümmerromantik wird auch das heutige Griechenland oft als westliches Land gesehen. Im Lichte der Geschichte der vergangenen Jahrhunderte muss diese Einschätzung relativiert werden. Die Griechen waren das Herrschaftsvolk im byzantinisch-othodoxen Imperium und waren nach dessen Untergang bis in das 19. Jahrhundert hinein im türkisch beherrschten Osmanenreich integriert. Daher haben viele tiefgreifenden gesellschaftlichen Transformationen Westeuropas sie nicht oder nur verspätet und unvollkommen erreicht. Der Import moderner westeuropäischer Institutionen nach der Unabhängigkeit stieß daher auch auf die Gegenwehr einer traditionalistisch-partikularistisch und tief segmentierten Agrargesellschaft.

Der griechische Sonderweg einer politischen Kultur zwischen Tradition und Moderne wirft - so Peter A. Zervakis - vielmehr die Frage auf, ob das Land ein „Strangers among Partners" innerhalb der EU ist.[23] Das anchronistische Nebeneinander zweier sich ausschließender Formen der Politikvermittlung (hier zentralistischer Klientelismus, dort scheinplebiszitärer Populismus) gepaart mit einem kulturellen Inferioritätsgefühl der Neu-Griechen gegenüber dem modernen Westen, habe Griechenland seinen westeuropäischen Partnern zunehmend entfremdet und irrational erscheinen lassen. Die starke Abweichung Griechenlands vom westeuropäischen Modell erkläre sich aus der Dominanz der Führerpersönlichkeiten, der schwach ausgeprägten Bürgergesellschaft und aus dem traditionell vorherrschenden, den Populismus fördernden Parteienklientelismus. Der europäische Integrationsprozess wurde auf diese Weise zu einem Spielball der politischen Parteienkämpfe um die begehrten, von Brüssel finanzierten Staatspfründe.

Die griechische Gesellschaft sei tief gespalten zwischen den westlich, reformorientierten Modernisierern und Europäisierern und den orthodox-konservativen Traditionalisten und Populisten. Die parteipolitische Auseinandersetzung um die Kontrolle der Macht spiele sich zwischen den Modernisierern und den Traditionalisten ab. Diese Debatte ähnelt der ewigen Auseinandersetzung zwischen den westlichen Abendländern und den östlichen Panslawisten im zaristischen Russland und im slawophilen Balkan (insbesondere in Jugoslawien und Bulgarien).

Die kulturgeschichtlich bedingten Kontinuitäten hätten bis heute nicht nur zur unvollständigen Europäisierung von Staat und Gesellschaft beigetragen, sondern auch die immanenten Grenzen des griechischen Europäisierungs- und Modernisierungsprozesses aufgezeigt. Zu stark wirke das traditi-

---

23 Ich folge hier der Analyse von Peter A. Zervakis, Der Hellenozentrismus als Fremdkörper in der Europäischen Union? Zur Bedeutung der politischen Kultur für die verspätete Europäisierung der Institutionen Griechenlands, in: Franz Knipping, Matthias Schönwald (Hrsg), Aufbruch zum Europa der zweiten Generation. Die europäische Einigung 1969-1984, Sonderdruck o.J.,o.O.

onell klientelistisch orientierte System auf den modernen griechischen Staat ein, das Einzelinteressen zu Lasten des Gemeinwohls den Vorzug gibt. Die systematische Infiltration des Staatsapparates durch Loyalisten zur Verteilung von Vergünstigungen an die Klienten hat Korruption, Mittelmäßigkeit, Unehrlichkeit und Inkompetenz der Verwaltung zur Folge.

Auf diese Weise könne der Staat weder effizient funktionieren noch effektiv handeln. Der Europäisierungsprozess habe bisher noch nicht die fundamentalen klientelistischen Beziehungen zwischen politischen Führern, Parteien, Staat und Gesellschaft entscheidend durchbrechen können. Der Prozess der Anpassung und der erfolgreichen Identifikation mit Europa erfordere die vollständige Modernisierung der politischen Parteien auf Kosten der charismatischen Parteiführer und ihres Klientelismus.

Peter Zervakis Analyse endet vorsichtig optimistisch. Der Prozess der Europäisierung habe begonnen und manifestiere sich gegenwärtig in der neu entstandenen „Identitäts- und Anpassungskrise" zwischen Modernisierern und Traditionalisten innerhalb der beiden Großparteien und der gesellschaftlichen Institutionen. Die Beteiligung an gemeinschaftlichen Verfahren und Institutionen der EU werde langfristig das traditionelle Klientelsystem schwächen, die Dezentralisierung durch Regionalisierung stärken, die Außen- wie Innenpolitik dem ausschließlichen Zugriff des Regierungschefs zugunsten parlamentarischen Mehrheit entziehen und die Trennung von Kirche und Staat in Gang setzen. Es bleibt festzuhalten, dass selbst die Anpassung Griechenlands an die EU Jahrzehnte erforderte.

Seit 1991 hat die EU Hilfszahlungen von mehr als sieben Milliarden Euro allein für die Nachfolgestaaten Jugoslawien und Albanien geleistet, weitere 4,65 Milliarden Euro wurden in dem von 2000 an laufenden Sechsjahresprogramm beschlossen. Im Stabilitätspakt mit Südosteuropa, der auf Initiative der EU 1999 in Köln nach dem Kosovo-Krieg ins Leben gerufen wurde, hatte sich die EU zur dauerhaften Hilfe verpflichtet. Hauptpartner des Paktes waren die EU, alle Staaten Südosteuropas, die G8 Staaten, sowie weitere internationale Organisationen und regionale Körperschaften.[24]

Das „Stabilisierungs- und Assoziierungsabkommen"(SAP) eröffnet den Staaten Südosteuropas eine Perspektive für den EU-Beitritt. Der Pakt wurde mit dem Versprechen der EU verbunden, alle Länder Südosteuropas nach Erfüllung der Voraussetzungen bis hin zur Vollmitgliedschaft in die Union zu integrieren.[25] Er umfasst die gesamte Region Südosteuropas, neben den

---

24 Vgl. Marie-Janine Calic, Der Stabilitätspakt für Südosteuropa. Eine erste Bilanz, in: Aus Politik und Zeitgeschichte B 13-14/2001, S. 10.

25 Im Dokument heißt es etwas gewunden, dass sich die EU verpflichtet, Südosteuropa „enger an die Perspektive der vollen Integration in ihre Strukturen" heranzuführen, bis hin zur Vollmitgliedschaft. Vgl. Stability Pact...

fünf SAP-Staaten Albanien, Bosnien-Herzegowina, Kroatien, Serbien-Montenegro und Mazedonien auch Bulgarien und Rumänien sowie Moldawien. Bei diesem Pakt handelt es sich um den ersten Versuch zur dauerhaften Konfliktprävention in dieser Region. Frieden wird nicht mehr als Abwesenheit von Krieg definiert, sondern als politische, ökonomische und soziale Entwicklung und Kooperation.[26] Statt nur auf ein Problem nach dem anderen zu reagieren, wurden alle Staaten der Region berücksichtigt, weil jeder Staat die Ursache eines neuen Krieges sein könnte. Nur bei gleichzeitigen Fortschritten in allen Feldern und Regionen könne ein dauerhafter Friede gewonnen werden. Die Hilfe wird kombiniert mit der Verpflichtung zur Selbsthilfe.[27]

Regionale Kooperation wird in besonderer Weise gefördert und gefordert, da finanzielle Hilfe nur für transnationale Projekte mobilisiert werden kann. Die Verantwortlichen müssen bereit sein, grenzüberschreitende Projekte in die Wege zu leiten. Damit will man ein Wettrennen der einzelnen Länder um die EU-Mitgliedschaft verhindern.[28] Der Stabilitätspakt fördert Infrastruktur- und Bildungsprojekte sowie den Aufbau von regionalen Freihandelszonen und privatwirtschaftliche Rahmenbedingungen.

Die Hauptziele des Stabilitätspaktes sind eine neue politische Ordnung mit demokratischen Institutionen, Sicherung der Menschenrechte, Entwicklung der Ökonomie und die Förderung von sozialem Fortschritt (einschließlich der regionalen Kooperation) und die militärische und innere Sicherheit. Die Schirmherrschaft hat die OSZE. Im Gründungsdokument wurde allerdings die „führende Rolle" der EU nicht nur bei der Initiierung, sondern auch bei der konkreten Gestaltung des Pakts festgehalten. Da dem Stabilitätspakt eigene Finanzen in nennenswertem Umfang nicht zur Verfügung stehen, handelt es sich um eine Art Moderation, die auf den guten Willen seiner finanzkräftigen Teilnehmer angewiesen ist.

Folgende Mindeststandards muss jedes südosteuropäische Land erfüllen, bevor die Verhandlungen über ein Abkommen mit ihm aufgenommen werden: Rechtsstaatlichkeit, Demokratie und Beachtung von Menschen- und Minderheitenrechte, faire und freie Wahlen, keine Diskriminierungen, erste wirtschaftliche Reformschritte: Privatisierung, Abschaffung von Preiskontrollen, Bereitschaft zu gutnachbarschaftlichen Beziehungen und im Falle Bosnien-Herzegowinas, Kroatiens und Serbiens die Einhaltung des Dayton-Abkommens.[29]

---

26   Stability Pact for South Eastern Europe, Köln 10.6.1999. Final Document.
27   Wolfgang Libal, Christine von Kohl, Der Balkan. Stabilität oder Chaos in Europa, Hamburg, Wien 200, S. 27.
28   Carola Kaps, Zwischen Licht und Schatten. Eine erste Bilanz des Stabilitätspakts für Südosteuropa, in: Frankfurter Allgemeine Zeitung v. 26.10.01.
29   Vgl. Andreas Wittkowsky, Der Stabilitätspakt für Südosteuropa und die „führende Rolle „ der Europäischen Union, in: Aus Politik und Zeitgeschichte B 29-30/2000, S. 3ff.

Zu kritisieren ist zunächst der optimistische Glaube, dass auf dem Balkan ähnliche Kategorien herrschen wie in Brüssel. Der Stabilitätspakt wollte vor allem die Vernetzungen Südosteuropas in die Wege leiten. Je mehr sich Staaten vernetzen und gemeinsame Interessen besitzen, desto weniger könnten sie sich einen Krieg gegeneinander leisten. Die kulturellen Ursachen der Konflikte werden als Problem nicht erkannt. Interkulturelle und interreligiöse Projekte sind nicht als gesonderter Aufgabenbereich ausgewiesen. Die wesentliche Konfliktursache wird damit unter einem Bündel guter Absichten und ökonomischen und strukturellen Maßnahmen verdeckt.

Der Versuch, mit Hilfe internationaler Militär- und Polizeikräfte ein friedliches Zusammenleben ethnischer Gruppen zu garantieren, endete damit, dass die Interventionskräfte die Grenzen zwischen den getrennten Gruppen überwachen. Ein multikulturelles Kosovo als offizielles Kriegsziel der NATO war eine Fiktion bewaffneter Gutmenschen. Die Feindschaft zwischen Serben und Albanern ist nach wie vor vorhanden. Die Vertreibungsabsichten haben nur die Seiten gewechselt. Die Kosovaren bestehen auf Unabhängigkeit und werden sie früher oder später erhalten.

Im Abkommen von Dayton wurde Bosnien-Herzegowina in zwei Entitäten geteilt, in die moslemisch-kroatische Föderation und die Republik Srpska. Die Rückkehrer gehen nur in ihre Entität zurück. Eine Annäherung der verfeindeten Volksgruppen ist nicht zu erkennen. Die „Hohen Repräsentanten" sitzen in ihrem Büro und meinen es gut. Die Politik ist noch lange nicht reif für eine Versöhnung. An vielen Schulen werden serbische, kroatische und muslimische Kinder getrennt unterrichtet. 70 Prozent des staatlichen Budgets gehen in Regierung und Verwaltung, für 18 Regierungen und über 1000 Minister drauf und nur 30 Prozent gehen in die Sozialsysteme. Alle Parteien verdienen an der gegenseitigen Politikblockade. Nach Einschätzungen der europäischen Polizei hat die organisierte Kriminalität die Politik unterwandert. Kaum eine Woche vergeht, in der nicht ein hochrangiger Politiker wegen Bestechlichkeit angeklagt wird. In seltener Einigkeit verhindern die Volksgruppen eine Reform der Sicherheitskräfte.

In Bosnien-Herzegowina trat die EU 2003 mit 500 Polizeibeamten die Nachfolge einer Polizeimission der Vereinten Nationen an. Sie sollen die Rechtsstaatlichkeit der dortigen Polizei fördern. Dafür war es nun aber bereits zu spät. Eine rechtsstaatliche Polizei ist dem etablierten organisierten Verbrechen kaum mehr gewachsen. Durch die Zersplitterung der Polizei nach den unterschiedlichen Entitäten bietet Bosnien ideale Bedingungen für Verbrechen aller Art und ist ein Zentrum für Drogenschmuggel und Menschenhandel in ganz Europa geworden.[30]

30　Tobias Asmuth, Das schwierige Leben im Wartesaal. Zehn Jahre nach Dayton: Bosnien-Herzegowina zwischen Hass und Hoffnung, in: Das Parlament v. 21.3.05.

Im Herbst 2005 verabschiedete das Parlament von Bosnien-Herzegowina ein Gesetz zur Reform des Polizeiwesens und ebnete damit den Weg für Verhandlungen über ein Assoziierungsabkommen mit der EU. Das Gesetz sieht die Aufstellung einer die Volksgruppen übergreifenden Polizeitruppe vor, welche die derzeit ethnisch getrennten Polizeieinheiten ablösen soll. Dem Gesetz haben die Parlamente der zwei Teilrepubliken bereits zugestimmt. Die als Hauptbedingung für die Assoziierungsgespräche gestellte Polizeireform wurde von der EU begrüßt. Die EU fordert aber auch noch eine Reform des Rundfunkwesens und eine enge Zusammenarbeit mit dem UN-Kriegsverbrechertribunal. Der EU-Bericht 2005 stellt nur schleppende Fortschritte fest, was zum Teil auf den komplizierten Regierungsstrukturen beruhe.

Am zehnten Jahrestag des Friedensabkommens von Dayton billigten die Außenminister der EU die Aufnahme von Verhandlungen über ein Stabilisierungs- und Assoziierungsabkommen mit Bosnien-Herzegowina. Mit diesem ersten Schritt habe ernsthaft der Weg des Landes zu einer Mitgliedschaft in der Europäischen Union begonnen. Die weitere Annäherung werde davon abhängen, wie schnell das Land notwendige Reformen beschließe und verwirkliche, ein funktionierender und lebensfähiger Staat werde und die Kopenhagener Beitrittskriterien erfülle. Neue Schwerpunkte sollten beim Kampf gegen das organisierte Verbrechen und der Unterstützung der Polizeireformen gesetzt werden. Die von der EU geführte Operation Althea soll für ein Jahr bei Beibehaltung der gegenwärtigen Stärke von rund 7000 Soldaten fortgesetzt werden.[31]

Am schlimmsten ist die Situation im Kosovo. Die zwei Millionen Kosovo-Albaner, die einen unabhängigen Staat fordern, erwarten von der internationalen Gemeinschaft ein Signal. Da auch die Serben auf ihren Ansprüchen beharren, könnte die Unabhängigkeit der Albaner einen neuen Flächenbrand auf dem Balkan auslösen. Die Albaner in Mazedonien und im Süden Serbiens könnten sich abtrennen und Teil eines Großkosovos werden wollen. Serbien könnte dann als Ausgleich den Anschluss der Serben-Republik in Bosnien fordern. Nationalistische Kräfte in Serbien würden durch eine endgültige Abspaltung des Kosovo womöglich Auftrieb erhalten.[32] Der Westen wird sich der übernommenen Verantwortung für das Kosovo also nicht mehr entziehen können. Die EU muss versuchen, die Nationalismen von Serben und Albanern zu bändigen, wie das zeitweise schließlich auch Osmanen und Habsburgern auf dem Balkan gelungen ist. Die UN-Misssion im Konsovo wird zunehmend europäisiert werden, schon deshalb, weil nur die EU mit

31 Frankfurter Allgemeine Zeitung v. 22.11.2005.
32 Vgl. Marc Hoch, Endspiele im Kosovo, in: Süddeutsche Zeitung v. 4.5.2005.

ihren Beitrittsperspektiven Wohlverhalten erzwingen kann. Für die EU selbst sollte jedoch klar sein, dass es sich nur um einen Beitritt in den zweiten Kreis eines Staatenbundes handeln kann.

Der Terrorismus-Experte Walter Laqueur resümiert, dass weder die UNO noch die NATO das Bündnis zwischen Terrorismus und organisiertem Verbrechen im Kosovo zerschlagen konnten, welches im innersten Kreis der kosovarischen Befreiungsarmee UCK verwurzelt ist. Laut Interpol kontrollieren albanische Banden 70 Prozent des Heroinhandels nach Mitteleuropa und Skandinavien. Der Balkan werde auch auf absehbare Zeit eine potentielle Basis von Terroristen bleiben.[33] Der Drogen- und Menschenhandel verläuft über die albanische Schiene nach Italien. Seine Folgen in Westeuropa sind kaum mehr kontrollierbar. Kriminalität und Terrorismus könnten Europa vom Balkan her destabilisieren. Diese Fakten sprechen eher für eine massive Verstärkung der europäischen Militär- und Polizeipräsenz, aber nicht für eine Integration in die Europäische Union. .

In Albanien fühlt man sich außerhalb von Tirana beim Zustand der öffentlichen Infra-Struktur fast schon an afrikanische Zustände erinnert. Der Norden des Landes ist durch die lange geschlossene Grenze nach Serbien besonders verarmt. Die öffentliche Unsicherheit bedeutet Nebenstaatlichkeit. Die dort wieder grassierende Blutrache und der Menschen- und Kinderhandel gefährden auch die innere Sicherheit der europäischen Wohlstandländer. Da Albanien nur zwei Bootsstunden von der nicht zu sichernden Grenze Italiens wegliegt, könnte die Europäische Union mit polizeilich-militärischer Hilfe in Albanien die innere Unsicherheit für sich verringern und zugleich den Albanern Hilfe leisten. Dies wäre jedoch ein Protektorat im Rahmen einer allenfalls assoziierten Mitgliedschaft und sollte auch ehrlicherweise so beim Namen genannt werden.

Albanien bringt als positive Eigenschaften Patriotismus, Bescheidenheit und religiöse Toleranz ein. Nur wenige träumen von einem Großalbanien. Die Albaner und die Stammesbrüder im Kosovo und Mazedonien sind einander fremd geworden. Eine erhebliche Zahl der Albaner lebt im Ausland und bewahrt ihre Identität und Kontakte zur Heimat. Die meisten Familien leben von den Überweisungen der Auslandsalbaner. Der ausgeprägte Patriotismus richtet sich nicht gegen andere. Das kleine Volk hat sich über zwei Jahrtausende und durch die Jahrhunderte unterschiedlicher Fremdherrschaften in seiner Identität zu behaupten verstanden. Säkularität hat in Albanien Tradition. Die während der Zeit des Osmanischen Reiches meist nur opportunitätshalber muslimisch gewordenen Albaner sowie die Minderheiten der Orthodoxen und Katholiken leben traditionell friedlich zusammen.[34]

---

33 Walter Laqueur, Krieg dem Westen, a.a.O. S. 301f.
34 Für ihre Einladung zu einer Friedenkonferenz nach Albanien und für zahlreiche Informati-

Albanien hat nach dem Urteil der Kommission ernsthafte Anstrengungen bei der Bekämpfung der Korruption und der Achtung der Menschenrechte unternommen. Die im Jahre 2003 begonnenen Verhandlungen über ein Stabilisierungs- und Assoziierungsabkommen – dem ersten Schritt zur Mitgliedschaft – könnte deshalb noch im Jahre 2005 abgeschlossen werden.[35]

Das präventive Eingreifen der Staatengemeinschaft in Mazedonien unter Führung der EU im Sinne war im Sinne eines erreichten Waffenstillstandes erfolgreich. Als albanische Gruppen im Februar 2001 im Norden Mazedoniens auftauchten und es zu heftigen Kämpfen kam, schienen die Balkankriege wieder aufzuflammen. Diesmal griff die internationale Staatengemeinschaft frühzeitig ein. NATO, OSZE und die USA beteiligten sich am Krisenmanagement, das erstmals auf dem Balkan von Beginn an unter Leitung der EU stand. Die Bewältigung des Konflikts in Mazedonien war ein Erfolg für die Außen- und Sicherheitspolitik (GASP) der Europäischen Union.[36] Ende 2003 schickte die EU 200 Polizeibeamte nach Mazedonien. Nach der erfolgreichen Abwendung eines ethnischen Konflikts will die EU weiter zur Stabilisierung der Lage in der Balkan-Republik beitragen. Die Polizeimission schließt an die NATO-Mission an, an der etwa 350 Soldaten aus allen Mitgliedsländern beteiligt sind. Sie soll die Regierung in Skopje beim Aufbau eines stärker integrierten mazedonischen Polizeiapparats mit größerer Beteiligung des albanischen Bevölkerungsteils unterstützen.

Im November 2005 führte EU-Kommissar Rehn Mazedonien als Erfolgsgeschichte an. Ein Land, das vor vier Jahren am Rande eines Bürgerkrieges gestanden habe, sei durch frühes Eingreifen der EU und ihr aktives Krisenmanagement politisch und wirtschaftlich so stabilisiert worden, dass es heute „an die Tür der EU klopfen könne. Obwohl ernsthafte Schwächen insbesondere beim Aufbau einer effektiven Verwaltung nicht zu leugnen seien, habe Mazedonien bedeutende Fortschritte bei der Erfüllung der Kriterien für einen EU-Beitritt vorzuweisen.[37]

Nach einem Jahrzehnt der Kriege sind Politik und Verbrechen in den neuen Kleinstaaten auf dem Balkan kaum mehr zu unterscheiden. Es sind keine Gemeinwesen, sondern steuerbare Instrumente in der Hand kleiner Organisationen - politischer Parteien oder ethnischer und bisweilen krimineller Gruppen.“[38] Der ermordete serbische Ministerpräsident Zoran Djindjic

---

onen danke ich Frau Arianita Lukai.

35 EU-Kommission: Mazedonien sollte Beitrittskandidat werden, in: Frankfurter Allgemeine Zeitung v. 10.11.2005.

36 Christoph Heusgen, Auf dem Weg zu einer gemeinsamen Außen- und Sicherheitspolitik der Europäischen Union, in: Till Blue, Till Lorenzen, Andreas Warntjen (Hsg), Herausforderung Europa - Von Visionen zu Konzepten, Baden-Baden 2003, S. 136ff.

37 EU-Kommission: Mazedonien sollte Beitrittskandidat werden, in: Frankfurter Allgemeine Zeitung v. 10.11. 2005.

38 Vgl. Norbert Mappes-Niedek, Der Geschmack von Freiheit und Anarchie, in: Die Zeit v.

musste den Spagat zwischen westlichen Zielen und korrupter Praxis mit dem Leben bezahlen. Eine friedliche Machtübernahme war ihm durch ein Abkommen mit Unterweltschergen gelungen, die sich für die aufgekündigte Loyalität gegenüber dem Regime Milosevic freie Hand in ihren Geschäften aushandelten. Als Djindjic Anfang 2003 schließlich der Zeitpunkt gekommen schien, das Bündnis mit der Serbischen Mafia zu lockern, unterschrieb er sein Todesurteil.[39]

Serbien zeigt, wie wenig die Geographie und formale Demokratie aussagen. Die Transformationsprozesse endeten hier in Krieg und Barbarei und der Nationalismus als historische Freiheits- und Emanzipationsbewegung nahm mehrfach eine aggressive und chauvinistische Wendung. In Serbien dominierte immer ein Kollektivismus, ob in nationalistischer, in sozialistischer und schließlich wieder in nationalistischer Form. Heute ist Serbien noch weit von einer Konsolidierung der Demokratie entfernt. Der politische Hauptkonflikt zwischen Europäisierung und Nationalisierung ist offen. Serbien könnte schließlich zum schwarzen Loch inmitten der mehr oder weniger europäisierten Balkanstaaten werden.[40]

Die EU hat mit Serbien Verhandlungen für eine Stabilisierungs- und Assoziierungsabkommen aufgenommen. Dem Land werden Fortschritte bei der Zusammenarbeit mit dem internationalen Kriegsverbrechertribunal zugute gehalten. Die politische Führung des Landes wird aufgefordert, die Kosovo-Frage konstruktiv anzugehen, bei der es eine Lösung nur in einer europäischen Perspektive geben könne.[41]

In Slowenien und Kroatien herrscht wiederum westliches Selbstverständnis vor. Man kann Südosteuropa nicht als zusammengehörende und einheitliche Region behandeln. Es ist traditionell außergewöhnlich desintegriert und auf eine Kooperation in Politik und Wirtschaft nicht vorbereitet. Mit Jugoslawien endete das einzige subregionale Kooperationsgebilde. Durch die Einführung von Handelsrestriktionen wurde die Abgrenzung mit-

---

7.11.2002.

39 Vgl. Christian Schmidt-Häuer, Der Magier und die Mafia. Serbiens Premier Zoran Djindjic wurde ermordet, weil er sich von seinen korrupten Helfern lösen wollte, in: Die Zeit 20.3.2003 „Der 50-jährige Ministerpräsident, so heißt es in den Nachrufen; habe dem Mafiasystem, das Milosevic überdauerte, den Kampf angesagt. Gesagt ja. Morgens kündigte er ihn vor den Hütten der Ausgenommenen an. Aber abends zwang ihn so mancher Umstand wieder in die Paläste. Nichts ging sonst - ungestraft - in dem von kriminellen Metastasen durchsetzten Staat. Als Djindjic den Palästen dann doch den Krieg erklärte, als der Tag gekommen war, an dem die Haftbefehle gegen die Zemun-Bande unterschreiben wollte, wurde es sein letzter."

40 Vgl. Othon Anastasakis, Democratic Transition in Serbia and the Road to Europe; Two Steps Forward , One Step Back, in: Nicolas Hayoz, Leszek Jesien, Wim van Meurs (eds), Enlarged EU –Enlarged Neighbourhood. Perspectives of the European Neighbourhood Policies, Bern 2005, S. 311ff.

41 Vgl. Frankfurter Allgemeine Zeitung v. 10.11.2005.

unter sogar noch verschärft - ein gegenläufiger Trend zur Liberalisierung im übrigen Europa.[42] Die Implementierung der durch die internationalen Vermittler ausgehandelten Vereinbarungen erfolgte ebenso zäh und unwillig wie die Herstellung politischer Handlungsfähigkeit im multiethnischen Kosovo oder in Bosnien und Herzegowina. Auch vier bzw. sieben Jahre nach dem Friedensschluss sind dort internationale Polizei- und Militäreinheiten erforderlich, um Sicherheit für ethnische Minderheiten zu gewährleisten.

Der damalige EU-Kommissionspräsident Prodi hielt die Erweiterung der EU aber erst für vollendet, wenn alle Länder Südosteuropas Mitglied sind. Er sprach von einem unumkehrbaren Prozess, womit das Ergebnis bereits feststeht. Die Zukunft des Balkans liege in der Europäischen Union. Trotz dieser sehr pauschalen Einladung zeichnet der Bericht der EU-Kommission ein differenziertes Bild. Die Staats- und Regierungschefs erkennen das organisierte Verbrechen und die Korruption in den Ländern des westlichen Balkans als „wirkliche Hindernisse" für demokratische Stabilität und Entwicklung. Die bisherigen Erfolge der Länder werden gleichwohl als positiv bewertet. Einerseits ist von beachtenswerten Fortschritten die Rede, andererseits von einer fragilen Situation. Die staatsrechtliche Lage im Kosovo und in Montenegro sei einstweilen ungeklärt.[43]

Eine Studie der EU-Kommission sieht dagegen den Stabilisierungs- und Reformprozess auf richtigem Wege. Er habe das wirtschaftliche Klima in der Region verbessert, wozu auch die enge Anbindung an den Euro beigetragen habe. Die Direktinvestitionen aus dem Ausland hätten sich mit 2,5 Milliarden Euro in nur drei Jahren verdoppelt. Mit einem Anteil von 5 Prozent am Bruttosozialprodukt wären sie sogar höher als bei den acht mittel- und osteuropäischen Beitrittskandidaten der EU, wobei das niedrige Ausgangsniveau in Rechnung gestellt wird.[44] Die Wachstumsraten sind in Europa meistens umso höher, je geringer das Ausgangsniveau ist. Daraus schon auf Verbesserungen im Sinne einer Annäherung an die EU zu schließen, ist nicht berechtigt.

Die zutiefst widersprüchlichen Erhebungen versuchen, gegensätzliche Entwicklungen unter einen regionalen Oberbegriff zu zwingen. Kroatien, mit dem die EU im Jahr 2005 Beitrittsverhandlungen aufnahm, schneidet in dem Bericht durch gute Noten für die „Konsolidierung" der Demokratie, durch positive Wirtschaftsentwicklung und durch ein ehrgeiziges Programm für die

---

42 Franz-Lothar Altmann, Regionale Kooperation in Südosteuropa, in: Aus Politik und Zeitgeschichte, B 10-11/2003, S. 27; vgl. ders. Südosteuropapolitik, in: Werner Weidenfeld, Wolfgang Wessels, (Hrsg), Jahrbuch der Europäischen Integration 2002/03, Berlin 2003, S. 287ff.

43 Vgl. „Ein unumkehrbarer Prozess", in: Frankfurter Allgemeine Zeitung v. 23.6.03.

44 „Jetzt blickt die EU auf die Balkanländer". Viel Wachstum, wenig Inflation/ Studie der Kommission, in: Frankfurter Allgemeine Zeitung vom 19.12.02.

Übernahme von EU-Recht am besten ab. Kroatien hat sich immer als Grenzland zwischen der westeuropäischen und der orthodoxen Welt, zwischen dem Habsburger Reich und dem osmanischen Reich, zwischen Christentum und Islam empfunden. Ob wohl es einen Defensivkrieg geführt hat, wurde es mit den kriegstreibenden Staaten des Balkans allzu oft in einen Topf geschmissen. Es hat trotz erheblicher Probleme in den neunziger Jahren eine funktionierende parlamentarische Demokratie und Marktwirtschaft geschaffen. In Kroatien herrschte immer ein klarer Konsensus über die Wünschbarkeit einer EU-Integration.

Mazedonien wird eine beständige Bewegung zur Normalisierung bescheinigt. Die Aufgabe einer Dezentralisierung der Verwaltung sei jedoch noch zu leisten; die wirtschaftliche Entwicklung bleibe hinter den Erwartungen zurück.

Zu Serbien räumt die EU-Kommission Bedenken ein. Die Ermordung von Ministerpräsident Djindjic habe deutlich gemacht, wie das schwierige Erbe den Prozess demokratischer und wirtschaftlicher Reformen gefährdet. In Bosnien-Herzegowina ist nach dem Urteil der Kommission ein sich selbst tragender Staat noch immer nicht vorhanden. Auch in der wirtschaftlichen Entwicklung sei zu wenig geschehen, um die chronische Abhängigkeit von fremder Hilfe zu vermindern. Mit Albanien wird seit dem Januar 2003 über ein Stabilisierungs- und Assoziierungsabkommen verhandelt.[45]

Die Gegenseitigkeit von Geben und Nehmen, von äußerem und innerem Reformdruck funktioniert in Serbien nicht. Aus dem angestrebten Interessenausgleich ist ein balkanischer Basar geworden. Zusagen ohne Gegenleistungen, Sonderwünsche ohne Disziplinierung, Perspektiven ohne Fundamente. So erlitt die EU im Zuge ihrer Erweiterungspolitik nicht erst auf dem Balkan einen schleichenden Autoritätsverlust. Der von der EU gestiftete Staatenbund von Serbien und Montenegro, der wohl seltsamsten Staatsschöpfung Europas mit seinen verschiedenen Währungen und Zolltarifen hat keine Zukunft.

Richard Wagner fasst die für den Balkan voreilige und undifferenzierte Politik der EU zusammen. Serbien, die „verspätete" Nation auf dem Weg in eine verfrühte Groß-EU, ist ein Sonderfall, der mehr und mehr zum Symptom wird. Wie vielerorts das Festnetztelefon übersprungen wurde, so kam man auf dem Balkan von der Vormoderne zur Postmoderne. Die Diskrepanz zwischen Anspruch und Eigenleistung ist zu groß. Der Rand möchte Mitte sein und die konsumistischen Standards erreichen. Er denke aber nicht daran, die Voraussetzungen zu schaffen, die dafür nötig sind. Die Balkanvölker leben weit über ihre Verhältnisse. Es seien Gesellschaften auf Pump.[46]

---

45   Vgl. „EU: Fortschritte in Südosteuropa", in: Frankfurter Allgemeine Zeitung v. 27.3.02.
46   Richard Wagner, Der leere Himmel, a.a.O. S. 299.

Vor dem Hintergrund, dass Rumänien noch nicht die Voraussetzungen erfüllt, um die Beitrittsverhandlungen termingerecht abschließen zu können, hat das Europäische Parlament die Regierung im Bukarest zunächst zu größeren Anstrengungen aufgerufen. Nur dann sei die geplante Aufnahme zum 1.1.2007 noch zu verwirklichen. Vor allem in den Bereichen Verwaltungsreform, Rechtssystem, Kampf gegen die Korruption sowie Schutz von Minderheiten und Kindern seien noch erhebliche Fortschritte nötig. Aber auch bei der Übernahme der Gemeinschaftsstandards beim freien Warenverkehr, der Finanzkontrolle über die Bekämpfung der Luftverschmutzung, der Abfallbewirtschaftung, der Wasserqualität bis hin zur Anwendung staatlicher Beihilfen bestünden noch erhebliche Mängel.

Die neugewählte politische Führung, die Anfang des Jahres 2005 ihr Amt antrat, hatte mit dem Versprechen, den Kampf gegen die Korruption zu führen, die Wahlen gewonnen. Sie leugnet die Versäumnisse in den Beitrittsvorbereitungen nicht. Sie machen dafür die sozialistische Regierung Nastase verantwortlich, deren schönfärberische Berichte in der von Romano Prodi geleiteten EU-Kommission jahrelang für bare Münze genommen worden waren. Allzu eilig wurden hochsensible Verhandlungskapitel wie Justiz, Inneres und Wettbewerbsrecht abgeschlossen. Erst die neue politische Konstellation in Bukarest machte es möglich, einen realistischen Befund der Beitrittsreife Rumäniens zu erarbeiten. Die grundlegende Reform der Justiz und die Verstärkung der Korruptionsbekämpfung gehören zu den Prioritäten im Programm der neuen Regierung.[47]

Im Fall Bulgariens sieht das Parlament dagegen keinerlei Hindernisse für einen planmäßigen Beitritt 2007. Bulgarien habe erfolgreich seine Verwaltung und sein Rechtssystem reformiert, besitze eine funktionierende Marktwirtschaft und bemühe sich, die Probleme der Minderheiten zu lösen. Angesichts der erheblichen Unterschiede, den die Länder auf dem Weg in die EU zurückgelegt haben, verlangt das Parlament, dass der Zeitplan des Beitritts Bulgariens nicht länger an den Rumäniens gebunden bleibt.[48]

Auf den offenkundig erheblichen Unterschied zwischen der Übernahme des Rechtsbestands der Union und seine Umsetzung in die Wirklichkeit verwies schon der Beitrittsbericht der EU von 2004. Rumänien sei bei der „Übernahme und Umsetzung des gemeinschaftlichen Besitzstandes gut vorangekommen. Zur wirksamen Um- und Durchsetzung der Rechtsvorschriften, die aus den während der Verhandlungen eingegangenen Verpflichtungen erwachsen, bedürfe es jedoch weiterer erheblicher Anstrengungen. Um die

---

47 Vgl. Karl-Peter Schwarz, Zweifel an EU-Beitritt Rumäniens 2007, in: Frankfurter Allgemeine Zeitung v. 5.3.2005.
48 Vgl. Das Parlament v. 20/27.12.2004.

Verpflichtungen erfüllen zu können, müsste sowohl die Rechtsangleichung als auch die Verwaltung verbessert werden."[49] Trotz all dieser Bedenken wurden sowohl Bulgarien als auch Rumänien im Frühjahr 2005 vom Europäischen Parlament und von den Regierungen die Mitgliedschaft zugesichert.

Beide Länder müssen allerdings mit einer Verschiebung auf das Jahr 2008 rechnen. Die Fortschrittsberichte der Kommission stellten im Herbst 2005 weiterhin schwerwiegende Reformdefizite vor allem beim Aufbau effektiver öffentlicher Verwaltungen, beim Schutz der äußeren Grenzen und bei der Bekämpfung der Korruption fest. Die Tatsache, dass es in den vergangenen Jahren weder in Bulgarien noch in Rumänien eine einzige bedeutsame Verurteilung wegen Korruption gegeben habe, gebe Anlass zu großer Besorgnis. Der für die Osterweiterung zuständige EU-Kommissar Rehn forderte die Regierungen beider Länder auf, die noch ausstehenden Reformen anzugehen, sonst könnten die Voraussetzungen für einen Beitritt nicht erfüllt werden. Von der Kommission besonders beanstandete Reformdefizite gibt es insbesondere bei der Innen- und Justizpolitik, bei der Landwirtschaft- und der Wettbewerbspolitik. Rumänien habe bei den Reformbemühungen gegenüber Bulgarien aufgeholt.[50]

Bei einer Analyse der Unterschiede zwischen Slowenien und Mazedonien, Kroatien und Serbien kommt man an kulturellen Erklärungen nicht vorbei. Im Stabilitätspakt spielen sie keine hinreichende Rolle. Religion und Kultur werden nicht einmal erwähnt. Es fehlen Pläne für eine gemeinsame Erziehung, für eine Förderung religiöser Toleranz und für eine neue Ethik. Von den kulturellen Voraussetzungen von Demokratie und Rechtsstaatlichkeit ist nicht die Rede.

Der Balkan kann nicht prinzipiell als unfähig zum Frieden gelten. Gelegentliche griechische Verweise auf „Nord Epiros" (d.h. Südalbanien), bulgarische Träume von „Mazedonien", rumänisches Heimweh nach Bessarabien und Moldawien sind heute ein schwaches und bedeutungsloses Echo von Themen, die ein Jahrhundert zuvor Kriege und Invasionen provozierten. Die Perspektiven Südosteuropas liegen nicht in der Erinnerung an vergangene Identitäten, sondern in der Bewältigung der Zwangslagen, die sich den meisten Ländern der Welt stellen: Wie lassen sich ethnische oder nationale Identität mit den supranationalen Identitäten eines Zivilisationskreises vereinbaren? Wie kann man den Wettbewerbsdruck des globalen Kapitalismus in Einklang mit sozialer Sicherheit bringen? Wie lässt sich erschwingliche Energie bereitstellen und gleichzeitig die Natur bewahren?[51]

---

49 2004. Regelmäßiger Bericht über die Fortschritte Rumäniens auf dem Weg zum Beitritt, Manuskript. Kopie im Besitz des Verfassers, S. 183.

50 Vgl. „Bulgarien und Rumänien müssen weiter mit Verschiebung des EU-Beitritts rechnen", in: Frankfurter Allgemeine Zeitung v. 26.10.2005.

51 Mark Mazower, Der Balkan, a.a.O. S. 237f.

Die Europäische Union kann bei der Beantwortung dieser Fragen helfen. Sie darf dabei aber nicht ihre eigene Selbstbehauptungsfähigkeit gefährden. Die Verallgemeinerung der vollständigen Beitrittsperspektive in der Europäischen Union für den gesamten Balkan ist nicht durchzuhalten. Die Europäische Union muss auf dem Balkan stärker differenzieren und deutlich machen, dass volle Integration keine Selbstverständlichkeit, sondern die Ausnahme ist und in der Regel zunächst nur differenzierte Assoziations- oder Kooperationsformen möglich sind.

Die Wahrnehmung des gesamten Balkans als EU-Aspiranten beruht auf der Weigerung, die unterschiedlichen Kulturräume des Balkans zur Kenntnis zu nehmen. Mit der Aversion gegenüber kulturellen Erklärungsmustern bleiben aber auch die Chancen unerkannt, die sich aus interkultureller und interreligiöser Aufklärung ergeben könnten. Wenn der Westen auf dem Balkan oder in anderen nichtwestlichen Kulturkreisen interveniert, muss er die kulturelle Tragweite dieses Handelns bedenken. Ein Ausgreifen über den westlichen Kulturkreis hinaus erfordert interkulturelle Anstrengungen, deren Ausmaß den Anstrengungen der militärischen Sicherung und des ökonomischen Aufbaus im Grunde kaum nachstehen dürfte.

Slowenien ist bereits Mitglied der Union. Bei Kroatien, mit dem die EU gleichzeitig mit der Türkei Beitrittsverhandlungen aufnahm, werden keine größeren Schwierigkeiten bei der Erfüllung der politischen Kriterien festgestellt. Als Antwort auf die Frage, warum gerade Kroatien und Slowenien sich positiv entwickeln, zitiert Detlef Kleinert die Aussage des Rektors der Universität Ljubljana: „Wenn man vergleicht, wie es in anderen Ländern des ehemaligen Ostblocks aussieht, dann stellt man fest, dass die Lage in den Ländern der ehemaligen Habsburger Monarchie weit besser ist..." Auf die verblüffte Nachfrage, dass dies mehr als 70 Jahre Geschichte sei, meinte er: „Ich frage mich manchmal, ob es wirklich so wichtig ist, was in den letzten 40 Jahren passierte. Vielleicht ist es wichtiger, wie hier die Entwicklung vor 100 Jahren abgelaufen ist."[52]

Die Integration Kroatiens könnte ein klares Signal der Europäischen Union an die Balkanstaaten sein, dass Anstrengungen auch belohnt wird. Der Erfolg der Reformen in Kroatien könnte auch die politischen Kräfte in den Nachbarstaaten stärken, die auf eine Europäisierung hinarbeiten. Serbien und Bosnien werden sich nur durch Hilfe Kroatiens wirtschaftliche besser entfalten. Kroatien kommt eine der viel beschworenen Brückenfunktionen in Europa zu.[53]

---

52   Vgl. Detlef Kleinert, Balkan - war da was? Eine Zwischenbilanz, in: Mut. Forum für Kultur, Politik und Geschichte,. Februar 2004, S. 61.
53   Vgl. Romana Vlahutin, From a Border Land to a Cross-border State, in: Nicolas Hayoz et al., Enlarged EU – Enlarged Neighbourhood, a.a.O., S. 299ff.

Bis zu einer Überwindung der kulturellen Grenzen in Südosteuropa ist noch ein weiter Weg zurückzulegen. Neben den ökonomischen und politischen Hilfsprogrammen müssten interreligiöse sowie interkulturelle Verständigungsprojekte wesentlich stärker gefördert und gefordert werden. Dabei würde Europa viel über sich selbst und über die Grenzen und Möglichkeiten von Integration und Kooperation lernen.

4. Die Türkei als Schicksalsfrage - Vernetzung oder Verstrickung mit der islamischen Welt?

Säkular oder weltlich?

Keine Frage ist im Hinblick auf die Grenzen Europas derart strittig wie ein Beitritt der Türkei. Das Misstrauen gegen die Türkei hat tiefverwurzelte historische Gründe. Das zentralasiatische Reitervolk der Türken war im Hochmittelalter nach Kleinasien vorgedrungen. Zwischen dem elften und dem siebzehnten Jahrhundert fielen türkische Völker nach und nach in das Byzantinische Reich ein, eroberten christliche Außenposten in der östlichen Ägäis und am Schwarzen Meer und stießen durch Ungarn ins germanische Kernland vor. Zweimal standen Osmanische Armeen vor Wien. Es stand auf des Messers Schneide, ob die Türken durch dieses Einfallstor den Weg nach Mittel- und Westeuropa erzwingen. Die Osmanen eroberten weite Teile des heutigen Griechenlands, Rumänien und Bulgarien. Im Anschluss an den Fall Konstantinopels 1453 wurden die Peloponnes, Albanien, Teile Serbiens und Bosniens sowie das Gebiet der Krimtartaren in das Reich einbezogen. Auf dem Balkan kam der Vormarsch schließlich zum Stillstand.

Die türkische Herausforderung bestand nicht nur militärisch. Das Osmanenreich des 15. und 16. Jahrhunderts war den europäischen Staaten politisch, kulturell und wissenschaftlich überlegen. Die Antwort Europas war keineswegs einheitlich und solidarisch. Es ergaben sich immer neue diplomatische und militärische Konstellationen, die wesentlich zur Herausbildung einer neuzeitlichen Diplomatie beitrugen. In den Auseinandersetzungen mit den Türken lernten die jungen frühmodernen Staaten, einerseits in Abwehr oder seit dem 17. Jahrhundert in Offensivallianzen gemeinsame Ziele zu verfolgen oder die eigenen Interessen obenan zu setzen.

Der griechischen Unabhängigkeitserklärung von 1822 folgten 1878 Rumänien, Serbien und Montenegro und 1908 Bulgarien. Im 20. Jahrhundert schrumpfte die Türkei vom einstigen Erzfeind der europäischen Christenheit zum „kranken Mann am Bosporus". Das Osmanische Reich und die europäischen Staaten hatten sich über Jahrhunderte hinweg in einem fast ständig anhaltenden Kriegszustand befunden. Die Verschiedenheit bezüglich Religion, Kultur und Politik veranlasste beide, die Legitimität des jeweils anderen zu verneinen. Während die Europäer ihre Geschichte auch als erfolgreiche Verteidigung der christlichen Staaten gegen die Türken auslegen, ist die türkische Sicht von Gefühlen der Abhängigkeit und Unterlegenheit geprägt. Dies führte zur Betonung des türkischen Nationalbewusstseins,[1] aber auch zu

---

1   Vgl. Heinz Kramer, Die Europäische Gemeinschaft und die Türkei. Entwicklung, Probleme und Perspektiven einer schwierigen Partnerschaft, Baden-Baden 1988, S. 13ff und John Edmond, The Next Mediterranean Enlargement of the European Community: Turkey, Cyprus and

152

[handschriftliche Notiz am oberen Rand:] Demokratie, die eine Herrschaftsordnung setzt und niederleiten, mißachtet, ist nicht EU-fähig.

einer Orientierung nach Europa. Eine islamische Zivilisation wurde von der modernen türkischen Elite nicht in Erwägung gezogen.[2] Nach dem Zusammenbruch des Osmanischen Reiches bemüht sich die Türkei um den friedlichen Anschluss an Europa.

In der arabischen Welt ist der politische Islam in der Opposition zu den Kolonialmächten stark geworden. Nachdem die Unabhängigkeit erlangt war, stand der politische Islam in Opposition gegen die repressiven Herrscher. Die Türkei war dagegen immer unabhängig geblieben. Seit ihrer Gründung 1923 bemühen sich die kemalistisch gesonnenen Eliten um Europa. Sie bekennen sich zu den europäischen Prinzipien des Etatismus, Laizismus, Nationalismus, Republikanismus und Reformismus. Atatürks erklärtes Ziel war es, die zeitgenössische Zivilisation zu erreichen, womit nichts anderes als Europa gemeint war. Nach einem halben Jahrtausend von Krieg, Gewalt, Furcht und gegenseitigem Misstrauen zwang Kemal Atatürk das inzwischen auf Kleinasien geschrumpfte Reich mit starker Hand auf den Weg europäischer Modernisierung.[3]

Der Artikel 28 des Assoziationsabkommens zwischen der damaligen EWG und der Türkei von 1963 sieht vor, dass - sobald die Umstände es erlauben - die Vertragsparteien die Möglichkeit eines Beitritts zur EWG prüfen. Selbst die Prüfung der Mitgliedschaft bedarf einer politischen Entscheidung der Vertragsparteien. Es handelt sich um eine Option, nicht um ein Recht. Das Abkommen lehnt sich an den EWG-Vertrag an und sieht vor, dass während der Übergangszeit Zollpräferenzen für bestimmte Waren, Handelsbegünstigungen und Kapitalhilfe von der EWG gegeben werden. Mit diesem Abkommen hatte die EWG - nicht die EU - eingeräumt, dass die Türkei im Prinzip ein Land ist, dem die Mitgliedschaft offen steht.[4] Ein konkretes Versprechen kann daraus nicht abgefolgert werden.

1987 stellte die Türkei einen Beitrittsantrag zur EU, der 1989 abschlägig beschieden wurde. Die Stellungnahme der EU-Kommission hob darauf ab, dass die Türkei die Anpassungsprobleme, vor die sie sich bei einem mittelfristigen Beitritt zur Gemeinschaft gestellt sähe, kaum bewältigen könnte. Fehlender Pluralismus, ungenügende Beachtung der Menschen- und Minderheitsrechte, die Konflikte mit Griechenland sowie das Zypernproblem wurden als ungelöste politische Probleme benannt.

Ökonomisch bestand (und besteht) zwischen der Türkei und der Union ein großes Gefälle: die hohe Arbeitslosenquote, die große Bedeutung der

---

Malta?, Dartmouth 1992.

2   Wolfgang Günter Lerch, Allzeit westwärts. Die EU-Vollmitgliedschaft ist für die Türkei auch eine Frage der Ehre, in: Frankfurter Allgemeine Zeitung v. 15.7.04.

3   Vgl. Heinz Schilling, Die neue Zeit, a.a.O. S. 46ff.

4   Heinz Kramer, ebd. S. 37.

153

[handschriftliche Notiz am unteren Rand:] ist dafür.

[handschriftliche Notiz am rechten Rand:] Beziehungsgefahr zwischen Kemalisten u. Islamisten

Landwirtschaft für die Wirtschaft, die geringe Industrialisierung, die hohe Inflationsrate, die hohe Auslandsverschuldung und Zahlungsbilanzschwierigkeiten zählten zu den wirtschaftlichen Ablehnungsgründen. Eine Freizügigkeit für türkische Arbeitnehmer gilt angesichts der hohen Arbeitslosigkeit als Schrecken.[5] Die Ablehnung ließ sich auf die Formel bringen: Noch nicht und jetzt nicht.

Die Türkei hat in den letzten Jahren aufgeholt. Sie hat 2005 ein Pro-Kopf-BIP von rund 30 Prozent des EU-Durchschnitts und ist schon heute einer der wichtigsten Handelspartner der EU. Wirtschaftlich ist der Beitritt de facto weitgehend vollzogen. Mit einem Beitritt würden allerdings die noch nicht von der Zollunion erfassten Felder wie die Landwirtschaft einbezogen und nichttarifäre Hindernisse im Rahmen des Binnenmarktes verschwinden. Die Türkei würde zum stärksten Empfänger von EU-Geldern. Durch eine Reform der EU-Agrarpolitik könnten die Zahlungen aus Brüssel deutlich reduziert werden. Die EU-Kommission bescheinigt der türkischen Wirtschaft, dass sie in der Lage sei, dem Wettbewerbsdruck innerhalb der EU standzuhalten, sofern die türkische Regierung den Stabilitätskurs fortsetzt.[6]

Mehr als fünfunddreißig Prozent der Erwerbstätigen arbeiten in der Landwirtschaft. Millionende dieser verarmten Anatolier könnten sich zur Wanderung nach Europa aufmachen. Die Türken haben wegen ihrer engen Verwandtschaft mit den Turkvölkern zudem ein Hinterland, das bald seinen Einlass in die Türkei und damit auch nach Europa begehren wird. Diesen Ängsten tritt die türkische Regierung entgegen, indem sie auf die Reisefreiheit ihrer Bürger in die EU verzichten will. Sie hält die Ängste im Westen vor der Zuwanderung für unbegründet. Die Türken in Deutschland, die sich nicht in die deutsche Gesellschaft integrieren wollen, würden in ihre Heimat zurückkehren, sobald sich dort wirtschaftliche Möglichkeiten und politische Freiheiten fänden. Mehr noch - eine an den Kopenhagener Kriterien gereifte Türkei wäre kein Auswanderungsland, sondern ein Einwanderungsland. Schon heute kehrten junge qualifizierte Türken in die Türkei zurück.

Die Frage, ob die Türkei zu Europa gehört, ist mit einer Verspätung von über vierzig Jahren gestellt worden. Als die Staats- und Regierungschef auf dem Helsinki-Gipfel von 1999 die Türkei zum Beitrittskandidaten ausriefen, geschah dies ohne vorangehende öffentliche Diskussion - nach einer Beratung von vier Minuten.[7] Bei dem immer wieder zitierten Beitrittsversprechen

---

5 Vgl. Zuhal Yesilyurt, Die Türkei und die Europäische Union. Chancen und Grenzen der Integration, Osnabrück 2000, S. 79.
6 Rainer Herrmann, Die Türkei hat ihre Wirtschaft umgebaut, in: Frankfurter Allgemeine Zeitung v. 4.10.2005.
7 Vgl. Armin Laschet, Länger beraten als eine Zigarettenpause lang, in: Frankfurter Allgemeine Zeitung v. 30.6.04.

der EU an die Türkei aus den sechziger Jahren konnte es sich nur um das Versprechen eines Beitritts in die damalige EWG handeln, die nicht einmal ein Binnenmarkt, sondern nur eine Zollunion war. Dieses Versprechen wurde 1996 eingelöst. In mancherlei Hinsicht ist die Türkei längst ein Teil Europas. Als jahrzehntelanges Mitglied des Europarats ist sie auch bereits an die Menschenrechtskonvention gebunden und steht auch schon unter der Kontrolle des Menschenrechtsgerichtshofes in Straßburg.

Sowohl bei den Demokratiewerten als auch bei den bürgergesellschaftlichen Aktivitäten zeigt die Türkei erhebliche Defizite. In der Türkei waren 66,1 Prozent der Bevölkerung der Meinung, dass man einen starken Führer haben solle, der sich nicht um das Parlament und Wahlen kümmern müsse, in Bulgarien und Rumänien waren es 56,5 Prozent, den Neuen EU-Ländern 27,4 Prozent und den Alten EU-Ländern 24,2 Prozent. In der Türkei waren nur 7,9 Prozent der Bevölkerung Mitglied in mindestens einem Verein, in Bulgarien und Rumänien waren es 21,9 Prozent, in den Neuen EU-Ländern 42,2 Prozent und den Alten EU-Ländern 56,7 Prozent. In der Türkei waren nur 34,4 Prozent der Bevölkerung nicht der Ansicht, dass Männer eher ein Recht auf Arbeit haben als Frauen, in Bulgarien und Rumänien waren es 47,4 Prozent, in den Neuen EU-Ländern waren es dagegen 61,4 Prozent und in den Alten EU-Ländern 69,8 Prozent.[8]

Der Drohung, die Türkei könnte sich im Falle einer Ablehnung dem Islamismus zuwenden, haftet etwas Erpresserisches an. Sie wirft auch ein schlechtes Licht auf die Ernsthaftigkeit demokratischer Bemühungen. Europa müsste - diesem Argument zufolge - jedes benachbarte muslimische Land aufnehmen. Wenn die volle Geltung europäischer Standards bei der Achtung der Menschenrechte nicht als eigenes Ziel, sondern nur mit Blick auf die EU-Mitgliedschaft angestrebt wird, wäre dies eine schwache Grundlage. Zudem könnte das Beispiel eines verwestlichten islamischen Landes in der arabisch-islamischen Welt auch das Gegenteil von Begeisterung und Nachahmung hervorrufen.[9]

Die Haltung der EU änderte sich 1999, nicht zuletzt auf Betreiben des damaligen EU-Erweiterungskommissars Günter Verheugen und der rot-grünen Regierung in Berlin. Neben innenpolitischen Opportunitäten - es locken 700.000 Wählerstimmen von eingebürgerten Türken - geht es nach ihrer Argumentation vor allem um den interkulturellen Brückenbau.

Die Türkei wurde den anderen Beitrittskandidaten gleich gestellt. Dennoch wurden keine Verhandlungen aufgenommen, weil die politischen Be-

---

8   Jürgen Gerhards, Europäische Werte... a.a.O.
9   Klaus Hänsch, Europäische Skepsis und europäische Erwartungen, in: Neue Gesellschaft/Frankfurter Hefte 12/2004, S. 11ff.

dingungen für Verhandlungen noch nicht erfüllt waren. Mit der Entscheidung über die Aufnahme von Beitrittsverhandlungen 2004 wurde insofern eine Vorentscheidung für eine Aufnahme gefällt, weil bisher - außer im Sonderfall Großbritanniens in den sechziger Jahren - Beitrittsverhandlungen immer zum Beitritt geführt haben.

Heute wäre die Türkei noch nicht beitrittsfähig, weil die Unabhängigkeit der Justiz, die Respektierung kultureller Rechte von ethnischen und religiösen Minderheiten sowie die Grund- und Bürgerrechte nicht ausreichend sind. Im Jahre 2003 vergab z.B. die US-Organisation „Freedom House" dem Land Noten, deren Skala von 7 (vollständig unfrei) bis 1 (vollständig frei) reichen. Hinsichtlich politischer Rechte erhielt die Türkei nur die Note 3, hinsichtlich der bürgerlichen Freiheitsrechte die Note 4 und damit den Gesamtstatus „partly free".[10] Im März 2005 erhob der EU-Botschafter in Ankara Kretschmer Kritik am schleppenden Reformprozess. Er beanstandete, dass die Polizei die alevitische Minderheit schikaniere, dass die Einschränkungen für das ökumenische Patriarchat noch immer nicht aufgehoben seien und das die Polizei mit übergroßer Härte gegen Demonstranten vorgehe. Dafür sei nicht die Regierung verantwortlich. Die gesamte Bürokratie müsse jedoch dafür Sorge tragen, dass die Reformen auch umgesetzt würden. Der türkische Außenminister Gül reagierte auf diese Kritik mit den Worten „Wer ist denn Kretschmer?"[11]

Mit ihren in Zukunft 90 Millionen Menschen würde - so die Beitrittsbefürworter - die Türkei das strategische Gewicht Europas in der Welt verstärken. Die Energieversorgung wäre gesicherter, weil die Türkei eines der wichtigsten Transitländer für den Export von Öl und Gas ist. Im Rahmen der EU-weiten Grenzsicherung wäre sie nicht mehr ein durchlässiges Einlass- und Transitland für den Drogen und Menschenhandel. Dies setzt allerdings voraus, dass sie eine aktivere Rolle bei der Grenzsicherung der EU übernehmen würde.[12]

Die Metapher von der Türkei als Brücke zwischen den Kulturen ist ambivalent, da ja auch negative Entwicklungen über Brücken führen - und dies in beide Richtungen. Einerseits kann westliches Aufklärungs- und Menschenrechtsverständnis die islamische Welt modernisieren. Andererseits könnte die Türkei durch einen noch unvermittelteren Zusammenprall mit der westlichen Kultur so anfällig für den Islamismus werden wie es bereits über-

10   Vgl. Länderbericht 2003 des Freedom House, zit. nach Claus Leggewie, Die Türkei in der Europäischen Union? Zu den Positionen der Debatte, in: ders. (Hrsg), Die Türkei und Europa. Die Positionen, Frankfurt/M 2004, S. 15.

11   Vgl. Gül empört über EU-Botschafter, in: Frankfurter Allgemeine Zeitung v. 5.3.2005.

12   Vgl. AG Europäische Integration , Beitrittskandidat Türkei Friedrich-Ebert Stiftung Bonn , Februar 2004, Ms.

proportional viele türkische Jugendliche in Deutschland sind. Der Westen kann sich mit dem Nahen Osten vernetzen und darüber an strategischer Macht gewinnen. Er kann sich aber auch in Probleme verstricken, die ihn schwächen, weil deren Bewältigung jenseits seiner Möglichkeiten liegt.

Eine Brücke kann die Modernisierung von West nach Ost tragen oder die Islamisierung von Ost nach West. Jedenfalls braucht ein Bundesstaat Europa weniger Brücken mit Pfeilern in anderen Welten als Mitglieder mit einem ungeteilten Zugehörigkeitsgefühl und einer entsprechenden politischen Loyalität. Eine auf Freiwilligkeit gründende Union ist weit mehr auf Loyalität angewiesen als diktatorisch regierte Länder.

Die geostrategische Bedeutung der Türkei hat durch die Mitgliedschaft in der NATO ihren Ausdruck gefunden. Einer Annäherung der islamischen Welt an den Westen hat dies allerdings keinen Vorschub geleistet. Man könnte die Nachbarschaft der Türkei mit dem Irak, Syrien, Iran und dem Kaukasus auch als Argument gegen einen Beitritt auslegen. Die Frage, ob die Türkei ein Bollwerk gegen oder eine Brücke in die Kulturkonflikte des Balkans, des Kaukasus und des Nahen Ostens sein wird, ist noch komplizierter geworden, seitdem die Regierung Erdogan den Amerikanern ihre Mitwirkung im zweiten Irakkrieg verweigert haben.

Nach einer Mitgliedschaft der Türkei müsste die EU Weltpolitik betreiben. Damit stellt sich die Frage, ob die EU ihrerseits aufnahmereif ist. Die Türkei liegt am Berührungspunkt der Interessen der EU, der USA, der GUS und des Nahen und Mittleren Ostens. Ihre Grenzen zum Kaukasus, zum Irak und Syrien rufen Ängste vor Verstrickungen hervor. Eine sich in diese Regionen erstreckende Union wird von deren Interessenkonstellationen, Konflikten und Unruheherden unmittelbar mit betroffen. Diese Ausdehnung wäre eher eine Schwächung als eine Stärkung politischer Handlungsfähigkeit, weil sie ein Übermaß an Problemdruck und Involviertheit hervorruft.[13]

Die EU ist schon mit den Problemen auf dem Balkan überfordert, weil ihr für Probleme dieser Größenordnung ein gemeinsamer Handlungswille fehlt. Die Türkei versteht sich als regionale Großmacht und ist es gewohnt, eine Politik ausschließlich nach nationalen Interessen zu verfolgen. Sie hat sich auch in der Nato als schwieriger und nur auf eigene Interessen bedachter Partner erwiesen. Als ehemalige Kolonialmacht für fast alle arabischen Länder ist sie als Brücke zur arabischen Welt wenig geeignet.

Die Gewaltenteilung von Religion und Staat ist eine unabdingbare Voraussetzung für Pluralismus und Demokratie. Mit der Einführung des Laizismus im Zuge der kemalistischen Revolution erfolgte in der Türkei die Tren-

---

13 Ernst-Wolfgang Böckenförde, Nein zum Beitritt der Türkei, in: Frankfurter Allgemeine Zeitung v. 10.12.2004.

nung der nach islamischem Staatsverständnis unauflösbaren Einheit von Religion und Politik. Da die Religion nach laizistischem Staatsverständnis zu politischen Zwecken Missbraucht wird, wenn sie einen Machtanspruch erhebt, wurde sie in den privaten Bereich verwiesen. Der Laizismus in der Türkei geht weiter als in den meisten europäischen Staaten,[14] nach westlichem Verständnis von Religionsfreiheit geht er zu weit. Die Religion wird durch eine staatliche Religionsbehörde überwacht. Insofern gibt es keine gleichberechtigte Trennung von Staat und Religion, sondern eine strikte Beschränkung der Religion auf die Privatsphäre bei gleichzeitiger öffentlicher Kontrolle über die Religionsausübung und -auslegung durch eine staatliche Religionsbehörde. Im westlichen Europa dient die Trennung aber der Freiheit der Religion vor staatlicher Kontrolle. Mit dem Laizismus verbunden ist die Behinderung anderer als der vorherrschenden sunnitischen Religionen wie der Aleviten und der kleinen Gruppe der verbliebenen Christen.

Die heutige Regierungspartei AKP will das Verhältnis von Religion und Politik „normalisieren". Sie reagiert dabei mit zunehmender Großzügigkeit auf islamistische Forderungen. An den staatlichen Schulen wurde der Religionsunterricht wieder eingeführt und islamistische Schulen werden staatlich finanziert. Ihre Absolventen drängen mit Macht in den Staatsdienst. Das Kopftuch wird weithin wieder geduldet. Die Demokratisierung geht mit einer Zurückdrängung des Militärs, dem Wächter der Laizität, einher.

Die Türkeifrage eignet sich nicht für parteipolitische Auseinandersetzungen. Mit Helmut Schmidt, Johannes Rau, Peter Glotz und mit dem Historiker Heinrich-August Winkler haben prominente Sozialdemokraten öffentlich Stellung gegen den Beitritt der Türkei bezogen und zum anderen stehen die Mehrheiten in Deutschland einem Beitritt so ablehnend gegenüber, so dass die Ablehnung nur mit einem Konsens beider Volksparteien überwindbar wären. Helmut Schmidt hält die Unterschiede der Türkei zur europäischen Kultur für größer als im Falle Russlands oder der Ukraine. Wer die Türkei gleichwohl in die EU aufnehmen wolle, müsse wissen, mit welchen Argumenten er spätere Beitrittsanträge Ägyptens, Marokkos, Algeriens oder Lybiens ablehnen wolle. In Ägypten und Marokko jedenfalls hätten wir es mit politischen Strukturen zu tun, die denen der Türkei ähneln. Eine Ausweitung der EU nach Asien und nach Afrika wäre größenwahnsinniger Unfug.

Als der Europäische Rat die Türkei 1999 offiziell zum Beitrittskandidaten erklärte, sei diese Erklärung - so Helmut Schmidt - nicht ohne Hintergedanken erfolgt. Er habe sich darauf verlassen, dass die Türkei in absehbarer Zeit nicht in der Lage sein werde, die für alle beitrittswilligen Staaten gleichermaßen geltenden Voraussetzungen zu erfüllen und insbesondere Min-

---

14 Zuhal Yesilyurt ebd. S. 252f.

derheitenschutz für den großen kurdischen Bevölkerungsteil herzustellen. Es wäre jedoch besser gewesen, mit offenen Karten zu spielen. Das Präjudiz aus Zeiten der EWG, vierzig Jahre zurückliegend, könne die heutig politische Union nicht binden. Sie sei inzwischen etwas ganz anderes geworden, als unter damaligen Umständen vorauszusehen war. Die Türkei brauche einen weitreichenden Vertrag über Assoziation, Kooperation und gegenseitige Zollfreiheit.[15]

Der Historiker Heinrich-August Winkler erinnert daran, dass die Türkei wie Russland, Weißrussland und die Ukraine nie Bestandteil des historischen Europas gewesen ist. Sie sei nicht durch Antike, Römisches Recht, Reformation, Aufklärung und weder durch das okzidentale Bürgertum mit seinen autonomen Bürgerstädten noch durch den europäischen Adel oder europäisches Bauerntum geprägt worden. Europa sei zwar eine historische Größe, die öfters neu bestimmt wurde, allerdings nur innerhalb enger Grenzen. Ohne gründliche Debatte darüber, was Europa eigentlich ausmacht und wo seine historischen Grenzen liegen, könnte der Beitritt der Türkei sich noch bitter rächen. Die fehlende europäische Identität drohe neuen Nationalismus aufkeimen zu lassen. Es gehe hierbei um die Frage, was wir tun können, um jenes europäische „Wir-Gefühl" zu schaffen, ohne das Europa nicht zusammenwachsen wird. Für ihn ist das Türkei-Problem eine geschichtspolitische Herausforderung.[16]

Ohne einen Wandel der Mehrheitsmeinung würde eine Aufnahme der Türkei das Demokratiedefizit der EU verschärfen. Sie würde ohne eine klärende Debatte geschweige denn Zustimmung der europäischen Öffentlichkeit stattfinden. Die Türkei ist nach dem Urteil der Mehrheit der deutschen Bevölkerung aufgrund von geographischer Lage, Geschichte und Kultur kein europäisches Land. Eindeutig stufen nur 27 Prozent der Bevölkerung die Türkei als europäisches Land ein, 53 Prozent als nichteuropäisch. Kroatien, Serbien, Litauen und Rumänien werden von der großen Mehrheit ohne Zögern als europäische Nationen identifiziert, Russland wird von knapp jedem zweiten so qualifiziert. Insgesamt erwarten 18 Prozent eine Stärkung und 42 Prozent eine Schwächung der Union durch einen Beitritt. Zwar erwarten 36 Prozent bei einer Aufnahme des Landes positive Impulse für Demokratisierung und die Achtung der Menschenrechte in der Türkei. 37 Prozent nehmen an, dass eine Mitgliedschaft das Land wirtschaftlich beflügeln würde. Dagegen steht jedoch die Sorge der großen Mehrheit vor vermehrten Konflikten und Gefahren in der EU und größeren finanziellen Lasten. 60 Prozent der

---

15 Helmut Schmidt, Die Selbstbehauptung Europas, .a.a.O., S. 224ff.
16 Heinrich August Winkler, Die Wiedervereinigung als neuer Fluchtpunkt der deutschen Geschichte, in: Universitas 10/2000, S. 993f.

Bevölkerung sind überzeugt, dass die Türkei schwelende Konflikte in die EU einbringen würde wie zum Beispiel die ungelöste Kurdenfrage. 60 Prozent rechnen mit größeren finanziellen Lasten für Deutschland. 44 Prozent erwarten, dass der Einfluss des Islam größer würde.

52 Prozent der Bevölkerung erwarten, dass die EU die Kriterien für einen Beitritt streng einhält, 26 Prozent sind hier skeptisch. Das Vertrauen in die Prinzipientreue der EU eint Befürworter und Gegner eines Beitritts der Türkei. Die Mehrheit erwartet, dass die Verhandlungen nur dann geführt werden, wenn die Türkei eine demokratische und rechtsstaatliche Ordnung nachweisen kann. 73 Prozent der Deutschen halten die Menschenrechte in der Türkei für unzureichend gewahrt. 56 Prozent stufen die politische Lage als unsicher und instabil ein, 52 Prozent verbinden die Türkei mit verbreiteter Korruption. Nur 11 Prozent halten die Türkei für weltoffen, nur 4 Prozent für eine gefestigte Demokratie. Die meisten rechneten aufgrund dieser Einschätzung nicht damit, dass es auch nur zur Aufnahme von Verhandlungen kommt. Für den Fall, dass die EU anders entscheiden sollte, wünscht sich die Mehrheit einen Volksentscheid.[17]

Insbesondere in Deutschland mit seinen 2,6 Millionen türkischen Mitbürgern, die in einigen Jahren schon aufgrund weiterer Familienzuwanderung und hoher Gebürtigkeit auf fünf bis zehn Millionen anwachsen werden, ist ein Beitritt der Türkei heftig umstritten. Die Integration der Türken in Deutschland kann kaum als gelungen gelten. Mit 26 Prozent stellen die Türken die größte Gruppe der Einwanderer. 41 Prozent der Einbürgeranträge im Jahr 2002 (insgesamt 154547) wurden von Türken gestellt. Mehr als 59500 türkischstämmige Selbständige (ihre Zahl hat sich seit 1985 mehr als verdoppelt) beschäftigen rund 327000 Mitarbeiter. 30000 Studenten türkischer Herkunft studieren an deutschen Hochschulen, mehr als 80 Prozent von ihnen mit einem hiesigen Schulabschluss.[18]

Peter Scholl-Latour fürchtet mehr als die Stärke des Orients die Schwäche des Okzidents. Das Problem für die Europäer sei nicht das Aufkommen eines religiösen „Revivalismus" in der koranischen Glaubensgemeinschaft. Diese zyklische Erscheinung habe es stets gegeben. Die wirkliche Bedrohung, welche die Europäer, von der Russen bis zu den Franzosen, an die Gurgel packe, sei die demographische Explosion im islamisch geprägten Nachbarraum, welches unweigerlich Migrationsbewegungen auf das in Wohlstand schwelgende Abendland in Bewegung setze. Der Laizismus der Türkei müsse militärisch verteidigt werden, was kaum ein Beleg für die ge-

---

17   Renate Köcher, Wirtschafts- oder Wertegemeinschaft? Die Frage des Beitritts der Türkei entscheidet über den künftigen Weg Europas, in: Frankfurter Allgemeine Zeitung v. 19.2.2003.
18   Vgl. Die Zeit v. 21.8.03. S. 3.

160

forderte „Zivilgesellschaft" sei. Der von oben forcierte Laizismus habe sich auf dem Land nie festgesetzt. Das wachsende Vordringen des Islams in der heutigen Türkei zeige, dass Atatürks Versuch, die Religion auf die Privatsphäre zu verpflichten, in weiten Kreisen gescheitert ist.

In einer immer noch vom Klientelwesen geprägten orientalischen Gesellschaft, deren Fürsorgepflicht für Sippen- und Clanangehörige stets Priorität besitzt und auch positive Züge aufweist, habe die Entfaltung eines aufgepfropften Formal-Parlamentarismus mit seinem Gefolge von Palastintrigen, Bestechlichkeit, Mafia-Verstrickungen und „getürkten" Wahlergebnissen zur Diskreditierung der politischen Klasse geführt. Die Übernahme landesfremder Normen erweise sich zunehmend als Ferment der staatlichen Zersetzung. Vergleichbares ließe sich ja auch zum Import des westlichen Nationalismus sagen, der erst Minderheitenprobleme wie die der Kurden geschaffen habe.

Die Türkei besitze das Ausmaß eines Subkontinents und werde, ob sie es wolle oder nicht, in die Nachfolge des Osmanischen Großreiches hineinwachsen. Mit dem in einigen Jahrzehnten zu erwartenden 100 Millionen Einwohnern würde sie das Gleichgewicht der Union zerstören. Wenn in Deutschland erst zehn bis fünfzehn Millionen Türken ansässig seien, komme es zu einer Zerreißprobe. Weder den Deutschen noch den Türken würde man doch mit einer solchen Vermengung einen Gefallen erweisen. Er stellt die Frage, ob die Türkei bereit sei, ihrerseits fünf Millionen Araber oder drei Millionen Ukrainer auf ihrem Territorium zu tragen. Doch die wenigsten Diplomaten in Ankara hätten offenbar den Mut, das Prinzip der Gegenseitigkeit ins Feld zu führen.[19] Die Menschenrechtsideologie biete - so Peter Scholl-Latour - alleine keine glaubwürdige Plattform für die Verständigung des Okzidents mit anderen Kulturkreisen. Vermutlich hätten sich die Kreuzritter und die Muslime jener Zeit näher gestanden als die Fundamentalisten der islamischen Wiedergeburt und die euro-amerikanischen Propagandisten eines exklusiven Säkularismus.[20]

Die AKP hat sich von dem radikal islamistischen Flügel um Erbakan abgespalten. Sie versteht sich als konservative Partei, deren islamistische Wurzeln nicht zu leugnen sind. Es ist umstritten, ob Erdogan sich von diesen Wurzeln gelöst hat oder ob er „ein Wolf im Schafpelz" ist. Seine Befürworter gehen davon aus, dass er den säkularen Staat nicht mehr in Frage stelle, sondern ihm daran gelegen, auf der moralischen Grundlage, die der Islam biete, Politik zu betreiben.[21] Seine wertkonservative Partei wolle beweisen, dass der Islam und seine Gläubigen entwicklungsfähig sind. Bewähren müsste sich

---

19 Peter Scholl-Latour, Allahs Schatten über Atatürk, a.a.O.,S. 116f.
20 Ebd. S. 319.
21 Eingehende Auskünfte hierzu verdanke ich meinem alten Studienfreund Prof. Dr. Huseyn Bagci aus Ankara.

die neue Moral vor allem im Kampf gegen die Korruption. Als die AKP die Regierung übernahm, lag die Türkei im Index von „Transparency International" unter 133 Staaten auf Rang 77.[22]

In der arabischen Welt neigt sich die Zeit der alten politischen Ideologien, die weitgehend aus dem Westen stammen oder eine Reaktion auf ihn waren, dem Ende entgegen. Weder der panarabische Nationalismus, noch der arabische Sozialismus noch der politische Islam haben zu einer positiven Entwicklung beigetragen. Nach den alten westlichen Ideologien des Nationalismus und Sozialismus könnten nun Demokratie und Rechtsstaatlichkeit eine Chance erhalten. Die Türkei könnte einer desillusionierten arabischen Welt zeigen, dass sich Islam und Demokratie, Orient und Okzident vereinbaren lassen und dass auch die Muslime in der Moderne angekommen sind.[23] Die mangelnde demokratische Tradition ist ein Anlass für einen europäisch angeleiteten Lernprozess. Die EU hat schon Länder aufgenommen, die, anders als die Türkei, über fast keine lebendige demokratische Tradition verfügten: Spanien, Portugal und Griechenland. Jedes Mal habe sich gezeigt, dass die europäische Einbindung die jungen unerfahrenen Demokratien nachhaltig stabilisierte. In diesem Lichte wäre es - so Wolfgang Burgdorf - eine Katastrophe, wenn man ausgerechnet dem Land der islamischen Welt die Aufnahme verweigern würde, welches seit langem dem Westen entgegenstrebt.[24]

Ottfried Höffe hält die Aufnahme der Türkei dagegen für einen Verstoß gegen die Generationengerechtigkeit. Diese Frage sei erst in zwei oder drei Generationen entscheidungsreif, so dass wir heute keine Beitrittssignale senden dürften. Für die Türkei stellt sich heute die Identitätsfrage, die nur im Verlauf von Jahrzehnten zu beantworten sein wird. Und das Land, dem für seine Zukunftsinvestitionen in Bildung und im Hochschulwesen schon jetzt das Geld fehle, könne nicht die gewaltigen Subventionslasten für die Türkei tragen. Wir würden durch einen Beitritt der Türkei zusätzlich politisch, gesellschaftlich und kulturell über unsere Verhältnisse leben. Nur ein Veto sei freilich keine Zukunftsperspektive. Europa müsse der Türkei eine enge Partnerschaft anbieten. Die Türkei könne die Initiative zu einer vorderasiatischen Union ergreifen, die wirtschaftlich beginnen, dann aber der Demokratie und Rechtsstaatlichkeit zur Wirklichkeit verhelfen sollte. Gelingt der Türkei die Symbiose einer islamischen Gesellschaft mit einem demokratischen Rechtsstaat, so könne sich ihr Vorbild nach dem Muster „Kommet und seht!" rasch

---

22 Vgl. Frankfurter Allgemeine Zeitung v. 30.12.2004.
23 Rainer Herrmann, Die ideologische Leere. Der Anstoß für einen neuen Diskurs für die arabische Welt könnte aus der Türkei kommen, in: Frankfurter Allgemeine Zeitung v. 19.12.03.
24 Vgl. Wolfgang Burgdorf, Die europäische Antwort. Wir sind der Türkei verpflichtet, in: Frankfurter Allgemeine Zeitung v. 6.1.04.

ausbreiten. Selbst wenn das Land aber dann immer noch einen Beitritt zur EU vorziehen will, sei dies erst in zwei, drei Generationen nach Abschluss der Identitätssuche entscheidungsreif.[25]

Bassam Tibi ist darüber erstaunt, dass die EU den säkularen Kemalisten jahrzehntelang die kalte Schulter gezeigt habe, aber einer im politischen Islam verankerten AKP Avancen macht. Sie wollen erklärtermaßen mit dem Kopftuch nach Europa. Viele Europäer verstünden nicht, dass es sich beim Kopftuch nicht einfach um ein Kleidungsstück, sondern um eine Vorschrift des islamischen Schari,a-Rechts geht. Der politische Inhalt des Kopftuchs sei eine antiwestliche Weltanschauung. In der Türkei lasse sich ein Wandel in der Kleidung besonders seit den 80er Jahren feststellen, der auch in der Diaspora seinen Ausdruck findet. Die nach Deutschland gekommenen bäuerlich gekleideten Türken der ersten Generation bekleiden ihre Frauen heute mit einer Diaspora-Uniform. Es handele sich um einen Import des Islamismus aus der Welt des Islam. Damit sei die Frage verbunden, ob die Schari,a jetzt im Namen der Toleranz und der Öffnung gegenüber anderen Kulturen nach Europa komme? Der Streit um die Zulassung des Kopftuches sei ein Streit um die Geltung der Schari,a.

Tibi behauptet, dass die AKP mit ihrer Einstellung zum Kopftuch die Schari,a vertritt und keinen islamischen Konservatismus im Sinne einer säkularen Werteorientierung. Er hält die politische Kultur der Türken generell für nicht beitrittsreif. Türken und Araber seien zivilisatorisch verwandt, so dass sie trotz aller Nuancen dieselbe politische Kultur, also auch das dazugehörende Pro- und Contra Denken teilen würden. Von daher werde auch verständlich, dass die oberflächlich europäisierten, früher dominierenden säkularen Kemalisten mit Andersdenkenden und ihren Gegnern orientalisch ausgrenzend verfahren sind, ähnlich wie die heutigen AKP-Islamisten mit ihren Kritikern umgehen. Im Orient herrsche das Lagerdenken des Kollektivs: „Wir" und „Sie".[26] Die politische Kultur der Türkei ist trotz der strukturellen Angleichungen undialektisch und damit im Kern unwestlich.

Eine Beitrittsoption ist keine Beitrittszusage. Auch das Ob und das Wie des Beitritts müssen verhandelbar sein. Am Ende der wechselseitigen Selbstverständigung sollte ein enges Verhältnis zur Türkei stehen. Zu diesem Verhältnis kann auch die Teilnahme an der Euro-Währung gehören sowie eine enge, institutionell ausgestaltete Kooperation mit Beteiligungs- und Anhörungsrechten, wie sie durchaus auch schon bestehen, mit Konsultationen und auch - allerdings überstimmbaren - Einspruchsrechten.

---

25 Otfried Höffe, Das Übermorgenland. So schnell wird die Türkei nicht europäisch, in: Frankfurter Allgemeine Zeitung v. 11.12.02.
26 Bassam Tibi, Mit dem Kopftuch nach Europa? Die Türkei auf dem Weg in die Europäische Union, Darmstadt 2005.

Der Beitritt der Türkei muss mit der Finalität der Union kompatibel sein. Wenn die Union ein globaler strategischer Akteur sein will, so führt dies zu anderen Ergebnissen als wenn sie sich entschließt, vor allem nach innen ein handlungsfähiger Bundesstaat zu sein, der auf die Gemeinsamkeit seiner Völker angewiesen ist. Hinter dem Beitrittskonflikt verbergen sich Grundsatzentscheidungen nach der äußeren und inneren Gestalt Europas. Die Antwort auf die Frage, ob das künftige Europa multikulturell sein soll oder ob die westliche Kultur prägend bleiben soll, wird auch die innere Gestalt Europas prägen. Die Vorstellungen von einer westlich geprägten Europäischen Union mit dem Wort „Christenclub" (Erdogan) zu diffamieren, zeugt von einem bedenklich niedrigen Stellenwert, der einer der wesentlichen kulturellen Prägungen Europas beigemessen wird.

Befürworter und Gegner eines Türkei-Beitrittes argumentieren zunehmend „kulturalistisch". Das Hauptargument der Beitrittsbefürworter ist die erhoffte größere Einflussnahme auf die islamische Welt. Zum ersten Mal wäre ein Mitgliedsstaat der EU in der „islamischen Konferenz" vertreten, in der alle islamischen Länder zusammengeschlossen sind. Die EU könnte bei den Reformbemühungen in islamischen Ländern auf das positive Beispiel der Türkei in der Umsetzung von Demokratie, Menschenrechten und Marktwirtschaft sowie der Trennung von Staat und Religion verweisen und auf mehr Verständnis für ihre außenpolitische Position in der UNO hoffen. Die Beitrittsgegner argumentieren wiederum mit dem Argument der Unverträglichkeit von islamischer und der christlich-aufklärerischen Kultur.

Die Ängste und Bedenken gegenüber einer Mitgliedschaft der Türkei in der Union heben vor allem auf den Islam ab. Dabei sollte nicht vergessen werden, dass sich der Islam regional sehr verschieden entwickelt. Der saudische Islam hat wenig mit dem afrikanischen gemein, die afghanischen Taliban kann man kaum mit den Muslimen Malaysias vergleichen. Der türkische Islam ist einen Sonderweg gegangen und hat sich von der arabischen Welt abgekoppelt. Die Türkei blickt auf eine längere Geschichte der Säkularisierung zurück als jedes andere islamische Land. Die jungosmanischen Reformer führten von 1850 bis 1881 fünf große Gesetzeswerke ein, die sich stark an französische Vorbilder anlehnten. Die Verfassung von 1876 war an der Belgischen orientiert. Auf diesen Grundlagen der „Jungtürken" konnte Atatürk aufbauen.

Die Türken folgen weniger als andere muslimische Völker dem kanonisierten Islam. Vielmehr praktizierten sie einen von der Orthodoxie weit entfernten „Volksislam". In Zentralasien waren sie Schamanisten gewesen. Noch heute leben die einfachen Gläubigen einen Volksislam, der Elemente der Heiligenverehrung und der Mystik, aber auch des Aberglaubens enthält.

164

Auch die Aleviten, die immerhin ein Fünftel der türkischen Bevölkerung stellen, zeigen pantheistische und säkulare Tendenzen.

Geschichtlich-kulturell sind Europa und die Türkei dennoch grundlegend verschieden. Die Unterschiede zu den zehn Beitrittsländern aus dem Jahre 2004 sind demgegenüber marginal. Das Problem liegt nach Meinung von Ernst-Wolfgang Böckenförde weniger in den unterschiedlichen Religionen als solche als in der einerseits von der christlichen Religion und andererseits vom Islam geprägten Kultur und Mentalität in Europa und der Türkei, die unterschiedliche Grundeinstellungen, Denkmuster, Traditionen und Lebensformen herausbilde. Die Türkei habe zwar Anteil an der westlichen Wertegemeinschaft, sofern sie diese nicht nur proklamiert, sondern auch realisiert.[27]

Die wichtigsten Positionen der Türkei-Debatte lassen sich nach „historischen Substantialisten", welche Unterschiede durch den Bezug auf Geschichte und kulturelle Identität definieren und nach Konstruktivisten unterscheiden, die solche Argumente für historisch konstruiert halten und eine substantielle Bestimmung der europäischen Kultur ablehnen. Es handele sich lediglich um eine Entscheidung der politischen Opportunität, wo man die Grenzen Europas zieht.[28]

Die Größe der kulturellen Aufgabe erkennt man daran, wie viele der in Deutschland eingeschulten Kinder türkischer Herkunft kein Deutsch können. Zwei-Drittel aller vierzehn- bis vierundzwanzigjährigen Berliner Türken sind auch wegen eines fehlenden Schulabschlusses arbeitslos. Der Begriff „Integrationsdefizit" wäre hier wohl eine Beschönigung.[29] Die Schuld an diesem multikulturellen Debakel trifft einerseits die türkischen Eltern, andererseits die Berliner Schulpolitik, die vor lauter Toleranz und Multikulturalität eine für beide Seiten verpflichtende Sprachförderung von angehenden Schulkindern nicht für ihre Aufgabe gehalten hat.

Damit wird nicht nur die Chance auf eine gemeinsame Sprache, sondern auch auf geistige Gemeinsamkeiten verspielt. Eine Erhebung über Ausmaß und Ursachen islamisch-fundamentalistischer Orientierung bei türkischen Jugendlichen in Deutschland kam zu entsprechend bedenklichen Ergebnissen. Soziale und kulturelle Integrationsprobleme sind dabei kaum zu unterscheiden: Sprachprobleme, fehlende Eingliederung in Bildung und Beruf, Perspektivlosigkeit, inner- und außerfamiliäre Wertekonfrontation (z.B.

---

27 Ernst-Wolfgang Böckenförde, Europa und die Türkei. Die Europäische Union am Scheideweg?, in: Mut. Forum für Kultur, Politik und Geschichte, Juni 2005S. 14ff.

28 Jürgen Gerhards, Europäische Werte - Passt die Türkei kulturell in die EU?, in: Aus Politik und Zeitgeschichte B38/2004, S. 14ff.

29 Hans-Ulrich Wehler, Verblendetes Harakiri: Der Türkei-Beitritt zerstört die EU, in: Aus Politik und Zeitgeschichte B 33-34/2004, S. 7f.

Individualisierung der Aufnahmegesellschaft und Familienorientierung der Türken), Vorurteile der Aufnahmegesellschaft, Rechtsextremismus und Verlustängste hinsichtlich der eigenen Kultur überfordern viele Jugendliche und tragen zur Integrationsfeindlichkeit bei. Die Sozialforscher erkannten Tendenzen zur fremdenfeindlichen, religiös fundierten Gewaltbereitschaft, zum Rückzug an ethnozentrierte Orte, zur Ablehnung neuer Werte und Normen der Mehrheitsgesellschaft. Aus der Überforderung erwachsen die Verlockungen des Fundamentalismus, die klare Orientierungsmuster in einer komplexen Situation anbieten.[30]

Für das geforderte gemeinsame Handeln wird die Toleranz des Nebeneinanders nicht genügen. Die unterschiedlichen Kulturen müssen sich gegenseitig ergänzen. Je mehr Gegenseitigkeiten erkennbar werden, desto mehr könnte die Integration voranschreiten. Gegenseitigkeit ist die politische Entsprechung zu den gegebenen Wechselseitigkeiten der vernetzten Lebenswelt. Sie ist in den bisherigen europäischen Beitrittsprozess nur bezüglich ökonomischer und politischer Strukturen eingefordert worden, nicht aber in kulturellen Lernprozessen.

Die EU versteht sich als säkulare Wertegemeinschaft, die eine Trennung der Sphären von Gesellschaft und Religion favorisiert und wechselseitige Toleranz zwischen den Religionsgruppen erwartet. Diese Vorstellungen finden eine hohe Akzeptanz bei den Bürgern der EU und, wenn auch etwas schwächer, bei den Bürgern der Länder, die 2004 der EU beigetreten sind. Vor allem in der Türkei ist der Anteil der Bürger erheblich, die sich eine Durchdringung von Religion, Gesellschaft und Politik wünschen.[31]

In der Türkei könnte sich langfristig ein Verständnis von Säkularität durchsetzen, welches der frühere Staatspräsident Turgut Özal auf die Formel brachte: „Die Republik ist säkular, ich bin es aber nicht." Die Sozialwissenschaft spricht von „objektivem" und „subjektivem Säkularismus". Dabei trennt der objektive Säkularismus Religion und Staat und schafft damit eine der Grundbedingungen für die Moderne und Autonomie des Individuums. Der „subjektive Säkularismus" hingegen lässt die Religiosität des einzelnen und seine Verankerung in der Tradition zu. Damit könnte die Türkei zu dem aufschließen, was die Katholische Kirche im Zweiten Vatikanischen Konzil vorgemacht hat: die Kirche hält an ihrem Wahrheitsanspruch fest und die

---

30   Heitmeyer, Wilhelm; Müller, Joachim; Schröder, Helmut, Verlockender Fundamentalismus. Türkische Jugendliche in Deutschland, Frankfurt/M 1997.

31   Jürgen Gerhards unter Mitarbeit von Michael Hölscher, Kulturelle Unterschiede in der Europäischen Union. Ein Vergleich zwischen Mitgliedsländern, Beitrittskandidaten und der Türkei, Wiesbaden 2005, S. 80f.

juridische Ordnung sichert das Recht auf Religionsfreiheit. Das Gesetz steht über der Ethik, hebt diese aber nicht auf.[32]

Die kulturelle Gegenseitigkeit wird sich bei der Trennung von Kirche und Staat bewähren müssen, die nach westlichem Verständnis auch der freien Entfaltung aller Religionen zu dienen hat. Die Türkei müsste das Reziprozitätsprinzip insbesondere bei der Religionsausübung und beim Status nichtislamischer Religionsgemeinschaften anerkennen. Sie müsste Religionsfreiheit praktizieren und könnte sich damit auch stärker den christlichen Wurzeln in der Tradition Anatoliens öffnen. In den islamischen Ländern hat sich die Lage der Christen in den letzten Jahrzehnten erheblich verschlechtert. Aktive christliche Mission wird in der islamischen Welt strengstens bestraft. Auch in der Türkei kann von Religionsneutralität oder der Gleichberechtigung der Religionen nicht die Rede sein.[33]

Alle Religionen jenseits des Islams werden mit Argwohn betrachtet. Ein Evangelischer Pfarrer in der Türkei kommt zu dem Schluss, dass die Zeit der Christenheit in der Türkei zu Ende zu gehen scheint. Das Ziel der jahrzehntelangen Diskriminierung sei erreicht. Von den 46 Prozent Christen, die 1914 in Istanbul lebten, ist gerade noch 1 Prozent übrig geblieben. Wenn bei einem EU-Beitritt die gleichen Rechte gewährt werden, könnte es schon zu spät sein. Die Christenheit in der Türkei bestehe heute aus etwa 150000 Menschen, das entspricht 0,3 Prozent der Bevölkerung. Vor gut einhundert Jahren waren im Osmanischen Reich noch zwanzig Prozent christlicher Konfession. Die Christenheit existiere als relevante Gruppe nicht mehr. Völkermord, Vertreibung und Diskriminierung habe sie marginalisiert.[34]

Wenn die Türkei Brücke zwischen Ost und West sein soll, wäre eine „privilegierte Partnerschaft" in kultureller Hinsicht besonders notwendig. Die Türkei müsste zeigen, wie ein islamisches Land seine religiös fundierten Werte bewahrt und sich gleichzeitig der Aufklärung verpflichtet fühlt. Die anhaltende Verleugnung des Völkermordes an den Armeniern 1915 ist mit aufklärerischen Werten jedenfalls unvereinbar. Das Europaparlament hat 1987 in einer Resolution die Tatsache des Genozids an den Armeniern anerkannt. Darüber hinaus hat es bestimmt, dass die Leugnung des Genozids Hinderungsgrund für einen Beitritt der Türkei in die Union ist. Die Türkei hat den Beschluss ignoriert, die Erwähnung des Völkermords wird in der

---

32 Rainer Hermann, Im Geist von Tarabya. Deutsche und Türken diskutieren über die Entwicklung des Islams, in: Frankfurter Allgemeine Zeitung v. 1.7.04.

33 Rita Breuer, Wie du mir so ich dir? Die Freiheit des Glaubens zwischen Christentum und Islam, in: Ursula Spuler-Stegemann (Hrsg), Feindbild Christentum im Islam, Freiburg 2004, S. 35.

34 Gerhard Duncker, Zwischen Konstantinopel und Istanbul. Erfahrungen eines deutschen Pfarrers in der Türkei, in: Ursula Spuler-Stegemann (Hrsg), Feindbild Christentum im Islam, Freiburg 2004, S. 75ff.

Türkei nach wie vor mit Gefängnis bis zu fünf Jahren bestraft, eine Strafbestimmung, welche die Meinungsfreiheit und damit die Menschenrechte verletzt. Jede offizielle Erwähnung des Völkermords durch andere Länder wird mit massiven Protesten der Türkei beantwortet. Wie weit Europa und die Türkei hier auseinander liegen, unterstreicht die Tatsache, dass in Frankreich die Leugnung des Völkermords strafbar ist.[35]

Unbestreitbar ist die liberalisierte Haltung der Türkei in der Kurdenfrage auf europäische Einflüsse rückführbar. Das Verhältnis zu Armenien ist dagegen weiterhin belastet. Bis zu den Reformgesetzen war die Meinungsfreiheit nicht gewährleistet. Mit 96 inhaftierten Schriftstellern dürfte die Türkei noch 1998 in Europa einen Rekord aufgestellt haben.[36] Der Begriff Minderheit kommt in der türkischen Verfassung von 1982 aus Angst vor einer Gefährdung der nationalen Einheit und Souveränität nicht vor. Nationalismus und Laizismus werden in einer Weise praktiziert, die nicht der rechtsstaatlich gebotenen Verhältnismäßigkeit entspricht. Zur westlichen Rechtskultur gehört der Ausgleich der sich gegenseitig begrenzenden und ergänzenden Grundrechte, von individuellen Rechten und kollektiven Pflichten und von Minderheiten und Mehrheiten.

Die Türkei hat im Hinblick auf einen möglichen Beitritt zur EU bisher 250 Reformgesetze verabschiedet, von denen 80 Prozent auf die Verbesserung der Menschenrechte zielen.[37] Es muss abgewartet werden, inwieweit die als definitive Zuwendung zu Europa im August 2002 gemeinten Reformen umgesetzt werden. In dem Gesetzespaket wurde die Abschaffung der Todesstrafe in Friedenszeiten beschlossen. Den 15 bis 20 Millionen Kurden in der Türkei werden weit reichende kulturelle Freiheiten eingeräumt, u.a. auch die Ausstrahlung von Fernseh- und Rundfunkprogrammen in ihrer Sprache sowie Kurdischunterricht an Privatschulen unter staatlicher Aufsicht. Die hohen Haftstrafen für Beleidigungen staatlicher Organe werden abgeschafft. Zahlreiche Regelungen lockern die bisher strengen Bestimmungen zum Versammlungs- und Vereinsrecht sowie zur Pressefreiheit. Hohe Strafen drohen Menschen- und Organschmugglern, sowie Personen, die Kinderarbeit zulassen.[38]

Diese Gesetzgebung wird aber oft von der Justiz konterkariert. Die „Kemalisten" wollen einerseits in die Union, andererseits wollen sie den autoritären Staat, weil sie den potentiell islamistischen Massen misstrauen. Dieser Widerspruch wurde bisher mit der Lauerstellung des Militärs aufgehoben. In

35 Volker Scheuing, Die Leugnung des Völkermords an den Armeniern, in: Frankfurter Allgemeine Zeitung v. 22.1.04.
36 Vgl. Zuhal Yesilyurt, Die Türkei und die Europäische Union, a.a.O. S. 193.
37 Vgl. Reformen für die Beitrittsverhandlungen, in. Frankfurter Allgemeine Zeitung v. 19.12.03.
38 Vgl. „Die Türkei reicht Europa die Hand", in: Die Welt v. 5.8.2002.

Zukunft soll er schon durch die Aussicht auf Mitgliedschaft aufgehoben werden.

Auch die Skepsis der EU-Kommission resultiert aus dem Widerspruch zwischen der Gesetzgebung und deren Umsetzung. Dies gelte insbesondere für die „Null-Toleranz-Politik" bei der Bekämpfung von Folter und Misshandlung sowie der Verstärkung und Durchsetzung der Bestimmungen über Meinungsfreiheit, Religionsfreiheit und Frauen-, Gewerkschafts- und Minderheitenrechte. Die Unumkehrbarkeit des Reformprozesses müssten sich erst noch über einen längeren Zeitraum bestätigen.[39]

Jedes Gespräch mit aufgeklärten Muslimen beginnt mit dem Verweis auf die Kulturgeschichte, die vor Jahrhunderten in Andalusien oder auch Anatolien ihre Blüte erlebte und ebenfalls vor Jahrhunderten erloschen ist. Ein aus muslimischer Perspektive geschriebener Roman fehle ebenso wie filmische oder musikalische Erzeugnisse. Produkte, die man so nennen könnte, bleiben qualitativ auf der Stufe von Pamphleten. Nichts deute darauf hin, dass die derzeitige Regierung dieses Problem wahrgenommen hat. Die muslimische Welt brauche mehr als nur Toleranz. Sie sei in einer unterlegenen Position. Toleranz macht Sinn bei einer überlegenen Kraft. Die muslimische Welt müsste eine Entfesselung der geistigen Kraft, eine ästhetische Leistung hervorbringen, die in der Lage wäre, Europa zu befruchten. Neue künstlerische Beiträge könnten zur weltweiten Anerkennung der muslimischen Kultur führen und den Weg der Türkei nach Europa ebnen.[40]

Diese Anerkennung wurde Orhan Pamuk unter anderem mit dem Friedenspreis des deutschen Buchhandels 2005 zuteil. Gleichwohl gab es vehemente Attacken der türkischen Behörden gegen ihren prominentesten Schriftsteller und dies ausgerechnet in jenem Moment, als beim EU-Gipfeltreffen über das türkische Beitrittsgesuch debattiert wurde. Pamuk hatte in einem Interview auf den Völkermord an den Armeniern und die ermordeten Kurden verwiesen. Die Istanbuler Staatsanwaltschaft warf ihm daraufhin vor, mit seinen Äußerungen das Türkentum eklatant herabgewürdigt zu haben. Im Falle einer Verurteilung droht ihm drei Jahre Haft.

Salman Rushdie sieht daher das Beitrittsgesuch der Türkei als einen Testfall für die EU: „Es geht darum, ob sie überhaupt Grundsätze hat. Wenn ja, werden ihre Politiker darauf bestehen, dass Ankara die Anklage gegen Pamuk auf der Stelle kassiert – man muss ihn nicht bis Dezember warten lassen – und das türkische Strafgesetzbuch rasch revidiert wird. Ein prinzi-

---

39 Vgl. Empfehlung der Europäischen Kommission zu den Fortschritten der Türkei auf dem Weg zum Beitritt, in: Helmut König, Manfred Sicking (Hrsg), Gehört die Türkei zu Europa? Wegweisungen für ein Europa am Scheideweg, Bielefeld 2005, S. 192.

40 Zafer Senocak, Europa ist eine Kunst. Die unbestimmte Reise der Türkei, in: Frankfurter Allgemeine Zeitung v. 28.1.04.

pienloses Europa, das große Künstler und Freiheitskämpfer verriete, würde seine Bürger, die ihre Ernüchterung bei den Verfassungsreferenden demonstriert haben, noch weiter entfremden."[41]

Ob die Türkei ökonomische Beiträge zur Gegenseitigkeit leisten kann, wird von ihrem menschlichen Potential abhängen. Die Gebürtigkeit ist mit 1,6 Kindern pro Frau auch in der Türkei langfristig sinkend. Die aber noch weiter wachsende Bevölkerung könnte man angesichts der niedrigen Gebürtigkeit in Europa als Vorteil ansehen, wenn die Türkei es schafft, ihrer Bevölkerung ein angemessenes Gesundheits-, Erziehungs- und Bildungsprogramm zur Verfügung zu stellen.

Im Hinblick auf die abgestuften Gemeinsamkeiten in Europa darf die Beitrittsfrage der Türkei nicht länger im Geist des Entweder-oder zwischen Vollintegration oder Nichtintegration mit vereinbarten Terminen und mit Erwartungen und Befürchtungen geführt werden. Es könnte auf faktische Teilmitgliedschaften in einzelnen Politikbereichen der EU hinauslaufen. Ankara könnte ein Teil der Europäischen Sicherheits- und Verteidigungspolitik sein. Es sollten Formen enger Zusammenarbeit entwickelt werden, etwa in Gestalt eines europäischen Wirtschaftsraumes Ost, einer Freihandelszone, die über wirtschaftliche Fragen hinaus auch flankierende Politikbereiche erfasst. Für die laufende Verwaltung der besonderen Partnerschaft könnte ein „Gemeinsamer Ausschuss EU/Türkei" verantwortlich sein, der der Entscheidungsfindung im Hinblick auf die Aufnahme gemeinschaftlicher Rechtsvorschriften und der Überwachung der Umsetzung dieser Rechtsvorschriften dienen würde. Er könnte sich aus Vertretern der Kommission und der EU-Mitgliedsstaaten, sowie dem EU-Botschafter der Türkei zusammensetzen. Schließlich wäre an einen „Gemeinsamen Parlamentarischen Ausschuss EU/Türkei" zu denken, der sich aus Mitgliedern des europäischen Parlaments und des türkischen Parlaments zusammensetzt. Dieses Gremium hätte die Aufgabe, durch Dialog und Beratung zum besseren Verständnis beizutragen und Stellungnahmen und Resolutionen zur Zusammenarbeit zu verabschieden.[42]

Der Versuch Österreichs scheiterte, das alleinige Ziel eines Beitritts um weitere mögliche Ziele noch vor der Aufnahme der Beitrittsgespräche zu ergänzen. Am 3.10.2005 rangen sich die EU-Staaten gewissermaßen um fünf Minuten vor Zwölf - und das auch nur nach der englischen Zeit - dazu durch, mit den Beitrittsverhandlungen zu beginnen. Der Widerstand Österreichs wurde auf eine EU-typische Weise gebrochen, indem man auch die von Ös-

---

41 Salman Rushdie, Ausgezeichneter Staatsfeind. Die Türkei hat ihren berühmtesten Schriftsteller angeklagt. Das darf Europa nicht dulden, in: Die Zeit v. 20.10.2005.
42 Friedbert Pflüger, Ein neuer Weltkrieg?, a.a.O. , S. 281f.

terreich seit langem geforderte Aufnahme der Beitrittsgespräche mit Kroatien in Aussicht stellte.

Die EU-Kommission hatte in ihren Empfehlungen die Offenheit der Verhandlungen vorgegeben. Die Beitrittsverhandlungen mit der Türkei seien „ein Prozess mit offenem Ausgang, dessen Ergebnis sich nicht vorab garantieren liesse." Jeder Fortschritt wird vom Tempo der türkischen Reformen abhängig gemacht. Im Falle schwerwiegender und dauerhafter Verstöße gegen die Grundwerte der Union könnten die Mitgliedstaaten auch ein Aussetzen der Gespräche beschließen. Bei der Übernahme des EU-Rechtsbestands sollten lange Übergangszeiten, Sonderregelungen und in einigen Fällen wie bei der Freizügigkeit von Arbeitnehmern sogar unbefristete Schutzklauseln möglich sein.

Die Kommission betonte die Bedeutung interkultureller Lernprozesse. Der Dialog zwischen der EU und der Türkei müsse verstärkt werden. Foren sollten eingerichtet werden, in denen Menschen aus den EU-Mitgliedstaaten und der Türkei zusammenkommen, um sich freimütig und offen über ihre jeweiligen Sorgen und Wahrnehmungen auszutauschen. Zu den Themen dieses Dialogs gehören kulturelle und religiöse Unterschiede, Fragen der Migration sowie Sorgen im Hinblick auf Minderheitenrechte und Terrorismus. Die Kommission werde Vorschläge dazu vorlegen, wie dieser Dialog in Zukunft gefördert werden kann.[43]

Kulturelle Entwicklungen benötigen Jahrzehnte. In der Türkeifrage sollte daher keine klare und schnelle Entscheidung getroffen werden, sondern Zeit gewonnen und diese zugleich genutzt werden. Die Entscheidung gehört gewissermaßen auf die lange Schulbank geschoben. Kulturelle Unterschiede wären kein Grund zur Ausgrenzung, wenn der Eindruck vorherrscht, dass in umfangreichen Bildungsprozessen am Aufbau einer kulturellen Modernisierung gearbeitet wird.

Lehrtätigkeiten in Russland und Belarus genügten uns seinerzeit zu einer eindeutigen Urteilsfindung über die mangelnde Beitrittsfähigkeit dieser Länder.[44] Die Europäische Union sollte ihre Zukunft weder pessimistischen noch optimistischen Spekulationen überlassen. Da es sich in der Beitrittsfrage der Türkei in erster Linie nicht um ein politisches oder ökonomisches, sondern um ein kulturelles Problem handelt, muss auch in interkulturellen Lernprozessen die Entscheidung fallen, die auch Prüfungen und Kontrollprozesse einschließen. Die Europäer könnten diese Lernprozesse zum Anlass nehmen, ihre eigene zukünftige Rolle zu klären, ob sie ein multikulturelle Weltmacht

---

43 Empfehlungen der Europäischen Kommission zu den Fortschritten der Türkei auf dem Weg zum Beitritt, a.a.O., S. 200.

44 Vgl. Klaus Erdmann, Heinz Theisen (Hrsg.), Der west-östliche Hörsaal. Interkulturelles Lernen zwischen Ost und West, Berlin 2000.

werden wollen oder ob sie ihre Zukunft in einer von der westlichen Kultur geprägten Union sehen.

Unabhängig vom Ausgang der Beitrittsgespräche sind zwei positive Entwicklungen möglich. Endlich einmal wird in Europa vehement über ein europäisches Thema gestritten, wodurch das Bewusstsein über Identität und Kultur Europas vorangetrieben wird. Da jetzt bereits feststeht, dass die Entscheidungsbefugnisse nicht auf Parlamente und politische Eliten reduziert wird, sondern die Bevölkerungen in einigen Mitgliedstaaten über diese Beitrittsfrage entscheiden werden, muss man die entsprechenden interkulturellen Lernprozesse auch innerhalb Europas in demokratischer Breite führen.[45]

Die historische Chance der Türken heißt „Europa vielleicht", aber auf jeden Fall „Modernisierung". Im Wettbewerb mit anderen aufsteigenden Nationen wie Korea, Vietnam oder Indien könnten die EU-Beitrittsgespräche für die nötige Disziplin sorgen. Vielleicht braucht die Türkei den Katalysator Europa in zehn Jahren nicht mehr, weil sie sich mit ihrem Potential modernisieren wird. Die Annäherung an die EU werde ihr dabei helfen, auch wenn es vielleicht nie zum Beitritt kommt.[46]

Auch hinsichtlich der Türkei hören sich die Äußerungen des neuen EU-Osterweiterungskommissars Rehn skeptischer an als bei seinem Vorgänger. Ende 2005 kritisierte er, dass sich das Tempo der Reformen im Laufe des Jahres verlangsamt habe. Die wirtschaftliche und soziale Lage im kurdischen Südosten des Landes hat sich nach Einschätzung der Kommission kaum verbessert. Es gebe weiterhin starke Einschränkungen bei der Wahrnehmung kultureller Rechte. Nach umfassenden rechtlichen Reformen müssten die neuen Gesetze auch tatsächlich angewandt werden, insbesondere bei der Achtung der Menschenrechte, dem Schutz von Minderheiten und der Bekämpfung von Folter und Misshandlungen. Aus einem Katalog von mehr als 180 Maßnahmen, die nach Ansicht der Kommission von der Regierung in Ankara kurzfristig in Angriff genommen werden müssten, griff Rehn fünf Beispiele heraus: die Bekämpfung der Folterpraxis durch rigorose Verfolgung der Täter; die Gewährleistung der Meinungsfreiheit, damit es wegen gewaltloser Meinungsbekundungen nicht zu Anklagen oder Verurteilungen komme, die Verabschiedung eines Gesetzes über Stiftungen, um die Interessen nichtmuslimischer Religionsgemeinschaften zu schützen, eine Verbesserung der rechtlichen Stellung der Frauen sowie ein Gesetz über gewerkschaftliche Rechte.[47]

---

45   Vgl. Helmut König, Manfred Sicking, Statt einer Einleitung: gehört die Türkei zu Europa? - Konturen einer Diskussion, in: diess., Gehört die Türkei zu Europa?, a.a.O., S. 11.

46   Michael Thumann, Ihre Rede ist Jein und Nö. Die EU beginnt Gespräche mit der Türkei - doch viele hoffen auf deren Scheitern, in: Die Zeit v. 6.10.2005.

47   Vgl. EU-Kommission: Mazedonien sollte Beitrittskandidat werden, in: Frankfurter Allge-

Bei der Lektüre dieser Vorschläge ist man verblüfft, was es bei dem Beitrittskandidaten Türkei alles bisher nicht gegeben hat. Offenkundig reichen aber dem neuen EU-Kommissar Absichtserklärungen nicht mehr aus. Es bleibt abzuwarten, ob die Türkei alle diese Auflagen erfüllen kann. Angesichts der spürbaren Reislamisierungstendenzen könnten immer mehr Türken einsehen, dass eine volle Integration in europäische Strukturen einen zu starken Verlust an nationaler Souveränität bedeutet und eine Außenseiterrolle in Europa nicht ihrem Selbstverständnis entspricht. Wenn die Türken dafür die Beziehungen zu ihren Nachbarn Turkmenen, Usbeken und Kirgisien, die ihnen in ethnischer, sprachlicher und religiöser Hinsicht nahe stehen, weiter intensivieren, könnten sie eine tragfähige Brücke zwischen Zentralasien und Europa sein.

Im Hinblick auf die auch in dieser Studie vertretene Differenzierung der Europäischen Union in einen Bundesstaat und in einen Staatenbund ergibt sich die Konklusion, dass der Platz der Türkei im staatenbündischen Teil der Union wäre.

---

meine Zeitung v. 10.11.2005.

173

5. Die Grenzen des westlichen Europas vor den russischen Ländern

5.1 Hardware ohne Software. Halbierte Moderne in Russland

> „Nein, bei dieser Andersheit geht es um etwas Tieferes, Grundlegenderes – vielleicht um eine byzantinische Mentalität, der zufolge die Wahrheit höher steht als das Gesetz; weil aber zur gleichen Zeit jeder seine eigene Wahrheit hat, steht jedem westlichen Versuch , jenseits der Grenze mindestens einen Ableger des Gesetzes einzupflanzen, das gleiche Schicksal bevor: sabotiert und ausgepfiffen zu werden."[1]

Die ewige Frage, ob Russland zu Europa gehört, lässt sich mit einem klaren „zum Teil" beantworten. Es gehört zu einem Drittel zu Europa und zu Zweidrittel zu Asien und dies sowohl in geographischer, historischer, ökonomischer, politischer als auch in kultureller Hinsicht. Aus dieser Zerrissenheit kann man eine besondere eurasische Mission abfolgern. Das Slawentum ist demnach als „Brücke zwischen West und Ost" für eine besondere zivilisatorische Mission ausersehen, weil sie sowohl die westliche Seelenlosigkeit als auch den asiatischen Kollektivismus in eine neue höhere Synthese überführen und damit das Beste aus den beiden Welten in sich vereint. Aber es ist auch denkbar, dass auf diese Weise das Schlechteste aus beiden Welten hervorgebracht wird.

Bei den Erwartungen an eine schnelle Transformation Russlands zu Demokratie und Marktwirtschaft handelte es sich um Illusionen, weil die entsprechenden kulturellen Voraussetzungen nicht gegeben waren. Die wirtschaftlichen und politischen Interessen des Westens trugen dazu bei, die Geschehnisse im Licht bloßer Übergangsschwierigkeiten zu sehen. Doch von den ehemaligen Sowjetrepubliken haben nur die baltischen Staaten eine Transformation im westlichen Sinne geschafft. Schon die westlichen politischen Begriffe sind in Russland meistens unpassend. Das Ende der Sowjetunion war weder eine Revolution noch eine Konterrevolution. Selbst vom Übergang in eine kapitalistische Wirtschaftsordnung kann nicht eindeutig die Rede sein, da immer noch weniger als die Hälfte der Arbeitsplätze im privaten Sektor angesiedelt sind.

---

1   Juri Andruchowytsch, Das letzte Territorium, Frankfurt/M 2003, S. 161.

Nur im westlichen Europa haben Reformation, Humanismus und Aufklärung zur Ausdifferenzierung der gesellschaftlichen Teilsysteme beigetragen, die wiederum Voraussetzungen für Individualisierung, Säkularisierung, Industrialisierung, Nationalismus, Demokratisierung und Marktwirtschaft schufen. Anders als in Westeuropa hat Russland im 19. und 20. Jahrhundert keine Rechtskultur, keine Rechte der Person und keine Bürgerrechte entwickelt. Es hatte weder ein funktionierendes, verlässliches Recht noch eine unabhängige Justiz. Es gab keine kommunale Selbstverwaltung und keine demokratische Struktur. Die fehlende Aufklärung wurde von der Intelligenz eingefordert. Den Westlern standen jedoch die Slawophilen gegenüber, welche die Zukunft des Landes in den Traditionen und Tugenden Russlands erblickten und jeden westlichen Einfluss, von liberalen Ideen bis zu industriellen Wirtschaftsformen, zurückwiesen.[2]

Die russischen Sozialisten knüpften an westeuropäische Ideen an. Da sich unter ihnen der die europäische Dialektik zersetzende marxistische Materialismus durchsetzte, kam es jedoch zu einer Verschärfung der zaristischen Diktatur. Im Sowjetsystem schlossen die Gesetze des Klassenkampfes und die sozialistische Gesetzlichkeit Gewaltenteilung, faire Verfahren und Rechtssicherheit aus. Die Bürger dieser Staaten haben es daher nie gelernt, dem positiven Recht zu vertrauen.

Nach 1990 waren die alten Kader zwar delegitimiert, aber niemand war sonst da, der einen neuen Apparat aufbauen konnte.[3] Zwar war im 20. Jahrhundert der Aufbau der Industrie gelungen, ihr Besitz lag jedoch in den Händen des Staates bzw. der KPDSU. Als Gorbatschows Umgestaltung einsetzte, gab es keine Manager, die Erfahrung mit offenen Märkten und mit Wettbewerb hatten. Es gab keine Kapitalisten mit privaten Vermögen, die einen Staatsbetrieb hätten kaufen können. Beim Aufbau von Demokratie und Marktwirtschaft konnte auf keine autonomen Kräfte zurückgegriffen werden. Die postkommunistischen Gesellschaften stellten das Gegenteil einer civil society dar: ohne private Wirtschaft, ohne demokratische und rechtsstaatliche Institutionen, belastet mit zentralistischen und ineffizienten Staatsstrukturen, einer demoralisierten politischen Elite und der verbreiteten Mentalität des Sowjetmenschen, von der selbst die Antikommunisten nicht ganz frei waren.[4]

---

2 Hagen Schulze, Phoenix Europa, a.a.O. ,S. 269.
3 Chris Mögelin, „Die Transformation von Unrechtsstaaten in demokratische Rechtsstaaten". Rechtlicher und politischer Wandel in Mittel- und Osteuropa am Beispiel Russlands, Berlin 2003.
4 Jerzy Mackow, Am Rande Europas? Nation, Bürgergesellschaft und außenpolitische Integration in Belarus, Litauen, Polen, Russland und der Ukraine, Freiburg, Basel, Wien 2004, S. 211.

Im Gegensatz zum Baltikum hat Russland kaum bürgergesellschaftliche Grundlagen. Die Krisen Russlands resultieren nicht zuletzt aus einer Überschätzung der Macht und einer Unterschätzung des Rechts. Auf Dauer kommt keine Demokratie ohne civil society aus: dem Verfassungs- und Rechtsstaat, der Autonomie von Wirtschaft und Politik, dem ideologischen Pluralismus und einer Vielzahl von aktiven Akteuren jenseits des Staates. In Russland handelt es sich um eine „non-civil society."[5]

Ein System, in welchem dem Präsidenten die „führende Rolle" der kommunistischen Partei für alle Angelegenheiten des öffentlichen Lebens anheim gefallen ist, ist keine „gelenkte Demokratie", sondern ein autoritäres Regime. Da die Parteien mit Ausnahme der Kommunisten über keine gesellschaftliche Verankerung verfügen, handelt es sich nur um Wahlvereine, die vom Kreml und von Gouverneuren nach Belieben eingespannt werden. Da auch Justiz und öffentliche Meinung gelenkt werden, handelt es sich um ein Hybridsystem von Demokratie und Diktatur, von Oligarchie und Anarchie. Beim Gebrauch westlicher Begriffe wie „Demokratie" oder „Markt" handelt es sich gewissermaßen um Potemkinsche Wörter.[6]

Das hierarchische Machtdenken durchdringt auch die zwischenmenschlichen Beziehungen. Es behindert die Lernprozesse, die für die Aneignung von Wettbewerbsfähigkeit, von Konflikt- und Kooperationsfähigkeit nötig sind. Solange Macht als Nullsummenspiel angesehen wird, tritt die notwendige Kooperation hinter der Korruption zurück. Diese Machtfixierung entstammt noch den endlosen Kämpfen gegen die nach Russland eindringenden Mächte und ihrer Zurückdrängung, über die Russland selbst zu einer imperialen Macht geworden war.[7]

Die Globalisierungsprozesse lassen sich auf Russland nur begrenzt übertragen.[8] Das Wesen der Marktwirtschaft besteht aus zahllosen Tauschge-

---

5   Ebd. S. 237f.

6   Vgl. Otto Luchterhand, Zum Entwicklungsstand ...,a.a.O. S. 78: „Vor dem Hintergrund der noch kein volles Jahrzehnt zurückliegenden sowjetischen Herrschaftsordnung ist das Ausmaß des normativen Wandels wahrhaft revolutionär. Ein zweiter, näherer Blick, gerichtet auf die Verfassung, die Rechtsanwendung und die sonstigen Erscheinungsformen der „Rechtskultur", auf die Qualität der Gesetze, das Personal und die Arbeit von Verwaltung, Polizei und Gerichten liefert jedoch ein von der normativen Lage ganz abweichendes Bild: Sichtbar wird eine Wirklichkeit, die häufig nach ganz anderen Prinzipien als denen des Rechtsstaats lebt und gestaltet wird."

7   Vgl. Roland Götz, Die wirtschaftliche Kluft zwischen Russland und dem Westen, in: Russland in Europa? Innere Entwicklungen und internationale Beziehungen - heute, hrsg. vom Bundesinstitut für ostwissenschaftliche Studien, Köln u.a. 2000, S. 135ff.

8   Heinz Theisen, Russland und die Grenzen der Globalisierung, in: Klaus Erdmann, Heinz Theisen (Hrsg) Gibt es eine gemeinsame Zukunft? Die öffentlichen Verwaltungen Russlands und Deutschlands im Transformationsprozess, Schriftenreihe der Fachhochschule des Bundes für öffentliche Verwaltung, Brühl 1998, S. 42ff.

schäften, für die wechselseitiges Vertrauen notwendig ist. Das „Sozialkapital" ist der „Leim", der die Gesellschaft zusammenhält. In Russland entdeckt man heute überall Zeichen für die Erosion des Sozialkapitals.[9] Zurückgeblieben ist eine Gesellschaft des Misstrauens. Nur ein Viertel der Russen gibt an, den meisten Menschen grundsätzlich zu trauen. In einem Land, in dem Justiz und Verwaltung nur bedingt Urheberrechte und Verträge schützen, fehlt damit die wichtigste Stütze des wirtschaftlichen Austauschs.[10]

Angesichts der Bodenschätze und der guten technischen Ausbildung seiner Bürger fehlt es in Russland nicht an der materiellen „Basis". Der geistig-moralische Überbau ist das Problem. Ohne moralische Ressourcen scheint Russland vielen verloren. Alexander Solschenizyn sieht das Russentum „vom Aussterben bedroht", Viktor Jerofejew befürchtet, Russland könnte schon in den nächsten Jahrzehnten von der Landkarte verschwinden und der Präsident der Russischen Psychiatrischen Gesellschaft konstatiert den „Verlust der Menschlichkeit" in weiten Kreisen der russischen Gesellschaft.[11]

Russlands größtes Problem ist der Autismus im Denken und Verhalten der Menschen. In den Zwangssolidaritäten des Kommunismus ist es nicht gelungen, zivilisierte Formen des Egoismus auszubilden. Ein individuelles Schuld- und Verantwortungsbewusstsein fehlt weitgehend. Die Kritik an den jeweiligen Machthabern übersieht, dass deren Herrschaft wiederum nur aus dem Versagen der demokratischen Parteien erklärbar ist, in deren Unfähigkeit zur Zusammenarbeit und in deren Willen, das Land als Pfründe ihrer Eigeninteressen zu missbrauchen.

5.2 Zerrissenheit statt europäischer Dialektik

Der Kommunismus hat eine atomisierte Gesellschaft hinterlassen. Jede Organisations- und Vereinsform ist durch die kommunistische Manipulation zur Parodie verkommen. Die Parteien waren keine Parteien, die Richter keine Richter, die Salami keine Salami. Es sah alles nur so aus. Die Bevölkerung war zu einer Gesellschaft von Angestellten geworden, die alle für den Staat arbeiteten. Über den Sinn ihrer Tätigkeit dachten sie nicht mehr nach. Nach der Wende wollten die Menschen zwar die Umgestaltung, aber sie verteidigten ihre Pfründe. Und wenn es keine Pfründe waren, so doch ihr bisheriges Auskommen.[12]

---

9   Joseph Stiglitz, Die Schatten der Globalisierung, Bundeszentrale für politische Bildung, Bonn 2002, S. 158ff.
10   Vgl. Johannes Voswinkel, Geschmiert und gereinigt. Korruption und Geldwäsche kosten Russland die Hälfte seiner Wirtschaftskraft, in: Die Zeit v. 4.8.2005.
11   Zit. nach Neue Zürcher Zeitung v. 21.9.00.
12   Richard Wagner, Der leere Himmel, a.a.O. S. 192f.

Der Zwiespalt zwischen Norm und Wirklichkeit im heutigen Russland resultiert auch daraus, dass es keinen wirklichen Bruch zwischen der Vergangenheit des Sowjetsystems und der demokratischen Gegenwart gegeben hat. Die Kontinuität der Nomenklatura war beträchtlich. Während in Polen und Ungarn etwa ein Drittel der Nomenklatura einen Abstieg erlebte, waren es in Russland nur 11 Prozent. Diese Revanche der Nomenklatura, die einen bürokratischen Markt schuf und demokratische Eliten nicht zum Zuge kommen ließ, ersparte dem Land revolutionäre Gewalt und große soziale Konflikte. Der hohe Preis für diesen friedlichen Übergang ist die Korruption der alten Eliten.[13]

Der Wunsch zur nachholenden Bereicherung erfasste fast alle Bevölkerungsgruppen, nur blieben die Möglichkeiten hierzu ungleich verteilt. Der ungarische Schriftsteller Peter Nadas spricht im Rückblick auf das Sowjetsystem von „parasitären Systemen" und von einem „geistigen und mentalen Trümmerhaufen". Die Menschenmillionen würden nach dem sozialistischen Staat auch die Demokratie unter sich wegfressen. Dem Bürger der neuen Demokratien stehen keine brauchbaren Affekte oder Emotionen mehr zur Verfügung. Mit großer innerer Überzeugung konnte er wieder zum alten Rollenspiel zurückkehren. Er erlaubt sich wieder, nach seinen parasitären Intentionen zu handeln und nach den Regeln egalitärer Ideen zu urteilen. Er will sich unter allen Umständen bereichern, wünscht sich jedoch einen sozial ausgleichenden Staat, in dem jeder außer ihm Steuern bezahlt. Im Interesse seines Glücks und des Glücks deiner kleinen Familie darf man die geschriebenen Gesetze umgehen, ist ein Vertrag so viel wert wie das Papier.[14] Eine solche Gesellschaft kann nur von einem autoritären Staat zusammengehalten werden, der dann aber die Untugenden der Bürger wiederum verfestigt.

Die Mentalität des Russentums wird von Nikolai Berdjajew dadurch charakterisiert, dass in ihr Widersprüche wie Heroismus und Risikoscheu, Sentimentalität und Grausamkeit, Wahrheitssuche und Lügenhaftigkeit, Duldsamkeit und Aufbegehren, Konservatismus und Anarchismus, Nächstenliebe und Menschenverachtung, Autoritätsgläubigkeit und Eigensinn wie selbstverständlich koexistieren. Berdjajew brachte diese innere Gespaltenheit damit in Verbindung, dass in Russland zwei Ströme der Weltgeschichte - Ost und West - aufeinander stoßen und in Wechselwirkung geraten sind.[15]

---

13 Klaus von Beyme, Gesellschaftlicher Wandel: Verlierer und Gewinner, in: Hans-Hermann Höhmann, Hans-Henning Schröder (Hrsg), Russland unter neuer Führung. Politik, Wirtschaft und Gesellschaft am Beginn des 21. Jahrhunderts, Schriftenreihe der Bundeszentrale für politische Bildung, Bonn 2001, S. 197f.

14 Peter Nadas, Parasitäre Systeme. Vom geistigen und mentalen Trümmerhaufen, den uns der Kalte Krieg hinterließ, in: Neue Zürcher Zeitung v. 4./5. 11.2000.

15 Zit. nach Felix Philipp Ingold, Noch angesichts von Peitschenhieben strotzt du vor Eitelkeit, in: Frankfurter Allgemeine Zeitung v. 4.1.03.

Die Ambivalenz westlicher Zivilisation in Russland lässt sich beispielhaft in St. Petersburg besichtigen, ein steingewordener Versuch, europäischen Geist nach Russland zu importieren. In Petersburg herrscht derselbe strenge römische Geist der Ordnung, der für die allgemeine russische Schlampigkeit so unerträglich ist, aber gleichwohl auch seine Reize besitzt. Die Stadt stand von Beginn an in Konkurrenz zu Moskau, das dem „Heiligen Russland" eine symbolische Mitte gab. Die Gegensätzlichkeit der beiden Städte entspricht dem russischen Gespräch mit sich selbst über Sonderweg und Westanschluss. Heute hat sich der Charakter der Städte gewandelt. Moskau ist eine boomende, äußerlich westliche Stadt und St. Petersburg ist völlig heruntergekommen. Während St. Petersburg in den ersten zehn Transformationsjahren eine halbe Millionen Einwohner verloren hat, boomt Moskau als Goldgräberparadies des peripheren Kapitalismus. Doch bereits 30 Kilometer außerhalb Moskaus findet sich eine Grundstimmung der Gleichgültigkeit gegenüber Entwicklung und Schönheit, die Alkohol als letzte Gelegenheit zur Verschönerung des Lebens nahe legt.

Russland verblieb fast immer in einer ambivalenten Haltung zum Westen. Die Öffnungen Russlands zum Westen waren seit Peter dem Großen immer halbherzig. Zwar öffnete sich das Land für bestimmte westliche Ideen und Produkte, nicht aber für die europäische Dialektik von Religion und Politik, von Staat und Gesellschaft, Staat und Markt. Es verblieb in seinem autokratischen Regierungssystem, das den Zaren zum ausschließlichen Entscheidungsträger machte. Lenins gewalttätiger revolutionärer Aktionismus brach nicht zufällig in einem Land aus, dessen politische Kultur einen anderen Umgang mit der Opposition als den der brutalen Unterdrückung nicht kannte.

Die Überdehnung der menschlichen Natur im Kommunismus ist umgeschlagen in einen Staat der Kastenherrschaft. Statt Solidarität zwischen ausgebeuteten Arbeitern kam es zur Komplizenherrschaft zwischen der Nomenklatura auf ihrem Weg zu Bandenführern in der weltweiten Schattenwirtschaft. Nachdem die Wahrheit über die Kaste zynischer Bürokraten ans Licht gekommen ist, stellt sich das Gefühl verlorenen Lebens ein. Zynismus und Gewalt sind in der ganzen Gesellschaft allgegenwärtig geworden.

Russland verkörpert mit diesem Pendeln zwischen hohen Idealen und Zynismus, zwischen Kommunismus und Neoliberalismus den Widerspruch zur westlichen Dialektik, welche die Ergänzung der Gegensätze und den mittleren Weg zwischen Eigennutz und Gemeinnutz, Markt und Staat, Idealismus und Materialismus, Rechte und Pflichten, Wettbewerb und Kooperation sucht. Es verkörpert auch heute noch das Zeitalter der Extreme, welches vom Totalitarismus in den Nihilismus transformiert worden ist.

Die bloße Übertragung von Strukturen ohne die dazu gehörigen kulturellen Voraussetzungen macht vieles noch schlimmer, so z.B. wenn die Ideale des Universalismus und die Realitäten des Tribalismus nicht zusammenpassen. Statt einem eigenen „dritten Weg" stellt sich dann Zerrissenheit ein. Es kommt zu einer „Als-ob Gesellschaft". Westliche Gesetze werden übernommen als ob man Europäer sei. Russische Politiker tun so, als ob sie Demokraten wären und Unternehmer tun so als ob sie Marktwirtschaftler wären. Mit einer virtuellen Rhetorik betrügt man die anderen und sich selbst.

Die Armutsrate in Russland wird auf vierzig Prozent geschätzt, womit das Land wieder bei vorrevolutionären Zuständen angelangt ist. Der Staat kann seine Aufgaben nicht erfüllen, weil er nicht aus den Abgaben der Bürger und Unternehmer finanziert wird. Nur ein kleiner Teil des Staatshaushalts kommt aus Steuereinnahmen. Die fehlende Bereitschaft der Bürger und Unternehmer, Steuern zu zahlen, resultiert wiederum aus exorbitant hohen Steuersätzen, die nahezu unerfüllbar sind. Der Steuerstaat wird als Erpresser wahrgenommen, die Verworrenheit des Steuerrechts und die schlechte Ausbildung der Finanzbeamten vergrößern das Durcheinander.[16] Die russische Wirtschaft ist von der Rohstoffproduktion abhängig und fast schutzlos den Weltmarktpreisen ausgeliefert. 70 Prozent aller Exporteinnahmen basieren auf Rohstoffen. Unternehmen zahlen Unsummen, um Staatsangestellte zu bestechen. Zahllose Kontrollbehörden schikanieren die Kleinunternehmer.

Auch russische Bürgerrechtler räumen ein, dass dieses unermesslich weite Land einen starken Staat braucht. Auch Europa braucht einen starken russischen Staat, sonst wird es vor einem riesigen großen eurasischen Loch stehen, neben dem es wegen der Kriminalität, Prostitution und Drogenhandel nicht bestehen kann. In Russland muss aber auch ein normales soziales Leben aufgebaut werden, wofür die Machttaktiker wenig Sinn haben. Russland muss lernen, die Würde des Menschen zu achten und Verständnis für die christliche Idee des Selbstwertes eines jeden Menschen zu entwickeln.

5.3 Korruption als Rechtsunkultur

In Russland und den zentralasiatischen Staaten, dem Kaukasus und in einigen Balkanländern herrscht eine Mischung von Korruption, Anarchie und Autokratie vor, für die unsere traditionellen politischen Begriffe nicht ausreichen.[17] Bereitet sich in diesen Staaten eine vom Verbrechen verseuchte Welt

---

16 Otto Luchterhand, Zum Entwicklungsstand von Rechtsstaat und Bürgergesellschaft, in: Russland in Europa, a.a.O. S. 81.
17 Von daher ist die Betrachtung Europas von seinen Rändern her durchaus erschreckend. Dan

vor, die ein CIA-Report schon im Jahr 2015 kommen sieht? In den Armuts-regionen komme eine unheilvolle Allianz zwischen machtvollen Verbrecher-syndikaten und korrupten, instabilen und ökonomisch schwachen Staaten auf. Menschen-, Drogen- und Waffenhandel und Finanzbetrügereien könnten die Welt von morgen prägen.[18]

Paradoxerweise werden in der globalen Wirtschaft lokale Gegebenheiten wichtiger. Vor Ort entscheiden sich die Wettbewerbsfähigkeit der Firmen und die Kooperationsfähigkeit der Institutionen. Die Qualität der Standorte entscheidet über die Verteilung der globalen Investitionen.[19] Ein höheres Korruptionsniveau reduziert die Wachstumsrate signifikant. Bei mangelnder Eigentums- und Rechtssicherheit können Investitionen ganz ausbleiben.[20] Sie sinken im gleichen Maße wie die Korruption zunimmt. In einem Bericht der Weltbank wird der Zusammenhang von Rechtskultur und wirtschaftlichem Erfolg belegt. Demnach weisen die Länder, die bei transnationalen Unter-nehmen im Ruf hoher Glaubwürdigkeit stehen, zwischen 1984 und 1993 ein Durchschnittswachstum von 1,8 Prozent jährlich auf, die mit einer geringen Glaubwürdigkeit wuchsen im Durchschnitt um 0,2 Prozent im Jahr und die ohne Glaubwürdigkeit mussten sogar einen Rückgang von 1,1 Prozent jähr-lich hinnehmen.[21]

Korruption kann insofern sogar ein wertgebundenes Verhalten sein als es mit dem Gefühl der Verpflichtung gegenüber Freunden oder Familienmit-gliedern einhergeht. Treue ist eine partikularistische Verpflichtung, die in feudalen Gesellschaften funktional ist. Feudale Treue und Rechtsstaatlichkeit sind jedoch Widersprüche. Der Machtmissbrauch oben fördert die Missach-tung der Gesetze unten. Ohne gültiges Rechtsbewusstseins breitet sich wech-selseitiges Misstrauen aus. Schließlich bleiben nur noch verwandtschaftliche oder ethnische Bindungen als einzige verlässliche Momente übrig. Der Hauptzweck der Politik besteht darin, Macht und die damit verbundenen Privilegien zu erreichen und abzusichern.

In einem internationalen Vergleich wurde die Institutionenqualität der al-ten EU-Staaten hoch eingestuft. Mit der Ausnahme des orthodoxen Grie-

---

Diners Sicht auf die Europäische Geschichte erfolgt von der Peripherie her. Von der Peri-pherie könne man viel besser die Zentren verstehen. An den Rändern bilden sich die ent-scheidenden Konflikte frühzeitig ab. Dan Diner, Von der „Urkatastrophe" zur „Dauerka-tastrophe", in: Universitas August 1999, S. 807.

18 Vgl. „This is the world in 2015", in: The Sunday Telegraph v. 31.12.2000.

19 Vgl. Michael E. Porter, Einstellungen, Werte, Überzeugungen und die Mikroökonomie des Wohlstands, in: Lawrence E. Harrison, Samuel P. Huntington (Hrsg), Streit um Werte, a.a.O., S. 37ff.

20 Vgl. Korruption größtes Hindernis für Wirtschaftsentwicklung, in: Frankfurter Allgemeine Zeitung v. 29.8.02.

21 World Bank, World Development Report, Washington D.C.,1997.

chenlands rangierten die damaligen EU-Mitglieder in einer Untersuchung des IWF von 170 Staaten unter den 30 Staaten mit der höchsten institutionellen Qualität. Von den Beitrittsländern wird nur Ungarn im obersten Fünftel geführt. Die Mehrzahl der Kandidaten ist im zweiten Fünftel angesiedelt, Bulgarien und Rumänien im dritten Fünftel, die Türkei im vierten Fünftel.[22]

Das Ausmaß der Korruption verläuft in Europa zunächst von Nord nach Süd und von West nach Ost in stark ansteigender Tendenz. Während die Länder Nordeuropas die besten Ergebnisse vorzuweisen haben, folgen Österreich und Deutschland auf Platz 15 und 17. Estland, Slowenien und Ungarn belegen erst Platz 27, 28, und 32. Weißrussland und Litauen sind gemeinsam auf Platz 43, die Türkei auf 50 Rang. Katastrophal schneiden Rumänien (68), Russland (82), die Ukraine (87) und Jugoslawien auf dem letzten Platz 89 ab. Zehn Punkte wurden für ein korruptionsfreies Land vergeben. Während die Durchschnittszahl aller osteuropäischen Länder 4,0 Punkte betrug, waren es für die westlichen Länder 8,6 Punkte. Die Staaten der ehemaligen Sowjetunion erhielten im Durchschnitt 3,0 Punkte. Die letzten Plätze belegen Jugoslawien (Serbien) und Nigeria.[23]

Im Korruptionsindex - methodisch handelt es sich um einen Korruptionswahrnehmungsindex - spiegelt sich diese Differenzierung wieder. Die ehemaligen kommunistischen Länder rangieren mit Ausnahme Ungarns und der Tschechischen Republik alle unter dem Durchschnitt. Sie leiden an einer Mischung aus Familialismus, Armut, etatistischem Kommunitarismus, hierarchisch-religiöser Kultur und Parteienpartikularismus.[24]

Die Übergänge von der Korruption als Staatsversagen ins organisierte Verbrechen sind fließend. Die Albanische Mafia ist die beherrschende Kraft beim Menschenschmuggel nach Italien. Ende der 1990er Jahre stieg die illegale Einwanderung in die Europäische Union auf etwa 500.000 im Jahr an und die osteuropäischen Mafias waren wichtige Spieler bei der Organisation dieser Bewegungen. Sie organisierten ein riesiges Prostitutionsnetzwerk.

Die globale Kriminalität ist vernetzt. Die Netzwerke arbeiten auf der Grundlage autonomer lokaler Banden. Der „Sicherheitsapparat" des organisierten Verbrechens besteht aus den Richtern und Politikern, die sich auf den Gehaltslisten finden. Die Banden können ihre Reichweite nicht ausdehnen, ohne in das traditionelle Territorium einer anderen kriminellen Macht einzudringen. Deshalb respektieren sich die kriminellen Organisationen gegensei-

---

22 International Monetary Fund (IMF), World Economic Outlook. Focus on Transition Economies, Washington 2000.
23 Vgl. Jan Delhey, Korruption in den Bewerberländern zur Europäischen Union, in: Soziale Welt Heft 3 2002, S. 350.
24 Vgl. Seymour Martin Lipset und Gabriel Salman Lenz, Korruption, Kultur, Märkte, in: Lawrence E. Harrison, Samuel P. Huntington (Hrsg), Streit um Werte, a.a.O. S. 145ff.

tig und finden über die Grenzen hinweg neue Betätigungsfelder. Die organisatorische Stärke der globalen Kriminalität erklärt sich aus der Kombination flexibler Vernetzung zwischen lokalen Revieren, die in Tradition und Identität verwurzelt sind, sowie der globalen Reichweite, die durch strategische Allianzen ermöglicht wird.[25]

In den „failing states" hat sich eine „rent seeking society" als eine Art Pfründekapitalismus ausgebildet. Die Sicherung von Privilegien und die Verteilung von Ressourcen und Reichtum ist den Eliten wichtiger als die Produktion von Reichtum. In Schwellenländern herrscht dagegen eine „profit seeking mentality" vor. Das einzige Ziel der Eliten in den korrupten Staaten ist die Sicherung des Machterhalts und des Zugangs zum Reichtum. Dafür ist ein ausgedehntes Patronagewesen notwendig. Durch Verteilung der knappen Ressourcen erkauft man sich die Loyalität der parasitären Klassen, wobei man oft tribalistischen Präferenzen folgt, weil diese Zusammengehörigkeit die Loyalität erhöht. Daraus resultieren absurd aufgeblähte Staats- und Verwaltungsapparate. Wenn sich die Ressourcen drastisch verringern, kollabiert das System und ganze Landstriche versinken in Gewalt und Anarchie.

Die neopatrimonialen Strukturen beruhen auf Netzen vertikaler Verbindungen zwischen den zu politischer Macht gelangten Schutzherren („Patrons") und ihrer Klientel. Nicht die bestehenden formellen politischen Strukturen, sondern das Zusammenspiel der informellen Macht mit den formellen Strukturen ist entscheidend. Das Funktionieren politischer Institutionen ist weitgehend durch die Ausübung personalisierter politischer Macht geprägt: Beamte werden nicht als neutrale Vertreter öffentlicher Dienste gesehen, sondern als Glieder in der Kette, die den „Patron" und seine „Klienten" verbindet.

In diesem System bemisst sich der politische Erfolg daran, inwieweit die Erwartungen der Gefolgsleute erfüllt werden. Wenn sich die Mittel der Macht verknappen, intensiviert sich der Kampf um die Macht. Aber selbst in guten Zeiten ist es kaum möglich, vorhandene öffentliche Mittel zu häufen und für wachstumsfördernde Investitionen in Infrastruktur und produktive Unternehmen einzusetzen. Der Staat verkommt zu einer substanzlosen Hülle, die nur dazu dient, die vorhandenen Ressourcen zu kontrollieren.

Deregulierungen und Privatisierungen, die von Internationalen Organisationen gedacht waren, um die Wirtschaft aus den Klauen des Staates zu befreien, verstärken oft noch die Korruption, weil sie Ressourcen frei setzen. „Failing states" müssen unter der doppelten Perspektive seiner Stellung auf dem formellen und informellen Weltmarkt betrachtet werden. Demokratisierung heizt angesichts der fortbestehenden Stammesstrukturen und Kulturen

---

25 Manuel Castells, Das Informationszeitalter, a.a.O. S. 189f.

die Korruption umso mehr an, weil in ihr zahlreiche Gruppen um die Pfründe streiten. Bezieht die Regierung die Opposition durch Teilhabe an der Korruption in das System ein, sind die Konsequenzen für das Gemeinwohl noch fataler als bei einer einseitigen Ausbeutung; bezieht sie sie nicht ein, so entstehen gewaltsame Konflikte.

Ohne Regulation und Kontrolle durch die legitime Macht des Staates drängen sich die illegitimen Mächte gewaltbereiter privater Gruppen nach vorn. Die Menschen sind keine Bürger, sondern Untertanen, die gegen den Herrscher keine Rechte haben. Ihre Interessen müssen sie in unterwürfigen sozialen Rollen vertreten. Diese Ausbreitung alternativer Herrschaftsmodelle könnte man als Aufstieg der „Parastaatlichkeit" und „Parasouveränität" bezeichnen. An die Stelle staatlicher Herrschaftsansprüche tritt eine Art Häuptlingstum als neue Schutzmacht auf.[26]

Da es im Staatssozialismus keine Gewaltenteilung gab, gab es auch keine Gewaltenkontrolle. Im Sozialismus war die „kleine" Korruption weiter verbreitet als in westlichen Demokratien und ein fester Bestandteil des Lebens. Durch Beziehungen, Sonderzuwendungen, Geschenke, Aufpreise ließ sich in der Mangelwirtschaft fast alles organisieren.[27] Die strukturellen Merkmale des Staatssozialismus - eine bürokratisch gesteuerte Plan- und Mangelwirtschaft, Parteimonopol, mangelnde Rechtsstaatlichkeit und schwache Öffentlichkeit, Beziehungswirtschaft und Klientelismus - schufen ein Klima, in dem die „kleine" Bestechung eher Regel als Ausnahme war. Der menschliche Eigennutz war derart unterdrückt, dass die schwierige Kunst, ihn zivilisiert und verantwortungsbewusst Ausdruck zu verleihen, verkümmerte.[28]

Zwar gibt es überall Korruption - allerdings im unterschiedlichen Maße. Und diese Unterschiede entscheiden im hohen Maße über Investitionen und über die Lebensqualität eines Landes. Korruption ist das Gegenteil von Wettbewerb und von Kooperation. Die „Insider-Kooperation" vollzieht sich auf Kosten Dritter und schaltet damit die leistungssteigernden Elemente des Wettbewerbs aus. Sie ist eine Bremse für Kapitalinvestoren, die Wert auf Rechts- und Eigentumssicherheit und auf geordnete und berechenbare Verwaltungsabläufe legen.

---

26 Trutz von Trotha, „Die Zukunft liegt in Afrika. Vom Zerfall des Staates, von der Vorherrschaft der konzentrischen Ordnung und vom Aufstieg der Parastaatlichkeit", in: Leviathan, Heft 2, 2000.

27 Vgl. vor allem Jan Delhey, Korruption in Bewerberländern zur Europäischen Union , in: Soziale Welt 3/2002, S. 345ff.

28 Kerstin Holm, Das korrupte Imperium. Ein russisches Panorama, München, Wien 2003, S, 177 „Der tägliche Lebenskampf unter der Herrschaft der Selbstlosigkeitsdoktrin trainierte den Normalmenschen kleingaunerische Findigkeit und zugleich die Psychotechnik an, dies vor anderen und sich selbst zu kaschieren."

Korruption lässt sich definieren als bewusster Missbrauch öffentlicher Macht und/oder öffentlicher Ressourcen zum persönlichen Vorteil. Man weiß, an wen man sich wenden muss, weil das Geben und Nehmen eingespielt ist. Bereits in der Sowjetunion war Alltagskorruption weit verbreitet. Informelle Kontakte dienten vor allem dazu, zusätzliche Konsumgüter zu erhalten und die eigene Karriere zu fördern. Erhebliche Teile der Bürokratie waren nur gegen Bestechungsgelder bereit, ihre Aufgaben wahrzunehmen.

Die Schattenwirtschaft, die in den 70er Jahren mit Billigung der Parteinomenklatur bedeutend gewachsen war, hat die Planwirtschaft desorganisiert. Es war besser, Gelder aus der Schattenwirtschaft zu beziehen als Prämien für die Erfüllung der Planziele. In den zentralasiatischen und kaukasischen Republiken verbanden sich traditionelle ethnische Patronage-Netzwerke mit der Parteizugehörigkeit zu einem dichten System, das die Nomenklatura, den Klientelismus und die Schattenwirtschaft in einer hierarchischen Kette persönlicher Loyalitäten miteinander verknüpfte, die bis ins Zentralkomitee in Moskau reichte. Damit waren die Grundlagen gelegt für das Mafiawesen, welches das gesellschaftliche Chaos braucht.

Es ist zu einem für Russland eigentümlichen Neben-, In- und Durcheinander von alter sowjetischer Rechtsunkultur, von teilweise transformierten alten und völlig neuen Rechtsinstitutionen, von altem Denken und neuen rechtsstaatlichen Ansätzen gekommen.[29] Auf allen Ebenen des Staates leben die zu Gewohnheiten gewordenen Eigentümlichkeiten der sowjetischen Rechtskultur fort: die selektive, willkürliche Rechtshandhabung, der Vorrang personalverkörpernder Macht vor institutionell-normativer Autorität, persönliche Loyalität vor sachlicher Rechtstreue, politische Zweckmäßigkeit vor Rechtsgeltung, wuchernde gesetzliche Spezialregelungen mit häufig daraus resultierender Vernebelung der Rechtslage, Unfähigkeit allzu vieler Amtspersonen, Unverständnis für den Sinn und verbreitete Gleichgültigkeit gegenüber formellen Verfahrensregeln, zugleich aber bis zur Schikane getriebener Formalismus im Umgang mit untergeordneten Ordnungsvorschriften.

An die Stelle der vertraglich geregelten Wechselseitigkeit zwischen den Akteuren des Gemeinwesens herrschen in Russland Personenbeziehungen und Klientelverhältnisse vor. Die Netzwerke informeller Personenbeziehungen bestimmen im hohen Maße das private wie das öffentliche Leben. Quasi

---

29 Vgl. Otto Luchterhand, Zum Entwicklungsstand ...a.a.O. S. 85f. vgl. auch Alexander Kurennoji, Das Rechtssystem Russlands im Hinblick auf die öffentliche Verwaltung, in: Klaus Erdmann, Heinz Theisen (Hrsg), Gibt es eine gemeinsame Zukunft? Die öffentlichen Verwaltungen Russlands und Deutschlands im Transformationsprozess, Schriftenreihe der Fachhochschule des Bundes für öffentliche Verwaltung, Brühl 1998, S. 252ff.

familienmäßige Bindungen zwischen Patron und Klientel verwischen die Grenze des Privaten und des Öffentlichen.

In Russland steht der institutionellen Struktur des Verfassungs- und Rechtsstaates, eine in der politischen Elite und im Volk tief verwurzelte Korruption gegenüber, die auf der Missachtung des Gesetzes basiert. An die „Diktatur des Gesetzes" fühlt sich die Führung selbst nicht gebunden. Stattdessen schanzten sich die Funktionäre gegenseitig ganze Konzerne zu. Nach offizieller Statistik sollen über 70 Prozent der Betriebe „privatisiert" sein, aber diese Zahl täuscht, da sich die Staatsbürokratie über einen beträchtlichen Teil der formalrechtlich privatisierten Unternehmen teils unmittelbare, teils mittelbare Einflussmöglichkeiten vorbehalten und gesichert hat. Daher ist das Verhältnis von Staat und Wirtschaft nicht von Ausdifferenzierung, sondern von einer bis zur Verfilzung gehenden Verflechtung bei anhaltender Dominanz der staatlichen Exekutive gekennzeichnet.[30] Mit Marktwirtschaft hat dies nichts zu tun: „... a market economy is based on a system of equivalent exchange that can only be guaranteed within a framework of morality and law. Without such a framework, the result is no longer a free market but just another articulation of the rule of force."[31]

In vielen Transformationsstaaten setzt sich dieses Übel fort, weil die formale Gewaltenteilung durch eine massive Korruption zwischen Staat und Markt konterkariert wird. Die formal getrennten Teilsysteme werden informell wieder zusammengeführt. Da selbst Reste einer idealistischen Vision fehlen, entfaltet sich die zuvor nur strukturell begünstigte Korruption ohne moralischen Widerspruch. Da die Privatisierung der Staatsbetriebe staatlich organisiert war, führte diese paradoxe Entstaatlichung durch den Staat zu einem politischen Kapitalismus, in dem vor allem die Bereicherungsmöglichkeiten für die „Privatisierungsbeamten" ideal waren.

Während in den mittelosteuropäischen Ländern an den Runden Tischen die Kooperation überwog und eine Demokratisierung eingeleitet werden konnte, dienten die Runden Tischen in den russischen Ländern ganz anderen Zwecken. An ihnen lauerte das Verderben einer alles durchdringenden Korruption. Als Dank für den friedlichen Übergang langte die alte Nomenklatura bei der Privatisierung der öffentlichen Güter zu. Der Preis für den meist friedlichen Wandel war die ökonomische Ausplünderung des öffentlichen Eigentums durch die politischen Unterdrücker.

Das unkontrollierte Miteinander staatlicher und privatwirtschaftlicher Interessen macht Korruption zu einem Systemmerkmal. Mangelnde Ausdiffe-

---

30 Vgl. Michael Krüssmann, Privatisierung und Umstrukturierung in Russland, Berlin 1998.
31 David Satter, A Low, Dishonest Decadence, in: The National Interest, Number 72, Summer 2003, S. 125.

renzierung, mangelnde Gewaltenteilung und die kürzere Reichweite der Loyalitäten machen moralische Appelle und Bewertungen sinnlos. Angesichts von Überlebenserfordernissen und einer ausgeprägten Familien- bzw. Clanorientierung ist die Hilfe für diese Gemeinschaften kurzfristig wertrational, während sie langfristige Entwicklung verhindert und im Rechtsstaat inakzeptabel ist.

Der Staat zahlte monatelang keine Gehälter und auch andere formell übernommene Vertragsverpflichtungen wurden systematisch nicht erfüllt. Damit setzte der stärkste Akteur ein unmissverständliches Zeichen, welchen Stellenwert formales Recht besitzt. Damit erschien er krimineller als die gemeinen Kriminellen, die wenigstens nicht vorgaben, das Recht zu vertreten. Die „Netzwerke" gewinnen eine staatsersetzende und eine gesellschaftliche Organisationsfunktion, weil ansonsten keine verlässlichen Strukturen mehr existieren.[32]

Es gilt als naiv, auf Menschen zu vertrauen oder sie gleich zu behandeln. Letzteres wird eher als Ausdruck kalter Beziehungslosigkeit gesehen. Die Herzlichkeit „der Russen" ist die schöne Seite der Korruption. Nichts schweiße - so Kerstin Holm - die russische Gesellschaft so sehr zusammen wie das Prinzip der Korruption. Die Erfahrung der Korruption sei total und existentiell. Sie erfasse alle Sphären der Wirtschaft und des Lebens, kenne keinen Anfang und kein Ende. Außer Korruption gebe es eigentlich gar keine Wirtschaft. Die Machtpyramide werde stabilisiert durch den Eindruck eines ungefähr ausgeglichenen Verhältnisses der Kompromittiertheit aller Mitspieler.[33]

Je grenzenloser das Prinzip Freiheit aufgefasst wird, desto brutaler muss der Zwangsapparat sein, der sie begrenzt. Von daher ist die Rückeroberung der Staatsmacht durch den KGB folgerichtig, führt aber nur zurück von der privaten Willkür zur staatlichen Willkür. Zusätzliche Kontrollinstanzen machen die Korruption komplexer. Die politische Führung will die Korruption nicht bekämpfen, weil die Korruption ihr den Machterhalt erleichtert. Sie bietet den Bürokraten eine dringend benötigte Einkommensquelle, da der Staat für sie nicht zu sorgen vermag. Sie macht die Bürokraten zu Mittätern, auf deren Loyalität man sich verlassen kann. Unliebsame Personen können aufgrund der Belastungen jederzeit entlassen werden. Eine erfolgreiche Be-

---

32 Vgl. Nicolas Hayoz, Victor Sergeyev, Social networks in Russian politics, Ms. S. 5 „Why should you trust the world beyond your family and the wider „family" of your friends if his world is, as the case of Russia shows, perceived in „Hobbesian" terms, full of discriminations and exclusions, inequalities, greed, crime and corruption."

33 Kerstin Holm, Das korrupte Imperium, a.a.O. S. 200.

kämpfung von Korruption ist daher schwer zu realisieren und in absehbarer Zeit kaum zu erwarten.[34]

Wo Korruption zu einem System- wie Kulturmerkmal geworden ist, bedarf es neben den neuen Strukturen der Kontrolle und des Konflikts auch des Aufbaus moralischer Ressourcen, ohne die Korruption zur Norm und damit zum Normalfall wird. Korruption bedeutet eine Verletzung allgemeiner Normen, sie setzt eine klare Unterscheidung zwischen Norm und Abweichung voraus. Wenn aber alles Korruption ist, ist sie selbst die Norm und kann nicht mehr als Korruption, sondern nur als andere Regel verstanden werden.[35]

Die tiefste Ursache ist die spirituelle Malaise. Es gibt keine Maßstäbe und moralische Orientierung für das Verhalten des Menschen. Die Ursachen der Korruption liegen letztlich in einer Norm- und Wertelosigkeit, die nicht anders als nihilistisch genannt werden kann.

Die jungen Russen haben den plötzlichen Zusammenbruch einer Ordnung erlebt, das Entstehen einer kleinen arroganten Schicht Superreicher vor dem Hintergrund eines selbst in Russland kaum je da gewesenen Massenelends, den Verfall der alten sowjetischen und der neuen Werte, die sich oft nur als Instrumente machthungriger Politiker erwiesen. Käuflichkeit wohin man blickt. Das soziale Gedächtnis stirbt nicht mit einer Generation, es geht auf die nächste über und kumuliert negative Erfahrungen.[36]

Das Zurückdrängen der Korruption in einer besseren Rechtskultur würde nicht weniger erfordern als eine stärkere Transparenz der Beziehungen zwischen Wirtschaft und Politik, effizientere Verwaltungen und eine Stärkung derjenigen Institutionen, die unabhängige Machtkontrolle ausüben. Vor allem aber wäre ein neuer Überbau gefordert. Russland kann seine Probleme nur überwinden durch eine neue Moral, die es aus den besseren Ressourcen seiner Kultur und aus den globalen Zwängen der Modernisierungsprozesse schöpfen muss.

Für Europa stellt sich die Frage, ob in der Korruption die Universalität Russlands liegt und wie man sich davor schützt.

---

34 Heiko Pleines, Korruption und organisierte Kriminalität, in: Russland unter neuer Führung, a.a.O., S. 281ff
35 Sonja Margolina, Hilfe und Korruption oder die Tücken des Altruismus, in: Karl Eimermacher, Ursula Justus (Hrsg), Vom Sinn und Unsinn westlicher Förderung in Russland, Bochum 2002, S. 48.
36 Wladimit Ostrogorski, Quo vadis, Russland?, in: Wostok 3/2002, S. 3.

5.4 Belarus und Ukraine: Der lange Schatten Russlands

> „Die Weißrussen wären - nur weg von Stalin - unter Pilsudskis Regime gegangen, aber der polonisierte allzu rabiat. Sie hätten sich unter die Herrschaft der Deutschen begeben, aber deren Krieg rottete fast ein Viertel von ihnen aus. Sie kamen wieder unter die Sowjets, und sie bekamen Tschernobyl. Sie bekamen immer das Schlimmste ab und das meiste, im Krieg wie im Frieden, sie kannten die Geschichte nur als den grausamen Croupier, der ihnen in einem bösen Spiel das Unglück hinüberschob. Jedes Mal."
>
> Wolfgang Büscher[37]

Das historische Erbe von Belarus ist geprägt von überlappenden kulturellen Einflüssen wie Orthodoxie, Katholizismus, Protestantismus und dem osteuropäischen Judentum, welches in den weißrussischen Städten bis zum Holocaust eines seiner Zentren hatte. Belarus hatte durch seine historische Randlage, durch die Zugehörigkeit zu ostmitteleuropäischen Flächenstaaten (Großfürstentum Litauen) und osteuropäisch-transkontinentalen Imperien (Zarenreich, Sowjetunion) nur ein geringes nationales Selbstverständnis ausgebildet.[38]

Das Regime will ökonomische Entwicklungen mit einer autoritären Herrschaft verbinden. Privatinitiative und Wettbewerb sind zugelassen, unterstehen aber einer strengen Rahmenordnung des Staates. Belarus soll auf diese Weise sowohl vor dem Weg der westlichen Demokratien als auch vor dem Moskauer Weg geschützt werden. Die ökonomische und soziale Infrastruktur der Sowjetzeit wurde nicht in gleicher Weise wie in Russland und der Ukraine geplündert. Die zurückhaltende Privatisierung wird daher auch mit dem Schutz vor Korruption und Oligarchentum begründet. Um die „kriminelle Marktwirtschaft" Moskaus zu vermeiden, zahlt Belarus allerdings einen hohen Preis mangelnder Freiheiten, wodurch auch die Rechts- und Eigentumssicherheit für Investoren nicht wirklich sicher ist. Der altsozialistische Schutz von Arbeitnehmerrechten erfreut sich jedoch vor allem bei älteren Menschen, den Hauptverlierern in anderen Transformationsländern, einer hohen Popularität.

Die Arbeitnehmer leben gesicherter als in Russland oder der Ukraine. Dieser soziale Schutz hat für Übergangszeiten seinen Sinn. Auch die west-

---

37 Wolfgang Büscher, Berlin-Moskau, a.a.O., S. 89.
38 Rainer Lindner, Am Ende des Lateins? Belarus, die EU und das europäische Erbe, in: Osteuropa 2/2004, S. 195ff.

deutsche Industrie wurde nach dem Zweiten Weltkrieg nicht dem vollen Wettbewerb ausgesetzt. Diese Schutzperiode muss zur Förderung der späteren Wettbewerbsfähigkeit genutzt werden, anderenfalls verstetigt sie die mangelnde Wettbewerbsfähigkeit. Die Weißrussen waren die Werkbank der Sowjetunion und gelten als tüchtige Arbeitskräfte. Davon profitiert das Land auch heute. Die Zahl der regelmäßigen Internetnutzer hat sich in den vergangenen Jahren verfünffacht. Heute zieht Belarus in großem Maße ins Ausland verlagerte Programmieraufträge an. Fast 80 Prozent der belarussischen Wähler haben in den vergangenen zehn Jahren einige Zeit im Ausland verbracht, Polen im Vergleich dazu nur 24,5 Prozent.[39]

Im Gegensatz zu Putin gebraucht Lukaschenko keine westlichen Begriffe. Der Weg zwischen sowjetischem Sozialismus und autoritär gelenkter Marktwirtschaft scheint seinen Überzeugungen zu entsprechen. Er ist ein „Sowjetmensch", für den es nur eine Wahrheit gibt. Das westliche Wertesystem hält er nicht für übertragbar. Schließlich untersagte er selbst den „Kindern von Tschernobyl" Reisen ins westliche Ausland, damit sie von westlichen Werten nicht verdorben werden. Sowjetisch ist seine Annahme von der Vorrangigkeit des Kollektivs gegenüber dem Individuum. Als ideologische Grundlage für den Bruch mit dem Westen wird zunehmend die spezifische Mentalität sowie eine besondere Werteordnung und Weltanschauung von Belarus, also ein neuer Nationalismus angeführt.

Die Ausweitung der Staatskontrolle wird mit dem russischen Messianismus von der besonderen Rolle der orthodoxen slawischen Wiedergeburt legitimiert. Sie sei heute der reinen, unbefleckten Weißen Rus zugefallen.[40] Über einen relativ kleinen Kreis von Oppositionellen hinaus ist kaum demokratische Aufbruchstimmung festzustellen. Mehr als 77 Prozent sprachen sich im Referendum von 2004 dafür aus, dass der autoritäre Diktator Lukaschenko bei den Präsidentenwahlen noch einmal kandidieren darf. Wahlfälschungen sind nicht nötig, weil das weißrussische Volk ihm bereitwillig folgt. Die Opposition ist zerstritten.[41]

Durch seine politische Führung ist Belarus aus den Netzwerken Europas heraus gefallen und hat keinen Anschluss an europäische Integrations- und kaum an europäische Kooperationsprozesse gefunden. Als einziger GUS-Staat blieb Belarus ohne vertragliche Beziehungen mit der EU.[42] Bei einer

---

39   Aleh Manaeu, Langer Marsch - bloß wohin? Integrationswandel im Wandel, in: Osteuropa 2/2004, S. 228ff.

40   Sjarhej Pan`kouski, Minsk - das Vierte Rom?, in: Osteuropa 2/2004, S. 8ff.

41   Vgl. Nina Romanowa, „Schreiender Samt" ist aus der politischen Mode, in: Wostok 4/2004, S. 21ff.

42   Zur Literatur zu Weißrussland vgl. Deutsch-Belarussische Gesellschaft (Hrsg), Bibliographie Belarus/Weißrussland 1990-200. Vom Aufbruch zum Umbruch. Eine Sammlung von Publikationen in westlichen Sprachen, zusammengestellt von Jan Ulrich Claus. Zur Bil-

radikalen Wende nach Europa hätte Belarus vielleicht die Chance gehabt, Beitrittskandidat zu werden, da es mit nur ca. 10 Millionen Einwohnern von der Größe her anders als die Russische Föderation und die Ukraine leichter integrierbar ist. Die leidvolle Rolle, die dieses Land unter der deutschen Besatzung gespielt hat sowie die frühere Zugehörigkeit des Westens von Belarus zu Polen wären wichtige Argumente gewesen. Nach der (Selbst)-Isolation des Landes in Europa steht dieser Weg nicht mehr zur Debatte. Es bleibt dem Land keine andere Wahl mehr als sich eng an Russland anzulehnen.

Die belarussische Nationalbank nennt einen Investitionsbedarf für die einheimische Wirtschaft bis 2010 von 50 Milliarden Dollar. Im Jahr 2002 lagen die Investitionen aber nur bei 300 Millionen Dollar. Die Abhängigkeit der Wirtschaft von Russland ist bei der Rohstofflieferung wie beim Handel größer geworden. Russland ist mit 56,4 Prozent des Handelsumsatzes der größte Wirtschaftspartner. Im großen Abstand folgt Deutschland mit 6,2 Prozent an zweiter Stelle.[43]

Da eine Privatisierung der staatlichen Industriebetriebe unterblieb, geht deren Konkurrenzfähigkeit gegenüber den privatisierten Betrieben im benachbarten Ausland verloren. Schädlich für die Entwicklung eines Landes ist auch die Drangsalierung von kreativen Potentialen des Mittelstandes, u.a. durch eine unübersichtliche Besteuerung mit mehr als 50 Steuerarten. In Russland entfallen auf tausend Einwohner 6 Kleinunternehmer, in Belarus 2,8. Der Mittelstand erwirtschaftet nur 7 Prozent des Bruttoinlandsprodukts. Doch ungeachtet des repressiven Klimas entwickelt sich das private Unternehmertum weiter.[44]

Eine gleichermaßen brutale wie demonstrative Absage an das aufgeklärte Europa war die Schließung der Europäischen Humanistischen Universität in Minsk im Frühjahr 2004, eine der besten Universitäten östlich von Warschau. Die Mission der Hochschule hatte in der Vermittlung der europäischen klassischen Bildung nach Weißrussland bestanden. Sie war in die europäische Hochschullandschaft integriert und unterhielt zahlreiche Verbindungen zu Partnern im Westen. Das Institut für Deutschlandstudien sorgte für eine Verbindung zur deutschen Hochschullandschaft. Etwa 40 Prozent ihres Haushalts erhielt die Universität von ausländischen Partnern. Ihr Rek-

---

dungsarbeit in Belarus vgl. Michael Staack, West-östliche Bildungskooperation in der Republik Belarus, in: Klaus Erdmann, Heinz Theisen (Hrsg), Der west-östliche Hörsaal. Interkulturelles Lernen zwischen Ost und West, Berlin 2000, S. 87ff.

43   Bei den Zahlen folge ich Elfie Siegl, Das Land hat einen viel schlechteren Ruf, als es verdient. Trotz des autoritären Regimes ist ein vielfältiges Wirtschaftsleben entstanden/ Das so genannte „Weißrussische Modell" verbindet Plan- und Marktwirtschaft, in: Frankfurter Allgemeine Zeitung v. 30.12.02.

44   Alena Rakava, Gegen den Strom. Belarussische Kleinunternehmen, in: Osteuropa 2/2004, S. 69ff.

tor, der renommierte Philosoph Anatolij Michajlow musste nach der Schließung ins Ausland fliehen. Das Institut für Deutschland-Studien musste sich in die Kellerräume eines Internationalen Bildungs- und Begegnungszentrums (IBB) zurückziehen.

Mit 48,2 Millionen Einwohnern gehört die Ukraine bevölkerungsmäßig (Platz 6) zu den größten Ländern Europas. Nach ihrer Verfassung ist sie ein demokratischer Rechtsstaat. In der Realität bedeutet Pluralismus allerdings, dass sich mehrere Clans an der Ausbeutung der öffentlichen Ressourcen beteiligen. Das Verhältnis zum Nationalstaat wird von sehr unterschiedlichen Erwartungen bestimmt. Aufgrund des fehlenden nationalen Konsenses war die Politik um so mehr von partikularistischen Interessen geprägt.

In der Ukraine herrschen ähnliche Formen des Oligarchentum wie in Russland. Unter der Herrschaft der ehemaligen Nomenklatura bildeten sich sowohl in Russland als auch in der Ukraine verschiedene Clans, „Familien" und „Holdings", welche die Kontrolle über Wirtschaft und Politik übernahmen. In beiden Ländern dominiert die Schattenwirtschaft", die Bürokratie ist korrupt, die Legislative war jedenfalls bis zur Wahl im Jahr 2004 von der Exekutive lahm gelegt.[45]

Die Privatisierung in der Ukraine kann man als Privatisierung des Staates beschreiben: Man kaufte Rohstoffe zu verbilligten, weil regulierten Inlandspreisen und setzt sie zu viel höheren Preisen im Ausland ab. Durch die Beziehungen zur Staatsbürokratie beschaffte man sich Subventionen und verbilligte Kredite. Nachdem auf diese Weise schon eine gewisse Ernte eingefahren war, verfügte man über eine günstige Ausgangslage bei der Privatisierung von Staatsbetrieben. Mittels der eigenen Vertreter im Parlament, in der Regierung und in der Bürokratie wird für Regulierungsmaßnahmen gesorgt, die Konkurrenz verhindern und das eigene Monopol sichern. Schließlich inszenieren die Vertreter der Wirtschafts- und die Mafia-Eliten ein unfreundliches takeover des Staates, indem sie Parteien gründen und ins Parlament einziehen.[46]

1991 hatte die Schattenwirtschaft in der Ukraine einen Anteil von zwölf Prozent an der Volkswirtschaft. Im Jahr 2004 wurde ihr Anteil auf 50 Prozent geschätzt. Die ausländischen Investitionen liegen jährlich bei weniger als zehn Dollar pro Kopf der Bevölkerung. In Ungarn sind es 1700 Dollar pro Kopf. In der Ukraine mit ihren beinahe fünfzig Millionen Einwohnern

---

45 Alexander Ott, Die Ukraine: Partner oder Vasall Russlands?, in: Russland in Europa?, a.a.O., S. 215ff.

46 Christophe von Werdt, „Noch ist die Ukraine nicht gestorben..." Schwierige Nations- und Staatsbildung zwischen Ost und West, in: 10 Jahre seit dem Untergang der Sowjetunion. Der postsowjetische Raum im Wandel, hrsg. von der Schweizerischen Osteuropabibliothek, Bern 2002, S. 55.

gibt es nur 100.000 Kleinunternehmen, in Polen sind es etwa zwei Millionen. Geschäftsführer verbringen vierzig Prozent ihrer Arbeitszeit bei Treffen mit Beamten, um über die ständig wachsenden Lizenzen und Steuern zu „verhandeln". In Litauen benötigen sie dafür nur fünfzehn Prozent. Die Ukraine ist laut „Transparency International" das korrupteste Land Europas. Die korruptesten Bereiche sind die lokalen staatlichen Strukturen, die Sicherheitsbehörden, die Finanzverwaltung, Zollbehörden sowie der medizinische und der soziale Bereich.[47]

Die Verfassung gewährt Pressefreiheit. Wie der Vorsitzende der Journalistengewerkschaft mitteilte, sind in den ersten neun Jahren der unabhängigen Ukraine 38 Journalisten tödlich verunglückt oder wurden auf offener Straße erschossen. Weder Täter noch mögliche Auftraggeber wurden ermittelt. Der Mangel an Untersuchungsergebnissen gebe Anlass zu der Vermutung, dass in der Ukraine niemand am Schicksal ihrer Kollegen interessiert war.[48]

Das ökonomische Außenverhältnis wird von den wirtschaftlichen Interessen der relevanten politischen Akteure geprägt: dem Schutz vor Konkurrenz bei Privatisierungen und Marktaufteilungen, den Exportinteressen der Rüstungsindustrie oder den Importinteressen der monopolistischen Energieunternehmen.

Für ausländische Investoren blieb die Ukraine mit ihren bürokratischen Regulierungen und der fehlenden Rechtssicherheit uninteressant. Die Direktinvestitionen lagen lange Zeit am unteren Ende der sowjetischen Republiken.[49] Gleichwohl verzeichnet die Ukraine heute ein starkes Wirtschaftswachstum. Das Bruttoinlandsprodukt wuchs im ersten Halbjahr 2004 um 12,5 Prozent.[50] Motor des Wachstums ist vor allem der Export. Als auch diese Früchte nur einer kleinen Gruppe zugute kamen, wuchs die Unzufriedenheit. Mit einem Durchschnittseinkommen von 80 Euro im Monat ist die Ukraine nach Moldawien und Albanien das ärmste Land in Europa. Das Einkommensgefälle verläuft von Ost nach West. Im Osten liegen die riesigen Stahlkombinate, während der Westen von Landwirtschaft geprägt ist.[51]

Der bekannteste ukrainische Schriftsteller Juri Andruchowytsch kritisiert die Europäische Union dafür, dass ihre schöpferischen Ressourcen mit der Erweiterung nach Ostmitteleuropa vollständig erschöpft seien. Statt des an-

47 Alexander Lewschin, Die Korruption in der Ukraine - Bremse der wirtschaftlichen Entwicklung, in: Wostok Nr. 4/2000, S. 41ff.
48 Vgl. Bekannter Kiewer Journalist verschollen. Wachsende Sorge um die Pressefreiheit in der Ukraine, in: Neue Zürcher Zeitung v. 21.9.00.
49 Andreas Wittkowsky, Der Nationalstaat als Rentenquelle. Determinanten der ukrainischen Politik, in: Internationale Politik und Gesellschaft 2/1999, S. 150ff.
50 Vgl. „Die Ukraine steht bei ihrer Aufholjagd vor einem neuen Rekord", in: Frankfurter Allgemeine Zeitung v. 23.8.2004.
51 Paul Flückiger, Die Cliquen-Wirtschaft, in: Die Zeit v. 5.1. 2005.

gebotenen Konzepts der „neuen Nachbarschaft" könnte man gleich von einer „Pufferzone" sprechen. In Wahlen müsse sich zeigen, ob die Ukrainische Gesellschaft in der Lage sei, auf europäische Art und Weise die aus Moskau kontrollierte Macht abzulösen. Europa könne ohne die Ukraine nie es selbst sein. Es gehe um die Fähigkeit Europas, sich zu verändern und sich zu vergrößern, die eigenen Beschränkungen zu überschreiten im Sinne einer Erweiterung des Horizonts, der Überwindung von Vorurteilen und bürokratischer Sturheit oder der aus diesem Geist erwachsenden geheimen Protokolle über „Pufferzonen".[52] Die „Orangene Revolution" feierte er als Aufbruch zur Demokratie und Bürgergesellschaft und als Beginn eines neuen Zeitalters.[53] Auf die chaotischen Zustände in seinem Land angesprochen, versicherte er, dass die Perspektive darüber entscheide, welche Richtung ein Land einschlägt. Gleichzeitig äußerte er Verständnis dafür, dass die Europäische Union Angst vor der Aufnahme der Ukraine habe.[54]

Die Ukrainer hatten schon in den neunziger Jahren an die Tore der EU geklopft. Geographisch, historisch und politisch befinde sich die Ukraine - so der damalige Präsident Kutschma - in Europa. Sie sei ein ostmitteleuropäisches Land. Ihr strategisches Ziel sei eine immer stärkere Integration in die europäischen und euroatlantischen Strukturen. Die Ukrainer hätten sich immer als Europäer gefühlt, und in der jüngsten Geschichte sei die postsowjetische Mentalität in der Ukraine Schritt für Schritt verdrängt worden. Der Vorschlag der EU, der Ukraine, Weißrussland und Moldawien nach der Osterweiterung den Status einer „privilegierten Nachbarschaft" zu gewähren, wurde nicht akzeptiert. Die Ukraine wolle nicht mit Jordanien oder den Palästinensergebieten in einen Topf geschmissen werden, sondern strebe die Mitgliedschaft in der EU an. Eine Integration der Ukraine in die EU fände breite Unterstützung in der ukrainischen Bevölkerung. Je nach Zeitraum schwankten die Befürworter in der Ukraine zwischen 56 und 62 Prozent.[55]

Nach einem Kurswechsel der Regierung standen die Mitgliedschaften in der EU und Nato aber nicht mehr im Vordergrund. Die Großindustrie blieb in ihren Geschäften auf Russland und die GUS orientiert. Die ukrainischen Oligarchen sind zu ihrem Reichtum ausschließlich im Ölgeschäft gekommen. Für den Erfolg der Geschäfte ist die Nähe zur Macht entscheidend. Auflagen der EU wären dabei nur störend. Andererseits brauchen die Eliten die EU als Gegenpol zu russischen Machtansprüchen. Von daher waren sie daran inte-

---

52   Juri Andruchowytsch, Andrzej Stasiuk, Mein Europa, Frankfurt/M 2004.

53   Yuri Andrukhovych, Epilogue: The Color of Freedom and Oranges, in: Nicolas Hayoz, Andrej N. Lushnycky (EDS), Ukraine At A Crossroads, Bern u.a. 2005, S. 252ff.

54   So in einem Gespräch mit dem Verfasser in Bonn, 4.11.2005.

55   Zit. Nach Alexander Ott, Die Ukraine...a.a.O. S. 221.

ressiert, den Status quo zu bewahren und die Politik des Lavierens zwischen Europa und Russland fortzusetzen.[56]

Dies galt auch für die Politik Kutschmas. Sie wollte den europäischen Standards nicht genügen und widersetzte sich zugleich Russlands, um die Macht in ihrem Erbteil aus der Konkursmasse der Sowjetunion nicht zu verlieren.

Die Wirtschaftszone zwischen Russland, der Ukraine, Kasachstan und Weißrussland, die im September 2003 begründet wurde, soll einen einheitlichen Wirtschaftsraum für den freien Verkehr von Waren, Dienstleistungen, Kapital und Arbeitskräften schaffen. Der Viererklub soll mit der Zeit immer mehr Kompetenzen erhalten und soll auch den anderen GUS Staaten offen stehen. Gemeinsame Regulierungsorgane sollen mit zunehmender Integration an Bedeutung gewinnen. Während die Vierer-Union in der Ostukraine grundsätzlich positiv aufgenommen wurde, kam es in der Westukraine zu heftigen Protesten. Für die Zollunion mit Russland müsste die Ukraine langfristig den Preis einer Beendigung des europäischen Integrationskurses bezahlen. Die EU kann keine Freihandelszone mit einem Land haben, das Mitglied einer anderen Zollunion ist. Zwei Integrationen, eine nach Osten und eine nach Westen, sind nicht machbar. Der Acquis Communautaire würde sich kaum im Verbund mit Russland übernehmen lassen.

Niemand hatte den Optimismus und den Durchhaltewillen der „Orangenen Revolution" im Herbst und Winter 2004 voraus gesehen. Der Zug der Ukraine schien jetzt Richtung Westen abzufahren. Im Januar 2005 sprach sich das Europäische Parlament mit überwältigender Mehrheit dafür aus, der Ukraine „eine klare europäische Perspektive zu geben, die möglicherweise zur Mitgliedschaft führt."[57]

Der neue Präsident Juschtschenko bekräftigte schon wenige Tage nach seinem Amtsantritt, dass das wichtigste außenpolitische Ziel seiner Regierung der Beitritt der Ukraine zur Europäischen Union sei. Nur so könnten Wohlstand und Sicherheit für sein Land auf lange Frist gesichert werden. Er begrüßte daher die Bereitschaft der EU, über eine neue Strategie für die Ukraine nachzudenken. Seine Regierung wolle ihrerseits auf diesem „schwierigen, aber deshalb nicht unbedingt langen Weg" Taten sprechen lassen. Die Ukraine werde bis in fünf Jahren eine funktionierende Marktwirtschaft sein und Mitglied der Welthandelsorganisation werden.

Dem Ziel des EU-Beitritts müssten auch die Beziehungen zu Russland und den anderen Staaten der GUS untergeordnet werden: Er habe nichts

---

56 Juri Durkot, Schwenk nach Osten - die Ukraine und die Vierer-Union, in: Wostok 4/2003, S. 16ff

57 Vgl. Frankfurter Allgemeine Zeitung v. 15.1.2005.

gegen den von Russland angestrebten einheitlichen Wirtschaftsraum, doch dürfe dieser einem EU-Beitritt nicht im Wege stehen. Dies könnte als Absage an die vom russischen Präsidenten Putin vorangetriebenen Pläne angesehen werden, Zoll-, Wirtschafts- und Steuergesetzgebung in Russland, Belarus, Kasachstan und der Ukraine anzugleichen und einen großen Binnenmarkt auf dem Gebiet der ehemaligen Sowjetunion zu schaffen.[58]

Vor dem Europäischen Parlament erhob Juschtschenko den Anspruch seines Landes auf eine rasche Aufnahme von Beitrittsverhandlungen mit der Europäischen Union. Es spreche alles dafür, diese Verhandlungen schon im Jahr 2007 aufzunehmen. Wenn die Ukraine die von der EU formulierten allgemeinen Kriterien für die Aufnahme von Verhandlungen schon vor 2007 erfülle, seien Beitrittsgespräche auch entsprechend früher möglich. Niemand könne die Ukraine auf dem Weg nach Europa aufhalten. Er sei zuversichtlich, dass die Grenzen der EU bald von Lissabon bis nach Odessa und Charkow reichen. Eine Integration in die EU sei auch im Interesse Russlands. Wenn die Ukraine erst einmal der EU angehöre, werde sie sich dafür einsetzen, dass sie nie zu Lasten ihrer russischen Nachbarn eingesetzt werden. Juschtschenkos Drängen wurde in Straßburg mit Zurückhaltung aufgenommen. EU-Parlamentspräsident Borrell entgegnete, dass die Zusammenarbeit zwischen der EU und der Ukraine nur Schritt für Schritt enger werden könne. Zum gegenwärtigen Zeitpunkt sei das Abstecken genauer Zeitpläne nicht hilfreich.[59]

Der wirtschaftliche und kulturelle Gegensatz zwischen der West- und der Ostukraine könnte durch einen EU-Beitritt eskalieren. Eine Abwendung des nach Russland orientierten Teils des Landes wäre nicht tragfähig. Russland und die Ukraine sind nicht nur durch ihre Vergangenheit, sondern auch durch die Gegenwart miteinander verbunden. Sie haben eine weitgehend gemeinsame Geschichte und verwandte Sprachen. Der größte Teil des Landes, die Industriegebiete im Süden und Osten, die Krim und Odessa, unterscheiden sich nicht von Russland. Eine Westukraine ohne Schwerindustrie, ohne Bodenschätze und ohne Zugang zum Meer wäre nicht lebensfähig. Die kulturelle Spaltung zwischen der westlich orientierten Westukraine, einem ehemals polnischen Gebiet mit westchristlichen Prägungen, und der nach Russland orientierten Ostukraine könnten durch eine Mitgliedschaft in der EU noch verstärkt werden, weil diese eine Abkoppelung des russischen Teils der Ukraine von der Russischen Föderation voraussetzen würde.

Mit großer Wahrscheinlichkeit - so Grigori Melamedow - würde die Ukraine letztendlich keinen Nutzen aus der Trennung von Russland haben.

58   Vgl. Frankfurter Allgemeine Zeitung v. 26.1.2005.
59   Vgl. Frankfurter Allgemeine Zeitung v. 24.2.05.

Auch die neue Führung müsse ebenso wie ihre Vorgänger zwischen Russland und dem Westen balancieren. Immer wenn Moskau erstarkte, gehörte die Ukraine zu seinem Einflussbereich. War es umgekehrt, fiel die Ukraine unter die Kontrolle des Westens, darunter Polen und Österreich-Ungarn. Doch da blieb sie ein peripheres Grenzland, so dass sie sich immer wieder Russland zuwandte. Wenn Russland zu einem nachahmenswerten Vorbild würde, dann werde die Ukraine früher oder später zurückkehren.[60]

Die Euphorie über die „Orangene Revolution" ist verflogen. Andrij Bondar beschreibt die gesellschaftliche Reaktion auf das Auseinanderfallen der Revolutionäre als vollständige Enttäuschung und Orientierungslosigkeit. Die Koalitionen zwischen alten und neuen Oligarchen würden beliebig gewechselt. Der Weg nach Europa scheine wieder einmal abgebrochen zu sein.[61]

Die Ukraine ist ein halbautoritär regiertes Land geblieben, welches keinen Ausweg aus dem Teufelskreis von schwacher Bürgergesellschaft und daher notwendiger autoritärer Staatlichkeit, die wiederum bürgergesellschaftliche Initiativen schwächt, gefunden hat. Die fehlende Rechtsstaatlichkeit, das fehlende Vertrauen und massive Korruption ergänzen sich auf negative Weise. Der Wille zur Demokratie reicht nicht, es müssen noch weitere Voraussetzungen gegeben sein. Solange Macht als Nullsummenspiel verstanden wird, werden Formen des Klientelismus die politischen Abläufe bestimmen nach dem Motto „Where you get to depends on where you come frome".[62]

Die Ukraine und die Russische Förderation dürfen durch die „soft power" der EU nicht auseinander gerissen werden, weil diese Macht nicht ausreichen würde, nachhaltige Verbesserungen zu bewirken. Beide Länder können nur in der Kooperation mit der EU ihren Platz finden, bei der ihnen die EU Hilfe zur Selbsthilfe geben kann.

Viele ukrainische Familien leben davon, dass eines ihrer Mitglieder wenigstens für einige Monate im Jahr in den EU-Ländern arbeitet. Fast fünf Millionen Ukrainer befinden sich auf Arbeitssuche im Ausland. Die Lockerung der Einreisebestimmungen in die EU steht oben auf der Prioritätenliste der Regierung. Allerdings dürfen die Erleichterungen im Gegensatz zu der Fischer-Vollmerschen Visapraxis das Spannungsfeld von wünschenswerter Reisefreiheit und notwendiger Sicherheitserfordernis nicht zerreißen. Dies

---

60 Grigori Melamedow, Die Perspektiven der russisch-ukrainischen Beziehungen, in: Wostok 1/2005, S. 99.
61 Andrij Bondar, Revolution zu verschenken. Was wird aus der Ukraine?, in: Frankfurter Allgemeine Zeitung v. 5.10.2005.
62 Vgl. Nicolas Hayoz, Andrej N. Lushnycky, Prologue: Ukraine`s New Deal, in: diess. (Eds), Ukraine At A Crossroads, Bern u.a., S. 15ff . Ich entschuldige mich bei meinem Freund Nicolas Hayoz für die Frage, ob die im Sommer 2005 von ihm herausgegebenen Ergebnisse früherer Ukraine-Tagungen angesichts der „Orangenen Revolution" nicht überholt seien. Schon im Herbst 2005 zeigte sich wieder ihre bleibende Gültigkeit.

wird eine intensive Kooperation zwischen der EU-Grenzpolitik und der Ukraine erfordern. Selbst für die Kooperation mit der EU müssen in der Ukraine erst noch Voraussetzungen geschaffen werden, vor allem hinsichtlich einer politischen Kultur, die statt Korruption auf Kooperation beruht.

Auf einem EU-Ukraine Gipfel Ende 2005 wurde angekündigt, dass die Europäische Union die Ukraine als Marktwirtschaft anerkennen wird. Dieser Status ist eine unabdingbare Voraussetzung für eine weitere Annäherung. Für die Ukraine bleibt die Mitgliedschaft das strategische Ziel ihrer Politik. Zugleich schließt sie regionale Bündnisse wie den Zusammenschluss von Ländern vom Baltikum über den Balkan bis zum Kaukasus. Sie dienen ebenfalls dem Ziel, dem langen Schatten und dem Gravitationsfeld Russlands zu entkommen.

5.5 Asymmetrische Kooperation mit Osteuropa

Die Eurasier in Russland halten es für ein tragisches Missverständnis, dass der Marxismus durch einen liberalen Weg abgelöst wurde. Liberaldemokratische Reformen könnten zu nichts Gutem führen, weil sie in einem unversöhnlichen Konflikt mit den eurasischen Werten stünden. Russland und der Westen seien verschiedene Zivilisationen, sie realisierten unterschiedliche Zivilisationsmodelle und hätten unterschiedliche Wertesysteme. Die Besonderheiten der Geographie, des Klimas und der Zusammensetzung der Bevölkerung hätten Russland als eigenständige Zivilisation zwischen Europa und Asien gegen den Westen immun gemacht. Das den eurasischen Kontinentalraum zwischen Donau und Pazifik konstituierende Steppensystem sei geographisch und anthropologisch ein integrales Ganzes.[63] Den Eurasiern stehen die Wünsche und das Empfinden vieler Menschen entgegen, die sich sogar im Kaukasus zwar als randlägig, aber dennoch als Teil Europas empfinden.[64]

Grundlage des Verhältnisses zwischen EU und Russland ist der 1997 verabschiedete Vertrag über Partnerschaft und Kooperation, der ein mehrstufiges System gemeinsamer Entscheidungs- und Arbeitsgremien konstituiert. Der Vertrag ist für Russland perspektivreich, weil er als langfristiges Ziel drei der vier Freiheiten des EU-Binnenmarktes einschließt: den freien Verkehr von Waren, Kapital und Dienstleistungen; die vierte Freiheit, die freie

---

63 Sonja Margolina, Pax Eurasica. Die russische Idee nimmt Konturen an: Aus russischen Zeitungen, in: Frankfurter Allgemeine Zeitung v. 27.6.01 vgl. auch Julia Mehlisch, Eurasismus - ein Versuch der Begründung der Einheit in der Vielfalt, in: Klaus Erdmann, Heinz Theisen (Hrsg.), Der west-östliche Hörsaal., a.a.O., S. 45ff.

64 Vgl. Lascha Bakradse, Georgien - Europa oder Asien? Eine Betrachtung, in: Wostok-Spezial Georgien 1/2005, S. 12f.

Bewegung für Arbeitnehmer, wird allerdings nur in begrenztem Umfang gewährt.

Aber trotz dieser durchaus privilegiert zu nennenden Partnerschaft bleibt das Verhältnis Russlands zum Westen widersprüchlich. Von der Kooperation zwischen Moskau und der OSZE ist nur noch ein Scherbenhaufen übrig. Moskau blockiert seit 2005 den Haushalt der Organisation. Die Russen wollen nicht länger einer Organisation angehören, die gegen ihre eigenen Intcressen arbeitet. Die OSZE habe sich vor allem in den Nachfolgestaaten der Sowjetunion ganz auf das Thema Menschenrechte und Demokratie konzentriert. Nur wenn man die OSZE grundlegend reformiere, werde Russland weiter dabei sein. Im Streit um die OSZE geht es um das Verständnis von Demokratie. Während die OSZE-Beobachter Wahlen in den einstigen Sowjetrepubliken in der Regel als unfrei und unfair werten, gelten sie den Russen in der Regel als demokratisch. Moskau sieht die OSZE als verlängerten Arm der Amerikaner und der EU in ihrer Einflusssphäre.[65]

Russland wird seine Blicke weiter nach Westen wenden, weil es wirtschaftlich eng mit Europa verbunden ist. Über die Hälfte seines Außenhandels wird mit europäischen Staaten abgewickelt. Zwei Drittel der Bevölkerung Russlands sowie seiner industriellen Infra-Struktur befinden sich im geographisch-europäischen Teil des Landes. Die EU ist für Russland der wichtigste Handelspartner. Moskau wickelte rund 40 Prozent seines Außenhandels mit der alten EU ab, nach dem Beitritt der ostmitteleuropäischen Länder sind es über 50 Prozent. Der Handel Russlands mit den GUS-Ländern ist von etwa 55 Prozent (1991) auf rund 22 Prozent (1998) geschrumpft; mit China beträgt er 6 Prozent, mit den USA 4 Prozent und mit Japan 3 Prozent. Über 50 Prozent der Direktinvestitionen in Russland kommen von den EU-Mitgliedsstaaten. Die europäische Bank für Wiederaufbau und Entwicklung ist mit 3 Mrd. Euro der weltweit größte Investor. Die Teilhaber ausländischer Joint-Ventures stammen zu 80 Prozent aus der EU, während zwei Drittel aller Unternehmen mit russischer Beteiligung im EU-Raum tätig sind.[66]

Mit den osteuropäischen und südkaukasischen Ländern bestehen im Rahmen der Europäischen Nachbarschaftspolitik zahlreiche Partnerschafts- und Kooperationsabkommen (PKA). Nur die Vereinbarung mit Belarus trat nie in Kraft. Russland zeigt wiederum kein Interesse an einer Europäischen Nachbarschaftspolitik, sondern setzt auf eine strategische Partnerschaft mit der EU, die sich in vier Gemeinsamen Räumen der Wirtschaft, der inneren Sicherheit und der äußeren Sicherheit sowie der Forschung, Bildung und

---

65 Vgl. Frankfurter Allgemeine Zeitung v. 31.3.05.
66 Ich folge hier Heinz Timmermann, Russland und die internationalen europäischen Strukturen, in: Russland in Europa? a.a.O. 2000, S. 199ff.

Kultur ausdrückt. Auch die Annäherungen auf staatlicher Ebene, die Mitgliedschaften in Europarat und OSZE haben ihre Berechtigung vor allem darin, dass sie Kommunikation, Austausch, Verständigung und Zusammenarbeit ermöglichen.

Die Partnerschaftsabkommen sind nicht als Vorbeitrittsstrategie definiert, sondern als eine Alternative zur Mitgliedschaft. Sie sollen die Demokratie und die Bürgergesellschaft fördern, die Wirtschaftsreformen und die ökonomische Zusammenarbeit unterstützen, den politischen Dialog ausbauen und die Partnerländer in die gesamteuropäische Sicherheitsordnung einbeziehen. Allerdings haben sie bisher nur wenig Erfolge gezeigt. Zu vieles steht zu unverbunden und unverbindlich nebeneinander. In über hundert Artikel werden der politische Dialog, die Respektierung demokratischer Prinzipien, die Schaffung einer Freihandelszone und die Intensivierung der wirtschaftlichen, finanziellen, wissenschaftlichen und kulturellen Kooperation aufgeführt, mit der Formulierung, man wolle dieses und jenes prüfen oder Empfehlungen erarbeiten.

Es ist sicherlich zu früh, ein Urteil über Erfolg oder Misserfolg der Europäischen Nachbarschaftspolitik zu fällen. Sie steht allerdings auf zwei Grundpfeilern, die beide erheblich wackeln. Der eine ist, dass die ENP eine Alternative zu einem möglichen Beitritt darstellt, der andere, dass die Verzahnung zwischen der EU und den Partnerländern effektiv, progressiv und konditioniert erfolgt. Das erste Ziel, nämlich zusätzlichen Beitrittsdruck von der EU zu nehmen, kann nur erreicht werden, wenn das zweite erfolgreich umgesetzt wird.[67]

Die Nachbarschaftspolitik mit Russland und der Ukraine muss sowohl politische Koordinierung und selektive Zusammenarbeit als auch eine intensive Bildungskooperation umfassen. Eine Mitgliedschaft in der Europäischen Union ist auf unabsehbare Zeit nicht vorstellbar. Die EU sollte aber einen besseren Einfluss auf Russland ausüben und einen Beitrag dazu leisten, den „Informationstotalitarismus" durch eine verstärkte Bildungskooperation aufzubrechen.[68]

Die seltsame Begeisterung für Putin in den westlichen Hauptstädten sei - so Andre Glucksmann - ein Ausdruck unseres eigenen Werteverfalls. Der verträumte Westen habe ihn zum Zaren gekrönt. Links herrschte unverbesserlicher Fortschrittsglaube, rechts der Glaube an die liberale Ökonomie. Man lässt ihm alles durchgehen, mythologisiere die „russische Seele" und lässt sich in der Zusammenarbeit mit Russen gutwillig ausplündern. Diese

---

67 Eckart D. Stratenschulte, Ukraine: „Und jetzt: action!", a.a.O. S. 15ff.
68 Vgl. Vasily Pugatchev, Demokratie und öffentliche Verwaltung im Russland unter Putins Präsidentschaft, Vortrag an der Fachhochschule des Bundes für öffentliche Verwaltung in Brühl, 12.7.04.

westliche Naivität und Maßstabslosigkeit verkenne die Gefahren von Kriminalisierung der Politik und Unterdrückung der Menschenrechte, die mit ihren Ausläufern den Westen bedrohen.

Glucksmann unterscheidet zwei Wege aus der Sowjetherrschaft: den von Havel und den von Milosevic, den Weg einer mühseligen und hindernisreichen Demokratisierung und den Weg einer Furcht erregenden Restauration. Er träume von einem anderen Russland, das möglich sei und das zu Beginn des 20. Jahrhunderts beinahe entstanden wäre. Literatur, Musik, Tanz, Malerei, Philosophie und Aufklärung aus St. Petersburg erleuchteten den ganzen Kontinent. Wir im Westen müssten die unerfüllte Hoffnung hegen und pflegen.[69]

Anderenfalls könnte Russlands Universalität darin liegen, dass es in einem Land die Probleme des ganzen Globus vor Augen führt. Korruption, die den Staaten ihre Substanz nimmt, Solidarität, die kaum über den engsten Bekanntenkreis hinaus geht, ein Weg in den Naturzustand und Bürgerkrieg. Die russische Doppelstrategie, sich einerseits der Produkte und zunehmend auch der Strukturen des Westens zu bedienen und sich andererseits wesenhaft (kulturell) gegen ihn abzuschirmen, ist Teil der russischen Geschichte. Der Westen sollte diese Schizophrenie nicht hinnehmen, sondern seinerseits mit einer Doppelstrategie des Gebens und Nehmens, des Förderns und Forderns antworten. Ohne die Behauptung von Maßstäben wird die westliche Politik gegenüber Russland den Menschen so zynisch erscheinen wie die westliche Politik des kleineren Übels gegenüber arabischen Diktatoren. Der steigende Hass auf das Versagen der „Eliten" würde sich gegen den Westen richten. Der in Russland wieder grassierende Antisemitismus ist womöglich ein Vorläufer des Hasses auf die westliche Kultur.

In der europäischen Kooperation mit den Staaten Osteuropas muss eine Strategie des gegenseitigen Gebens und Nehmens Einzug halten. Leistungen und Gegenleistungen müssen transparent sein. Die Voraussetzungen einer nachholenden Entwicklung gehören in den Mittelpunkt der Bildungsanstrengungen. Dabei muss man sich von der Illusion verabschieden, man könne „auf gleicher Augenhöhe" voneinander lernen. Assen Ignatow hält die pädagogisch-korrekte Scheu vieler Europäer vor einer Arroganz im Umgang mit Russen für einen Fehler. Sie würde der Europäisierung Russlands schaden. Ein Schock könne angesichts der Rückständigkeit nur heilsam sein. Wer Russland seine Zurückgebliebenheit verheimliche oder sie verharmlose, erweise dem Land einen schlechten Dienst und festige die Illusion, dass in Russland die Dinge grundsätzlich in Ordnung seien. Russland komme die

---

69 Andre Glucksmann„ Russisches Roulette - Die Anbetung der Führer im Osten hat im Westen Tradition, in: Die Welt v. 10.1.04.

Rolle des Schülers zu. Es sei infantil, darin etwas Erniedrigendes und Beschämendes zu sehen. Jeder Unterricht sei notwendigerweise asymmetrisch.[70]

---

70 Assen Ignatow, Europa im russischen Diskurs: Die neue Phase einer alten Debatte, in: Russland in Europa? , a.a.O. S. 35f.

III. Die NeuBildung Europas

1. Bundesstaat und Staatenbund. Differenzierte Mitgliedschaften als dritter Weg

Heute existieren zahlreiche Organisationen und zahllose Regelungen, die sich mit globalen Themen beschäftigen.[1] Die regionalen Verbundsysteme und Kooperations- und Integrationsstrukturen nehmen weiter zu: die Nordatlantische Freihandelszone NAFTA, die Regionalkooperation Mercosur im südlichen Lateinamerika, die südostasiatische Staatengruppe ASEAN, der Golfkooperationsrat, die Union der Arabischen Maghreb-Staaten, die Union der Afrikanischen Staaten, der Zusammenschluss der Pazifischen Staaten, der mittelamerikanische Kooperationsprozess, die südostasiatische Assoziationsgemeinschaft, ein ähnlicher Verbund im südlichen Afrika und die Gemeinschaft unabhängiger Staaten streben regionale Vernetzungsformen an.

Die Europäische Union ist eine Art Netzwerkstaat, der nicht wie der klassische Nationalstaat nach einem klaren drinnen oder draußen geschieden sein muss. Wenn das erweiterte Großeuropa im Jahre 2015 ca. 35 Staaten umfassen soll, könnte es angesichts der im Verfassungsvertrag geforderten qualitativen Mehrheiten eher einem Binnenmarkt mit einer Rahmenrechtsordnung als einem Staatenverbund als einem Bundesstaat ähneln.

Das Dilemma zwischen Erweiterung und Vertiefung kann nicht durch ein Entweder-oder gelöst werden. In einem Dilemma gibt es auch keine befriedigende Lösung, sondern nur unterschiedliche Weisen, mit dem Dilemma umzugehen. Der Versuch, dennoch klare, d.h. einseitige Lösungen herbei zu führen, wird meist einen höheren Preis erfordern als der Versuch, zwischen gegensätzlichen Gesichtspunkten die Spannung offen zu halten und einen dritten Weg im Gehen zu finden.

Bei der Suche nach einem dritten Weg kann die EU von der NATO lernen. Die Herstellung eines politischen Konsenses wird auch in ihren Gremien umso schwieriger, je zahlreicher und inhomogener die Mitglieder sind. Mit der Erweiterung der NATO von 19 auf 26 Mitglieder (Bulgarien, Rumänien, den Baltischen Ländern, Slowakei und Slowenien) im Jahr 2004 drohte eine Umwandlung der NATO vom westlichen zu einem gesamteuropäischen Bündnis.

---

1   Stefan Schaub, Supranationales Recht als Antwort auf die Globalisierung. GATT, WTO, Trips - worum geht es dabei eigentlich?, in: Peter Boskamp, Heinz Theisen (Hrsg), Krisen und Chancen unserer Gesellschaft, a.a.O., S. 121ff.

Die Erweiterung senkte die durchschnittliche militärische Leistungskraft der europäischen NATO-Länder und vergrößerte die militärtechnische Lücke Europas zu den USA. Der Vergrößerung des Sicherheitsraums stehen qualitative Verschlechterung gegenüber. Es droht eine Verstrickung in die Querelen der Ränder, weil die unterschiedlichen westlichen und russischen Demokratievorstellungen im postsowjetischen Raum kollidieren. Auf diese Gefahr und auf die Gefahr der Überdehnung hat man mit der NATO-Russland-Partnerschaft eine kluge Form der Bewältigung des Dilemmas gefunden. Sie ist nicht auf Integration, sondern auf Kooperation der NATO mit Russland ausgerichtet.

In der Theorie und Praxis der Erweiterungsprozesse prägt sich allmählich ein dritter Weg jenseits des Entweder-oder aus. Die Doppelstruktur der EU, die sowohl supranationale wie intergouvernementale Entscheidungswege kennt, lässt sich für die Suche nach einer differenzierten Mitgliedschaft nutzen. Im erweiterten staatenbündischen Europa könnte man sich auf ein gemeinsames Minimum einigen und in einer bundesstaatlichen Kernzone die Integration vertiefen. Jenes schon im Maastricht beschlossene Subsidiaritätsprinzip liefert die Legitimation für eine solche Differenzierung.

Der EU-Verfassungsvertrag enthielt durch die Anerkennung des engeren Zusammenschlusses zwischen Belgien, Niederlande, Luxemburg und durch seine Flexibilitätsklausel Ansatzpunkte für einen Vertrag im Vertrag. Die verstärkte Zusammenarbeit hat schon seit den Verträgen von Amsterdam und Nizza eine rechtliche Basis. Sie existierte bereits in den Regeln, die der Vertrag von Maastricht mit der Opting-out-Klausel für das Vereinigte Königreich und den Ausnahmeregelungen für Dänemark in Kraft gesetzt hat. Auch bei der Wirtschafts- und Währungsunion handelt es sich um nichts anderes als um eine verstärkte Zusammenarbeit, die nicht als solche beim Namen genannt wird und daher auch keine unabhängigen Ressourcen haben.

Im Verfassungsvertrag wurden weitere Grundlagen für differenzierte Mitgliedschaften gelegt. Im Artikel I-43 Absatz 1 des Verfassungsvertrags findet sie ihre Anerkennung: „Die Mitgliedstaaten, die untereinander eine verstärkte Zusammenarbeit im Rahmen der nicht ausschließlichen Zuständigkeiten der Union begründen wollen, können (...) die Organe der Union in Anspruch nehmen und diese Zuständigkeiten unter Anwendung der einschlägigen Verfassungsbestimmungen ausüben."

Wenn in der Zuordnung nach unterschiedlichen Kreisen allerdings die unterschiedlichen Identitäten im multikulturellen Europa außer Acht gelassen werden, könnten aus Vernetzungen leicht Verstrickungen werden. Die falsche Alternative zwischen dem „Projekt eines identitären Bundesstaats und einer weltoffenen Netzwerkgesellschaft" (Claus Leggewie)[2] ist in den Differenzierungen nach unterschiedlichen Kreisen der Zusammenarbeit aufzuheben.

Die Gefahr der Verstrickung in falscher Vereinheitlichung ist auch innerhalb von Kernstaaten gegeben, wenn zwischen den Politikfeldern die Unterscheidung zwischen notwendiger Gemeinsamkeit und notwendiger Unterschiedlichkeit nicht gelingt. Die Einsicht in die reale und wünschenswerte Vielfalt bedeutet, dass die „Soziodiversität" der Mitgliedsländer bewahrt werden muss, damit die ökonomisch unterschiedlich leistungsstarken Länder ihre komparativen Handelsvorteile bewahren können.

In der bundesstaatsähnlichen Integrationszone müsste das in den Ministerräten vorherrschende Einstimmigkeitsprinzip durch das Mehrheitsprinzip ersetzt werden. Der Übergang zum Mehrheitsprinzip war eine entscheidende Preisgabe nationalstaatlicher Souveränität und ein großer Schritt zur Staatlichkeit der Europäischen Union. Die Gemeinsamkeiten der Integrationszone beträfen vor allem die Außen- und Sicherheitspolitik (einschließlich der Verbrechensbekämpfung) und die Migrations- und Integrationspolitik, also den Feldern der Selbstbegrenzung- und Selbstbehauptung Europas.

Integration bedeutet im europäischen Kontext die freiwillig erfolgende Übertragung von Souveränität bzw. Entscheidungsautonomie durch mindestens zwei Staaten auf eine neue supranationale Einheit. Zu den Minimalbedingungen an Gemeinsamkeiten gehören nicht nur die Übereinstimmung ihrer Mitglieder in Bezug auf grundlegende politischen Werte, sondern auch die Fähigkeit der politischen Entscheidungsträger, auf Bedürfnisse, Aktionen oder Botschaften der anderen Seite angemessen zu reagieren, also eine Gegenseitigkeit der Verständnisse und Interessen wie man sie primär im eigenen Kulturkreis voraussetzen kann.

Das Hauptkriterium für die Differenzierung sollten nicht die formalen Kriterien der Strukturanpassung, sondern die Rechtskultur sein. In der Integrationszone dominiert gemeinsames Recht, so dass nur diejenigen Länder hinein gehören, die eine entsprechende Rechtskultur teilen. Die Assoziationszone kann in besonderer Weise nach dem Subsidiaritätsprinzip regieren. Die Kooperationszone gründet vor allem auf dem Prinzip der Gegenseitigkeit, für das Vertrauen, aber keine gemeinsame Rechtskultur nötig ist.

Ein Europa der differenzierten Mitgliedschaften ist bereits vielfach angedacht worden. Der Belgier Leo Tindemanns hatte schon 1975 von einem „Europa der zwei Geschwindigkeiten" gesprochen. Auch das Schlagwort vom „Europa der variablen Geometrie" steht für die Vorstellung, dass nicht alle Mitgliedstaaten immer gleichermaßen an weitergehenden Integrations-

---

2 So z.B. Claus Leggewie, Ausblick, in: ders. (Hrsg), Die Türkei und Europa. Die Positionen, Frankfurt/M 2004, S. 319.

schritten interessiert sind und deshalb institutionelle Vorkehrungen nötig sind, um bei weitergehenden Integrationsschritten einigen Staaten die Möglichkeit zu geben, nicht daran teilzunehmen. Diesen Visionen standen immer Befürchtungen entgegen, dass Europa sich zu einer „Zweiklassengesellschaft" entwickelt.[3]

Die vielfältige Einheit Europas hat Jacques Delors einmal auf die Formel gebracht: „Mehrere Länder können ein anderes Land nicht zwingen, weiter zu gehen als es will, aber umgekehrt kann dieses Land den anderen auch nicht das Recht und die Möglichkeit nehmen, die europäische Integration voranzubringen." Er unterscheidet nach den Aufgaben eines erweiterten Europas und einem Kerneuropa als Avantgarde, welches auch über eigene Institutionen verfügen soll. Das erweiterte Europa müsse zuerst den Frieden an seinen Außengrenzen sichern. Der Balkan müsse zurück zur Normalität geführt, eine ausgewogene Einwanderungspolitik eingeführt und gegen das internationale Verbrechen vorgegangen werden. Die enge Zusammenarbeit mit Russland, der Ukraine wie mit den südlichen Mittelmeeranrainern müsse gesichert sein.

Ein Europa ohne verstärkte Zusammenarbeit und ohne Avantgarde würde seine Energien vergeuden. Es sei im Interesse aller, die notwendige Dynamik zu erhalten, da sie bestimmten Ländern ermögliche, die noch jungfräulichen Gebiete der Zusammenarbeit in der Außen- und Sicherheitspolitik und der Optimierung der Zusammenarbeit in der wirtschaftlichen, ökologischen und sozialen Integration zu betreten. Die Föderation der Nationalstaaten würde die Verbindung zur erweiterten Union durch eine gemeinsame Kommission aufrechterhalten, die für die Einheitlichkeit der beiden Strukturen sowie für die Einhaltung der Regeln und die Wahrung des Acquis Comunautaire verantwortlich wäre.[4]

Mit der Osterweiterung ist das europäische Mehrebenensystem so komplex geworden, dass unterschiedliche Geschwindigkeiten fast unumgänglich scheinen. Der damalige französische Außenminister Dominique de Villepin hielt die Zeit für gekommen, Europa neu zu gründen. Im Zuge der Globalisierung werde die Bildung von regionalen Polen unentbehrlich, um die internationale Gemeinschaft zu strukturieren. Die Herausforderung der Heterogenität resultiere aus den unterschiedlichen Entwicklungsniveaus und den kul-

---

3 Zur Vielfalt als Wesenmerkmal Europas vgl. Heinz Schilling, Die neue Zeit, a.a.O. S. 23 „Vorreitergesellschaften, Wechsel von Kraftzentren, Ausgleichsprozesse zwischen altem und jungen Europa, Verschiebung von Grenzen, Begegnung mit dem Fremden und Selbsterkenntnis im Spiegel des Fremden - dies sind die Kardinalmerkmale Europas in dem halben Jahrtausend zwischen 1250 und 1750."

4 Jacques Delors, Eine Avantgarde als Motor für den europäischen Einigungsprozess, in: Werner Weidenfeld (Hrsg), Europa-Handbuch, a.a.O., S. 854.

turellen und politischen Unterschieden zwischen den Mitgliedstaaten. In einer neuen Architektur müsse es einen gemeinsamen Sockel geben, der jedes Mal, wenn es nötig ist, durch flexiblere Formen der Zusammenarbeit ergänzt wird. Er umfasst den gemeinsamen Markt und jene Politikfelder, die ihn ergänzen: Regionalhilfen, Infrastruktur, Agrarpolitik, Transport. Für diesen Bereich müsse es eine gemeinsame Norm geben, von der nur zeitlich begrenzt abgewichen werden darf. Darüber hinaus werden zusätzliche Integrationsanstrengungen die Staaten zusammenführen, die bereit sind, voran zu gehen.[5]

Der Belgische Ministerpräsident Guy Verhofstadt sieht die Gründe für ein Scheitern des EU-Verfassungsvertrages darin liegen, dass die Menschen nicht weniger, sondern mehr Europa wollten. Wenn Europa auf der Weltbühne mitreden wolle, bedürfe es einer verstärkten Integration Nur tatkräftige „Vereinigte Staaten von Europa" können den Herausforderungen die Stirn bieten und die Erwartungen des Bürgers erfüllen.

Die Mitgliedstaaten der EU bildeten heute allerdings keine homogene Gruppe mehr, die sich in dieselbe Richtung entwickeln will. Einige leugnen den politischen Zweck, einige sehen in der Union lediglich ein wirtschaftliches Kooperationsabkommen oder – schlimmer noch – einen Geldhahn.

Wir müssten uns klar zwischen einer Freihandelszone und einem wahrhaft politischen Europa entscheiden, für einen rein zwischenstaatlichen Ansatz oder für eine gemeinschaftliche Vorgehensweise. Die Zukunft Europas beruht nach seiner Meinung auf dem Aufbau eines politischen Europas auf einer gemeinschaftlichen oder föderalen Grundlage. Derzeit entwickele sich die EU eindeutig in Richtung einer europäischen Vorgehens auf den Gebieten, in denen eine entsprechende Handlungsfähigkeit gefordert ist. Europa hätte einen Einheitsmarkt geschaffen, die Binnengrenzen abgeschafft, eine eigene europäische Währung eingeführt und arbeite auch an einer gemeinsamen Außenpolitik.

Es könnten zwei konzentrische Kreise entstehen, ein politischer Kern, eine Art „Vereinigte Staaten von Europa" und rundherum ein Staatenbund, eine Art „Organisation Europäischer Staaten." Der politische Kern sollte nicht gegen eine breitere Zusammenarbeit in Europa gerichtet. Das neue Europa dürfe auf keinen Fall exklusiv sein.[6]

Jacques Derrida und Jürgen Habermas verknüpfen das Kerneuropamodell mit der europäischen Kultur. Die funktionalen Antriebskräfte Europas

---

5   Dominique de Villepin, Die Lehren von Brüssel, in: Frankfurter Allgemeine Zeitung v. 20.12.03.
6   „Plädoyer für die Vereinigten Staaten von Europa". Belgiens Ministerpräsident Guy Verhofstadt wirbt für eine bundesstaatliche Einigung des Kontinents und eine EU der zwei Geschwindigkeiten, in: Frankfurter Allgemeine Zeitung v. 2.12.2005.

seien erschöpft. Eine gestaltende Politik, die den Mitgliedsstaaten nicht nur die Beseitigung von Wettbewerbshindernissen, sondern einen gemeinsamen Willen abverlange, sei auf die Motive und Gesinnungen der Bürger angewiesen. Allein das Bewusstsein eines gemeinsamen politischen Schicksals und die überzeugende Perspektive für eine gemeinsame Zukunft könnten überstimmte Minderheiten von der Obstruktion des Mehrheitswillens abhalten.

Wenn Europa nicht auseinander fallen soll, müsse Kerneuropa von dem in Nizza beschlossenen Mechanismus der „verstärkten Zusammenarbeit" Gebrauch machen, um in einem „Europa der verschiedenen Geschwindigkeiten" mit einer gemeinsamen Außen-, Sicherheits- und Verteidigungspolitik den Anfang zu machen. Sie bauen eine Brücke zum erweiterten Europa, indem sie auf spätere Integrationsperspektiven verweisen. Vom Kern Europas würde eine Sogwirkung ausgehen, der sich andere Mitglieder nicht auf Dauer werden entziehen können. Vorangehen hieße nicht ausschließen. Das avantgardistische Kerneuropa dürfe sich nicht zu einem Kleineuropa verfestigen; es sollte vielmehr die Lokomotive sein. Die enger kooperierenden Mitgliedsstaaten der EU würden schon aus eigenem Interesse die Türen offen halten, durch die die Eingeladenen um so eher eintreten, je früher Kerneuropa auch nach außen handlungsfähig ist.[7]

Europäische Richtlinien können in ihrer Geltung auf einen oder mehrere Mitgliedsstaaten beschränkt werden. Dass davon wenig Gebrauch gemacht wird, erklärt Fritz W. Scharpf mit der Gleichsetzung von Fortschritten der europäischen Integration mit der Durchsetzung von europaweit einheitlichen Regeln. Das Paradigma des einheitlichen Europarechts im einheitlichen Wirtschaftsraum definiere in allen Politikfeldern das Kriterium, an dem Erfolg und gute europäische Gesinnung gemessen wird. Eine Differenzierung werde allenfalls neuen Beitrittsländern in der Form verzögerter Anpassung an den Rechtsbestand konzediert, während Forderungen nach der Anerkennung legitimer Diversität auf Unverständnis stoßen.[8]

Eine Differenzierung entspräche aber den unterschiedlichen Modalitäten, nach denen Europa regiert wird. Den ersten Modus nennt Scharpf „Supranationale Zentralisierung" z.B. in der Europäischen Geldpolitik und der Europäischen Zentralbank. Hier werden die Entscheidungen zentralisiert und ohne Mitwirkung der mitgliedstaatlichen Regierungen ausgeübt. Ähnliches gilt vom Europäischen Gerichtshof und von der Europäischen Kommission, wenn sie europäisches Vertragsrecht anwendet. Der zweite Modus der „Politikverflechtung" betrifft im Wesentlichen die Möglichkeiten einer positiven

---

7   Jacques Derrida und Jürgen Habermas, Unsere Erneuerung. Nach dem Krieg: Die Wiedergeburt Europas, in: Frankfurter Allgemeine Zeitung v. 31.5.2003.
8   Fritz W. Scharpf, Ist Europa regierbar? in: Herausforderung Europa - von Visionen zu Konzepten, hrsg. von Till Blume, Till Lorenzen , Andreas Warntjen, Baden-Baden 2003, S. 154

Integration, also der Regulierung wirtschaftlichen Handelns im Interesse politischer Ziele, die in der Regel von einer Initiative der Kommission ausgehen.

An dritter Stelle steht der Modus der „intergouvernementalen Verhandlungen". Er wird dann genutzt, wenn die Regierungen das Risiko scheuen, mit qualifizierter Mehrheit überstimmt zu werden wie in der Gemeinsamen Außen- und Sicherheitspolitik (GASP), für die Innen- und Justizpolitik, insbesondere bei Einwanderung, Asylrecht und Innere Sicherheit, aber auch für Steuerrecht und Sozialpolitik. Möglicherweise werde sich auch die zunehmend eingesetzte „Offene Methode der Koordination" zu einem vierten Modus des europäischen Regierens entwickeln. Hier richten die nationalen Regierungen ihre Politik an gemeinsam festgelegten Zielen aus und setzen diese einer gemeinsamen Beurteilung aus. In einigen Bereichen (insbesondere Wirtschaftsfragen) wird die Europäische Union hierarchisch und effektiv regiert, in anderen handelt es sich eher um ein Koordinierungsgremium.[9]

Die Union könnte funktionale Kooperationen aus dem Heranführungsprozess herauslösen. In der Umweltpolitik und in der Bekämpfung der organisierten Kriminalität wären z.B. die EU-Außengrenzen zweitrangig. Die potentielle Mitgliedschaft kann nicht das einzige Ordnungsprinzip sein. Die Nachbarschaftspolitik der EU kennt vielfältige Formen von regionalen Unterstützungsprogrammen, Partnerschafts- und Kooperationsabkommen.

Norwegen ist Quasi-Mitglied im Schengen-Regime, ohne EU-Mitglied zu sein, mit Rumänien wurde die Visums-Pflicht abgeschafft, noch bevor das Land EU-Mitglied ist.

Hinsichtlich der Infra-Struktur, Energie und Bildung sind Kooperationsformen vorstellbar, die nicht an die EU gebunden sind. Manche Ebenen der Integration könnten auf diese Weise bis Russland oder Marokko reichen, andere wären aus der Sache heraus regional begrenzt. Auf diese Weise könnte eine funktionale Dynamik entstehen. Sinn und Zweck des großen Europas wäre es, für die Nachbarn Angebote bereit zu stellen, die Reformen beflügeln ohne vermeintliche Beitrittschancen bemühen zu müssen.[10]

Die nationale Politik nimmt zwischen der globalen und der supranationalen Politik auf der einen Seite und den sich ebenfalls vermehrenden regionalen Handlungsträgern auf der anderen Seite immer stärker eine vermittelnde Position ein, die ebenfalls an Bedeutung gewinnt. Es hat noch nie so viele Nationalstaaten auf der Welt (204) gegeben wie heute. Die neue Mehrebenenpolitik entsteht aus dem gleichzeitigen Bedeutungszuwachs von globalen,

---

9   Ebd. S. 145ff
10 Wim van Meurs, Die neue Nachbarschaft. Der Blick jenseits der großen Erweiterung von 2004, in: Europäisch Zeitung Juni 2003, S. 64f.

supranationalen, nationalen und regionalen Handlungsfeldern. Ohne eine zumindest assoziierte oder selektive Teilmitgliedschaft würde dem entsprechenden Land ein wesentlicher Baustein zur politischen Problemlösungsfähigkeit fehlen.

Das Mehrebenensystem ist eine neue Form staatlicher Ordnung jenseits der überkommenen Alternative von Bundesstaat und Staatenbund. Im europäischen Staatenverbund fallen die Entscheidungen nicht hierarchisch, sondern in Netzwerken, strategischen Partnerschaften und Allianzen in den Verhandlungsprozessen. Hier gibt es keine klassische Gewaltenteilungen, sondern ein ständiges Experimentieren mit institutionellen Arrangements. Integration ist dabei ein Prozess unter ständigem Wettbewerb unterschiedlicher Institutionen. In diesem improvisierten Prozess sind Fragen nach der Finalität der Union bewusst ausgeklammert worden, damit „letzte Fragen" über unterschiedliche Finalitäten nicht zum Konflikt führen.[11]

Im Laufe der Jahrzehnte hat sich in der EU eine Vielfalt von sich überlagernden Geometrien in der EU ausgeprägt. Nur dreizehn Mitgliedstaaten nahmen am Schengen-Abkommen teil, welches den schrittweise Abbau der Personenkontrollen an den Binnengrenzen der EU einleitete, aber für alle fünfzehn Altmitglieder gilt das Prinzip der Freizügigkeit bei der Wahl von Wohnung und Arbeitsplatz. Dies gilt wiederum nicht für die Neumitglieder des Jahres 2004. Immer wenn die angestrebten Reformen weit hinter den Notwendigkeiten zurückbleiben sollten, muss sich eine Gruppe von Staaten zusammenfinden, die enger zusammen arbeitet als die Gesamtheit der Mitglieder. Sie müssen sich durch einen „Vertrag im Vertrag" aneinander binden.

Das Europa der differenzierten Mitgliedschaften führt zu mehreren Geschwindigkeiten, Avantgarden und Pioniergruppen und zu immer neuen Formen differenzierter Zusammenarbeit. Für die konzentrischen, um einen gemeinsamen Mittelpunkt angeordneten Kreise ist der von außen nach innen ansteigendem Integrationsgrad kennzeichnend. Den inneren Kreis bilden die Schengen- und Euroländer innerhalb der EU, dann kommen die nur sektoriel mitwirkenden Länder wie Großbritannien. Um diesen Kreis herum bilden sich die Efta-Länder, die rechtlich und politisch eng mit der EU zusammenarbeiten, ohne bereits sämtliche Integrationsschritte mit zu tragen. Dem Kooperationskreis entsprächen die Länder des Europarats und der OSZE (Organisation für Sicherheit und Zusammenarbeit in Europa), welche die gesamte nördliche Hemisphäre umschließen.

Die 55 Mitglieder der OSZE zeigen, wie weit man den Begriff Europa fassen kann, aber auch, wie eng die europäischen Probleme mit denen der

---

11 Helen Wallace, Die Dynamik des EU-Institutionengefüges, in: Markus Jachtenfuchs, Beate Kohler-Koch (Hrsg), Europäische Integration, Opladen 1996, S. 141ff.

gesamten nördlichen Hemisphäre verbunden sind. Auf diese Weise ist das europäische Mehrebenenmodell entstanden. Wir werden zugleich von regionalen, nationalen, supranationalen und globalen Organisationen regiert. Auf diese Vielschichtigkeit und Komplexität mit einem Rückfall auf eine Ebene, z.b. die nationale Ebene zu reagieren, würden die eigenen Möglichkeiten der Problembewältigung reduzieren. Wer sich auch nur einer dieser Ebenen verschließt, hat weniger Möglichkeiten zur Konflikt- und Problembewältigung als andere. Für einen nostalgischen Begriff von nationaler Souveränität opfert er die inter- oder supranationale Handlungsfähigkeit der Politik gegenüber den transnationalen Prozessen.

In der bisherigen Eurozone ist die klassische Arbeitsteilung zwischen Geld- und Finanzpolitik aufgehoben. Die gemeinsame Währung erzwingt eine verpflichtende Koordination der nationalen Haushalts-, Steuer- und Konjunkturpolitik. Die Euro-Staaten unterstützen mit ihrer Finanzpolitik die Ziele der europäischen Zentralbank, wodurch die öffentlichen Haushalte nur noch marginal zur Lösung drängender Aufgaben von Konjunktur, Struktur und sozialem Ausgleich zur Disposition der Nationalstaaten stehen. Die Kritiker des Euros sehen daher sein Ende voraus. Kein Staat könne sich auf Dauer eine Blockade seiner Staatshaushalte leisten. Am Ende werde der monetäre Nationalismus siegen. Mit dem Euro sei die historisch mühsam errungene Einheit von Staats-, Währungs- und Sozialraum aufgegeben worden.[12] Um dieser Kritik eine positive Wendung zu geben, bräuchte ein europäischer Bundesstaat eine eigene Fiskalpolitik. Am deutlichsten zeichnet sich die bundesstaatsähnliche Integrationszone in der Eurozone ab, weil Staat und Währung zusammen gehören.

Im Lichte dieser „variablen Geometrie" können Fragen nach dem Beitritt oder Nichtbeitritt von Ländern im Sinne der Frage modifiziert werden, welchen Status sie zunächst erreichen sollen. Das Konzept für eine „privilegierte Partnerschaft" mit der Türkei enthält ein weitgehendes ökonomisches und außen- und sicherheitspolitisches Integrationsangebot: die Erweiterung der Zollunion zu einer umfassenden Freihandelszone, die Erhöhung der EU-Finanzhilfen, Unterstützung bei der Gründung einer Freihandelszone im Mittelmeerraum, deren führende Rolle die EU inne hätte, enge Konsultationen im Prozess der Gemeinsamen EU-Außenpolitik und Mitwirkungen in den Vorhaben der gemeinsamen Europäischen Verteidigungspolitik. Verwehrt blieben dabei kurz- und mittelfristig der Wunsch der Türkei nach Freizügigkeit für Arbeitnehmer und der Beitritt zum Schengener Abkommen.

---

12 Vgl. Wilhelm Hankel, Wilhelm Nölling, Karl Albrecht Schachtschneider, Joachim Starbatty, Die Euro-Illusion - Ist Europa noch zu retten?, Reinbek 2001.

Umgekehrt erwartet die EU z.B. ein Rückführungsabkommen für aus der EU abzuschiebenden türkischen Straftäter.[13]

Wie eine solche Partnerschaft konkret gestaltet werden könnte, zeigt sich am Beispiel der bilateralen Abkommen der EU mit der Schweiz. Die ersten bilateralen Abkommen betreffen die Personenfreizügigkeit, den erleichterten Schwerverkehrtransit, den freien Luftverkehr, die Öffnung des Beschaffungswesens, die Beteiligung der Schweiz an den europäischen Forschungsprogrammen, die Erleichterung des Handels mit Agrarprodukten und die Aufhebung der meisten seit dem in den siebziger Jahren abgeschlossenen Freihandelsabkommen noch verbliebenen technischen Handelshemmnisse. Im Oktober 2004 haben die Europäische Union und die Schweiz eine zweite Serie solcher bilateraler Abkommen unterzeichnet.

Die Abkommen umfassen u.a. polizeiliche und justizielle Zusammenarbeit, Asyl und Migration. Die Schweiz beteiligt sich am Schengen-Dublin-System gemäß dem schon für Norwegen und Island bestehenden Assoziierungsmodell. Das Schengen-Übereinkommen erleichtert dank des Verzichts auf die systematische Personenkontrolle den EU-internen Grenzübertritt. Zugleich verbessert der Vertrag die grenzüberschreitende Zusammenarbeit der Polizei- und Justizbehörden im Kampf gegen das organisierte Verbrechen und den Terrorismus. Das Dublin-Übereinkommen regelt die Zuständigkeit der Mitgliedstaaten zur Behandlung der im EU-Raum gestellten Asylgesuche. Das Assoziierungssystem gewährt der Schweiz bezüglich Schengen/Dublin den gleichen Status wie Norwegen und Island. Sie wird Zugang zum Schengener Informationssystem erhalten. Die Schweiz wird an der Weiterentwicklung des Schengen/Dublin-Rechtsbestands teilnehmen und ihre Interessen gleichberechtigt in den Entscheidungsprozess einbringen können. Sie besitzt aber kein formelles Mitentscheidungsrecht. Die Anpassung der Schweizer Rechtsordnung erfolgt nicht automatisch, sondern sie wird jedes Mal dem schweizerischen Gesetzgeber vorgelegt. Die Schweiz hilft der EU im Kampf gegen den Zollbetrug und die Umgehung von indirekten Steuern. Sie wird Mitglied der Europäischen Umweltagentur und nimmt ab 2007 an den europäischen Jugendförderprogrammen teil.[14]

Im Artikel I-56 des Verfassungsvertrages heißt es bezüglich der Nachbarschaftspolitik: „Die Union entwickelt besondere Beziehungen zu den Staaten in ihrer Nachbarschaft, um einen Raum des Wohlstands und der guten Nachbarschaft zu schaffen, der auf den Werten der Union aufbaut und sich durch enge, freundschaftliche Beziehungen auf der Grundlage der Zu-

---

13   Vgl. Die Union debattiert über EU-Beitritt der Türkei, in: Frankfurter Allgemeine Zeitung v. 23.1.04.
14   Rene Schwok, Stefan Bloetzer, Die Beziehungen zwischen der Schweiz und der EU, in: Aus Politik und Zeitgeschichte 36/2005, S. 33ff.

sammenarbeit auszeichnet." Abs.(2) „Zu diesem Zweck kann die Union spezielle Abkommen mit den betreffenden Ländern schließen. Diese Abkommen können gegenseitige Rechte und Pflichten umfassen und die Möglichkeit zu gemeinsamen Vorgehen eröffnen. Zur Durchführung der Abkommen finden regelmäßige Konzertierungen statt."

Die Strategie der Europäischen Nachbarschaftspolitik ist es, in der unmittelbaren Nachbarschaft der EU die Herausbildung eines „Rings gut regierter Staaten" zu fördern, mit denen die EU enge Beziehungen pflegen und die wirtschaftliche Zusammenarbeit vertiefen kann. Im Mai 2004 veröffentlichte die Europäische Kommission das „Strategiepapier zur Europäischen Nachbarschaftspolitik". Die EU will demnach Beziehungen entwickeln, die „über die Zusammenarbeit hinaus ein erhebliches Maß an wirtschaftlicher und politischer Integration" enthalten. Die Zusammenarbeit soll aber ausdrücklich nicht zur Mitgliedschaft dieser Staaten in die EU führen. Das Angebot sieht vor, dass die EU den Nachbarländern den Binnenmarkt weitgehend öffnen und sie an einer großen Zahl von EU-Programmen beteiligen würde. Im Gegenzug sollen die Partnerländer innere Reformen in Gang setzen und mit der EU bei der Lösung bestehender Konflikte, der Bekämpfung des Terrorismus und der Nichtverbreitung von Massenvernichtungswaffen zusammenarbeiten. Die von den Partnerländern geforderten inneren Reformen bezogen sich auf die Abhaltung freier Wahlen, bessere Haftbedingungen, Freiräume für Nichtregierungsorganisationen sowie Medienfreiheit. Zur praktischen Verwirklichung schlug die EU vor, mit jedem Partnerland Aktionspläne zu vereinbaren, die in jährlichen Fortschrittsberichten auf ihre Wirksamkeit überprüft werden.

Neben Russland, Ukraine und Moldawien wurden auch Algerien, Ägypten, Israel, Jordanien, Libanon, Marokko, Syrien, Tunesien, die Palästinensische Behörde, Armenien, Azerbajdzan und Georgien in die Nachbarschaftspolitik der EU einbezogen[15] Russland lehnte aber ab, weil es sich nicht mit Lybien auf eine Stufe stellen und von der EU jährlich examinieren lassen will. Den Russen erscheint eine Strategische Partnerschaft als eine angemessenere Form der Verbindung. Diese Partnerschaft baut auf den vier gemeinsamen Räumen auf: der gemeinsame Wirtschaftsraum, der gemeinsame Raum der äußeren Sicherheit und der gemeinsame Raum der Forschung, Bildung und Kultur.

Von den Ländern des östlichen und südlichen Mittelmeers wurden im Rahmen der ENP Aktionspläne mit Israel, Jordanien, der Palästinensischen Autonomiebehörde, Marokko und Tunesien abgeschlossen. Mit Ägypten und

---

15 Mitteilung der Kommission, Europäische Nachbarschaftspolitik, Strategiepapier, Kommission (2004)373 vom 12.5.2004.

Libanon ist dies als nächstes vorgesehen. Syrien kann einbezogen werden. Algerien hat das Abkommen bisher nicht ratifiziert. Lybien zeigt kaum Interesse.

Günter Verheugen sieht die von ihm maßgeblich konzipierte Europäische Nachbarschaftspolitik allerdings als den ersten großräumig angelegten Versuch der EU, den gemeinsamen Wertekanon über ihre Grenzen zu exportieren, ohne gleich die Vollmitgliedschaft in der EU anzubieten. Sie könne der Beginn einer gesamteuropäischen Integration sein, die nicht darauf abzielt, das Territorium der EU auf ganz Europa und die Mittelmeer-Region auszudehnen, sondern Zonen unterschiedlicher Dichte der Integration erlaubt. Die Europäer in der EU müssten begreifen, dass sie selbst nicht auf Dauer in Frieden und Wohlstand leben könnten, wenn ihre Nachbarn davon ausgeschlossen sind.[16]

Diese Europäische Nachbarschaftspolitik schmeißt völlig undifferenziert europäische und nichteuropäische Staaten in einen Topf. Dass man Günter Verheugen als Architekten der Osterweiterung auch mit dieser Aufgabe betraute, führte unweigerlich dazu, dass die Kriterien des Erweiterungsprozesses auch hier zur Geltung kamen. Angemessener wären in den meisten Fällen wohl eher die Kriterien für eine Staatenbildung gewesen. Da man keine vergleichbaren Anreize wie im Erweiterungsprozess zu bieten hatte, lief dieser Prozess weitgehend ins Leere oder wurde gar als Anmaßung empfunden. Es blieb unklar, ob die ENP nun als erster Schritt zu einer späteren Integration oder als Vorbereitung einer dauerhaften Nichtintegration gemeint war. Angesichts der ungeklärten Finalität der Europäischen Union musste dies zwangsläufig auch offen bleiben[17]

Als im Rahmen der Euro-Mediterranen Zusammenarbeit, auch als Barcelona-Prozess bekannt, Ende 2005 ein Gipfeltreffen der Staats- und Regierungschefs anberaumt wurde, bei der u.a. über Terrorismusbekämpfung verhandelt werden sollte, erschien keiner der Staats- oder Regierungschefs aus den afrikanischen Ländern. Das Interesse an den von der EU definierten Gemeinsamkeiten hält sich in Grenzen, solange die EU keine Mitgliedschaften oder zumindest materiellen Unterstützungen anzubieten hat. Der europäische Universalismus stößt mit seinen materiellen Grenzen immer dort an politische Grenzen, wo grundlegende kulturelle Unterscheide gegeben sind.

Mit den neuen Formen der partiellen Grenzziehungen bzw. Inklusionen könnte sich die Frage nach den Grenzen und der Identität Europas entschärfen.

---

16 Günter Verheugen, Europa in der Krise. Für eine Neubegründung der europäischen Idee, Köln 2005, S. 105ff.

17 Vgl. zur Kritik an der Nachbarschaftspolitik Nicolas Hayoz, Leszek Jesien, Wim van Meurs (eds), Enlarged EU – Enlarged Neighbourhood. Perspectives of the European Neighbourhood Policy, Bern 2005.

Institutionalisierte Möglichkeiten zum Austritt aus der EU und festgelegte Kriterien für die Einleitung eines Ausschlussverfahrens sind ebenfalls notwendig, da ein Drohpotential zur Erhaltung jedes Gemeinwesens unabdingbar ist.[18]

Eine Rosinenpickerei im Sinne eines Europas a la carte ist kein Dauerzustand. Die Staaten müssen sich entscheiden, ob sie mit allen Rechten und Pflichten Mitglied dieses oder jenes Kreises sein wollen.[19] Ein bundesstaatsähnlicher Integrationskreis entspräche den Visionen von den „Vereinigten Staaten von Europa". Es könnte zwei Rechtskreise geben: die föderativ verfassten „Vereinigten Staaten von Europa" als Bundesstaat mit relativ wenigen Mitgliedern und einen tendenziell das ganze Europa umspannenden Staatenbund.

Der Wille und die Fähigkeit zur aktiven und nicht nur zur proklamierten Gegenseitigkeit wäre anders als die Lippen- und Gesetzesbekenntnisse zu europäischen Werten ein geeignetes Kriterium, um eine Differenzierung der Zugehörigkeiten in die Wege zu leiten. Die europäischen Länder, die nicht zu einer engen Integration und einer entsprechenden Gegenseitigkeit Willens oder in der Lage sind, könnten im zweiten Kreis eine lockere Zugehörigkeit pflegen. Es ginge dabei weniger um „unterschiedliche Geschwindigkeiten" als um abgestufte Formen von Gemeinsamkeit. Dieser dritte Weg wäre eine Alternative dazu, entweder ganze Regionen Ost- und Südosteuropas der Destabilisierung zu überlassen oder sich durch deren Integration selbst der Gefahr der Destabilisierung auszusetzen.

Dieses neue doppelte Europa bräuchte eine Verfassung für den bundesstaatsähnlichen Integrationskern und einen Vertrag für einen staatenbundähnlichen Kooperationskreis. Nur in diesem Kern, den „Vereinigte Staaten von Europa", ginge es um eine weitere Vertiefung der Handlungskompetenzen. Im zweiten Kreis wären keine gemeinsame Identität, sondern nur gemeinsame Werte und Kooperationsbereitschaft erforderlich, so dass hier leichter über weitere Erweiterungen entschieden werden könnte.

---

18   Undine Ruge, Europas variable Geometrie. Die erweiterte Union braucht eine Avantgarde, in: Blätter für deutsche und internationale Politik 3/2003, S. 314ff.
[19] Ralph Alexander Lorz, Zurück in die Zukunft, in: Frankfurter Allgemeine Zeitung v. 24.11.04

2. Kulturelle Voraussetzungen einer europäischen Gouvernanz

2.1 Von der Dekonstruktion zur Rekonstruktion der europäischen Kultur?

Die Zunahme des asozialen Verhaltens, der Verfall der Familien und der Gebürtigkeit, das Nachlassen der Arbeitsethik und das abnehmende Interesse an Bildung haben ihre gemeinsame Ursache in einer Dekonstruktion der Spannungsfelder, welche die bürgerliche Kultur des modernen Europas konstituieren. Die Polaritäten von Rechten und Pflichten, von Eigen- und Allgemeininteressen, von Arbeit und Freizeit, von Gegenwartsbedürfnissen und Zukunftsnotwendigkeiten sind oft einer spannungsfreien Anstrengungs- und Leidensvermeidung geopfert worden. Dies konnte so leicht und schnell geschehen, weil zuvor bereits die tiefer liegenden Wurzeln Europas, vor allem die christliche Ethik und die aufklärerische Rationalität, von postmoderner Beliebigkeit untergraben bzw. „dekonstruiert" worden waren.

Europa leidet an einem Kulturrelativismus, dem selbst die Maßstäbe für ein zivilisiertes Zusammenleben verloren zu gehen drohen. Doch ohne eine „Kultur der Freiheit" - so Udo Di Fabio - kann eine freiheitliche Gesellschaft nicht bestehen. Der freie Mensch könne sich nicht entfalten, ohne eine gewachsene Kulturgemeinschaft, die ihm Richtung und Horizont weist. Der Mensch gerate ohne ein sinnhaftes System der Weltdeutung in „Existenznot". In der Kultur gehe es letztlich um Lebenssinn und um das, was fast alle für gerecht und richtig oder böse und hässlich halten. Es zeige sich immer deutlicher, dass im 21. Jahrhundert diejenigen Nationen und Weltregionen in Führung gehen, die über ein solides kulturelles Fundament verfügen. Im Wettbewerb behaupten würden sich diejenigen Kulturen, die zu einer dynamischen Weltwirtschaft passen und welche den Menschen eine Mitte und eine Möglichkeit zur Identifikation geben.[1]

Mit dem Verlust gemeinsamer Werte gehen die Maßstäbe zur Bewertung unterschiedlicher Wertschätzungen und damit auch die Grenzen von Pluralismus und Toleranz verloren. Selbst Marodeure und Schmarotzer werden als „Opfer" anonymer Strukturen entschuldigt und damit von personaler Verantwortlichkeit entlastet. Die aus dieser Weltsicht zwangsläufig resultierende Überdehnung staatlicher Hilfsmöglichkeiten kann weder durch strukturelle Reformen noch durch eine Ökonomisierung der Lebensvollzüge aufgefangen werden, weil sie den soziokulturellen Kern des Problems verfehlen. In einer

---

1   Udo Di Fabio, Die Kultur der Freiheit, München 2005.

nach Teilsystemen ausdifferenzierten Gesellschaft müssen auch die den jeweiligen Teilsystemen entsprechenden Signale gewählt werden. Als Antwort auf soziokulturelle Dekonstruktionen eignen sich nur soziokulturelle Rekonstruktionen. Auch die Unterscheidung von sozialen und kulturellen Ursachen etwa in den gängigen Analysen der Revolte in Frankreich ist vordergründig. Wer nicht in die Alltags- und Arbeitskultur eines Landes integriert ist, wird auch keinen Arbeitsplatz finden, wodurch er zwangsläufig kulturell desintegriert bleibt.

Die Parallelen zur spätrömischen Dekadenz springen einem von der mangelnden Gebürtigkeit bis hin zur Nichtintegration der germanischen Barbaren ins Auge. Das Schicksal Roms und aller anderen versunkenen Kulturen erinnert daran, dass Kulturen sterblich sind und es immerwährender Anstrengungen bedarf, um den Untergang der Kultur immer von neuem hinauszuschieben. Prophezeiungen vom „Untergang des Abendlandes" dürfen deshalb auch nicht ignoriert, sondern als Warnungen verstanden werden und zur Gegensteuerung beitragen. Übertriebener Kulturpessimismus und Resignation müssen ebenso vermieden werden wie ein Kulturoptimismus, der die Gefahren leugnet und daher die Kräfte zur Gegenwehr demobilisiert. Ein zur Hochmut neigender Kulturoptimismus, wie wir ihn im Überschwang der neunziger Jahre erlebten, droht die Selbstreflexion und Lernfähigkeit zu beeinträchtigen.

Die vom französischen Soziologen Raymond Aron in den siebziger Jahren beschworene „Dekadenz Europas" gegenüber der totalitären Bedrohung hat sich als ein Beitrag zur selbstzerstörenden Prophezeiung erwiesen.[2] Die Selbstbehauptungskräfte des Westens waren stärker als die Verfallskräfte im Sowjetsystem aus. Der Totalitarismus, der die Spannungsfelder in abschließenden Synthesen zu überwinden vorgab, erwies sich nicht als Teil, sondern als Gegenteil der europäischen Dialektik von Einheit und Vielfalt. Heute müssen wir danach fragen, welche Potentiale das heutige Europa gegen die Erschlaffung der Spannungsfelder aufzubieten vermag und wie groß die Chancen ihrer Rekonstruktion sind?

Wenn Kulturkritik nicht auf eine Steigerung unserer Lernfähigkeit ausgerichtet ist, trägt sie zu einer Dekonstruktion der westlichen Kultur bei. Eine konstruktive Kulturkritik sollte der Dekadenz immer auch die Potentiale gegenüberstellen. Sozialpädagogen würden von „Ressourcenorientierung" reden. Europa kann nicht durch eine ganz neue Theorie, sondern durch eine Renaissance seiner Ressourcen und Potentiale geholfen werden.

Die entscheidende Ressource der westlichen Kultur liegt in der aus den dialektischen Spannungen zwischen den Polaritäten resultierenden Lernfä-

---

2   Raymond Aron, Plädoyer für das dekadente Europa, Berlin 1978.

higkeit. Sie wird auch für die künftige Rolle Europas entscheidend sein. Um uns im globalen Wettbewerb behaupten zu können, müssen wir in der Forschung schneller sein als ost- oder südostasiatische Länder. Alternative Energiequellen müssen uns sowohl aus ökologischen als auch aus kulturellen Gründen vom Öl des Nahen Ostens unabhängiger machen.

Nach seinem lateinischen Wortsinn bedeutet Kultur „bebauen und bewahren". Eine Kultur des Haushaltens und des Maßes steht im Gegensatz zu einer bloß quantitativen Wachstumsökonomie. Ein solches Kultur- und Ökonomieverständnis, welches ideelle und materielle Elemente im Sinne eines „ora et labora" verbindet, ist europäischer als eine besinnungslose Steigerungsökonomie. Die Pflege des kulturellen Kapitals wäre die Voraussetzung für die Pflege des sozialen und des natürlichen Kapitals.

Bei einer Rekonstruktion der europäischen Kultur ginge es nicht um eine Idealisierung der Vergangenheit, sondern nur um eine Wiederherstellung der Spannungsverhältnisse, die für unsere Zukunftsfähigkeit gebraucht würden, so z.B. um eine Ergänzung der Säkularität durch ein Kulturchristentum. Anders als im Fundamentalismus sollte die Rekonstruktion nicht hinter die Errungenschaften der Aufklärung zurückgehen, sondern diese durch eine Abklärung unserer moralischen Ressourcen stärker ergänzt werden.

Noch bis vor wenigen Jahren füllten Bücher über die Dekadenz Amerikas die Regale. Auch sie haben zur Überwindung von Dekadenz beigetragen. Kulturelle Nachhaltigkeit wurde zu einem gesellschaftlichen Leitbild und bestimmte immer stärker die politischen Debatten. Sowohl die Sozialpolitik als auch die Einwanderungspolitik wurden konsequent nach dem Prinzip der Gegenseitigkeit ausgerichtet. Auch wenn es im Neokonservativismus und bei den Evangelikalen unangenehme Formen der Regression gibt, sollte die öffentliche Wahrnehmung das Land keinesfalls auf sie reduzieren.

Die Wiederbesinnung auf die religiösen Quellen des Landes dürfte einen erheblichen Anteil daran haben, dass die Amerikaner heute weniger egoistisch sind als noch in den 80er Jahren. Ihre Geburtsrate reicht zur Reproduktion der Gesellschaft aus. Der Niedergang der Gewalt auf allen Ebenen und ein spürbarer Anstieg von sozialer Ordnung sind eine messbare Folge von „America‚s Moral Revival". Die „International Herald Tribune" führt dies u.a. auf die Abwendung von dummen Ideen zurück, der zufolge Familien veraltete Lebensformen, Drogen ein Ausweis der Freiheit seien und das Heranwachsende Rebellen sein müssten.[3]

Europa hat in seiner Geschichte immer wieder die Kraft zu Leitbildwechseln, zu Reformationen und Renaissancen gehabt. Ein Leitbildwechsel in Europa ist daher kein frommer Wunsch, sondern wahrscheinlich. Auch die

---

3   David Brooks, America´s Moral Revival, in: International Herald tribune v. 9.8.2005.

218

Europäische Union war eine gelungene Renaissance des abendländischen Spannungsverhältnisses von Universalismus und Partikularismus. Die Europa im Grunde fremden Clanstrukturen des Nationalismus konnten zugunsten einer rekonstruierten Polarität von nationalstaatlicher Souveränität und supranationaler Kooperation überwunden werden. In der NeuBildung Europas im Rahmen der Europäischen Union erkennen wir Chancen zur Rekonstruktion der europäischen Kultur.

Christian Meier bringt die Wirksamkeit des Griechischen in Europa auf die Formel einer Kulturbildung aus Freiheit statt aus Herrschaft". Nicht die Durchsetzung einer starken Herrschaft und ihrer Administrations- und Repräsentationsbedürfnisse prägte die Poliskultur der Griechen, sondern die Beibehaltung vieler kleiner selbständiger politischer Einheiten und die Entfaltung einer Lebensform, in der zunächst die maßgebende Schicht, dann aber immer mehr Zugehörige auch für sich selbst Eigenständigkeit und Unabhängigkeit forderten. Solche Eigenständigkeit war Voraussetzung für allseitige Entwicklung und die gemeinsame Bewältigung der sich im Verhältnis der freien zueinander stellenden Probleme. Meier führt auch die Kultur des öffentlichen rationalen Argumentierens und auch der Wissenschaft auf diese Grundstruktur zurück. Diese Kultur der Freiheit, der Verantwortung und der Offenheit sowie der weit- und tiefgetriebenen Rationalität und der Bereitschaft, Menschen- und Götterwelt, also sich selbst radikal in Frage zu stellen, hätten das abendländische Europa auf stärkste geprägt.[4]

Die jüdisch-christliche Religion steht auch deshalb in dieser Tradition, weil das Christentum als erste und einzige Weltreligion die Freiheit zum religiösen Ziel erklärte. Religiöse Gegensätze müssen deshalb hier auch keineswegs zu Auseinandersetzungen geführt. Aus der ertragenen Differenz mit den anderen beruhte Europas Überleben und vor allem seine Kultur. Einheit kann nur durch intellektuelle Leistung aus der unendlichen Fülle der Erscheinungen hergestellt werden. Mit „Freiheit", „ertragener Differenz" und einem „praktischen Rationalismus der Weltbeherrschung benennt Hans Joas einige der basalen kulturellen Werte Europas. „Innerlichkeit", „die Hochschätzung des gewöhnlichen Lebens" und Selbstverwirklichung „seien drei weitere Werte, die heute zur kulturellen Selbstverständlichkeit geworden sind.[5]

Die Kultur der Freiheit findet ihren konkreten Ausdruck in der Rechtskultur, der Sozialkultur und der politischen Kultur. Erst ihre hinreichende Berücksichtigung bzw. ihr Aufbau in der europäischen Integrationskultur

---

4   Christian Meier, Die griechisch-römische Tradition, in: Hans Joas, Klaus Wiegandt (Hrsg) , Die kulturellen Werte Europas, a.a.O., S. 93ff.

5   Hans Joas, Die kulturellen Werte Europas, in: ders., Klaus Wiegandt (Hrsg), Die kulturellen Werte Europas , a.a.O., S. 11ff.

würde eine Erweiterung der guten Gouvernanz möglich machen. Die Strukturen und Institutionen von Rechtsstaat, Demokratie und der sozialen Marktwirtschaft ergeben gute Gouvernanz. Darunter versteht man Rechtssicherheit und Eigentumssicherheit, eine funktionsfähige öffentliche Verwaltung und unabhängige Justiz, eine berechenbare Politik, innere und äußere Sicherheit.

Im Gegensatz zum bloßen „Government" - der hierarchischen Regierung und Verwaltung eines Landes - geht es vor allem um die Gegenseitigkeit von Staat, Markt und Zivilgesellschaft. Im Gegensatz zur „Demokratisierung" zählt hier weniger die Entscheidungsfindung von unten nach oben als die an das Gemeinwohl gebundene Kooperation der Entscheidungsträger. Die Voraussetzungen der Gouvernanz - die Rechtskultur, die bürgergesellschaftliche Sozialkultur und die demokratische Dialektik von Konflikt- und Kooperationskultur - sollten zugleich Maßstäbe für die differenzierte Mitgliedschaft der Europäischen Union sein.

2.2 Europäische Rechtskultur

Auch unsere Verfassung unterscheidet nach „Recht und Gesetz". Das Recht umfasst Grund- und Menschenrechte, die Sitten, Gebräuche und das Gewohnheitsrecht. Gesetze sind nur die Konkretisierungen des Rechts. Die Rechtsordnung muss für alle Bürger verbindlich sein. Recht und Gesetz sind in einer freiheitlichen Gesellschaft nur dann durchsetzbar, wenn sie von der Mehrheit auch dann eingesehen werden, wenn sie ihren Interessen und Meinungen zuwider laufen. Der Staat kann nicht auf die aus der Kultur gerinnende allgemeine Moral zur freiwilligen Einhaltung der Gesetze verzichten. Sobald 50, 60 oder mehr Prozent der Bevölkerung dem Gesetz die Gefolgschaft verweigern, ist dies von einem demokratischen Staat weder kontrollierbar noch sanktionierbar. An der Moral der Mehrheit hängt der Bestand der Gesetze und des Gemeinwesens, hängen Rechts- und Sozialstaatlichkeit, die ohne gemeinsame moralische Antriebe nicht durchhaltbar sind.[6]

---

6   Vgl. Otfried Höffe, Über die Macht der Moral, in: ders.: (Hrsg), Lesebuch zur Ethik. Philosophische Texte von der Antike bis zur Gegenwart, München 1999, 2. Auflage, S. 409 „ Merkwürdigerweise pflegt man die Moderne im Namen der Moral zu kritisieren, obwohl jene vier Bereiche, die sich im Kulturvergleich als besonders typisch erweisen - der Komplex Naturwissenschaft - Medizin - Technik, die Demokratie und die Menschenrechte, das rationale Wirtschaften und der Sozialstaat - von moralischen Antriebskräften wesentlich mitbestimmt sind. Ähnliches gilt für die Philosophie, für die Musik, Literatur und Kunst, für die Geistes- und Sozialwissenschaften, nicht zuletzt für die Religion, zumindest das westliche Christentum. Weil teils ihre Entstehung, teils ihre Veränderung moralisch beeinflusst ist, hält weder die These der Wirklichkeit stand, in der Moderne sei die Moral überflüssig, gleichwohl wirksam, noch die Gegenthese, sie sei ein knappes und nicht erneuerbares Gut. Eher wäre von einer in der Moderne gewachsenen Macht der Moral zu spre-

Auch für die Gegenseitigkeiten markwirtschaftlicher Prozesse ist das Vertrauen, dass der Partner sich freiwillig an die Regeln hält, grundlegend. Selbst Wettbewerb ist eine Form der Kooperation. Man vertraut darauf, dass der Konkurrent ein ähnliches Schuld- und Verantwortungsgefühl hegt wie man selbst. Dieses Vertrauen ist vor allem da begründbar, wo gemeinsame Werte prägend sind. Recht basiert auf Kultur.

Der Multikulturalismus hat daher die Lehren der Geschichte nicht auf seiner Seite. Er übersieht, dass die Begegnungen des Hellenismus, des römischen Erbes, des Judentums und des Christentums am Anfang keineswegs zu harmonischen Synthesen führten. Es brauchte Jahrhunderte, bis sich die Gegensätze zu einem produktiven Zusammenleben ergänzten. Es ist kein Zufall, dass 1918 wie 1991 Vielvölkerstaaten unter dem Demokratisierungsdruck zerbrachen. Multikulturalität und Demokratie stehen in einem Spannungsverhältnis. Eine demokratische Gesellschaft setzt eine höhere Homogenität der Bevölkerung voraus als Diktaturen, da hier die Bürger nicht nur zusammen leben, sondern auch zusammen entscheiden müssen.[7]

Multikulturalismus ist kein Antrieb für eine ernsthafte interkulturelle Integrationsarbeit. Man belässt die Kulturen und Menschen wie sie sind statt sie zu fördern und zu fordern. Diese Gleichgültigkeit sollte man nicht mit Toleranz verwechseln. Dem Multikulturalismus zufolge sind alle Kulturen gleichwertig. Es gibt demnach keine Standards, nach dem andere Kulturen zu beurteilen sind. Diese Haltung fand ihre Auswüchse in der Politik der Landesregierungen, die Kinder von Zuwanderern auch ohne Deutschkenntnisse in den Grundschulen aufzunehmen. Damit war nicht nur der Unterricht ruiniert, sondern auch der Weg in die Arbeitslosigkeit und in die Absonderung dieser Kinder vorprogrammiert. Immerhin setzte die Hessische Landesregierung 1999 diesem grotesken Missstand in ihrem Bundesland ein Ende, indem sie vorschulischen Sprachunterricht zugleich ermöglichte und verpflichtete.

Der Kulturrelativismus ist zutiefst widersprüchlich. Er enthält nämlich doch eine verbindliche moralische Norm: Respektiere die Andersheit des Anderen. Damit sind der Beliebigkeit ethischer Normen Grenzen gesetzt; die von der Postmoderne wiederholte Toleranzregel der Aufklärung enthält eine implizite Grenzsetzung: Recht auf Toleranz hat nur der Tolerante selbst, da Toleranz gegenüber den Intoleranten letztlich den Untergang der Toleranz bedeuten würde. Damit scheint auch in der postmodernen Ethik die Idee des verbindlich Guten auf, welche das minimale konsensuale Fundament jeder noch so radikalen Pluralität sein muss, wenn diese Bestand haben soll. Die geforderte Belie-

---

7   Vittorio Hösle, Könnte die Europäische Union als Bundesstaat funktionieren?, in: Universitas 12/2001, S. 1236.

bigkeit zeigt sich als begrenzte und damit als „unbeliebige Beliebigkeit".[8]

Der Kern des Widerspruchs zwischen den Konzepten des Multikulturalismus und den westlichen Werten liegt in der Gleichwertigkeit der Menschen, aus der sich die individuellen Menschenrechte ableiten. Die Widersprüche zwischen Gleichwertigkeit und Toleranz verletzen das Prinzip der Einheitlichkeit der Verfassung, welches für unsere Rechtskultur grundlegend ist. Der Zusammenhang der Verfassung begründet die Notwendigkeit, nicht nur die einzelne Norm, sondern immer den Gesamtzusammenhang zu sehen, in den sie gestellt ist. Wo Kollisionen entstehen, stellt das Prinzip der Konkordanz die Aufgabe der Wertoptimierung. Beiden Gütern müssen Grenzen gezogen werden, damit beide zu optimaler Wirksamkeit gelangen. Die Grenzziehungen müssen verhältnismäßig sein.[9]

Für eine gültige Selbstkritik brauchen wir aber Kenntnisse dessen, was wir kritisieren, und normative Kriterien, aufgrund derer wir etwas kritisieren.[10] Das Bekenntnis zur eigenen Kultur fällt vielen Europäern schwer, weil sie in sympathischer Selbstkritik und oft auch unsympathischem Selbsthass den negativen Seiten ihrer Geschichte und den problematischen Seiten ihrer Gegenwart verhaftet sind. Diese unzureichende Wahrnehmung der Komplexität der eigenen Kultur zeigt sich heute vor allem im Antiamerikanismus, der die gemeinsame kulturelle Basis von Amerika und Europa verleugnet.[11] Das Schuld- und Verantwortungsbewusstsein des Einzelnen ist in der westlichen Kultur in der Erbsündenlehre des Augustinus verankert, die in der orthodoxen Kultur Osteuropas keine Aufnahme fand.

Toleranz gegenüber totalitären Kräften ist fatal. Der Islamismus trägt mit seiner Verbindung von Religion und Politik unverhohlen totalitäre Züge, die oft erst durchbrechen, sobald Islamisten in den demokratischen Willensbildungsprozessen an ihre Grenzen gestoßen sind. Von daher ist es kein Zufall, dass ein Mohammed Atta und der Mörder von Theo van Gogh zur Gewalt griffen, nachdem sie erkannt hatten, dass es aussichtslos ist, in unserer Gesellschaft die absoluten Forderungen des Islam durchsetzen zu können.

In der Ethnisierung der Islam-Gemeinde liegt eine Bedrohung für unsere Rechtskultur. In Bosnien, dem Kosovo, Kaschmir, Tschetschenien erfuhren wir, dass sich mit der Ethnisierung des Islam ein bedenkliches Konfliktpotential bildet. Für einen laizistischen Islam in Europa könnte die europäische

---

8   Hermann Alois Baum, Das Paradoxon der unbeliebigen Beliebigkeit in der Postmoderne, in: Peter Boskamp, Heinz Theisen, (Hrsg), Krisen und Chancen unserer Gesellschaft, a.a.O. 2002.

9   Konrad Hesse, Grundzüge des Verfassungsrechts der Bundesrepublik Deutschland, 17., neu bearbeitete Auflage Heidelberg 1990, S. 26.

10   Vgl. Vittorio Hösle, Moral und Politik. Grundlagen einer politischen Ethik für das 21. Jahrhundert, München 1997, S. 14f.

11   Ich folge hier Larry Siedentop, Europäische Demokratie, a.a.O. S. 285ff.

Identität der kulturellen Moderne wichtig sein. Wie einst der islamische Rationalismus, könnte auch ein „Euro-Islam" den Primat der Vernunft vor jeder religiösen Offenbarung anerkennen. Zu den Elementen des Euro-Islam müssten die individuellen Menschenrechte, insbesondere die Glaubensfreiheit gehören. Eine Demokratie, die säkulare Vernunft mit Religion auf der Basis der Trennung des Glaubens von der Politik in Einklang bringt, macht religiösen Pluralismus möglich.[12]

Die Würde jedes einzelnen Menschen als letztem Wert und letztem Ziel jeder Ordnung zieht sich als roter Faden durch die europäische Rechtskultur. Sie hat ihre Wurzeln sowohl in der stoischen Lehre von der Einmaligkeit jedes Einzelwesens und in der christlichen Vorstellung von der Würde des Einzelmenschen als Ebenbild Gottes. Da jedes Individuum gleich zu Gott ist, besitzt es gegen seine Mitmenschen wie gegen jede Organisation unveräußerlich Rechte. Armin Wildfeuer macht deutlich, dass der Gedanke der Menschenwürde und der Menschenrechte die wichtigste Grenze ist, den uns immer mehr zuwachsenden Erkenntnis- und Handlungsmöglichkeiten Grenzen zu setzen.

Der Gedanke der Menschenwürde als Grundlage von individuellen, angeborenen, mithin vorstaatlichen, unveräußerlichen und dem Geltungsanspruch nach universellen Menschenrechten hat sich im 20. Jahrhundert zumindest dem Anspruch nach über alle Grenzen von Religionen, Kulturen und Ethosformen hinweg weltweit Anerkennung verschafft. Sie sind in der Charta der Vereinten Nationen und in der Allgemeinen Erklärung der Menschenrechte bekräftigt worden.[13] Die dementsprechenden Rechtsordnungen sind allerdings weitgehender universalisiert als die Rechtspraxis.

Das Menschenrechtsideal hat seinen Ausgang von Europa genommen. Die neuzeitliche Entwicklung im westlichen Europa vertiefte die seit der Spätantike bestehende Unterscheidung von Staat und Kirche. Der Verfassungsstaat ließ dem personalen Menschenbild des Christentums einen breiten Entfaltungsraum. Die autonome Wissenschaft mit dem methodischen Prinzip der intersubjektiven Kontrollierbarkeit und dem regulativen Ziel der rationalen Wahrheitssuche sowie der ursprünglich mit einer religiös bedingten Erfolgsmotivation verbundene Kapitalismus als zentraler Schubkraft der industriellen Entwicklung untermauerten die Möglichkeiten des Individuums zur Wahrnehmung von Rechten und Pflichten.

Im Verlauf von schmerzhaften und oft schicksalhaften Verstrickungen hat Europa gelernt, mit der Konkurrenz zwischen geistlichen und säkularen

---

12   Ebd. S. 314.
13   Armin G. Wildfeuer, Menschenwürde - Leerformel oder unverzichtbarer Gedanke? , in:
      Manfred Nicht, Armin Wildfeuer (Hrsg), Person - Menschenwürde - Menschenrechte im
      Disput, Münster 2002, S. 19ff.

Mächten, mit der Spaltung zwischen Glauben und Wissen, mit dem endemischen Streit der Konfessionen, am Ende auch mit der Feindschaft und Rivalität zwischen den Nationalstaaten fertig zu werden. Diese Konflikte sind nicht endgültig gelöst, sondern durch Ritualisierung auf Dauer gestellt und zur Quelle innovativer Energien gemacht worden. Im Gefolge der intellektuellen Aneignung eines unvergleichlich reichen jüdischen und griechischen, römischen und christlichen Erbes hat Europa gelernt, wie man eine sensible Einstellung zum „Janusgesicht der Moderne" findet.[14]

Die Sprache der Vernunft konkretisierte sich im europäischen Humanismus. Die Idee der Menschenrechte und des Menschenrechtsschutzes, ist die Seele der modernen Demokratie. Unter Menschenrechten verstehen wir zugleich bürgerliche Freiheitsrechte, die Rechte von Personen und Minderheiten. Die Mehrheit verfügt über die Instrumente, mit deren Hilfe sie ihren Interessen Geltung verschaffen kann. Auf Rechtsschutz angewiesen sind vor allem diejenigen, die weniger Macht in Händen halten.[15]

Der Beitrag Englands zur modernen westlichen Kultur liegt vor allem in dieser Herausbildung einer über alle Partikularinteressen hinausgreifenden gesellschaftlichen Gemeinschaft. Im Gegensatz zum Kodifikationsrecht vereinigt sie andere Komponenten in sich: positives und überpositives Recht, Recht und Moral (inklusive Vergemeinschaftung und Öffnung für situative Interessenkompromisse), Wandel und Traditionsbindung.[16] In der britischen Habeas-Corpus-Akte von 1679 wurden willkürliche Verhaftungen eingeschränkt, im Potsdamer Edikt von 1685 wurden den brandenburgischen Untertanen Religions- und Gewissensfreiheit zugesichert, die Virginia Bill of Rights von 1776 enthielt zum ersten Mal einen Katalog der unveräußerlichen Menschenrechte und die Erklärung der Menschen- und Bürgerrechte durch die französische Nationalversammlung von 1789. Im demokratischen Staatswesen gilt die Würde jedes einzelnen Menschen als natürlich, unveräußerlich und heilig. Der Zweck des Staates besteht in der Wahrung der Menschenwürde und der daraus folgenden Rechte.

Der demokratische Grundkonsens umfasst die Akzeptanz von kultureller Pluralität, von gesellschaftlicher Ausdifferenzierung und staatlicher Gewaltenteilung. Die bürgerliche Gesellschaft gründet auf der Idee von der sittlichen Gleichheit aller Menschen. Sie muss daher Privilegien meiden und ihre Rechtsordnung statt auf die Ansprüche von Eliten, Ständen oder Familien auf Rechte und Pflichten aufbauen. Die Gleichheit vor dem Gesetz wird zum Grundprinzip der sozialen Organisation. Die Identität der Individuen er-

---

14 Jürgen Habermas, Warum braucht Europa eine Verfassung?, in: Die Zeit v. 28.6.2001
15 Ebd. S. 46.
16 Richard Münch, Die Kultur der Moderne, Bd. 1. a.a.O., S. 182 f.

schöpft sich nicht in vorgegebenen sozialen Rollen wie in der traditionellen Ständegesellschaft.

Im Streben nach Gleichbehandlung der Menschen liegt auch ein Grund für die beiden wichtigsten Institutionen des modernen Europas: Nationalstaat und Markt. Der Nationalstaat entstand als Mittel zur Schaffung und zum Schutz individueller Rechte, als Instrument bürgerlicher Gleichheit. Das Aufblühen des Marktes war eine direkte Folge bürgerlicher Gleichheit. Die Freiheit, sich zu bewegen, zu kaufen und zu verkaufen (auch die eigene Arbeit) führt allerdings auch die Notwendigkeit mit sich, dies zu tun.[17]

Weder konfessionelle noch religiöse Homogenität sind Bedingungen eines guten Staates. Und dennoch kann kein Staat auf gemeinsame Grundwerte verzichten. Leitkultur ist ein anderes Wort für die Hierarchie allgemeinverbindlicher Werte. Sofern es sich bei Rechten und Pflichten nicht nur um idealistische Appelle handeln soll, müssen sie in einem verbindlichen und umgrenzten Raum, einer „civitas" konkretisierbar und kontrollierbar sein. Diese Vorstellungen stehen in Übereinstimmung mit dem Grundgesetz, das im Art.2 sowohl die Vielfalt wie die Grenzen individueller Entfaltungsmöglichkeiten aufzeigt. Jede Form des Pluralismus ist einem politischen Grundkonsens über die Spielregeln der Willensbildung und über die in der Verfassung normierten Grundwerte der Gesellschaft verpflichtet.

Der Begriff einer „Europäischen Leitkultur" wurde von Bassam Tibi in die Debatte eingeführt. Statt einem bloßen Nebeneinander der Kulturen sieht er die Grundlagen für ein friedliches Miteinander von Einwanderern und Deutschen im „Kulturpluralismus", den er als Gegensatz des Multikulturalismus versteht. Innerhalb des Kulturpluralismus müsse es eine Leitkultur als Ausdruck des Einverständnisses über Gemeinsamkeiten geben. Unverbundene Parallelgesellschaften würden zur „kulturelle Balkanisierung der Gesellschaft" führen.[18]

Die politische Verballhornung des Begriffs zur „deutschen Leitkultur" hat der Debatte geschadet. Die obersten Werte unserer Verfassung wie die Würde und Gleichrangigkeit der Menschen, Gewaltenteilung und Menschenrechte, Demokratie, Rechtsstaatlichkeit und Sozialstaatlichkeit sind keine spezifisch deutschen, sondern westlich-europäische Werte. Über den geistigen Besitz der Völker Europas hatte schon Ortega y Gasset gesagt, vier Fünftel seien europäisches Gemeingut, lediglich das letzte Fünftel entstamme dem jeweiligen Vaterland.

---

17 Larry Siedentop, Demokratie in Europa, a.a.O., S. 94f.
18 Bassam Tibi, Europa ohne Identität. Die Krise der multikulturellen Gesellschaft, München 2000, S. 181.

Bassam Tibi warnt vor einem Europa als Sammelwohngebiet ohne eigene Identität, welches ein potentieller Schauplatz für ethnische Konflikte sei. Ein sich zu seiner Aufklärung und säkularer Toleranz bekennendes Europa könne dagegen Raum bieten für kulturelle Vielfalt. Toleranz sei in einer pluralistischen Gesellschaft nicht möglich ohne die Dominanz einer bestimmten Kultur. Umgekehrt sei es nicht ausgeschlossen, dass auch Europäer angesichts der zunehmenden Migration aus nichtwestlichen Teilen der Welt sich auf ihre ethnische Zugehörigkeit besinnen. Schlimmstenfalls könnte Europa durch die Parallelität von chaotischer, nichtregulierter Zuwanderung und gleichzeitiger Multi-Kulti-Ideologie ethnisiert werden und seine Identität als pluralistische Gesellschaft verlieren.[19]

Bassam Tibi hält den Multikulturalismus für eine Bedrohung unserer Freiheit. Insbesondere in der islamischen Revolte gegen europäische Normen erkennt er eine „Revolte gegen den Westen". Einheimisches Kulturgut würde neu belebt, um sich von Europa und allgemein vom Westen abzugrenzen. Multikulturalisten bieten als Alternative zur Integration kulturelle Kollektivrechte an. Mit der Ersetzung des Individuums durch das Kollektiv fällt dieser Ansatz in die Vormoderne zurück. Zum Recht auf kulturelle Identität im Rahmen eines Kulturpluralismus gehört auch die Pflicht der Migranten, die zivilisatorische Identität der Aufnahmeländer zu akzeptieren. Vom Multikulturalismus unterscheidet sich der Kulturpluralismus durch verbindliche Werte wie säkulare Demokratie, Menschenrechte, Bürgergesellschaft und Toleranz der Aufklärung.[20]

Als positives Beispiel für eine gelungene Leitkulturalität führt Tibi die amerikanische Gesellschaft an, die ihre große kulturelle Vielfalt im Rahmen des gesellschaftlichen Pluralismus mit Wertekonsens über die Bestimmungen des „American Citizen", insbesondere seiner Rechte und Pflichten verbindet. Amerika sei eine multiethnische Wertegemeinschaft, aber keine multikulturelle Gesellschaft. Die von Ethnizität und Romantik bestimmten Vorstellungen der Nation in Deutschland und der Glaube an die Bedeutung der gemeinsamen Abstammung müssten durch das verbindende Element des Wertekonsenses ersetzt werden. Dieser hilft den Zusammenhang von einem Gemeinwesen von Bürgern im Sinne von Citoyen/Citizen und einer Demokratie im Sinne von Civil Society/Bürgergesellschaft zu begründen.

Europa muss über die Ausstellung eines Passes eine Bürger-Identität anbieten. Unter einem Bürger versteht Tibi einen „citoyen" und nicht einen formaljuristischen Status. Nur identitätsstarke Gesellschaften wie Frankreich und die USA können diese demokratische Aufgabe bewältigen. Hier könne

---

19 Ebd. S. 28.
20 Ebd. S. 96f.

man vom französischen Staat lernen, der mit allen Mitteln zu verhindern suche, dass die Muslime als Kollektiv auftreten. Die Franzosen würden ihre Dialogpartner selber bestimmen und von ihnen ungeteilte Loyalität zur Republik verlangen. In Deutschland sei die Angst, der Fremdenfeindlichkeit verdächtigt zu werden, größer als die Angst um die demokratische Grundordnung. Diese Einschätzung kann Tibi nach den Krawallen vom Herbst 2005 nicht mehr aufrechterhalten.

Nordamerikaner sind Zuwanderer aus allen Teilen der Welt. Sie verbindet nur der Konsens über die Bestimmung des „American Citizen" sowie seiner Rechte und Pflichten. Die klassische, durch eine Einheit der Einwanderer entstandene amerikanische Nation sei deshalb das modellhafte Beispiel einer modernen Nation als einer nicht durch Ethnizität geprägten Kommunikations- und Werte-Gemeinschaft. Das verbindende Element sei der Werte-Konsens und nicht wie im deutschen Fall die Ethnizität als Glaube an eine gemeinsame Abstammung.

Kultureller Pluralismus und demokratischer Grundkonsens ließen sich im Begriff der Rechtskultur zusammenfassen. Toleranz kann nur innerhalb klar definierter Grenzen existieren und ohne gemeinsame Rechtsnormen kann man nicht auf produktive Weise unterschiedlicher Meinung sein. Wer das Recht auf freie Religionsausübung in Anspruch nimmt, muss auch die Verpflichtung akzeptieren, diese Freiheit für andere zu verteidigen. Zur Rechtskultur gehört die Anwendung des Rechts, die Fähigkeit zur Abwägung unterschiedlicher Rechtsgüter wie etwa von Religions- und Meinungsfreiheit sowie der Wille zu einem ergänzenden Ausgleich zwischen den unterschiedlichen Rechtsgütern.

2.3 Europäische Sozialkultur

Meinhard Miegels beißende Kritik an der Dekadenz des Westens ist - wie auch die angelsächsischen Länder beweisen, zu allgemein und im Übrigen auch wenig hilfreich.[21] Durch Beschimpfungen werden die Menschen selten besser. Die Ressourcen Europas spielen bei Miegel aber nur auf den letzten Seiten eine untergeordnete Rolle. Solcherart Apokalyptik ist aus der bundesdeutschen Krisenliteratur seit Jahrzehnten wohl vertraut. Sie ist - wie der Zustand unseres Landes zeigt - als Weg zur Besserung nachhaltig gescheitert. Ohne in das Gegenextrem eines denkfaulen positiven Denkens eines „Alles wird gut" zu verfallen, geht es um die Mobilisierung der konstruktiven Kräfte und Ideen.

---

21   Meinhard Miegel, Epochenwende. Gewinnt der Westen die Zukunft? Berlin 2005, 3.Aufl.

Falsch scheint mir auch die These Miegels, dass der Westen nichts Besonderes mehr sei. Das ist nur in ökonomistischer Verengung richtig. Die kulturellen Voraussetzungen einer gleichgewichtigen Entwicklung, jene Verbindung von christlicher Ethik, aufklärerischer Rationalität, wissenschaftlicher Technologien, rechtsstaatlichen Strukturen und demokratischer Solidarität wird sich von „Tigern" nicht so ohne weiteres erreichen lassen. Und wenn doch, so würde sie auch ihr exzessiv einseitiges Wachstum gefährden. Europa sollte mit seiner unterjüngten Bevölkerung nicht versuchen, zum „wettbewerbsfähigsten Wirtschaftsraum der Welt" zu werden, wie ein EU-Gipfel vor Jahren allen ernstes empfahl, sondern seine Größe und Besonderheit in seiner sozioökonomischen Kultur suchen. Dann könnte es trotz schrumpfender Bevölkerung seinen beispielgebenden Platz finden. Eine Kultur der Nachhaltigkeit und Umwelttechnologien könnten sich langfristig als der größte Exportschlager erweisen.

Permanente ökologischen Katastrophen und die extremen Unterschiede zwischen Stadt- und Landbevölkerung zeigen erhebliche Defizite in der Nachhaltigkeit der Entwicklung an. Die eindrucksvollen Zahlen über den Umfang und Wachstum der chinesischen Industrie beruhen zu einem großen Teil auf veraltete, wenig leistungsfähige und umweltschädliche Technologie. Energie wird nur halb so effizient genutzt wie in den Industrieländern des Westens. Die Selbstmordrate ist um die Hälfte höher als im Weltdurchschnitt, nicht zuletzt auch an den Elitehochschulen, was ein Indikator für Überforderung sein dürfte. China investiert im Verhältnis zum Bruttoinlandsprodukt nicht einmal halb so viel in die Bildung wie westliche Länder. Aufgrund der Bevölkerungszahl und der Globalisierung wäre ein Kollaps Chinas auch unser Problem, so dass wir uns auch aus eigenem Interesse um einen Export nachhaltiger Visionen bemühen sollten.[22]

In einer Art sozioökonomischen „Congagement" - einer Mischung aus Containment und Engagement - müssten andere Kulturen wie China und die islamische Welt in soziale und nachhaltigere Formen der Modernisierung eingebunden werden. Wir müssen in eigenem Interesse den „Tigern" bei ihrer eigenen Zivilisierung helfen und uns gleichzeitig von ihrer menschlichen Flexibilität und Dynamik helfen lassen. Amerika hat sich nicht zuletzt durch asiatische Einwanderer aus der Dekadenz befreit. Das schrumpfende Europa könnte in der forcierten Einwanderung aus dem ostasiatischen Raum seine bevölkerungspolitische Zukunft suchen, da die ostasiatischen Kulturen mit der westlichen Kultur kompatibler zu sein scheinen als die Islamische.

---

22 Jared Diamond, Kollaps. Warum Gesellschaften überleben oder untergehen, Frankfurt 2005, 2.Aufl. S. 443ff.

Die Entgrenzungen innerhalb der Mitgliedstaaten bedeuten mehr Wettbewerb. Die Fitness-Effekte des Wettbewerbs gehörten immer zur Idee des Binnenmarktes, aber gleichzeitig ist ein Minimum an sozialer Sicherheit ein Bestandteil der politischen Identität Europas. Auch die neuen Mitgliedsländer Ostmitteleuropas bemühen sich im Rahmen ihrer Möglichkeiten um soziale Prinzipien. Das Gleichgewicht zwischen Wettbewerb und sozialer Sicherheit kann sowohl durch Überdehnungen des Sozialstaats als auch durch Überdehnungen des Wettbewerbs verletzt werden. In vielen Staaten der Union fallen heute beide Überdehnungen zusammen, wenn unfinanzierbare Sozialkosten und entsprechend defizitäre Arbeitsmärkte mit der Konkurrenz der neuen Mitgliedsländer konfrontiert werden, die weniger Sozialkosten und weniger Steuern und damit bessere Wettbewerbsbedingungen bieten.

Im Gegensatz zur Grenzenlosigkeit der von transnationalen Prozessen unmittelbar profitierenden Eliten droht ein sich ausbreitender Populismus der einfachen Leute nur noch „Nein" zu sagen. Jenseits von einem multikulturellen Universalismus, der auf Gutmenschenart auf Gegenseitigkeit verzichtet und provinziellem Populismus, der nur noch die eigenen Interessen sieht, muss es in einer europäischen Gouvernanz um eine realistische Gegenseitigkeit der Interessen von neuen und alten EU-Mitgliedern oder auch von Exportindustrie und heimischen Dienstleistern gehen.

Die Europäische Union wurde lange als Antwort auf die Entgrenzungen der Globalisierung verstanden, plötzlich wird sie als Teil von ihnen empfunden. Der Schutz vor einer Dumpingkonkurrenz, die angesichts des größten direkten Wohlstandsgefälles der Welt an der Grenze von West- und Osteuropa unvermeidlich ist, spielte in den Verhandlungen zur Osterweiterung keine nennenswerte Rolle. Es ging um die Anpassungsfähigkeit der Beitrittskandidaten, nicht um die der Mitgliedsländer. Auch für Arbeitnehmer ist der freie Handel langfristig wohlstandsfördernd, aber eben nur langfristig. Solidarität setzt daher ein Zusammengehörigkeitsgefühl voraus, welches sich in Europa mit Mühe jenseits der Nationalstaaten, aber noch nicht jenseits der Kulturkreise etabliert hat. Sie wird hoffentlich noch für die ostmitteleuropäischen Staaten reichen, da hier keine kulturellen Gräben vorhanden sind und eine ökonomische Gegenseitigkeit in der Exportwirtschaft gegeben ist. Im Hinblick auf kulturell fremdere und noch eine Stufe ärmere Länder muss vor einer Überdehnung der Solidarität gewarnt werden.

Die Werte der sozialen Sicherheit werden mit einem universalistischen Verständnis von „Solidarität und Gerechtigkeit" ungewollt in Frage gestellt, weil die sozialen Ressourcen eben nicht unbegrenzt sind. Grenzenlose Solidarität lässt sich mit dem besonderen Schutz der sozial Schwachen in den Wohlstandsländern nicht vereinbaren. Ohne Schutz- und Übergangsfristen wird man die Zustimmung derjenigen, die der Dumpingkonkurrenz nicht gewachsen sind, nicht gewinnen. Der Schutz vor einer solchen Konkurrenz müsste im Zeitalter der Globalisierung als Bestandteil des europäischen Sozialmodells noch an Bedeutung gewinnen. Mit Mühe konnten dem Osterweiterungskommissar Günter Verheugen einige Zugeständnisse für Übergangsfristen abgerungen werden. Weitergehende Schutzmaßnahmen wie Mindeststeuersätze und Niederlassungsfristen auch für Selbständige hätten aber dem Ziel eines Europas als „wettbewerbsfähigstem Wirtschaftsraum der Welt" und der „Weltmacht Europa" (Günter Verheugen) entgegen gestanden. Es wurde eine große Gelegenheit versäumt, die Entgrenzungen der Globalisierung zu gestalten.

Trotz der Unterschiede zwischen den nationalen Sozialpolitiken kann man von einer europäischen Sozialkultur sprechen. In allen europäischen Staaten herrschen Sensibilitäten und Erwartungshaltungen breiter Bevölkerungskreise für sozialpolitische Maßnahmen und Leistungen. Die öffentlichen Ausgaben für Sozialleistungen sind in den westeuropäischen Ländern im Vergleich zu anderen Weltregionen beträchtlich. Die Ausgaben für soziale Sicherung liegen gemessen am Bruttoinlandsprodukt selbst in Portugal und Griechenland höher als beispielsweise in den USA, Kanada oder Japan. Die europäischen öffentlichen Systeme der sozialen Sicherheit sehen eine Absicherung gegen die wichtigsten sozialen Risiken wie Alter, Krankheit, Invalidität und Tod vor.[23]

Europa verdankt seine besseren Epochen jenen vermittelnden und gemischten Programmen, die den öffentlichen und privaten Bereich, Staat und Markt zu einer Sozialen Marktwirtschaft zu verbinden verstanden. Die Volksparteien der Mitte, zunächst die Christlich Demokratische Union in Deutschland, übertrugen die Philosophie der Sozialen Marktwirtschaft auf die politische Theorie. Ihr Erfolg verleitete auch sozialistische Arbeiterparteien und schließlich selbst die Kommunistischen Parteien Osteuropas dazu, die soziale Marktwirtschaft als Leitbild zu übernehmen.

Diese europäische Mitte zwischen dem sozialistischen „Zoo" und dem kapitalistischen „Dschungel" setzt an die Stelle des polarisierenden Entweder-oder das ausgleichende Sowohl-als-auch. Die jeweiligen Sichtweisen werden aus ihrer Einseitigkeit befreit und in einen ergänzenden Zusammenhang gestellt. Dem komplementären Sowohl-als-auch der sozialen Marktwirtschaft war es gelungen, die klassenkämpferische Polarisierung von Kapital und Arbeit zugunsten der Gegenseitigkeiten von Sozialpartnerschaften zurücktreten zu lassen.

---

23 Hans-Wolfgang Platzer, Sozial- und Beschäftigungspolitik - Herausforderungen und Aufgaben für die Europäische Union, in: Europa an der Schwelle zum 21. Jahrhundert, hrsg. von der Bundeszentrale für politische Bildung, Bonn 1998, S. 89 ff.

Der philosophische Kern der Sozialen Marktwirtschaft liegt in der Ablehnung einer kämpferischen Dialektik, demzufolge sich erst aus dem Kampf zwischen Kapital und Arbeit soziale Fortschritte ergeben. Im Lichte der Sozialen Marktwirtschaft werden die vermeintlich antagonistischen Gegensätze von Kapital und Arbeit zu komplementären Gegensätzen, die sich wechselseitig ergänzen, allerdings nicht im Sinne einer als utopisch empfundenen Dialektik, die alles in einer höheren Synthese aufhebt. Die Spannungen zwischen den Polaritäten des Marktes und des Staates bleiben aufrecht erhalten und müssen immer wieder aufs Neue ausbalanciert werden.

Die Väter der Sozialen Marktwirtschaft verbanden bei allen Unterschieden eine Verankerung im christlichen Glauben. Sie wandten sich nicht nur gegen die Planwirtschaft, sondern ebenso gegen einen schrankenlosen Liberalismus, dessen Laisser-faire sie eine Mitverantwortung für den vorangegangenen Weg in die Knechtschaft zusprachen. Ihr Konzept von Freiheit durch eine auf das Wettbewerbsprinzip gestützte Ordnung entspricht jenem dialektischen Denken, welches ideelle und materielle Faktoren, Freiheit und Verantwortung, Solidarität und Wettbewerb in eine Balance bringen will. Die Ordnung darf sich nicht nur auf das Gesetz oder auf das Prinzip eines ungezügelten Egoismus berufen, sondern muss auch auf ethischen und religiösen Überzeugungen ruhen.

Die Originalität der Sozialen Marktwirtschaft lag nicht in einer spezifischen Idee, sondern in der wechselseitigen Ergänzung von zuvor als unvereinbar angesehenen Ideen. Die Soziale Marktwirtschaft beruht auf der regulativen Idee, Gegensätze in ein Ergänzungsverhältnis zu setzen. Sie ist eine soziale Friedenslehre, die nicht ausschließlich eine am Wettbewerb ausgerichtete Wirtschaftsordnung, sondern zugleich eine die verschiedenen gesellschaftlichen Gruppen und ihre Weltanschauungen versöhnende Idee ist. Sie übernahm vom Sozialismus die Betonung des Sozialen und die Würde der Arbeit, vom klassischen Liberalismus die Freiheit des Individuums und die Koordination dezentraler Entscheidungen durch den Markt, von der Katholischen Soziallehre die Unantastbarkeit der Person, das Subsidiaritätsprinzip und die Gemeinwohlpflichtigkeit des Eigentums, von der Evangelischen Sozialethik das Berufsethos und die Sparsamkeit.

Durch die Herausbildung des modernen Wohlfahrtsstaates hatte der europäische Nationalstaat nach dem II. Weltkrieg eine neue Legitimation erhalten. Daraus erwuchsen Bürgerpflichten wie steigende Solidarbeiträge für Sozialversicherungen und erwuchsen neue Bürgerrechte auf entsprechende Leistungen. Es entstand eine nationale Solidarität zwischen Erwerbstätigen und Alten, zwischen Gesunden und Kranken, zwischen Arbeitenden und Arbeitslosen. Diese nationale Solidarität war ein entscheidender Grund dafür, dass die diskreditierten Nationalstaaten wieder neue Legitimation gewinnen konnten. Dadurch veränderte sich gleichzeitig auch die Bindung an den Nationalstaat, die nun nicht mehr primär in der nationalen Loyalität gegenüber einem äußeren Feind, sondern in der Bindung durch materielle Pflichten und Rechte bestand.

Die Erinnerung an das Versagen des klassischen Liberalismus in den dreißiger Jahren hatte zu einer Neubewertung des Verhältnisses von öffentlichem und privatem Sektor in der modernen Volkswirtschaft geführt. Auch dadurch wurde der Weg für den Aufschwung der Nachkriegszeit geebnet. Mit dem Zusammenbruch des Sozialismus drohte aber erneut vergessen zu werden, wie wichtig ein aktiver Staat für das Funktionieren der Volkswirtschaft ist. Der Neoliberalismus nach 1990 sah kein Modell der umfassenden Wirtschaftshilfe nach Art des Marshallplans vor. Schon der bloße Abbau der Institutionen des Staatssozialismus und die Schaffung eines gesetzlichen Rahmens sollte es der Markwirtschaft erlauben, Wurzeln zu schlagen und aufzublühen.[24]

Thatcheristische Wirtschaftsrezepte, vor denen die meisten Länder Westeuropas zurückgeschreckt waren, wurden im Osten ausprobiert. Als Ergebnis der Privatisierungswelle befanden sich nach fünf Jahren fast 80 Prozent der tschechischen Volkswirtschaft in privaten Händen, in anderen Ländern waren es 40 bis 60 Prozent. Das alte Sozialsystem wurde zerstört, ohne das ein neues an seine Stelle getreten wäre. Die Gewinner bekamen alles. Durch die Spaltung der Gesellschaft in Reich und Arm fehlt es vor allem an der Entwicklung eines bürgerlichen Mittelstandes, der für Demokratie und Marktwirtschaft gleichermaßen bedeutend ist.

Solange es in den neuen Ländern der Europäischen Union nicht gelingt, eine Gegenseitigkeit zwischen Staat, Markt und Gesellschaft aufzubauen, wird auch die Gegenseitigkeit in den alten Ländern gefährdet. Den Selbstverständigungsdiskursen der polnischen und tschechischen Dissidenten von 1989 war gemeinsam, dass sie ein ethisches Konzept der Bürgergesellschaft in Abgrenzung gegenüber den kommunistischen Machteliten vertraten. Toleranz, Würde, Gerechtigkeit und moralische Auffassungen von Politik waren der Konsens für diese sozialen Sammlungsbewegungen. Die heutigen Nichtregierungsorganisationen sind mit diesen Gegeneliten nicht mehr vergleichbar. Sie entwickeln keine umfassenden Gegenentwürfe, fungieren aber als Träger von Bürgerorientierungen, wie Bürgersinn, direkte politische Beteiligung und Selbstorganisierung. Jetzt geht es mehr um die Suche nach praktikablen Formen für Kompromissbildung, Toleranz und Ehrlichkeit.[25]

---

24   Mark Mazower, Der dunkle Kontinent. Europa im 21. Jahrhundert, Frankfurt/M, S. 10f.
25   Vgl. Helmut Fehr, Eliten und Bürgergesellschaft in Ostmitteleuropa (1968-2003), in: Aus Politik und Zeitgeschichte B 5-6/2004, S. 48ff.

Wie bereits in den zwanziger Jahren hielten sich die westlichen Regierungen weitgehend aus dem östlichen Europa heraus und überließen es dem privaten Sektor, Investitionskapital zur Verfügung zu stellen. Knapp 60 Prozent der vom Institut der deutschen Wirtschaft befragten Unternehmen mit weniger als 5000 Beschäftigten hatten 2003 Standorte außerhalb der alten EU-Mitgliedsstaaten errichtet.[26] Die Firmen verlagern immer größere Teile ihrer Vorproduktskette nach Osteuropa, entweder indem sie dort selbst investieren oder die Vorprodukte bei anderen Firmen kaufen, die sich dort niedergelassen haben. In Deutschland findet oft nur noch die Endmontage statt, weil die Firmen ihre Kundschaft von Deutschland aus bedienen wollen. Dank des osteuropäischen Hinterlandes bleiben die Unternehmen auf den Weltmärkten wettbewerbsfähig. Doch viele deutsche Arbeitnehmer drohen ihre Wettbewerbsfähigkeit zu verlieren.

Zwei-Drittel des Zuwachses der deutschen Industrieproduktion seit Mitte der neunziger Jahre ist auf das „Outsourcing" in Niedriglohnländer und nur ein Drittel auf einheimische Wertschöpfung zurück zu führen. Die Spannweite der Stundenlohnkosten für Industriearbeiter in den Beitrittsländern reicht von einem Drittel (Slowenien) bis zu einem Zehntel (Estland) der westdeutschen Werte. Polen wartet mit Lohnkosten auf, die nur ein Viertel der Ostdeutschen und ein Fünftel bis Sechstel der westdeutschen Lohnkosten ausmachen. In den acht neuen EU-Staaten Osteuropas ist der durchschnittliche Monatslohn deutlich niedriger als im Rest der Union - 2003 lag er gerade mal bei etwas mehr als einem Viertel des Durchschnitts der 15 alten Nationen. In der Slowakei verdiente ein Arbeitnehmer 370, in Polen 540 Euro. Im Durchschnitt der alten EU betrugen die Monatslöhne 1880 Euro.

Selbst wenn die Beitrittsländer jährlich um zwei Prozent aufholen, werden die polnischen Stundenlohnkosten für Industriearbeiter im Jahr 2010 erst bei einem Drittel und 2020 noch bei weniger als der Hälfte der westdeutschen Kosten liegen. Deutsche Unternehmer nutzen diese Möglichkeit zur Kostensenkung. Bis ins Jahr 2000 verlagerten sie 2,4 Millionen Arbeitsplätze ins Ausland. Unternehmer, die nicht auslagerten, riskieren den Untergang. In Deutschland gibt es heute dreimal so viele Konkurse wie vor zehn Jahren und fünfmal so viele wie vor 25 Jahren. Deutschland entwickelt sich in Richtung einer Basar-Ökonomie, die die Welt mit preisgünstigen und hochwertigen Ware bedient, welche sie gar nicht selbst produziert hat.[27] Aus Sicht der Unternehmer eröffnet die Osterweiterung auch der mittelständischen Wirtschaft Chancen, weil sie durch Jointventures arbeitsintensive Tätigkeiten

---

26 Vgl. Hans-Werner Sinn, 4,5 Millionen Verlierer. Die Industrieproduktion wandert aus Deutschland ab, in: Die Zeit v. 22. 12.2003.

27 Ich folge hier Hans-Werner Sinn, Ist Deutschland noch zu retten?, München 2004, 5. korrigierte Auflage.

auslagern kann. Qualifizierte Arbeitsplätze im eigenen Land lassen sich demzufolge nur erhalten, wenn durch den verstärkten europäischen Wettbewerb die Produkte im globalen Wettbewerb konkurrenzfähig bleiben.

Das von der EU angestrebte „Europäische Sozialmodell" ist vom Leitbild der Konvergenz geprägt, die unter Beachtung der Vielfalt mitgliedstaatlicher Sozialschutzsysteme und des Subsidiaritätsprinzips bei Vermeidung dirigistischer Interventionen und Unitarisierungsstrategien auf Kooperation und konsensuale Prozesse setzt. Im Mittelpunkt stehen dabei beschäftigungspolitische Leitlinien, Modernisierung des Sozialschutzes und Förderung der sozialen Eingliederung. Die Methode der offenen Koordinierung rückt als außerrechtliches Einwirkungs- und Koordinierungsverfahren in den Vordergrund. Diese Form eines gemeinschaftsrechtlichen „Soft Law" hat auch Eingang in den EU-Verfassungsvertrag gefunden.[28]

Die veränderten Produktionsbedingungen zwingen viele Staaten zu einer Anpassung ihrer Steuergesetzgebung an unternehmerfreundliche Steuern der Beitrittsländer und zu einer Absenkung ihrer Sozialleistungen. Für Regierungen bedeutet dies eine Operation am offenen Herzen. Über Steuern und Sozialpolitik wird Macht abgerechnet, werden Wahlen gewonnen oder verloren. Zugleich ist dies eine Chance, in der noch härteren globalen Konkurrenz wettbewerbsfähiger zu sein.

Die Arbeitnehmerfreizügigkeit beruht auf Artikel 39 des EG-Vertrags. Nach Absatz 1 ist innerhalb der Gemeinschaft die Freizügigkeit zu gewährleisten. Ausgenommen wird nach Absatz 4 nur die Beschäftigung in der öffentlichen Verwaltung. Die Freizügigkeit umfasst nach Absatz 2 „… die Abschaffung jeder auf der Staatsangehörigkeit beruhenden unterschiedlichen Behandlung der Arbeitnehmer der Mitgliedstaaten in Bezug auf Beschäftigung, Entlohnung und sonstige Arbeitsbedingungen." Diese Rechte gelten für Staatsangehörige der Beitrittsländer zunächst nur vorbehaltlich der Übergangsbestimmungen des Beitrittsvertrags. Wegen der Niederlassungsfreiheit gelten diese Übergangsbestimmungen nicht für Selbständige.

Den alten EU-Staaten wird die Möglichkeit gegeben, den Zugang zu ihrem Arbeitsmarkt für die neuen Mitgliedsländer nicht sofort vollständig zu öffnen. So darf Deutschland weiterhin nationale und bilaterale Abkommen anwenden. Der Name „2-3-2" für die Übergangsregeln stammt daher, dass die Schutzmaßnahmen zuerst für zwei Jahre gelten. Vor Ende dieser Frist findet eine Überprüfung statt, ob die Maßnahme weiter fortgesetzt werden sollten. Ist dies der Fall, folgt nach drei Jahren eine weitere Überprüfung.

---

28 Vgl. hierzu grundlegend Burkhard Tiemann, Die Gesundheits- und Sozialpolitik der Europäischen Union. Gemeinschaftsrechtliche und europapolitische Perspektiven für das deutsche Gesundheits- und Sozialwesen, Köln 2005.

Spätestens nach sieben Jahren gilt für alle Beitrittsländer volle Freizügigkeit. Die Liberalisierung der vierten Säule entspricht den Römischen Gründungsverträgen von 1957. Demnach besteht der europäische Binnenmarkt aus den vier Freiheiten. Die Dienstleistungsfreiheit wird in Art. 50 des EG-Vertrages geregelt. Demnach gelten als Dienstleistungen insbesondere gewerbliche, kaufmännische, handwerkliche und freiberufliche Tätigkeiten, die nicht den Vorschriften über den freien Waren- und Kapitalverkehr unterliegen. Die Dienstleistung ist eine grundsätzlich inhaltlich und zeitlich begrenzte Tätigkeit im Beschäftigungsland, die mit der Leistung des eigenen Personals erbracht werden kann.

Etwas mehr als ein Jahr nach der Osterweiterung kann nicht festgestellt werden, dass insbesondere der deutsche Arbeitsmarkt negativ von der Erweiterung betroffen ist. Ausnahmen betreffen bestimmte Branchen beziehungsweise Berufsgruppen wie Fliesenleger oder Fleischverarbeiter. Insgesamt – so resümiert eine Studie der Konrad-Adenauer-Stiftung – gibt es keinen effektiven Schutz von deutschen Arbeitnehmern gegen Anbieter von Dienstleistungen aus den Beitrittsländern. Deshalb sei es die beste Strategie, diesen Staaten durch wirtschaftspolitische Maßnahmen so zu helfen, dass sie relativ rasch ein Einkommensniveau erzielen, das dem europäischen Durchschnitt entspricht. Hierbei müsse allerdings akzeptiert werden, dass es in bestimmten Branchen zu einem Beschäftigungsabbau kommt. Insgesamt sei die Osterweiterung für die deutsche Wirtschaft aber von Vorteil, weil sie insgesamt mehr in die Region exportiert als sie importiert. Allerdings könnten nicht alle Regionen und alle bereiche gleichermaßen von der Erweiterung profitieren.[29]

Im Rahmen der sozialpolitischen Strategie einer offenen Methode der Koordinierung kommt es zu einer europaweiten Zusammenarbeit zwischen den Mitgliedsstaaten. Die Arbeitsfelder Armutsbekämpfung/soziale Eingliederung, Alterssicherung, Gesundheitsversorgung und Pflege älter Menschen sowie Integration von Migranten sollten künftig von den Mitgliedsstaaten in einer Weise gemeinsam gestaltet werden, dass gemeinsame Zielvorstellungen festgelegt werden, ihre Umsetzung auf nationaler Ebene in Berichten dargestellt und durch Benchmarking gemeinsames Lernens ausgeübt wird.

Die Methode der „offenen Koordinierung" als eigenständiges, nichtrechtliches Einwirkungsverfahren zur mittelbaren Gestaltung nationaler Sozialschutzsysteme soll noch ausgeweitet werden. Durch verstärkte politische Kooperation der Mitgliedsstaaten soll ein höheres Maß an Transparenz hinsichtlich der notwendigen Reformschritte in den nationalen Sozial- und Gesundheitspolitiken erreicht und so die Konvergenzentwicklung der Einzelsys-

---

29 Herbert S. Buscher, Heiko Stüber, Ein Jahr EU-Osterweiterung: Erste Erfahrungen, Probleme, Aussichten, Konrad-Adenauer-Stiftung, Sankt Augustin 2005, S. 48ff.

teme vorangetrieben werden. Mit einem „naming and blaming" stellt man die Verlierer unter Lerndruck. In der Rechtsprechung des Europäischen Gerichtshofes zeigt sich die Tendenz, aus der Freizügigkeit des Dienstleistungs- und Warenverkehrs die Berechtigung zur grenzüberschreitenden Inanspruchnahme von sozialen Geld- und Dienstleistungen abzuleiten.[30]

Die Wirtschaftsverfassung der EU muss eine Mischung aus marktwirtschaftlichen und interventionistischen Elementen bleiben. Der Wettbewerb erscheint am Platz, wo eine gesamtwirtschaftliche Wohlstandssteigerung erwartet wird und eine Harmonisierung erscheint angemessen, wo Konflikte zwischen diesem Ziel und nationalen Zielen zu erwarten sind und auf bestimmte Bevölkerungsgruppen unverhältnismäßige Wohlstandseinbußen zukommen.[31]

Im europäischen Binnenmarkt stehen dem Wettbewerb erhebliche Regulationsmöglichkeiten gegenüber. Hier wurde die Verlagerung von Befugnissen von der nationalen auf die europäische Ebene am weitesten vorangetrieben. Die EU-Kommission macht von ihrem Gestaltungsspielraum ausgiebig Gebrauch. Die Zahl der Richtlinien, Verordnungen und anderer rechtswirksamer Entscheidungen der Kommission hat sich in den letzten drei Jahrzehnten vervierfacht, zwischen 1996 und 2000 wurden 11400 rechtswirksame Beschlüsse erlassen.

Die Regulierung von Produktion und Handel werden durch eine Regulierung zum Schutz der Umwelt und Gesundheit ergänzt, mit oft noch weit reicheneren Folgen für die Wirtschaft als bei den direkt auf sie abzielenden Maßnahmen. Wer über die Richtlinien und Verordnungen für Umwelt, Gesundheits- und Verbraucherschutz und über Maßnahmen zur Vermeidung von Diskriminierung entscheidet, kann Branchen oft stärker beeinflussen als über die direkten Hebel der Wettbewerbs- und Industriepolitik.

Die ökonomischen Beitrittsmaßstäbe sind eher liberal als sozial gehalten: gefordert wird der Ausgleich von Angebot und Nachfrage durch den Markt, Liberalisierung der Preise und des Außenhandels, keine nennenswerten Schranken für den Marktzutritt und -austritt, ein verlässliches Rechtssystem einschließlich der Regelung von Eigentumsrechten, Gesetze sowie Verträge müssen vor Gericht durchsetzbar sein, makroökonomische Stabilität, angemessene Preisstabilität, tragfähige öffentliche Finanzen und Zahlungsbilan-

---

30 Vgl. Hartmut Kaelble, Günther Schmid (Hrsg), Das europäische Sozialmodell. Auf dem Weg zum transnationalen Sozialstaat, Berlin 2004; vgl. auch Burkhard Tiemann, Rechtsgrundlagen und Zukunftsoptionen einer europäischen Sozialunion. Die soziale Dimension des Integrationsprozesses, in: Peter Boskamp, Heinz Theisen (Hrsg), Krisen und Chancen unserer Gesellschaft, a.a.O., S. 133ff.

31 Heinz Lampert, Albrecht Bossert, Die Wirtschafts- und Sozialordnung der Bundesrepublik Deutschland im Rahmen der Europäischen Union, München 2001, S. 120ff.

zen, einen hinreichend entwickelter Finanzsektor, die Fähigkeit, dem Wettbewerbsdruck und den Marktkräften innerhalb der EU standzuhalten, Human- und Sachkapital, Infrastruktur, Forschungs- und Bildungssysteme, eine staatliche Politik zur Förderung der Wettbewerbsfähigkeit und ein gewisses Ausmaß an Handelsverflechtungen mit der EU schon vor der Erweiterung.

Die Gelder der Strukturfonds und der Regionalfonds üben eine hohe Anziehungskraft auf die Beitrittsländer aus. Immerhin werden jährlich 30 Milliarden Euro aus diesen Fonds an die rückständigen Regionen ohne Zins und Tilgung ausgeteilt. Dies entspricht einer größeren Summe, als die Weltbank allen Entwicklungsländern als Kredite vergibt. Für die Vergabepraxis ist nicht die Nation, sondern die Region entscheidend. Wo das regionale Pro-Kopf-Einkommen unter 75 Prozent des EU-Durchschnitts liegt, erhalten diese Regionen Mittel aus den Strukturfonds.

Die EU ist auch deshalb eine soziale Union, weil es sich bei ihren Fonds um eine Umverteilung von reicheren Nettozahlern zu Subventionsempfängern handelt. Umverteilung ist das Wesen des Sozialstaates. Der liberalisierte Handel erhöht die Wachstums- und Wohlstandsimpulse und damit die Zahl der Gewinner, aber auch die der zumindest relativen Verlierer, die der Konkurrenz eines größeren Marktes nicht gewachsen sind. Der Wettbewerb auf den neuen Märkten steigert die Wettbewerbsfähigkeit Europas nach außen und verstärkt die Unterschiede zwischen Gewinnern und Verlierern im Innern, die weniger vom nationalen Protektionismus geschützt werden können.

Der Westen wird auch vom Osten lernen müssen. In Westeuropa unterliegen mehr als 70 Prozent der Beschäftigten kollektiven Tarifabmachungen - im Osten sind es weniger als 40 Prozent. Das korporative Sozialmodell Westeuropas, welches die deutschen Gewerkschaften kaum in die neuen Bundesländer zu transferieren vermochten, kann nicht auf ganz Europa übertragen werden. In den meisten osteuropäischen Ablegern westeuropäischer Firmen herrschen trotzdem bessere Zustände als in den Töchtern von US-Unternehmen oder der einheimischen Betriebe. VW, Siemens oder Continental zahlen ihren Arbeitern in der Slowakei zwischen 550 und 750 Euro im Monat und damit weit mehr als den Durchschnittslohn. In zwei von drei Firmen gab es bereits im vergangenen Jahr „Euro-Betriebsräte", die für den sozialen Dialog sorgen.[32]

Das ganze östliche Europa hat etwas bewältigt, was dem Westen womöglich erst noch bevorsteht: sich auf die Risiken der Zwischenzeit einzulassen, in der ein alter Zustand unhaltbar geworden ist, ein neuer sich aber noch

---

32 Christian Tenbock, Real existierender Kapitalismus. Schwache Gewerkschaften, harte Unternehmer: In Osteuropa kommt die Arbeiterbewegung nicht vom Fleck. Hat das westeuropäische Konsensmodell noch eine Chance?, in: Die Zeit v. 9.11.04.

nicht verfestigt hat; im Provisorium leben zu können, ohne dass dies als Weltuntergang empfunden würde; nicht in Panik und Hysterie zu verfallen, wenn die Selbstverständlichkeiten einer Lebensform aufhören, selbstverständlich zu sein; sich einzulassen auf eine Suchbewegung, deren Ende man noch nicht kennt: Karl Schlögel stellt sich die Frage, ob das westliche Europa mit ähnlicher Gelassenheit und Selbstsicherheit hinter sich bringen wird, was ihm noch bevorsteht: die Abwicklung des alten, nicht mehr haltbaren Zustands.[33] Vielleicht liegt die Zukunft bei denen, die es gelernt haben, unter den Bedingungen des Provisoriums zu leben und zu wirtschaften.

Die Zivilisierung des Neoliberalismus, der weder Tradition noch Nachhaltigkeit kennt, darf nicht wegen angeblich anonymer Märkte und Kräfte unterbleiben. Auch hierbei geht es immer auch um die Sozialkultur der Menschen selbst. Das Kapital ist heute in zunehmendem Maße, wenngleich in sehr unterschiedlichem Ausmaß, in der Hand von Herr und Frau Jedermann. Die Manager müssen sich den Fondsmanagern stellen, die ihrerseits im Wettbewerb um die Gunst der Kapitalgeber stehen. Sobald die Kursentwicklung hinter den Erwartungen zurückbleibt, werden Anleger nervös und damit steigt der Druck auf die Fondsmanager. Die Gefahr von Aktienverkäufen wächst, was die Manager trotz oft hoher Renditen zwingt, wiederum die Kosten zu senken.

Die Renditeziele werden auch von Arbeitern, Angestellten und Freiberuflern festgelegt, die über Lebensversicherungen und berufliche Versorgungswerke oder Investmentfonds eine hohe Rendite auf ihr Risikokapital erzielen wollen. In den USA sind bereits 60 Prozent des börsennotierten Kapitals in den Händen der Arbeitnehmer. Über die Märkte ist das Produktivvermögen sozialisiert worden, sind Arbeiter zu Kapitalisten und ist die Renditeorientierung zum allgemeinen Ziel geworden. Doch hier wird die Gegenseitigkeit in den Mittelpunkt gerückt werden müssen. Niedrige Renditen von Aktien und gewaltige Managergehälter verletzen dieses Prinzip eklatant.

Ein Europa, das zugleich sozial- und wettbewerbsfähig ist, wird die Flexibilität der Menschen unter Beibehaltung der Grundsicherung stärker fordern müssen. Der barmherzige Samariter der traditionellen Ethik ist eine Kategorie für kleine Gruppen. Für die Organisation einer Volkswirtschaft oder der Weltwirtschaft ist Hilfe ohne Selbsthilfe oft sogar eher schädlich. Da Samariterverhalten - so Karl Homann - in anonymen Großgesellschaften die Anreize der Empfänger zu eigenen Anstrengungen schwäche oder zerstöre, hätten die Politiker der Industrienationen durch moralisch begründete Lebensmittellieferungen in Entwicklungsländer aus Kornkammern Armenhäuser gemacht. Solche Fehlsteuerungen finden sich in der Arbeitsmarkt-

---

33 Karl Schlögel, Promenade in Jalta und andere Städtebilder, München, Wien 2001, S. 8.

und Sozialpolitik zuhauf.

Unter den Bedingungen der anonymen Groß- und Weltgesellschaft, die durch tiefe Arbeitsteilung, ausdifferenzierte Funktionssysteme und anonyme Austauschprozesse gekennzeichnet ist, muss das traditionelle System sozialer Hilfe in die Kategorien von Vorteilen und Anreizen übersetzt werden. Die der modernen Gesellschaft angemessene Form der Moral ist die Anreizmoral.[34] Eine Sozialpolitik des Förderns und Forderns beschränkt sich dementsprechend nicht mehr auf die anonyme Verwaltung und Auszahlung monetärer Transfers, sondern setzt auf Prävention, Aktivierung und komplexe Ursachenbekämpfung. Einerseits entspricht dies den haushaltspolitischen Zwängen, andererseits wird mit der Renaissance des Subsidiaritätsprinzips der überschießenden Ökonomisierung der Sozialpolitik Einhalt geboten.[35]

Der Umbau des Sozialstaates muss im Sinne einer größeren Mitverantwortung des Einzelnen für die Sozialkultur gestaltet werden. Die meisten Menschen –so Fredmund Malik - können viel mehr leisten, als sie selbst für möglich halten. Wenn man Menschen entwickeln wolle, müsse man etwas von ihnen verlangen - genau das Gegenteil von dem, was üblich ist, nämlich etwas zu bieten. Dies verderbe die Menschen und behindere ihre Entwicklung. Sie würden, oft ohne es selbst zu wollen und vor allem ohne es zu merken, in eine Konsumenten- und Anspruchshaltung manövriert.[36]

Die „Initiative Neue Soziale Marktwirtschaft" weist auf die Gemeinsamkeiten in der internationalen Arbeitsmarktpolitik hin: eine neue Balance zwischen Rechten und Pflichten, eine Mobilisierungs- statt einer Passivierungspolitik, die Betonung präventiver statt therapeutischer Instrumente. Unser System der öffentlichen Transferleistungen biete zu wenig Anreize für eine Arbeitsaufnahme und fordere in der Vollzugspraxis zu selten Gegenleistungen der Transferempfänger. Im angelsächsischen und skandinavischen Ausland wird an die Stelle voraussetzungsarmer Transferleistungen staatliche Aktivierungshilfe mit verpflichtenden Auflagen für die Transferempfänger verbunden. Die Anbahnung von Beschäftigung durch Arbeitsvermittlung und Beratung wird als wichtigster Weg zur Integration und als effektivste Form der Sozialpolitik gesehen.[37]

34 Karl Homann, Vorteile und Anreize. Zur Grundlegung einer Ethik der Zukunft, hrsg. Von Christoph Lütge, Tübingen 2002.
35 Werner Schönig, Soziale Arbeit in der Sozial- und Arbeitsmarktpolitik. Grundsatzfragen, Handlungsfelder und Perspektiven, in: Peter Boskamp, Heinz Theisen (Hrsg), Krisen und Chancen unserer Gesellschaft, a.a.O. , S. 197.
36 Fredmund Malik, Führen Leisten Leben. Wirksames Management für eine neue Zeit, Stuttgart, München 2004, 16.Aufl., S. 249ff.
37 Vgl. Initiative Neue Soziale Marktwirtschaft www.chancenfueralle.de.

In der aktivierenden Sozialpolitik liegt der Unterschied sowohl zum alten Sozialstaat als auch zum Neoliberalismus. Wenn die Flexibilisierung der Arbeitsmärkte nicht dem Profit, sondern neuen Arbeitsplätzen dienen soll, muss sie mit einer gleichzeitigen Qualifizierungsoffensive verbunden sein. Wenn die Kürzungen sozialer Leistungen kein bloßes Einsparen auf Kosten von Schwachen sein soll, muss Solidarität mit zusätzlicher Förderung und Forderung der Selbsthilfe subsidiär verbunden werden. Wenn der Abbau von Erhaltungssubventionen kein Kahlschlag sein soll, muss er mit Hilfestellungen zur Innovation verbunden werden. Sparen kann man auf Kosten oder zugunsten der Zukunft.

In einer Neuen Sozialen Marktwirtschaft darf es auch nicht um die e-manzipatorische Einforderung neuer Rechte gehen. Ein bloßer Sozialökonomismus gefährdet die Demokratie, sofern diese nur mit den Ergebnissen des Sozialstaats identifiziert wird. Es geht um die Gegenseitigkeit von Staat und Gesellschaft, Allgemein- und Eigeninteressen, Rechten und Pflichten sowie von Fördern und Fordern. In der Befähigung des „Humankapitals" könnten sich die Interessen von Staat und Individuum sowie von Kapital und Arbeit in ähnlicher Weise treffen wie schon beim gemeinsamen Wachstumsstreben.[38]

Eine neue soziale Marktwirtschaft bedarf aber der Grundlage einer Bürgergesellschaft, in der gesellschaftliche Gruppen, die weder dem Staat noch dem Markt zuzuordnen sind und mehr Mitverantwortung übernehmen. Hierzu gehören in erster Linie Familien, gemeinnützige Einrichtungen, Formen assoziativer Selbsthilfe und wechselseitiger Hilfe. Ihre Gemeinsamkeit besteht in der Solidarität der Beteiligten. Der Staat darf nicht länger in sozialethisch unverantwortbarer Weise der alleine verantwortliche Akteur bei der Realisierung sozialer Gerechtigkeit sein. Die humanen Ressourcen der Gesellschaft sollten gefördert und genutzt werden.

Es geht nicht einfach um den Ab- oder Umbau des Sozialstaates, sondern um einen bürgergesellschaftlich erneuerten Sozialgemeinschaft, die den Vorstellungen von Subsidiarität mehr entspricht als ein überbordender Wohlfahrtsstaat, weil in ihr die Personwürde jedes Menschen ernst genommen wird. Staat und Gesellschaft, Solidarität und Mitverantwortung, Verteilung und Partizipation, Hilfe und Selbsthilfe wären einige der Ergänzungsformeln einer neuen europäischen Sozialkultur. Das Leitbild des politisch aktiven Bürgers wird damit in den sozialen Bereich übertragen. Der politische Ehrgeiz geht eher dahin, die Menschen zu ermächtigen, etwas für sich und andere zu tun. Sozialpolitik bezöge sich weniger nur auf Randgruppen der Gesell-

---

38   Vgl. Heinz Theisen, Fördern und Fordern. Gegenseitigkeit als Grundlage einer zukunftsfähigen Ordnung, in: Bermhard C. Wintzek (Hrsg), Denkfalle Zeitgeist. Asendorf 2003.

schaft, sondern definiert sich demnach stärker über die aktiven Bürger, die einen jeweils eigenen Beitrag zum Gemeinwesen leisten.[39]

Die europäische Kultur hält die geistig-moralischen Ressourcen für eine neue Sozialkultur bereit. Die geforderten Selbstbegrenzungen entsprechen konservativen Erziehungsidealen. Das Fördern entspricht linken Akzenten auf Rechte und Bedürfnisse des Menschen und das Fordern entspricht der konservativen Pflichtenethik. Hilfe zur Selbsthilfe entspricht dem Personalismus des christlichen Menschenbilds und dem Subsidiaritätsprinzip.

Die europäische Sozialkultur werden wir nur im Rahmen einer NeuBildung Europas sichern können. Unwissen und Ignoranz sind heute geradezu lebensgefährlich. Viele der heutigen Probleme, - ob Umwelt in China oder totalitärer Islamismus, - lassen sich zumindest teilweise auf eine Unterversorgung mit Wissen zurückzuführen. Sie führt vor allem zu einer Beschädigung des Humanvermögens und ist damit zugleich ein Investitionshindernis. Die Rede von der Informations- und Wissensgesellschaft ist zu allgemein. Beide Faktoren waren in früheren Zeiten auch lebenswichtig. In den Modernisierungsprozessen ist vielmehr das Prinzip der Forschung, des hypothetischen, experimentellen und lernenden Umgangs mit Informationen in der Gesellschaft der notwendige allgemeine Handlungsmodus.

Es ist auch Voraussetzung für die Fortschritte der Naturwissenschaft und damit der Technologien. Auch bei uns ist daran zu erinnern, dass es ohne neue Entdeckungen und Fortschritte praktisch keine Chance auf ein humanes Überleben der Menschheit gäbe. Wissenschaft und Ökologie sind keine Widersacher. Ausgerechnet die verteufelte Gentechnik könnte zu einer enormen Quelle alternativer Energietechnik werden. Schon jetzt lässt sich beispielsweise resümieren, dass jenes vor zehn Jahren in der Landwirtschaft ausgebrachte gentechnisch veränderte Saatgut bereits über 170000 Tonnen Pestizide eingespart hat, weil die Pflanzen gegenüber Schädlingen robuster sind. Es handelt sich um lebenswichtiges Wissen, welches nicht aus dem Repitieren von heiligen Texten und nicht aus Hassgefühlen gegenüber fremden Sündenböcken, sondern aus den Prinzipien der neuzeitlichen europäischen Wissenschaft gewinnen lässt.

Eine offene Gesellschaft und offene Formen des Wissenserwerbs entsprechen einander. Für die Durchhaltbarkeit eines solchen innovativen, lebenswichtiges Wissen braucht man aber wiederum den Halt einer Orientierung, der großen Metaerzählungen, die dem Geist eine Heimat bieten, ohne die Menschen am Weiterfragen zu hindern. Die idealistischen Hoffnungen

---

39 Ursula Nothelle-Wildfeuer, Menschenwürde, soziale Gerechtigkeit und Sozialstaat, in: Manfred Nicht, Armin Wildfeuer (Hrsg), Person - Menschenwürde - Menschenrechte im Disput, a.a.O., S. 197ff.

der Aufklärung auf das zweckfreie positive Wissen oder auch in die Mündigkeit des Menschen haben das Böse im Menschen zu oft verdrängt. Statt an die Erbsünde sprach man von „Strukturen der Sünde". In den Sozialwissenschaften sollte dann schließlich die Unterscheidung nach gut und böse dem Menschen ganz abgenommen werden. Es gab nur noch Strukturen und deren Opfer, der Mensch konnte sich als „subjektiver Faktor" nur am Rande noch behaupten. Nur in diesem merkwürdigen deformierten Weltbild, war es auch möglich, dass die Sozialwissenschaften durchgängig die Mündigkeit von allen und jeden predigten, dem daher auch maximale „Partizipation" zu gewähren sei. Es ging immer und überall nur noch um seine zu erkämpfenden Rechte, die komplementären Pflichten blieben ausgeklammert. Dieses Welt- und Menschenbild hat fatale Folgen in der Sozial- und Bildungspolitik und auch bis hin zur Arbeitsmarktpolitik gehabt.

Bildung und Erziehung müssen wieder als zwei Seiten einer Medaille angesehen werden. Dies gilt von der schulbegleitenden Erziehung im Grunde bis zur „Ethik der Wissenschaft". Während in Skandinavien Bildung als die beste Form präventiver Sozialpolitik gilt, investierte unsere Sozialpolitik einseitig zugunsten der älteren Generationen. Aber die deutsche Schule versteht sich nur als Bildungs- und nicht als Erziehungseinrichtung. Die Erziehungsarbeit wird grundsätzlich den Eltern überlassen, die damit sehr unterschiedlich fertig werden. In den Halbtagsschulen ist auch nicht der Zeitraum gegeben, um Kindern aus sozial schwachen Elternhäusern kompensierende Förderung zu gewähren, die besonders wirksam im Vor- und Grundschulalter wäre. Dort ist sie aber im Gegensatz zur späteren Schulausbildung kostenpflichtig.

Die Schulsozialarbeit ist in Deutschland anders als in anderen europäischen Ländern unterentwickelt. Der Sozialstaat - so Franz Xaver Kaufmann - dürfe sich aber nicht primär als gigantische Umverteilungsmaschine verstehen, sondern müsse sich seiner Verantwortung auch für die Bedingungen von Produktion und Reproduktion bewusst werden.[40] Aufgrund der stark absinkenden Gebürtigkeit können wir es uns nicht mehr länger leisten, zu wenig in die Bildung des Humanvermögens zu investieren. Die deutsche Bevölkerung hat seit Jahrzehnten einen zu großen Teil ihres Volksvermögens konsumiert und Investitionen in das Humanvermögen der nachwachsenden Generationen in Billionenhöhe unterlassen. In der Bundesrepublik sind die Unterhaltskosten der älteren Generation weitgehend kollektiviert worden, während die Finanzierung der nachwachsenden Generation zu etwa drei Vierteln von

---

40 Franz Xaver Kaufmann, Schrumpfende Gesellschaft. Vom Bevölkerungsrückgang und seinen Folgen, Frankfurt/M 2005, S. 181f.

deren Eltern getragen wird. Ein Leitbildwechsel der Sozialkultur muss die Nachwuchssicherung zu einer prioritären Aufgabe des Sozialstaates machen.

2.4 Dialektik von Konflikt- und Kooperation

Europa ist durch seine Vielfalt mehr als andere Kulturen in seiner Geschichte mit Konflikten und Spannungen konfrontiert worden. Daraus erklären sich die aggressive Bereitschaft zur Expansion und ein hohes Potential an Gewaltsamkeit. Die Konkurrenz zwischen geistiger und weltlicher Gewalt und zwischen den vielfältigen politischen Entscheidungsträgern selbst schuf aber auch jenen Pluralismus, der etwa die Konkurrenz der politischen Einheiten um die Förderung von Gewerbe und Wissenschaft belebte. Nicht zuletzt aus dieser Vielfalt heraus wurden Lern- und Innovationsfähigkeit zum europäischen Markenzeichen. Schließlich gelang es den Europäern nach dem Zweiten Weltkrieg Konflikt und Kooperation in ein tragfähiges Ergänzungsverhältnis zu setzen. Parallel zum Wettbewerb der Volkswirtschaften und zu den Konflikten der Regionen und Nationen wurden supranationale Strukturen der Kooperation aufgebaut. In den Parlamenten wurden Dauerkonflikte ritualisiert und stabilisiert.

Die westlichen Spannungsfelder enthalten sowohl Konflikt als auch Kooperation. Die Kooperation erwächst aus der oft konfliktbehafteten Ergänzung des Unterschiedlichen. Die Gegensätze sind eben keine Widersprüche, sofern sie sich komplementär zueinander verhalten. Komplementarität ermöglicht und erfordert eine Form des Lernens, die vermeintliche Gegensätze wie Einheit und Vielfalt, Offenheit und Selbstbehauptung, Tradition und Fortschritt, nationale und supranationale Interessen, Zuwanderung und Integration verbindet.

Die aus den Ausdifferenzierungen entstehende Dynamik der Teilsysteme ermöglichte die Wandlungsprozesse der Neuzeit. Die westliche Entwicklungsdynamik beruht auf jener „Interpenetration von Kultur und Welt" (Richard Münch)[41], die sich im konkurrierenden Neben- und im komplementären Miteinander von Staat, Kirche und bürgergesellschaftlichem Engagement ausdrückt. Aus den bewältigten Spannungsverhältnissen leiten sich die bürgerlichen Synthesen von Rechten und Pflichten und von Eigeninteressen und Gemeininteressen ab.[42]

---

41 Richard Münch, Die Kultur der Moderne, Bd.1 und 2, Frankfurt/M 1986.
42 Wenn dieses Spannungsverhältnis etwa zwischen protestantischer Ethik und Kapitalismus nicht begriffen wird, kommt es leicht zu gängigen Fehlschlüssen, denen zufolge es Amerika „nur ums Öl" gehe. Umgekehrt geht es den USA aber auch nicht „nur um Demokratie". Das Genie dieser Weltmacht bestand in der Nachkriegszeit jedenfalls darin, Idealismus und Realismus, eigene Interessen und deutsche oder japanische Interessen miteinander kompatibel

Auch die Europäische Union lebt wie der weltanschaulich neutrale Nationalstaat von der sittlichen Bindung und Verantwortlichkeit, d.h. vom Sozialkapital seiner Bürger und damit von Voraussetzungen, die er selbst weder schaffen noch garantieren kann.[43] Das aus kultureller Sicht völlig selbstverständliche „Böckenförde-Paradox" ist ein Auftrag zur Bildung von Sozialkapital, von Vertrauen, Gegenseitigkeit und freiwilligen Assoziationen. Das Sozialkapital baut in der Regel auf kulturellen Traditionen auf. Selbst die ökonomischen und politischen Unterschiede von Nord- und Süditalien beruhen immer auch auf der Unterschiedlichkeit von sozialem Kapital, von Vertrauen, Gegenseitigkeit und der Bereitschaft zu freiwilligen Assoziationen.[44]

Mit der Ausdehnung des Ökonomismus auf immer neue Lebensbereiche und in fast alle Teile der Erde droht der Spannungsbogen von Staat und Markt, von Sozialem und Profitablem zu zerreißen. Wenn alle Werte den materiellen Werten untergeordnet werden, führt dies zur Zerstörung der Synthese von ideellen und materiellen Werten, zur sozialen und ökologischen Desintegration, zur Armut, Entfremdung und Zerstörung lokaler Gemeinschaften. Das Wiederaufleben lokaler Identitäten ist demgegenüber als Versuch zu interpretieren, ganzheitlichere Formen des Lebens bis hin zur Religion zu ihrem Recht kommen zu lassen. Diese Versuche sind danach zu unterscheiden, ob sie eine Regression in ein Gegenextrem oder ob sie eine neue kulturelle Integration des Fortschritts anstreben.

Die Gegenseitigkeit von Ökonomie und Kultur sollte durch die Politik vermittelt werden, im neuen Europa bedarf es dafür vor allem eines Ausgleichs zwischen regionalen, nationalen und europäischen Interessen und Identitäten. Identitäten kann man als verwirklichte Zugehörigkeiten definieren. Die Übertragung von Identität und Heimat in die transnationale Welt ist ein Akt der Selbstvergewisserung. Eine geistige Heimat ist aber anders als eine geographische eine weniger vergängliche und gefährdete Sphäre.[45] Sofern geographische Herkunft und ethnische Zugehörigkeit als alleinige Identität dominieren, ist ein vereintes Europa nicht möglich, sondern nur dort, wo sich ein mehrschichtiges Identitätsverständnis ausgeprägt hat.

Unsere Identität wird durch zahlreiche Schichten oder Kreise dessen mitgestaltet, was im Allgemeinen als unser zu Hause bezeichnet werden kann.

zu machen.

43 Vgl. Ernst Wolfgang Böckenförde, Die Entstehung des Staates als Vorgang der Säkularisation (1967), in: ders., Recht-Staat-Freiheit, Frankfurt/M 1991, S. 23.

44 Robert D. Putnam, Making Democracy Work: Civic Traditions in Modern Italy, Princeton-New Jersey 1993.

45 Thomas E. Schmidt, Heimat - Leichtigkeit und Last des Herkommens, Berlin 1999S. S. 33; vgl. auch Barbara Barsch, So tröstet uns Beständigkeit. Globalisierung und nationaler Separatismus in Ost- und Mitteleuropa, in:. Institut für Auslandsbeziehungen; Neues Moskau. Kunst aus Moskau und St. Petersburg, 2000, S. 38.

Unsere Familie, der Kreis unserer Freunde oder unserer Glaubensbrüder; unsere Gemeinde oder unser Bezirk einschließlich der Landschaft, die ihn prägt; unsere Firma oder unser Beruf, unsere Volksgruppe oder unsere Nation; der Staat, dessen Bürger wir sind; aber auch der breitere Zivilisationskreis, dem wir uns zugehörig fühlen.[46]

Überall in Europa treffen wir auf Menschen, die nicht von dort stammen, wo sie heute leben. Sie tragen ihre Heimaten mit sich. Fast jede Gruppe hat ihr verlorenes Land: die Bulgaren ihr Mazedonien; die Serben ihr Kosovo; die Italiener ihr Fiume, die Deutschen ihr Ostpreußen und Schlesien; die Polen die Kresy, Wilna und Lemberg; die Ungarn Temesvar und Transsylvanien, die Türken Thrakien, die Griechen Smyrna und Konstantinopel.[47]

Kulturelle Rechte auf Eigensinn und Eigenständigkeit, auf regionale, ethnische, nationale oder religiöse Identitäten müssen nicht negiert, sondern in einer höheren Ebene aufgehoben werden.[48] Das Entstehen einer europäischen Identität erweitert das Spektrum der Zugehörigkeiten, der Selbstverständigung und der Selbstverwirklichung des Individuums. Dadurch wird die Zugehörigkeit zu und die Identifikation mit einer Nation relativiert. Der europäische Identitätsgewinn fließt aber wiederum in das nationale Kollektiv zurück und sorgt hier für eine Bereicherung der Kultur, der Lebensstile und der Weltsichten. Die Identitätsbildung wird auf diese Weise dynamisiert.[49]

Die Völker Europas müssen sich sowohl ihrer kulturellen Herkunft als auch den Notwendigkeiten der Globalität gerecht werden. Sie müssen das jeweils kulturell Besondere und das zivilisatorisch Allgemeine in eine Synthese bringen. Die vielfältigen Spannungsfelder können eine Hilfe sein bei der Suche nach einer neuen Form von Moderne. Im vernetzten Europa muss sich das Spektrum der Zugehörigkeiten erweitern. Gelungen ist dies bei der Synthese von nationaler und europäischer Identität, von konfessioneller und christlicher Identität, von christlicher und aufklärerischer Identität und zunehmend auch von konservativer und progressiver politischer Identität. Ohne hinreichende Bildungsprozesse enden diese Erweiterungen allerdings leicht in den Regressionen der postmodernen Beliebigkeit oder des Identitätswahns.

---

46 Vaclav Havel, zit. nach Alfred Grosser, Deutschland in Europa, Weinheim, Basel 1998, S. 13.

47 Karl Schlögel, Die Mitte liegt ostwärts. Europa im Übergang, München, Wien 2002.

48 Bis hierin folge ich Doris Teetzmann, Europäische Identität im Spannungsfeld von Theorie, Empirie und Leitbildern, Göttingen 2001, S. 208ff, Die Hoffnung auf eine Politik mit direktdemokratischer Komponente als Mittel zur gesamteuropäischen Identitätsgewinnung hieße allerdings angesichts der derzeit nur schwach entwickelten gemeinsamen Identität den zweiten Schritt vor dem ersten tun.

49 Richard Münch, Europa als Projekt der Identitätsbildung, in: Till Blume, Till Lorenzen, Andreas Warntjen (Hrsg), Herausforderung Europa - Von Visionen zu Konzepten, Baden-Baden 2003, S. 81ff.

Die Interkulturalität bewegt sich zwischen den Gefahren des Identitätsverlusts und des Identitätswahns auf der einen Seite und der Chance erweiterter Identität auf der anderen Seite.

Die kulturelle Selbstverständigung Europas muss jenseits von multikulturellem Relativismus und vom westlichen Universalismus zu einer realistischen Selbstbegrenzung und Selbstbehauptung beitragen. Statt eines Multikulturalismus, der die Unterschiede auf sich beruhen lässt und sie dadurch auch in ihren sozialen Ergebnissen noch verstärkt, ginge es um die Organisation tragfähiger Gegenseitigkeiten zwischen Minderheiten und Mehrheiten.

Die Rekonstruktion der europäischen Ordnung vollzieht sich in einer Welt der Vernetzungen und Verstrickungen. Der Übergang vom ideologischen zum relativistischen Denken darf nur eine Zwischenetappe sein. Es geht um den Übergang vom Relativismus zu einem Relationismus, der den wachsenden Vernetzungen Rechnung trägt und sich zugleich seine Identität zu bewahren weiß. Dem kulturellen Selbstverständnis kommt heute eine besondere Bedeutung zu, weil es von einem sozialen Netzwerk mit vielfachen Rückkopplungsschleifen erschaffen wird, durch die Werte, Anschauungen und Verhaltensregeln ständig kommuniziert, modifiziert und erhalten werden.[50]

Frederic Vester definiert vernetztes Denken als Einsicht, dass vieles zusammenhängt, was wir getrennt sehen, dass die sie verbindenden unsichtbaren Fäden hinter den Dingen für das Geschehen in der Welt oft wichtiger sind als die Dinge selbst. Wo immer wir eingreifen, pflanzt sich die Wirkung fort, verliert sich, taucht irgendwo anders wieder auf oder wirkt auf Umwegen zurück.[51] Einfache logische Schlüsse, simple Ursache-Wirkungs-Beziehungen gebe es nur in der Theorie, nicht in der Wirklichkeit. Die vernetzten Zusammenhänge müssen wir nutzen lernen, wenn wir evolutionär, d.h. nachhaltig sinnvoll handeln wollen. Die Beziehung zwischen den Teilsystemen und zwischen den Teilsystemen und den Menschen ist ausschlaggebend. Es überlebt nicht der in bestimmten Bereichen Tüchtigste, sondern der im Wechselspiel mit dem System Tüchtigste. Relationales Denken geht davon aus, dass sich die Rolle einer Variablen nicht aus ihr selbst erkennen lässt, sondern aus der Gesamtheit ihrer Wechselwirkungen mit den übrigen Komponenten und deren Wechselwirkungen untereinander.

Auch die Markwirtschaft hat sich stellenweise bereits in eine Netzwerkwirtschaft verwandelt. Ihre Teilnehmer müssen sich verpflichtet fühlen, zu kooperieren und nicht die anderen auszunutzen. Nach altem Marktverständ-

---

50 Fritjof Capra, Verborgene Zusammenhänge. Vernetzt denken und handeln - in Wirtschaft, Politik, Wissenschaft und Gesellschaft, Bern, München, Wien 2002, S. 120f.
51 Frederic Vester, Die Kunst, vernetzt zu denken. Ideen und Werkzeuge für einen neuen Umgang mit Komplexität. Bericht an den Club of Rome, München 2002, S. 9f.

nis werden die Preisgabe von Wissen und transparente Operationen als Fehler betrachtet, weil die Wettbewerber die Schwächen ausnützen könnten. In Netzwerken gilt Offenheit als Zeichen des Vertrauens und der Bereitschaft, zum gegenseitigen Nutzen zusammenzuarbeiten.[52]

Die Gleichzeitigkeit und Gegenseitigkeit von Wettbewerb und Kooperation in der Wirtschaft hat Konsequenzen für die politische Theorie. Statt zu Feinden wie in der marxistischen Theorie oder Gegnern wie in der sozialistischen Theorie werden die Vertreter von Kapital und Arbeit zu Sozialpartnern, die gemeinsam gewinnen oder gemeinsam verlieren. Statt Macht und Kampf werden ritualisierter Konflikt und zunehmende Kooperation in vernetzten Zusammenhängen zu neuen Leitbildern. Parteien verstehen sich nicht mehr als Klassen- und Ständeparteien, als Unternehmer- oder Arbeitnehmerparteien, sondern als Volksparteien, die sich dem Wohl des Volkes und nicht nur spezifischer Gruppen der Gesellschaft widmen.

Lernfähigkeit, Dynamik und Innovation sind nicht immer erwünscht, schon gar nicht bei korrupten Eliten, die ihre Besitzstände vor dem Neuen schützen. Entsprechend haben unsere Gaststudenten größte Probleme, in ihren Heimatgesellschaften wieder einen Platz zu finden. Muhammad Yunus, der „Bankier der Armen" in Bangladesch, befürwortet daher die Globalisierung. Durch die Integration in globale Prozesse verlören die etablierten Eliten den Schutz der Mauern, hinter denen sie die heimischen Konsumenten ausbeuten und aufkommende Konkurrenten klein halten könnten. In der globalen Wirtschaft erhielten auch die Armen eine Chance, ihre Fähigkeiten und Waren auf anderen Märkten zu verkaufen, wenn sie z.B. in Bangladesch die Datenverarbeitung für westliche Firmen übernehmen. Sie werden gegenüber den eigenen Eliten und anderen Weltregionen konfliktfähig. Wer sich aber nicht auf eine Beteiligung am globalen Markt vorbereite, werde an den Rand gedrängt und zu den Opfern gehören.[53]

Während im westlichen Europa Demokratie zunehmend als Form der Vernetzung und Kooperation verstanden wird, mussten in den Transformationsländern die Ausdifferenzierung der Teilsysteme und die Voraussetzungen von Vernetzung und Kooperation durch Konflikte erst erkämpft werden. Da die Parteienkonkurrenz um maximale Versprechen des Wohlfahrtsstaates im Westen immer weniger möglich ist, müssen sie beim Umbau des Sozialstaates kooperieren.

Im Westen fallen Gesellschaften wie Deutschland zurück, die den

---

52 Vgl. zur Netzwerkgesellschaft vor allem Manuel Castells, Der Aufstieg der Netzwerkgesellschaft, Opladen 2003; vgl. Fritjof Capra, Verborgene Zusammenhänge, a.a.O., und Jeremy Rifkin, Der Europäische Traum, a.a.O. S. 199ff.

53 Gespräch mit Muhammad Yunus, „Eine Welt ohne Armut muss keine Utopie sein", in: Universitas 6/1999, S. 59ff.

Sprung aus den Reformblockaden einer korporativen Gesellschaft nicht geschafft haben und im Osten weisen die russischen Länder und viele südosteuropäische Länder negative Entwicklungen auf, weil sie keine konfliktfähigen Strukturen ausgebildet haben. Während im Westen die nationalen Parteien und Verbände und damit der Parlamentarismus zunehmend von supranationalen oder transnationalen Organisationen ergänzt werden, ist ihr Aufbau im Osten Gebot der Stunde.

Demokratie pendelt heute nicht mehr nur zwischen den Polen Konflikt und Konsens. Sie sollte als eine besondere Form von Kooperation verstanden werden. Die Idee von der Demokratie als Repräsentation des Volkswillens wird den zunehmend pluralistischen Formen der Willensbildung nicht mehr gerecht. Sie erschwert zudem die Entwicklung der Mehrebenenpolitik, die nur kooperativ zwischen nationalen und internationalen Bereichseliten (einschließlich der NGO,s) und in der Verschränkung nationaler und supranationaler Institutionen gelingen kann. Demokratie als Kooperation steht somit im Gegensatz sowohl zur ökonomistischen Spielart des Pluralismus, nach der die Demokratie sich auf die Festlegung von Spielregeln beschränkt als auch zu dem Konzept der Zivilgesellschaft.[54] Die europäische Mehrebenenpolitik ergänzt die repräsentative Demokratie durch nicht gewählte und nur mittelbar legitimierte Vertreter in Kommissionen und Räten.

Kooperative Demokratieformen sind problematisch, wenn sich die Eliten zu Oligarchen entwickeln. Eine Cliquenwirtschaft zerstört die Zukunftsfähigkeit korporativer Systeme. Diese Form des Korporatismus - die Vernetzung von Interessenverbänden, Parteien und Staat - beruht auf den Verteilungsmöglichkeiten einer wachsenden Wirtschaft, die auch durch massive Staatsverschuldung und damit auf Kosten der Zukunft künstlich am Leben gehalten wird. Die Absprachen der Partner aus Wirtschaft und Politik garantieren sich wechselseitig die Wahrung ihres Besitzstandes. Eine auf diese Weise erzeugte Zufriedenheit geht zu Lasten der Dynamik.

Den korporativen Systemen droht ein schleichender Niedergang aus Mangel an Wettbewerbsfähigkeit. Die wechselseitigen Verschränkungen verhindern notwendige Reformen. Die konkurrierenden Volksparteien pflegen eine nur machttaktisch begründete Konfliktkultur, die quer zu den notwendigen Kooperationserfordernissen bei komplexen Reformen steht.[55] Deutschland verfügt jedoch über den Vorteil der Einbindung in die Europäi-

---

54 Julian Nida-Rümelin, Demokratie als Kooperation, Frankfurt/M 1999.
55 Vgl. zur Problematik der Zukunftsunfähigkeit korporativer Systeme Heinz Theisen, Zukunftspolitik. Langfristiges Handeln in der Politik, München 2000; ders., Korporatismus und Konfliktkultur als Ursachen der „Deutschen Krankheit", in: Aus Politik und Zeitgeschichte B 29-30/1998.

sche Union. Der Korporatismus ist mit den Wettbewerbszwängen der Europäisierung und Globalisierung nicht mehr vereinbar. Der Wettbewerb erfordert flexible und mobile Menschen, die nicht nur ihre Verbundenheit zu den Korporationen, sondern auch zum Nationalstaat, den gesellschaftlichen Milieus und den Parteien lockern.

Der Beitritt der ostmitteleuropäischen Länder ist eine Chance, korporative Verkrustungen aufzubrechen. Während das alte Europa sich mit Bürokratie und Regulationen herumschlägt und die Wettbewerbsfähigkeit vernachlässigt, seien - so der ungarische Finanzminister Laszlo - die ostmitteleuropäischen Staaten Hoffnungsträger für die längst überfälligen Reformen. Ihr unbedingter Wille, aufzuholen und die Lücke zu den reichen Altmitgliedern zu schließen, würde sie zu den Partnern derjenigen machen, die durch Reformen und vernünftigen Umgang mit knappen Ressourcen die Effizienz der EU erhöhen wollen.[56]

In einer zivilisierten Ordnung sind Konflikt und Wettbewerb eingebettet in das Vertrauen auf die Fairness der Regeln, des Rechts und in die Kultur des Konsenses.[57] Auf diese Weise ist der Wettbewerb selbst eine Form der Kooperation.[58] Die globale Staatenwelt organisiert sich zunehmend in neuen Netzwerken wie der UNO der WTO, die eine Parallelstruktur zu den fortbestehenden nationalen Institutionen schaffen. Innerhalb der Gesellschaften ist wiederum die Gouvernanz entscheidend, d.h. die Interaktion ausdifferenzierter Teilsysteme und gesellschaftlicher Gruppen. An die Stelle der alten Hierarchien treten Zusammenhänge, deren Erfassung weder mit kausalem Ursache-Wirkungsdenken noch mit partikularer Interessenwahrnehmung von Parteien oder Nationalstaaten gelingt.

Die europäische Netzwerkpolitik relativiert das Macht- und Konfliktparadigma der klassischen Politik. Netzwerke beruhen ebenso sehr auf informellen sozialen Bindungen wie auf formellen Arrangements. Gegenseitige Verpflichtung und Vertrauen bilden den Kern der Netzwerke. Freiheit sichert sich nicht nur durch Unabhängigkeit, sondern durch Zugehörigkeit. Das „Netzwerk Europa" mit seinen vielschichtigen, verschachtelten Netzwerken von Regionen, bürgergesellschaftlichen Organisationen, kulturellen Nischen, transnationalen Unternehmen, Mitgliedsstaaten, assoziierten Ländern und kooperierenden Nachbarn entspricht dem ökologisches „Lebensnetz". Im Rahmen der Europäischen Union umfassen die leitenden Netzwerke zuneh-

---

56 Vgl. Frankfurter Allgemeine Zeitung v. 25.2.03:
57 Larry Siedentop, Demokratie in Europa, a.a.O., S. 29:
58 Wie stark die Verrechtlichung der Globalisierung bereits fortgeschritten ist zeigt Stefan Schaub, Supranationales Recht als Antwort auf die Globalisierung. GATT, WTO, TRIPS - worum geht es eigentlich?, in: Peter Boskamp, Heinz Theisen (Hrsg.), Krisen und Chancen unserer Gesellschaft, a.a.O:, S. 121ff:

mend lokale, regionale, nationale, transnationale und global mitwirkende Akteure, die mit immer neuen Allianzen versuchen, die politische Richtung zu bestimmen. Die Fortschritte der Europäischen Union wären mit der konfliktorientierten Form der Willenbildung in den Nationalstaaten nicht möglich gewesen. Unabhängig von den Zwängen der Wiederwahl konnte die Union den Interessenvertretungen der einzelnen Mitgliedsstaaten den Boden entziehen und strukturelle Reformen durchsetzen. Das reguläre Entscheidungsorgan ist der Ministerrat, der sich seine exekutiven Befugnisse mit der Kommission und seine legislativen Kompetenzen mit der Kommission und nach dem neuen Verfassungsvertrag mit dem Parlament teilt. Diese Verhandlungsstrukturen erzwingen Kooperation. Da gleichwohl die Konkurrenz fortbesteht, kann man die europäischen Entscheidungsprozesse als eine Form von „Coopetition" bezeichnen. Dieses Konsenssystem hat in den neunziger Jahren nicht zum Stillstand geführt, wie in der Eurosklerosediskussion der achtziger Jahre gemutmaßt wurde, sondern einen Kooperationszwang hervor getrieben. Aber selbst in der „sklerotischen Zeit" hatte der Europäische Gerichtshof (EuGH) unermüdlich seine Befugnisse erweitert, indem es die nationale Souveränität stärker einschränkte als jedes andere Organ der EU.

Die Globalisierung des Kapitals, die Multilateralisierung der Machtinstitutionen und die Dezentralisierung von Autorität an regionale und lokale Staatsorgane führen zu neuen Formen der Macht. „Netzwerkstaaten" sind im Entstehen, die variabel Souveränität und Kompetenzen zusammenführen und teilen.[59] Netzwerke haben Knoten und kein Zentrum. Die Knoten sind unterschiedlich groß und durch asymmetrische Beziehungen miteinander verbunden.

Die sozialen Akteure maximieren die Chancen auf Vertretung ihrer Interessen und Werte, indem sie ihre Strategien innerhalb der Beziehungsnetzwerke zwischen verschiedenen Institutionen verfolgen. Die Bürgerschaft einer Region kann ihre Chancen besser wahren, wenn sie im Bündnis mit der EU ihre Regionalbehörde gegen die nationale Regierung unterstützt. Globale, inter- und supranationale, nationale und regionale Handlungsebenen gewinnen gleichzeitig an Bedeutung. In dieser Mehrebenenpolitik sind die einzelnen Ebenen ohne die anderen nicht mehr voll funktionsfähig. Die verschiedenen politischen Systeme verbinden sich zu einem Gesamtarrangement, in dem der Nationalstaat seine spezifischen Kompetenzen wie Steuer- und Gewaltmonopol unter stark veränderten Umständen behält. Koordination durch Verhandlungen wird zum zentralen Entscheidungsverfahren. Der Nationalstaat wird zum verhandelnden Staat.[60]

---

59   Manuel Castells, Das Informationszeitalter, Bd.3, a.a.O. S. 398.
60   Michael Zürn, Regieren jenseits des Nationalstaats. Globalisierung und Denationalisierung

Vernetzungen können leicht in Verstrickungen übergehen. Letztlich hängt vieles davon ab, in welchem Geist die Verhandlungen geführt werden. Die politischen Strukturen in Europa haben sich weitgehend angeglichen. Die Entscheidung zwischen Verstrickung und Vernetzung, zwischen Korruption und Kooperation fällt im Bereich der politischen Kultur. Eine zu große Offenheit des Nationalstaates wird nicht nur von hilfsbedürftigen Menschen, sondern auch von einer international operierenden Mafia genutzt. Mit den Notwendigkeiten der Kooperation wachsen auch die Chancen zur Korruption. Wenn etwa in Russland die sich um ethnische Identitäten gruppierenden Mafiabanden mithilfe von Politikern die „Privatisierung" vorantreiben, haben wir die Faktoren der Wechselbeziehung von Kultur, Politik und Ökonomie versammelt. Eine bürgergesellschaftliche Gouvernanz setzt demgegenüber die Akteure in eine konstruktiv-kooperative Wechselbeziehung. Doch ohne die Geltung von Normen der Gegenseitigkeit wird gute Gouvernanz nicht möglich sein.

Die Dialektik von Vernetzung und Kooperation liegt in Verstrickung und Korruption. Regiert wird nicht mehr durch von oben vorgefertigte Entscheidungen, sondern in einem ständigen Prozess von Beratungen und Verhandlungen zwischen Regierung, Wirtschaft und Gesellschaft. Dieses System gerät an den Rand der Entscheidungsunfähigkeit, wenn Struktur und politische Kultur nicht mehr zusammenpassen. Die Unterschiede zwischen Vernetzung und Verstrickung bzw. Kooperation und Korruption ergeben sich vor allem aus kulturell bedingten Verhaltensweisen. Sie verweisen auch auf die Grenzen einer Kultur.

als Chance, Frankfurt/M 1998.

3. Leitbilder einer europäischen Integrationskultur

3.1 Gegenseitigkeit der Kulturen

Die bürgerliche Gesellschaft beruht auf Gesellschaftsverträgen zwischen den Gruppen und Generationen. Die in den Verträgen angestrebte Gegenseitigkeit soll einen realistischen Interessenausgleich herbeiführen. Damit werden sowohl einseitige Vorteilsnahmen als auch ein Gutmenschentum vermieden, welches die eigenen langfristigen Interessen zugunsten moralischer Selbsterbauung vergisst. Der Verzicht auf Selbstbehauptung treibt im Gegenzug oft einen Populismus hervor, der nur noch die eigenen Interessen in den Mittelpunkt stellt.

Gegenseitigkeit ist in der politischen Kultur wichtiger geworden als die konfliktorientierten Denkfiguren des Vorwurfs und des Sündenbockdenkens, weil wir einer zunehmenden Komplexität gerecht werden müssen. Die Vernachlässigung einer realistischen Gegenseitigkeit zeigt sich im Kontext unseres Themas hinsichtlich der Formen von Zuwanderung, die nur den Interessen der Zuwanderer und nicht auch der Einheimischen dient. Ähnliches droht sich auf der zwischenstaatlichen Ebene zu wiederholen, wenn Kandidaten in die Europäische Union aufgenommen werden, die dem Maßstab der Gegenseitigkeit nicht gerecht werden. Für einen Frieden zwischen den Kulturen ist es entscheidend, ob zwischen ihnen Gegensätze oder Gegenseitigkeiten überwiegen.

Sowohl hinsichtlich der Beitrittskandidaten zur EU als auch der Zuwanderer in unsere Gesellschaften sollte die Befähigung zur Gegenseitigkeit das entscheidende Kriterium sein, damit wir die Gegenseitigkeiten der rechtsstaatlichen Bürgergesellschaft und der sozialen Marktwirtschaft zu erhalten vermögen. Eine vollständige Integration in die Kernzone der Europäischen Union wird allerdings ein höheres Maß an Gegenseitigkeit erfordern als eine Mitgliedschaft in der Assoziationszone oder in die eher informellen kooperativen Beziehungen. Im Raum der Vertiefung werden mehr Gemeinsamkeiten für die Akzeptanz von folgenreichen Entscheidungen benötigt als in dem erweiterten Kooperationskreis, in dem es um einen Minimalkonsens über sicherheits- und wohlstandsfördernde Maßnahmen geht. Gleiches gilt für die Differenzierungen zwischen Gästen und Staatsbürgern in den nationalen Gesellschaften.

Dem gleichermaßen nicht auf Gegenseitigkeit beruhenden relativistischen Multikulturalismus und dem westlichen Universalismus gilt es interkulturelle Formen von Gegenseitigkeit gegenüber zu stellen. Die Frage nach der Gegenseitigkeit stellt sich gegenüber nichtwestlichen Kulturen so dringlich, weil in ihnen das Vertrauen in den eigenen Nahbereich der Familie meist im umgekehrten Verhältnis zum Misstrauen in die gesellschaftlichen und staatlichen Fernbereiche steht. Im Westen sind dagegen die Grundlagen für das Vertrauen in die Familie vielfach erodiert, wodurch das Vertrauen in die Institutionen der Rechts- und Sozialstaatlichkeit umso wichtiger ist.

Unterschiedliche Selbstverständnisse der Menschen führen nur im Idealfall zu gegenseitigen Ergänzungen. Oft wäre schon viel gewonnen, wenn sie sich gegenseitig tolerierten. Die gegenseitige Toleranz der Kulturen wäre eine Art Minimalethik. Das Prinzip der Gegenseitigkeit findet sich in allen bedeutenden Weltkulturen und drückt sich in „Goldenen Regeln" aus. Wir finden sie im indischen Nationalepos Mahabharata im 6. Jahrhundert vor Christus: „Was ein Mensch sich nicht von anderen angetan wünscht, das füge er auch nicht anderen zu." Etwa zur gleichen Zeit lehrt Konfuzius: „Was man mir nicht antun soll, will ich auch nicht anderen Menschen zufügen." Zwei Jahrhunderte später heißt es in einem ägyptischen Weisheitsbuch: „Tue niemandem etwas Böses an, um nicht herauf zu beschwören, dass ein anderer es dir antue." Das alttestamentarischen „Auge um Auge, Zahn um Zahn" ist gegen eine maßlose Rache gerichtet. Im Neuen Testament heißt es: „Alles nun, was ihr wollt, dass euch die Leute tun sollen, das tut ihnen auch! Das ist das Gesetz und die Propheten." Kant übertrug die goldene Regel in die Sprache der Aufklärung. „Handle so, dass die Maxime deines Willens jederzeit zugleich als Prinzip einer allgemeinen Gesetzgebung gelten könne."

Die Einforderung von Gegenseitigkeit könnte die Grenzen der eigenen Kultur verdeutlichen. Sofern die Idee der Gleichwertigkeit der Menschen auch weiterhin die Identität des Westens auszeichnen soll, können Kulturen, die den Wert der Gleichwertigkeit nicht hoch halten, nur dann als gleichwertig gelten, wenn man den Wert der Gleichwertigkeit nicht ernst nimmt. Mit dieser Spielart des Multikulturalismus wäre aber auch die westliche Identität dahin. Im geistig-moralischen Sinne gäbe es keine Gesellschaft mehr, in die man sich integrieren kann.

Wenn Pluralität mit Beliebigkeit verwechselt wird, zerstört sie sich selbst. Sofern Toleranz der einzig hohe und höchste Wert ist, wird sie grundlos und hebt sich selbst auf. Die Forderung, andere Überzeugungen zu achten, darf nicht zur Forderung werden, keine eigene Überzeugung mehr zu haben. Anderenfalls verkäme die Toleranzforderung zu einer intoleranten Dogmatisierung des Relativismus. Kulturen, die unsere Rechtskultur nicht teilen, dürfen daher weniger auf Anerkennung als auf Toleranz im Wortsinne des Duldens rechnen. Wie Minderheitskulturen ein Recht auf Toleranz, so haben Mehrheitskulturen ein Recht auf gegenseitige Toleranz. Sofern sie diese nicht einfordern, drohen sie sich wie die politische Toleranz der Weimarer Republik selbst zu zerstören.

Da eine Integration in eine offene und pluralistische Gesellschaft eine offene und pluralistische Haltung voraussetzt, drohen sich die Integrationsbemühungen im Kreise zu drehen. Die Gegenseitigkeit von unterschiedlich entwickelten Kulturen ist erst nach einer erfolgreichen Modernisierung der weniger entwickelten Kultur zu erwarten. Diese beruht aber ihrerseits wiederum auf kulturellen Voraussetzungen, die in den Mittelpunkt der Entwicklungshilfe gehören.

3.2 Recht auf Integration und Pflicht zur Integration

Zurzeit leben 56,1 Millionen Einwanderer in Europa, in Deutschland sind es 7,3 Millionen. Ohne Einwanderung wäre die Bevölkerung Europas zwischen 1995 und 2000 um vier Millionen Menschen geschrumpft. 89 Prozent des moderaten Bevölkerungswachstums in den Ländern Europas ist Einwanderern zu verdanken. Auf der ganzen Welt leben und arbeiten etwa 200 Millionen Migranten. Sie leisten einen Beitrag in Höhe von etwa zwei Billionen Euro zur Wirtschaftsleistung ihrer Gastländer und schicken jährlich etwa 200 Milliarden Euro an ihre Angehörigen in ihren Heimatländern. Insgesamt übersteigt der Betrag, den die Einwanderer in die reichen Ländern jährlich in ihre Heimatländer schicken die staatliche Entwicklungshilfe ihrer Gastländer um das Dreifache.[1]

Die schon aus demographischen Gründen unabdingbare Zuwanderung muss politisch so gesteuert werden, dass sie primär eine Zuwanderung in den Arbeitsmarkt und nicht in die Sozialsysteme ist. Die Migranten werden alternde Gesellschaften bereichern, sofern es sich um qualifizierte und im kulturellen und im sozialen Sinne integrationsfähige Menschen handelt. Aus dieser Perspektive entscheidet sich die Zukunft Europas sowohl in der Bildungspolitik als auch in der Einwanderungspolitik der Beitritts- und Partnerländer.

Seit Beginn des römischen Kaiserreichs hatten die Herrscher eine große Zahl von Germanen ins Land gebracht, damit jenseits der Grenzen weniger Germanen den Römern Schwierigkeiten machen konnten. Zudem brauchte man innerhalb der Grenzen mehr Soldaten und landwirtschaftliche Arbeitskräfte. Durch die Massenrekrutierung germanischer Soldaten konnte der Untergang Roms aber nicht aufgehalten werden; sie half vielmehr, dieses Gebäude zu stürzen. Der Plan war nicht schlecht, der Fehler lag darin, dass die Römer nicht bereit waren, ihn konsequent durchzuführen.

---

1 Die Zahlen entnehme ich dem von der Kommission für Internationale Migration der UNO vorgelegten Bericht über „Migration in einer vernetzten Welt". Zitiert nach Frankfurter Allgemeine Zeitung v. 7. 10. 2005.

Anstelle von Einigkeit und Partnerschaft zwischen beiden Völkern kam es zu akuten Spannungen, die dazu beitrugen, dass die Welt des Römischen Reiches auseinander fiel. Auf den überaus wichtigen psychologischen Ebenen hatten sich die Erwartungen im Hinblick auf die Partnerschaft nicht erfüllt. Die Führer der römischen Oberschicht waren zu sehr in ihren kulturellen Vorurteilen befangen, um den Germanen mit einer positiven Zusammenarbeit oder gesellschaftlichen Anerkennung entgegenzukommen.

Die in römischen Verbänden dienenden einzelnen germanischen Soldaten blieben im Allgemeinen loyal. Auf die konföderierten Verbände konnten sich die Römer jedoch nicht verlassen. Es kam bei ihnen immer wieder zu Revolten und Unruhen. Zum Teil lag das an ihrer naturgegebenen Disziplinlosigkeit und an dem Verlangen, immer mehr Land in Besitz zu nehmen. Hauptursache war aber wahrscheinlich, dass sie selbst wussten, wie sehr die Römer sie hassten, und sie sich deshalb ihnen gegenüber nicht zur Treue verpflichtet fühlten. Die Eingliederung germanischer Truppenverbände in das Heer schlug fehl. So wie sie sich abgelehnt und verachtet fühlten, lehnten sie ihrerseits auch Rom ab, an dessen Ruhm teilzuhaben sie einst gehofft hatten. Germanen und andere Barbaren wollten das Römische Reich nicht zerstören, sondern nur an seinen Zivilisationsfrüchten teilhaben. Sie waren aber nicht imstande, sich die entsprechenden Standards anzueignen. Die Römer waren wiederum nicht in der Lage, sie zu integrieren.[2]

Die unterschiedlichen Formen der europäischen Integrationspolitik fasste die Frankfurter Allgemeine Zeitung unter der denkwürdigen Überschrift „Getrennt marschieren, gemeinsam scheitern" zusammen.[3] Viel mehr als ihr Versagen hätten die Integrationspolitiken der westeuropäischen Staaten nicht gemein. Während die französische Ausländerpolitik am revolutionären Postulat der republikanischen Gleichheit aller festhält, wird in Großbritannien vom Mit- und Nebeneinander verschiedener Rassen gesprochen. Frankreich erwartet traditionell, dass sich die Einwanderer aus freien Stücken die französische Kultur und Sprache aneignen. Französischen Statistikern ist es untersagt, auch nur nach der Herkunft der eingebürgerten Franzosen zu unterscheiden. Zugewanderte Briten dagegen werden noch heute beim Zensus gebeten, sich einer „Rasse" zuzuordnen. Das niederländische Modell neigt eher dem britischen Multikulturalismus zu. Die Einwanderer werden bei der Pflege ihrer eigenen Kulturen unterstützt. So bekamen selbst die in den Niederlanden geborenen Kinder der Einwanderer Schulunterricht in der Sprache ihrer Eltern. Überdies wurden islamische Privatschulen gegründet, die der

---

2   Vgl. Michael Grant, Der Untergang des Römischen Reiches, Bergisch-Gladbach 1988, S. 170ff.

3   Andreas Ross, Getrennt marschieren, vereint scheitern. Integrationspolitik in Europa: Ein Vergleich, in: Frankfurter Allgemeine Zeitung v. 12.11.05.

Staat genauso wie die christlichen Schulen vollständig finanziert. In Deutschland sind die Einwanderer mehr als anderswo als normale Gesellschaftsmitglieder behandelt worden. Leitidee im Umgang mit den Migranten ist die sozioökonomische Gleichstellung gewesen. Zwar ist ihre ökonomische Situation besser, aber ihrer kulturellen Integration hat dies wenig geholfen. Etwa die Hälfte der in Deutschland geborenen Türken im Alter von 15 Jahren kann laut der Pisa-Studie kaum genug Deutsch, um außerhalb ihrer Parallelwelten zurechtzukommen.

In allen vier Ländern sind Parallelgesellschaften entstanden, am geringsten ist die Segregation noch in Deutschland. Integrationskurse für Bürger ausländischer Herkunft sind in Frankreich nicht vorgesehen. In Großbritannien und Deutschland wurde solcher Pflichtunterricht in Sprache und Landeskunde erst 2005 für Neuankömmlinge eingeführt – obwohl die Erfahrungen aus den Niederlanden, wo es solche Kurse seit 1998 gibt, niederschmetternd sind: Kaum ein Einwanderer hat in den 600-Stunden-Kurs soviel Niederländisch gelernt, dass er wenigstens im Supermarkt gut zurechtkommt.

Die Einwanderer aus ostasiatischen Ländern sind besser integriert. Bei ihnen ist eine Mittelschichtbildung gelungen und eine Verelendung hat nicht stattgefunden. Hier ist zwar nicht die Assimilation, aber doch die Integration und Selbstintegration gelungen. Ähnlich verhält es sich mit den Einwanderern aus Asien in die USA, so dass man den Schluss ziehen muss, dass die Befähigung zur Gegenseitigkeit zwischen den Kulturen sehr unterschiedlich ausgeprägt zu sein scheint, was sich ja auch in den wirtschaftlichen Erfolgen der entsprechenden Regionen zeigt.

Die europäischen Integrationspolitiken unterscheiden sich erheblich. In Großbritannien proklamiert man das tolerante Nebeneinander und in Frankreich die Integration zur staatsbürgerlichen Gleichheit. Sie sind alle bezüglich der Einwanderergruppe männlicher Muslime gescheitert. Diese sind schon in ihrer Familie zu einer Haltung der Dominanz und Arroganz erzogen worden, die mit den Zwängen unseres Bildungssystems und erst Recht der Arbeitswelt kollidieren. Und wie soll ein Junge - so fragt Alice Schwarzer - Achtung vor seinen Nächsten oder gar den Repräsentanten des Staates haben, wenn er von Kindesbeinen an lernt, seine Nächsten - die eigene Mutter, Schwester, Freundin zu verachten? Schlimmer noch: Diese Jungen seien überzeugt, dass nur ein gewaltbereiter Mann ein echter Mann sei. Gewalt sei der Kern der Männerherrschaft in den Ghettos.[4]

In Frankreich helfen weder die Staatsbürgerschaften noch gute Sprachkenntnisse, diese Gruppe zu integrieren. Als entscheidende Identitätskon-

---

4   Alice Schwarzer, Wer verbrennt wen? Die Banlieue: Ein Aufstand junger Männer, in: Frankfurter Allgemeine Zeitung v. 17.11.2005

struktion erwies sich die Zugehörigkeit zu einer Volksgruppe, also Abstammung und Glaube. Der in diesen Gruppen mobilisierte Hass entstammt weniger dem sozialen Elend (welches fast überall in der islamischen Welt größer wäre), als dem Willen zur Gemeinschaftsbildung. Uneuropäisch ist auch die afrikanische Form der Polygamie, die den Verlust der individuellen Rechte der Frau bedeutet. Die Folge sind Konflikte unter den Ehefrauen, beengte Wohnverhältnisse und schwerwiegende Erziehungsprobleme. Es war ein Fehler einer sich liberal verstehenden Familienpolitik in Frankreich, den Familiennachzug von Zweit- und Dritt-Ehefrauen nach Frankreich toleriert zu haben.

Europa sollte seine Einwanderungspolitik auf diejenigen ausrichten, die nach europäischen Regeln leben wollen.[5] Dazu gehören diejenigen Muslima, die erst bei uns dem Joch von Zwangsehen entfliehen können. Erst auf dem Boden einer europäischen Leitkultur der Pluralität und gegenseitigen Toleranz ist auch Multikulturalität im Unterschied zum ideologischen Multikulturalismus möglich. Es wäre nicht rassistisch, sondern kulturalistisch, wenn auf die Herkunft der Einwanderer geachtet würde. Eine stärker individuelle Beurteilung der Kompetenzen ist überaus wünschenswert, setzt dann aber auch den entsprechenden Prüfungsaufwand voraus.

Noch bis Mitte der achtziger Jahre galten z.B. Jugoslawen in der Schweiz als angenehme und gut integrierbare Ausländer. Heute sind aus dieser Gruppe „Jugos" geworden, die als Problemfälle gelten. Die Ursache liegt in den aus den unterschiedlichen Kulturen des früheren Jugoslawiens resultierenden unterschiedlichen Verhaltensweisen der jeweiligen Zuwanderer. Von der Volkszählung von 1970 in der Schweiz wurden nicht die Ethnien, sondern die Religionszugehörigkeit erfasst. 57 Prozent der Jugoslawen waren katholisch, d.h. Kroaten und Slowenen und kamen aus einer mitteleuropäisch geprägten Kultur. 28 Prozent waren orthodoxe Christen, Serben, Mazedonier und Montenegriner und nur 4 Prozent muslimische Bosniaken und Kosovaren. Deren Integration verlief insgesamt reibungslos. Zwischen 1980 und 1990 verdreifachte sich die Zahl der Jugoslawen auf ca. 175000 Personen, wobei sich die Zusammensetzung der kulturellen Herkunft änderte: Der Anteil der Katholiken schrumpfte auf weniger als ein Viertel, jener der orthodoxen Christen auf 27 Prozent, die Muslime bildeten mit 32 Prozent die stärkste Gruppe.[6]

---

5   Vgl. Konrad Adam, Die beiden Leitkulturen. Eine Besinnung auf die Zehn Gebote und die Menschenrechtstradition gilt als verdächtig. Derweil wird der Vormarsch des Islam akzeptiert, in: Die Welt v. 16.11.2005.

6   Nada Boskovska, „Jugoslawen" in der Schweiz. Von der pflegeleichten Minderheit zur problembehafteten größten Ausländergruppe, in: Neue Zürcher Zeitung v. 21./22.10.2000.

Integration kann nur gelingen, wenn klar ist, wohin integriert wird. Kulturelle Integration kann nur in eine bereits vorhandene Kultur geschehen. Eine multikulturelle „Toleranz" ist eine Form der kulturellen Verwahrlosung, die von eigenen Verpflichtungen befreien soll. Wer Forderungen an andere stellt, geht nämlich auch Verpflichtungen ein. Die Forderung, aus Zuwanderern Einwanderer zu machen, fällt unweigerlich auf die Einheimischen zurück. Wer Einbürgerung anstrebt und die Rechtsordnung vermitteln will, muss erklären, was die Grundlagen der eigenen Gesellschaft sind. Wer andere für das eigene kulturelle Erbe interessieren will, muss selbst zu einem Dialog mit der Vergangenheit fähig sein. Ohne eine Pflege der europäischen Kultur kann es nicht gelingen, Migranten zur Teilnahme an die neue Umgebung zu bewegen.[7]

Eine europaweit geregelte Einwanderungspolitik könnte nationale Verengungen der Debatte überwinden. Es muss legitim sein, dass sich die Bürger einer politischen Gemeinschaft über das wünschenswerte Ausmaß der Einwanderung Gedanken machen und ihre eigenen Wahrnehmungen, Befürchtungen und Hoffnungen in die Festlegung der Kriterien einbringen. Wer durch Einwanderung existentielle Bedrohungen verspürt, muss dabei ebenso ernst genommen werden wie jene, die sich davon wirtschaftliche oder politische Vorteile versprechen. Wer Menschen, die sich durch Einwanderung bedroht fühlen, pauschal in die braune Ecke stellt, gefährdet den sozialen Frieden und ist auf zynische Weise ungerecht.

Meinhard Miegel warnt davor, solche Wanderungen zu verharmlosen: „Wie alle historischen Erfahrungen belegen, sind solche Migrationen für die Beteiligten, die Migranten wie die Ansässigen, hart. Von der Zuwanderung der Europäer haben sich manche ansässigen Bevölkerungen bis heute nicht erholt. Ganze Kulturen gingen unter. Ähnliches kann und wird sich in neuer Gewandung wiederholen."[8]

Einwanderung wird nur eine Abschwächung der rückläufigen Bevölkerungsentwicklung ergeben. Eine „gelenkte" Einwanderung kann aber ein zusätzliches Element zur Bewältigung der demographischen Problemlage sein.[9] Im Gegensatz zum alternden Europa kämpfen andere Kulturen mit dem Problem des Bevölkerungsüberschusses. Der Implosion der europäischen Bevölkerung steht die globale Bevölkerungsexplosion gegenüber. Die

---

7 Paul Scheffer, Das Scheitern eines Traums. Die multikulturelle Gesellschaft ist eine Illusion. Der Aufstieg von Populisten wie Haider, Fortuyn und Berlusconi zwingt, über die Grenzen des offenen Europas nachzudenken, in: Die Zeit v. 11.7.2002.

8 Meinhard Miegel, Die deformierte Gesellschaft. Wie die Deutschen ihre Wirklichkeit verdrängen , Berlin, München 2003, S. 54.

9 Vgl. Max Wingen, Die Geburtenkrise ist überwindbar: Wider die Anreize zum Verzicht auf Nachkommenschaft, Grafschaft 2004, S. 133.

Menschheit wird sich bis 2050 von 6,4 Milliarden auf ca. 9 Mrd. vermehren. Der daraus resultierende Bevölkerungsdruck hat heute schon einen erheblichen Anteil an den Ursachen von kriegerischen Konflikten, ökologischen Katastrophen und Migrationen.

In Deutschland wird der Anteil der Zugewanderten in den kommenden 50 Jahren so stark zunehmen, dass sie rund ein Drittel und in den Großstädten über 50 Prozent der Bevölkerung ausmachen. In Köln sind heute mehr als 18 Prozent der Bevölkerung Ausländer. Bei Kindern und Jugendlichen beträgt der Anteil 28 Prozent. Zählt man die jugendlichen Aussiedler und die eingebürgerten Heranwachsenden der (zweiten) Migrantengeneration hinzu, dann ist ein Drittel der Kölner Jugendlichen von einem „Migrationshintergrund" geprägt.[10]

Der Bevölkerungswissenschaftler Herwig Birg fragt sich angesichts dieser Zahlen, ob es sich hier um die Vorzeichen des Abschied Deutschlands und Europas aus ihrer Geschichte handelt?[11] In den EU-Staaten beträgt die Geburtenzahl je Frau 1,41; sie liegt damit um ein Drittel unter dem Niveau, welches für die langfristige Konstanz der Bevölkerung (2,1 Lebendgeborene je Frau) erforderlich wäre. Der Hauptgrund für die niedrige Geburtenzahl ist der hohe Anteil von einem Drittel zeitlebens kinderlos bleibenden Frauen bei den jüngeren Jahrgängen ab 1965. Innerhalb der Gruppe der Frauen mit Kindern hat die Geburtenrate den idealen Wert von 2 Kindern pro Frau. Die Hoffnung, Gebürtigkeit mit höherem Kindergeld und Ganztagsschulen zu erhöhen, hält Birg wegen des „demo-ökonomisches Paradoxons" für nicht gerechtfertigt. Die Pro-Kopf Geburtenzahl sei in jenen Ländern besonders niedrig, in denen das Pro-Kopf-Einkommen ein überdurchschnittlich hohes Niveau erreicht hat. Das gleiche Paradoxon gelte bezüglich der Lebenserwartung. Je höher die Lebenserwartung, desto niedriger ist die Kinderzahl.[12]

In Amerika ist die Gebürtigkeit auch deshalb höher, weil hier die staatlichen Alterssicherungen geringer sind. In Deutschland geht die Geburtenrate seit der Einführung der modernen Sozialversicherung zurück. Der Sozialstaat droht von seinem Erfolg durch das „free-rider" Verhalten zerstört zu werden. Das Drittel der Frauen und Männer ohne Kinder erfüllt nur einen Teil des Generationenvertrages als eines Teils des allgemeinen Gesellschaftsvertrages. Sie zahlen zwar ihre Beiträge in die sozialen Sicherungssysteme ein, aber die Erziehung künftiger Beitragszahler und Bürger wäre die weitaus

---

10   Vgl. Katja Feld, Josef Freise, Annette Müller, (Hrsg), Mehrkulturelle Identität im Jugendalter, .a.a.O. S. V.

11   Herwig Birg, Die demographische Zeitenwende. Der Bevölkerungsrückgang in Deutschland und Europa, München 2001, S. 9ff.

12   Ebd. S. 24.

wichtigere Verpflichtung. Kinderlose profitieren als Rentner von den Kindern anderer.

Den Anstieg des Altersquotienten wird man auch durch Einwanderung nicht verhindern können, weil die Zugewanderten den Altenquotienten lediglich vorübergehend verringern. Die Geburtenrate der Zugewanderten (derzeit 1,9 Lebendgeborene pro Frau) reicht bei weitem nicht aus, um das Durchschnittsalter der Bevölkerung merklich zu senken. Auch mit einer Einwanderung junger Menschen, die sich dem generativen Verhalten des Gastlandes anpassen, kann die demographische Alterung nicht aufgehalten, sondern nur relativ geringfügig gemildert werden.[13]

Auch in Mittel- und Osteuropa kommen immer weniger Kinder zur Welt. Tschechien und Polen gehören mit einer durchschnittlichen Kinderzahl von 1,1 und 1,4 zu den Ländern mit dem niedrigsten Geburtenniveau auf der Welt.[14] Noch Ende der achtziger Jahre lag die Geburtenrate in den kommunistischen Ländern Südosteuropas deutlich über jener in Westeuropa. Zugleich stiegen in fast all diesen Ländern nach der Wende die Todesfälle, vor allem bei Männern. Zugleich senkte die Auswanderung die Einwohnerzahl etwa in Bulgarien von 9 Millionen Mitte der achtziger Jahre auf weniger als acht Millionen. In Albanien hat nach Schätzungen zwischen 1990 und 1998 eine halbe Millionen Menschen das Land verlassen. Drei Viertel von ihnen sind Männer; die Hälfte der männlichen Bevölkerung zwischen 20 und 35 Jahren lebt zumindest zeitweise außerhalb des Landes.[15] Die Überweisungen nach Hause reichen zur Erhaltung der Subsistenz, aber nicht zum Aufschwung des Landes.

Die Zahl der Menschen in Ostmittel- und in Osteuropa könnte sich binnen zwei Generationen halbieren. Da meistens junge, flexible und hoch motivierte Menschen in den Westen ziehen, steigt das Durchschnittsalter der Mittel- und Osteuropäer noch schneller an als im Westen. Die Volkswirtschaften werden ihrer tüchtigsten Kräfte beraubt. In Osteuropa könnte sich wiederholen, was heute in den neuen Bundesländern geschieht. Zwischen Westeuropa und Mittelost- und Osteuropa ist das wirtschaftliche Gefälle heute steiler als es jemals im 20. Jahrhundert gewesen war. 1998 waren die pro Kopf erwirtschafteten Güter- und Dienstleistungsmenge in Westeuropa im Durchschnitt etwa siebenmal so groß wie in Ostmittel- und vierzehn Mal so groß wie in Osteuropa. Ein solches Gefälle könnte groß genug sein, um

---

13 Ebd. S. 178.
14 Vgl. In Osteuropa schrumpft die Bevölkerung, in: Frankfurter Allgemeine Zeitung v. 3.6.2002.
15 Demographischer Umbruch in Südosteuropa. Sinkende Geburtenrate - zunehmende Auswanderung, in: Neue Zürcher Zeitung v. 30.11/1.12.2002.

nach der Übergangsfrist von maximal sieben Jahren große Wanderungen in Bewegung zu setzen.[16]

Nach Berechnungen einer IfO-Studie wird das Migrationspotential aus den Beitrittsländern nach Deutschland auf vier bis fünf Millionen Zuwanderer geschätzt, sobald volle Freizügigkeit für Arbeitskräfte herrscht. Hinzu kämen wahrscheinlich in den ersten Jahren nach dem EU-Beitritt noch einmal rund eine Viertel Millionen Grenzpendler, 200000 aus Polen und 50000 aus Tschechien, die täglich oder wöchentlich zur Arbeit fahren. Die IfO-Studie hält dies für Untergrenzen. Der Vergleich mit dem Beitritt Spaniens und Portugals sei ungeeignet. Damals waren die Löhne in Deutschland nur doppelt so hoch wie in Spanien. In den Beitrittsländern müsse ein aufgestauter Wanderungsdruck in Rechnung gestellt werden. Das deutsche Kindergeld für drei Kinder allein übersteigt einen mittleren tschechischen Monatslohn. Erst in 35 Jahren werde sich der Abstand womöglich halbieren. Der deutsche Wohlfahrtsstaat übe besonders auf Arbeitskräfte mit geringer Qualifikation eine Magnetwirkung aus.[17]

Eine ungesteuerte Zuwanderung wäre mit der Bestandsfähigkeit des Sozialstaats nicht vereinbar. Es droht eine Abwärtsspirale, an deren Ende die Erosion des Sozialstaates steht. Um keine unnötigen Wanderungsanreize zu bieten, würden die reicheren Länder ihre sozialen Leistungen überprüfen und nach unten korrigieren. Sie könnten bestrebt sein, sich nicht attraktiver als ihre Nachbarn bei sozialstaatlichen Leistungen zu präsentieren. Das Wesen des Sozialstaates - die Umverteilung von Reichen zu Armen - könnte in sein Gegenteil verkehrt werden, wenn die Reichen mit niedrigen Steuern und guter Infra-Struktur im Land gehalten und die Armen aus dem Land raus gehalten werden.

An die Stelle der Sozialhilfe sollten einer IfO-Studie zufolge gestaffelte Lohnsubventionen treten, deren Höhe sich am tatsächlichen Gehalt bemessen. Dadurch würden die Löhne flexibler und es lasse sich vermeiden, dass die Zuwanderer übermäßig viele deutsche Arbeitskräfte aus ihren Jobs verdrängen. Andere Vorschläge gehen dahin, den Zuwanderern bis zu sieben Jahre lang keine steuerfinanzierten Transfers wie Wohn-, Erziehungs- und Kindergeld, Sozialhilfe oder Sozialwohnungen zu gewähren. Offen solle für sie hingegen der Zugang zur Renten- oder Arbeitslosenversicherung sein, deren Leistungen sich nach den eingezahlten Beiträgen richten.

Statt des Aufschubs der Niederlassungsfreiheit sollte man den Zugang zu den Sozialsystemen - wie in den Schweizer Kantonen - nach dem Heimatlandprinzip organisieren. Heute hat man in den EU-Staaten einen Anspruch

---

16 Meinhard Miegel, Die deformierte Gesellschaft, a.a.O., S. 29f.
17 Vgl. Hans-Werner Sinn, Ist Deutschland noch zu retten?, München, 5.Aufl. 2004, S. 405ff.

auf soziale Leistungen gegenüber dem Wohnsitzland, sofern auch nur ein kurzzeitiger Kontakt mit dem lokalen Versicherungssystem besteht. Wenn stattdessen nur ein Anspruch gegen das Heimatland zu den dort herrschenden Bedingungen besteht, ergeben sich keine künstlichen Wanderungsanreize. Die Zuwanderer würden wie Werkvertragler behandelt, um den automatischen Anspruch an das Sozialsystem des Wohnlandes auszuschließen. Auch die neuen EU-Beitrittsländer haben kein Interesse an einer Massenauswanderung oder an einer unfinanzierbaren Angleichung der Lohn- und Sozialleistungen nach oben. Erst wenn sich die Verhältnisse in Ost und West annähern, könnte man zum Wohnlandprinzip zurückkehren.[18]

Andere halten die Ängste vor einer Zuwanderung aus dem Osten schlichtweg für eine „verkehrte Angst". Ein schnelles Wachstum und ein möglichst schnelles Ansteigen der Löhne würden die Wanderungsanreize am wirkungsvollsten reduzieren. Die wirtschaftliche Dynamik und die sinkenden Lohnunterschiede in vielen Branchen böten Rückkehrern nach Polen oftmals bessere berufliche Perspektiven als in Deutschland. Studien der EU sprechen von höchstens einem Prozent der gesamten arbeitsfähigen Bevölkerung Ost- und Mittelosteuropas, die überhaupt das Wagnis einer Wanderung von Ost nach West auf sich nehmen würde. Angesichts der abnehmenden Bevölkerung im Westen und im Osten könnte es zu einem Nachfragewettbewerb nach qualifizierten Arbeitskräften kommen. Deutschland werde künftig aber nicht in anderen EU-Ländern, sondern in der Ukraine, der Türkei, in Afrika oder Asien nach Spezialisten und Dienstpersonal suchen. Den Gewerkschaften wären legale Zuwanderer lieber als illegale. Wer legal aus Polen komme, arbeite hier zu den bei uns üblichen Bedingungen. Wer illegal einreist, arbeitet oft zum Dumpinglohn.[19]

Die bisherigen Erfahrungen mit osteuropäischen Arbeitsmigranten zeigen, dass sie jünger sind als die deutschen Arbeitnehmer vergleichsweise gut ausgebildet sind. Schon heute gibt es trotz der hohen Arbeitslosigkeit einen erheblichen Bedarf an hoch qualifizierten und qualifizierten Arbeitskräften. Vor diesem Hintergrund ist die weitere Zuwanderung nicht nur ein Risiko für die Beschäftigung in bestimmten Sektoren und das soziale Sicherungssystem, sondern auch eine Chance.[20]

Die Ost-West Wanderung ist aber ein kleines Problem im Vergleich zur Süd-Nord Wanderung. Die Einwanderungswellen haben längst den osteuro-

---

18 Vgl. ebd.

19 Vgl. Daten und Kommentare aus Christian Tenbrock, Verkehrte Angst. Die Migrationswelle aus Osteuropa ist kleiner als befürchtet. Polen und Tschechien werden selbst zu Einwanderungsländern, in: Die Zeit v. 19.8.04.

20 Vgl. Barbara Dietz, Ost-West-Migration im Kontext der EU-Erweiterung, in: Aus Politik und Zeitgeschichte B 5-6/2004, S. 47.

päischen Raum selbst erreicht. Zehntausende illegale Einwanderer bevölkern Warschau, Budapest und Prag.[21] Russland gehört zu den Haupteinwanderungsländern Europas. Menschen aus dem zentralasiatischen Raum drängen nach Moskau und aus China in das entvölkerte Sibirien. Obwohl die Arbeitslosigkeit in Russland über 10 Prozent beträgt, ist Russland seit einiger Zeit das Ziel billiger Arbeitskräfte aus der Ukraine, der Türkei, China und Vietnam, die einen niedrigeren Lohn erhalten als Russen. Offiziell werden in Russland jedes Jahr 300000 ausländische Arbeitskräfte registriert, die Zahl der illegalen Arbeiter wird auf 1,5 Millionen geschätzt.[22]

In der islamischen Welt ist die demographische Entwicklung der Europäischen diametral entgegengesetzt. Albanien, welches zu 80 Prozent muslimisch geprägt ist, ist das einzige europäische Land mit einem Bevölkerungsüberschuss. Selbst unter der Annahme, dass in den neun ans Mittelmeer grenzenden Ländern von Marokko über Algerien, Tunesien und Ägypten bis zur Türkei die Geburtenrate bis 2010 auf zwei Lebendgeborene pro Frau abnimmt, wächst die Bevölkerungszahl wegen der jungen Altersstruktur bis in die zweite Hälfte des 21. Jahrhunderts weiter.[23]

In 22 arabischen Staaten leben 280 Millionen Einwohner, in zwanzig Jahren wird ihre Zahl auf 450 Millionen steigen. Die Region hat den geringsten Zuwachs an ökonomischer Entwicklung weltweit, die Bildungsrate ist niedrig, die Hälfte der weiblichen Bevölkerung sind Analphabeten. Die Bevölkerungsbehörde der UN hat ermittelt, dass die Hälfte der Erwachsenen im arabischen Raum in westliche Länder auswandern will. Der Einwanderungsdruck werde sich besonders in Europa dramatisch bemerkbar machen. Gegenwärtig leben bereits 15 Millionen Muslime in den alten EU-Ländern, in 25 Jahren könnte ihre Zahl auf bis zu 60 Millionen steigen.[24]

Die Zuwanderung darf nicht länger primär nach quantitativen Kriterien beurteilt werden. In dieser Problematik kommt man nicht mehr an qualitativen, d.h. kulturellen Kriterien vorbei. Zuwanderung kann ein Land bereichern oder ärmer machen. Dies hängt von den sozialen Strukturen des Aufnahmelandes und von den beruflichen und menschlichen Qualitäten der Zuwanderer ab. Sie kann im Falle gut ausgebildeter und integrationswilliger Jugendlicher zu wünschenswerten mehrkulturellen Identitäten und zur Berei-

---

21 Vgl. Christian Tenbrock, Verkehrte Angst, a.a.O.
22 Friedrich-Christian Schröder, Russland und seine „gastarbajtery", in : Frankfurter Allgemeine Zeitung v. 17.6. 2002.
23 Herwig Birg, Die demographische Zeitenwende, a.a.O. S. 123.
24 Vgl. Johannes Leithäuser, Die hohe Kunst des Gesprächs. Öffentliches Nachdenken über den Islam und die Folgen für die westliche Welt, in: Frankfurter Allgemeine Zeitung v. 12.11.02.

cherung des Landes und im Falle überforderter Jugendlicher zur Regression in subkulturelle Szenen führen.

Das Hauptargument gegen die Ängste vor einer schrumpfenden Bevölkerung lautet, dass es auf die Zahl der Menschen in einer Wissensgesellschaft nicht mehr ankomme. Da sich Informationen alle 4 bis 5 Jahre verdoppeln, würde das Wissen bis zum Jahr 2040 um den Faktor 256 zunehmen. Aber was nützt das Wissen, wenn es nicht in die Köpfe der Arbeitskräfte komme. In Deutschland verlässt ein Fünftel bis ein Viertel der Zugewanderten und ihrer Nachkommen das Ausbildungssystem ohne Abschluss.[25]

Die primär sozialpolitische Form der Einwanderungspolitik, ist gescheitert. In ihr galt Einwanderung als eine Form von internationaler Sozialpolitik. Während in die angelsächsischen Länder meist junge Städter und Wohlhabende wanderten, kamen mit den Spätaussiedlern bäuerlich-ländliche Randgruppen nach Deutschland, die selbst in den Städten ihrer Heimat Integrationsschwierigkeiten hatten. Unter den Eliten Osteuropas gilt Deutschland hingegen als High-Tech Provinz mit schwerfälliger Bürokratie, hohen Steuern und geringen Möglichkeiten für Ausländer, sich selbständig zu machen. Deutschland verzichtet auf die meisten Aufnahmekriterien, die in Einwanderungsländern üblich sind. Diese definieren selbst, welche Bevölkerungs-, Alters- und Berufsgruppen in welchem Umfang aufgenommen werden. Interviews, Gesundheitskontrolle und Sprachtests führen zu einer Form der Einwanderung, die das Land reicher und nicht ärmer machen kann.

Eine multikulturelle Europäische Union ohne vorangehende interkulturelle Lernprozesse wäre eine Entsprechung zur bisherigen Nichtintegration von Migranten. Multikulturalismus und Sozialökonomismus waren gleichermaßen schlechte Ratgeber der Einwanderungs- und Erweiterungspolitik, weil sie Einwanderung und Erweiterung nur als soziale oder ökonomische Aufgabe verstanden haben. Integration ist aber in erster Linie eine kulturelle Aufgabe. Einheimische und Zuwanderer müssen interkulturelle Kompetenzen erwerben. Die Bildungsinhalte bedürfen der Erweiterung von monokulturellen zu interkulturellen Inhalten.

Statt einer Assimilation, die zur Aufgabe der eigenen Identität führt, sollte eine Akkulturation angestrebt werden, die nur eine Angleichung an die Kultur des Aufnahmelandes anstrebt. Der Prozess der Akkulturation kann in unterschiedliche Schritte unterteilt werden, nach einer

- kognitiven Akkulturation, die sich auf den Spracherwerb, die Kenntnisse der Regeln und Normen und die Fähigkeit der Situationsdefinition bezieht;

25 Herwig Birg, a.a.O., S. 167.

- strukturellen Akkulturation, welche die Positionierung in der Berufs- und Statushierarchie der Gesellschaft meint;
  - sozialen Akkulturation, die sich an dem Grad bemisst, in dem Migranten soziale Kontakte zu Mitgliedern der aufnehmenden Gesellschaft unterhalten und an den gesellschaftlichen Erfahrungen partizipieren;
    - identifikativen Akkulturation, die ein Zugehörigkeitsgefühl zur aufnehmenden Gesellschaft anstrebt.

Wenn alle vier Stufen durchlaufen sind, kann man von einer gelungenen Integration sprechen. Doch selbst das klassische Einwanderungsland USA hat heute große Probleme mit der Integration. In den vergangenen zehn Jahren haben sie mehr Einwanderer aufgenommen als je zuvor. Der Anteil der Latinos ist um 58 Prozent und der der Asiaten ist um 48 Prozent gewachsen. Beide Gruppen haben zum Wirtschaftsaufschwung des Landes beigetragen. Das Problem Amerikas liegt in der illegalen und ungesteuerten Zuwanderung. Samuel Huntington sieht die Vereinigten Staaten durch die illegale Einwanderung aus Lateinamerika in zwei Staaten zerfallen: in den Staaten des Südwestens bilde sich eine ethnisch geschlossene Parallelgesellschaft der Zuwanderer aus Mittel- und Südamerika. Anders als frühere Einwanderergruppen bilden die Hispanics sprachlich-politische Enklaven. Sie seien nicht bereit, sich anzupassen und die angloprotestantischen Werte anzunehmen. Aufgrund ihrer Zahl hätten sie dies auch nicht mehr nötig.

Den Anteil der illegalen Migranten schätzt Huntington allein bei den Mexikanern auf knapp fünf Millionen Menschen. Ihre regionale Konzentration werde zu einem Machtfaktor, an dem Politiker nicht mehr vorbei kämen. Einschränkende Zuwanderungsmaßnahmen seien kaum mehr möglich. Damit werde eine politische Reaktion der zur Minderheit werdenden weißen Arbeiterschaft und Mittelklasse wahrscheinlich. Sie fühlen sich durch die Fördermaßnahmen für die Zuwanderer zunehmend diskriminiert.[26]

Die größte Leistung Amerikas besteht nach seiner Meinung darin, dass es seine multiethnische Gesellschaft unter einer gemeinsamen Kultur vereint hat und damit kulturellen Pluralismus und demokratischen Konsens verbinden konnte. Amerika sei eben keine multikulturelle Gesellschaft. Kernelemente der amerikanischen Kultur seien die englische Sprache, Christentum, religiöses Engagement, Rechtsstaatlichkeit, Verantwortung der Herrschenden, das Recht des Individuums, Arbeitsethik und der Glaube, dass Menschen das Recht und die Pflicht haben, zu versuchen, einen Himmel auf Erden zu kreieren.

Diese Kultur sei beinahe drei Jahrhunderte lang zentral für die amerikanische Identität gewesen. Die ungesteuerte Immigration aus Asien und La-

---

26 Vgl. Samuel Huntington, Who Are We? America`s Great Debate, London 2004, S. 221ff.

teinamerika, der Multikulturalismus und die Akzentuierung von Gruppenidentitäten der Rasse, Ethnizität oder Geschlecht gefährde die amerikanische Kultur. Huntington stellt klar, dass es ihm um die angloprotestantische Kultur Amerikas geht und nicht um angloprotestantische Menschen. Wenn die amerikanische Kultur bewahrt würde, wäre Amerika auch in Zukunft eine multiethnische, aber keine multikulturelle Gesellschaft. Wenn sie verloren ginge, wäre Amerika kein Teil der westlichen Welt mehr und daher auch nicht mehr Amerika.[27]

Seine Kritiker verweisen darauf, dass der mexikanische Traum sich nicht so grundlegend vom nordamerikanischen Traum unterscheidet wie Huntington befürchtet. Auch Latinos gründen ihre eigenen Geschäfte, bauen ihren Familien Häuser, spielen Fußball und Basketball. Überdurchschnittlich viele junge Männer und Frauen hispanischer Herkunft melden sich zum Militärdienst. Die im Vergleich zu Europa höhere Gebürtigkeit verdankt Amerika vor allem den Latinos, die für Zwei-Drittel des nordamerikanischen Bevölkerungszuwachses sorgen.[28]

Die lateinamerikanisch-katholische Kultur ist der protestantischaufklärerischen Kultur der USA verwandt. Aufklärungsprozesse können nachgeholt werden. Dafür müsste die Kultur aber für wichtiger erachtet werden als es die Ökonomisten und Multikulturalisten je auf ihre Weise tun und weniger statisch verstanden werden als es bei Huntington der Fall ist. Sofern es gelingt, die amerikanische Kultur durch Aufklärungs- und Akkulturationsprozesse gleichzeitig zu bewahren und zu verjüngen, könnte Amerika das Schicksal aller Großreiche eines auch demographisch verursachten Niedergangs um lange Zeit verschieben.

Die Zukunft der westlichen Welt wird auch davon abhängen, dass es seine Kultur trotz massenhafter Migration durch kulturelle Integration bewahrt und fortentwickelt. Die höchste und sicherlich letzte Stufe eines universalistischen Weltbürgertums überfordert die meisten Menschen. Sie ist auf der niedrigsten Stufe der Popkultur oder im menschheitlichen Erbe der Hochkultur möglich. Für die mittlere Ebene müssen realistischere Wege einer Gegenseitigkeit zwischen der gastgebenden Kultur und der Einwanderungskultur

---

27 Ebd. S. xvii.
28 Thomas Kleine-Brockhoff, Wenn Rassenruhe ausbricht. Kalifornien erlebt das größte Sozialexperiment aller Zeiten: der stete Zuzug von Einwanderern lässt die Weißen zu einer Minderheit werden - ohne Unruhen, ohne Proteste. Beobachtungen aus San Jose, einer Stadt, in der 177 Nationalitäten ohne Leitkultur auskommen, in: Die Zeit v. 28.6.01. Die Frage lautet allerdings, wie lange eine Gesellschaft ohne Leitkultur auskommt. Erschreckend ist hierbei vor allem die Erinnerung an Bosnien, wo die Bevölkerung 1961 zu 43 Prozent serbisch und zu 26 Prozent muslimisch gewesen ist. 1991 hat sich das Verhältnis umgekehrt. 31 Prozent Serben stand ein muslimischer Bevölkerungsanteil von 44 Prozent gegenüber. Vgl. Samuel Huntington, Who are we?, a.a.O. S. 221ff.

gefunden werden. Statt kulturrelativistischer Gleichgültigkeit brauchen wir kulturelle Selbstverständigung, statt multikulturellem Überschwang interkulturelle, d.h. vor allem interaktive Auseinandersetzung zwischen den Kulturen. In einer interkulturellen statt multikulturellen Integration geht es um Auflagen und Begrenzungen, um wechselseitige Rechte und Pflichten der Einheimischen und der Zuwanderer.

Mit gut dreißigjähriger Verspätung verbreiten sich die Grundsätze einer realistischen Gegenseitigkeit in der europäischen Einwanderungspolitik. Im November 2004 einigten sich die Innen- und Justizminister der Europäischen Union auf gemeinsame Standards für die Eingliederung von Ausländern. Die Grundsätze verlangen von Einwanderern, dass sie zumindest Grundkenntnisse der Sprache, Geschichte und Institutionen des Gastlandes erwerben. Kulturelle und religiöse Vielfalt seien zwar wünschenswert, legitimieren aber keinen Verstoß gegen Grundrechte wie die Gleichstellung von Mann und Frau. Diese Rechte müssten gegebenenfalls mit Zwangsmaßnahmen durchgesetzt werden.

Das Anfang 2005 in Deutschland in Kraft getretene Zuwanderungsgesetz legte erste Grundlagen für eine bessere Integration von Migranten. Ausländer, die dauerhaft im Land bleiben wollen und sich nicht auf einfache Art in deutscher Sprache mündlich verständigen können, werden zur Teilnahme an Sprach- und Integrationskurse verpflichtet. Sie sollen nicht nur an die Sprache, sondern darüber hinaus an die Rechtsordnung, Kultur und Geschichte Deutschlands herangeführt werden.

Es wäre jedoch eine Unterschätzung des Problems, wenn man die Gegenseitigkeit nur im Umfeld von Bildung und Sozialpolitik praktiziert. Im April 2005 forderte die Gewerkschaft der Polizei daher zusätzliche Gesetze zur Integration von Ausländern, weil ein „gewaltbereites ausländisches Proletariat" im Entstehen sei, welches zur Gefahr für die innere Sicherheit wird. In den vergangenen zehn Jahren sei die Gewaltkriminalität um ein Drittel gestiegen, was auch auf einen hohen Anteil ausländischer Täter zurückzuführen sei. Allein in Berlin werde fast jeder fünfte ausländische Jugendliche straffällig. Der Vorsitzende der Polizeigewerkschaft fordert daher, Ausländer, die staatliche Unterstützung erhalten, gesetzlich zur Integration zu verpflichten. Sprachkurse und die Vermittlung von Demokratieverständnis und Kultur müssten ergänzt werden durch Hilfen bei der Suche nach Arbeit, Ausbildung und Wohnraum. Wer Integration verweigere, dem müssten staatliche Zuwendungen und Sozialversicherungsleistungen gestrichen werden und das Gesetz müsse auch eine Abschiebung dieser Personen ermöglichen.[29]

---

29 Vgl. Frankfurter Allgemeine Zeitung v. 4.4.2005.

In interkulturellen Prozessen geht es demnach um Formen der Teilhabe und Inklusion, die für den Betroffenen jedoch nicht gratis, sondern nur um den Preis der Zustimmung zu den Grundwerten des demokratischen Rechtsstaats zu haben sind. Eine politische Mehrkulturalität führt dagegen zu doppelten Loyalitäten, die nur halbe oder gar keine Loyalität bedeuten. Wenn Menschen von den Rechten mehrerer Gesellschaften profitieren, fühlen sie sich keiner Gesellschaft verpflichtet. Die Wahrnehmung von Rechten ohne das Bewusstsein gegenseitiger Verpflichtung ist nicht zivilgesellschaftsfähig.

Die Förderung der notwendigen Gegenseitigkeiten ist bei bildungsfähigen Menschen relativ leicht. Hinsichtlich sozialschwacher Zuwanderer wird Interkulturelle Soziale Arbeit gefordert sein, die an einem von Gegenseitigkeit geprägten Zusammenleben von Einheimischen und Zuwanderern arbeitet. Die sozialen Probleme von Erwerbslosigkeit, Armut, Drogen, Aids, Kriminalität bis hin zum Menschenhandel stellen sich schon lange in interkulturellen Kontexten. Die interkulturelle Dimension - so Josef Freise - durchziehe daher heute nahezu alle Bereiche der Sozialen Arbeit und sei deshalb als Querschnittsaufgabe anzusehen.

Für die professionelle interkulturelle Kompetenz in der Sozialen Arbeit sei sowohl die Kenntnis von interkulturellen Konzepten als auch eine hohe interkulturelle Selbstkompetenz gefordert. Dazu gehöre sowohl eigenkulturelle Bewusstheit als auch kulturelle und ethische Sensibilität. Gefordert ist nicht weniger als eine geradezu dialektische Gratwanderung zwischen Empathie und Konfliktfähigkeit. Empathisch sei, wer sich aufrichtig um nicht wertendes Verstehen bemühe, das von Respekt gegenüber dem Anderen gekennzeichnet ist, also der Versuch, in der Lebenswelt des anderen heimisch zu werden. Der andere mache dann die Erfahrung, wirklich gehört zu werden. Dabei sollten die eigenen Wertvorstellungen nicht aufgegeben werden, aber die eigene Position trete zurück, um den anderen Raum zu geben. Empathie und Klarheit, die den Mut zur Konfrontation einschließe, seien keine Gegensätze, sondern gehörten zusammen.[30]

Zum Auftrag der interkulturellen Arbeit gehört auch die Mitarbeit an der Schaffung einer Menschenrechtskultur. Ausgehend von der Situation neu zugewanderter Aussiedlerfamilien, minderjähriger Flüchtlinge, Straftäter mit Migrationshintergrund oder in die Prostitution verschleppter Frauen muss sie sich aktiv an einer Vernetzung von Basisinitiativen beteiligen, Lobby-Strukturen aufbauen, Öffentlichkeit herstellen und Einfluss auf politische Entscheidungsinstanzen nehmen.

---

30 Josef Freise, Interkulturelle Soziale Arbeit. Theoretische Grundlagen - Handlungsansätze - Übungen zum Erwerb interkultureller Kompetenz, Schwalbach 2005.

3.3 Modernisierung der islamischen und Selbstbegrenzung der westlichen Welt

Europäische Bildung war nie eurozentrisch, sondern bestimmt sich im hohen Maße aus der Offenheit für Einflüsse anderer Kulturen. Nur auf dem Umweg über das Vorhergegangene und das Fremde hat der Europäer Zugang zum Eigenen. Die europäische Kultur ist demnach nicht ein friedlicher Besitz von jeher, sondern ein im harten Kampf errungenes Gut. Remi Brague sieht darin eine Chance, da es nicht gut sei, sich immer wieder der eigenen glorreichen Vergangenheit zu versichern. Unfehlbar müsse diese Art Wiederkäuen ein Gefühl der Verbitterung wechselweise gegen sich selbst und gegen andere erzeugen. Die Schuld vor dem Versagen vor der eigenen Größe werde dann bei anderen gesucht.[31]

Die islamische und die westliche Kultur sind seit Jahrhunderten in Beziehungen verstrickt, Die Beziehungen waren allerdings keine ununterbrochene Folge blutiger Konflikte und gegenseitiger Verachtung. Wenn man die Geschichte über die Jahrhunderte hin betrachtet, waren die Auseinandersetzungen zwischen Christen weder häufiger noch gewaltsamer als die nichtreligiösen Konflikte anderer Antagonisten oder auch die Kriege innerhalb der eigenen Religion. Wenn sich die religiösen Gegensätze allerdings durch ethnische Abgrenzungen verschärften, konnte jederzeit ein gewaltsamer Konflikt aufbrechen.

Der neue Stolz der islamischen Kultur dürfte auch eine Reaktion auf die Krise der westlichen Kultur sein, zu der man sich nicht als hilfreiche Ergänzung, sondern als Alternative versteht. Der Kern der westlichen Kulturkrise liegt in einer moralischen, ökonomischen, ökologischen und heute zunehmend auch politischen Grenzenlosigkeit. Die Krise der islamischen Kultur zeigt sich umgekehrt in ihrer Modernisierungsschwäche, die nicht zuletzt auf religiöse Restriktionen für weltliche Mächten wie Wissenschaft, Wirtschaft und Politik zurückzuführen ist. Aufgrund ihrer mangelnden Unabhängigkeit haben sie zu wenig eigene Entwicklungsmöglichkeiten und die spezifische Dynamik der Moderne bleibt in solchen Gesellschaften aus.

Aus dieser Analyse gegensätzlicher Krisenursachen ergeben sich gegensätzliche Therapievorschläge. Der Notwendigkeit einer stärkeren Selbstbegrenzung der westlichen Kultur steht die Notwendigkeit einer Selbstentfesselung der islamischen Kultur gegenüber.

Idealerweise würden sich beide Kulturen auf einem Mittelweg neu einpendeln und darüber auch ihre Gegensätzlichkeit zu einem Verhältnis der Gegenseitigkeit verändern.

---

31 Remi Brague, Europa - eine exzentrische Identität, a.a.O., S. 22f.

Da wir die wichtigsten Ursachen sowohl für die fehlende Modernisierung der islamischen als auch für die fehlende Selbstbegrenzung der westlichen Welt im jeweiligen Umgang mit den weltlichen Mächten verorten, lohnt es sich der entsprechenden Analyse des Orientalisten Johann Christoph Brügel zu folgen. Er hebt dabei diejenigen Elemente hervor, die immer wieder zum Tragen kommen und geschichtsbestimmend gewesen waren.

Im Islam stehen die Entwicklungen in Kultur, Politik und Gesellschaft im Zeichen der Losung „Keine Macht und keine Gewalt außer bei Gott!" Von diesem Zentrum aus strebt diese Kultur danach, die irdischen Macht der Kontrolle der Allmacht zu unterwerfen. Das führt tendenziell zur Theokratie und zur Ausübung sakraler Gewalt und im sozialen Bereich zu einer kulturell und rituell formierten Gesellschaft, in der nur Muslime vollgültige Mitglieder sind. Auch in der Wissenschaft und den Künsten sei das angestrebte Ziel, das erst nach Jahrhunderten erreicht wurde, die religiöse Durchdringung gewesen.

Jesus bezeichnete dagegen sein Reich als nicht von dieser Welt. Damit war der Verzicht auf Theokratie und auf die Kontrolle über Wissenschaft und Künste ausgesprochen. Hier liegt der religiöse Kern der Trennung von Kirche und Staat, die wiederum die wichtigste Voraussetzung für die Säkularisierung von Kunst und Wissenschaft ist. Aus islamischer Sicht liegt in der Trennung von Religion und Politik eines der Grundübel des Abendlandes, weil sie die Freiheit und „Gottlosigkeit" der Teilsysteme ermöglicht.

Jesus befreite seine Anhänger aus dem Zwang des jüdischen Gesetzes. Er hob damit jene Struktur auf, die als Voraussetzung aller religiösen Kontrolle einen der wichtigsten Aspekte islamischer Macht darstellt. Statt auf die Erfüllung kasuistischer Gesetze kommt es stattdessen auf eine Ethik des Gewissens an, die Jesus in die schlichte und doch so schwer zu erfüllende Regel fasst, seinen Nächsten zu lieben wie sich selbst.

Jesus verzichtete bewusst und konsequent bis zum Ende auf die Anwendung von Gewalt zur Durchsetzung seiner Lehre. Die Ausbreitung des Christentums erfolgte während der ersten dreihundert Jahre gewaltlos. Die riesigen Reiche der Muslime wurden dagegen durch Heilige Kriegen erobert, unermesslicher Reichtum fiel als Beute dem Staat anheim und führte zu maßloser Verschwendung. Die Reiche verfielen, sobald keine Eroberungen mehr möglich waren. Im Abendland entstanden Staatswesen, deren Bestand nicht von Eroberungen abhing.

Während Gewaltanwendung im Namen Jesu früher oder später als Verstoß gegen dessen Geist und Gebot angeprangert wurde und die Christenheit im Maße ihrer Rückbesinnung auf ihre Wurzeln von der Gewaltanwendung abgerückt ist, bleibt Gewaltanwendung im Islam systemkonform, soweit sie sich im Rahmen der Schari‚a bewegt. Der Heilige Krieg ist nicht ein Fehler, sondern die Erfüllung eines islamischen Gesetzes. Der Heilige Krieg war das wichtigste Movens der islamischen Geschichte: Durch ihn erlangte das islamische Imperium innerhalb weniger Jahrhunderte seine riesige Ausdehnung. Als Gemeinschaftserlebnis bot er eine ständige Einlösung des Prinzips „Teilhabe durch Unterwerfung" an, Teilhabe am Sieg und an der Beute, Teilhabe auch am Rausch des Todes, an der Märtyrerehre und am direkten Eintritt ins Paradies, der einem die sonst drohende Folter im Grab erspart.

Brügel konkretisiert die Unterschiede von West und Ost an den Polen des Magisch-Statischen und des Rational-Dynamischen. Jesus lehrte keinen handlungsbezogenen Determinismus. Jesus trieb die Dämonen aus und entzog damit der Entstehung einer religiösen Magie den Boden. Während das Ideal statischer Harmonie in der islamischen Welt zu voller Entfaltung gelangte, stand ihm im Abendland die entgegengesetzte Losung des Fortschritts gegenüber. Zu der im Islam geforderten Unterwerfung gehört auch die Unterwerfung unter das Schicksal. Damit handelt man sich Teilhabe an einer Gemeinschaft der Gelassenheit, der inneren Ruhe und jener Genügsamkeit ein, die eine entscheidende psychologische Basis für die in der islamischen Welt vorhandenen Gegensätze zwischen arm und reich ist.

Der Islam erreicht die angestrebte Versöhnung zwischen Allmacht und Mächtigkeit durch die Unterwerfung unter die Allmacht, aber er bezahlt dafür mit einer Reglementierung der Ratio, die bis zur Entmündigung geht, und mit dem Eintauchen in ein magisches Fluidum, das keinen Fortschritt mehr sucht und dessen politische Entsprechung die „orientalische Despotie" ist.

Im Abendland wurde die Ratio aus den Fesseln des Magischen erlöst und damit der dynamische Fortschrittsprozess ermöglicht. Er geht einher mit Entheiligung, schlechtem Gewissen und innerer Unrast. Die autonome Ratio erliegt oft der Versuchung der Hybris, der Geist droht der Materie zu verfallen. Eine Folge waren die bekannten verderblichen Ideologien der jüngeren europäischen Geschichte. Weil Jesu Reich „nicht von dieser Welt" sein wollte, konnte diese Welt auch leichter in völlige Gottesferne verfallen.[32]

Christentum und Islam ähneln sich als monotheistische Religionen, die keine neuen Gottheiten assimilieren. Da beide Religionen einen Universalitätsanspruch erheben, können sie die gleichzeitige Geltung ihrer Negation nicht tolerieren. Der universale Anspruch wird im Christentum allerdings durch das Liebesgebot gegenüber dem Feind und durch die prinzipielle Trennung von Religion und Politik eingehegt. Der Hinweis auf christlichen Fundamentalismus ist irreführend. Christliche Fundamentalisten zwingen nie-

---

32 Ich folge hier Johann Christoph Brügel, Allmacht und Mächtigkeit. Religion und Welt im Islam, München 1991, S. 361ff.

mandem ihren Glauben auf. Sie befürworten vielmehr schon um der Freiheit des Glaubens wegen die Trennung von Kirche und Staat. Damit respektieren sie die Eigensphäre der weltlichen Mächte.

Extreme Islamisten, die Religion und Politik auf totalitäre Weise verbinden, sind die Antithese zum westlichen Pluralismus. Hier helfen weder Dialoge noch eine Appeasement Politik weiter, sondern nur die Wehrhaftigkeit der Demokratie, die in ähnlicher Weise gefordert ist wie gegen den kommunistischen Totalitarismus. Mit Islamisten ist keine Gegenseitigkeit möglich, weil ihr Hass über die Feindseligkeit gegen bestimmte Interessen, Handlungen, politische Maßnahmen oder einzelne Staaten des Westens hinausgeht. Wichtig ist ihnen nicht mehr, was der Westen tut. Die eigentliche Ablehnung gilt nicht seiner Politik, sondern seinen Prinzipien und Werten, also seiner Kultur. Sie gilt als schlecht an sich, und jene, die für seine Werte einstehen, werden als Feinde Gottes betrachtet.[33] Die Toleranz des Westens wird als Schwächezeichen interpretiert, welche zu keiner Gegenseitigkeit verpflichtet.

Der Islamismus steht in einer Tradition der prinzipiellen Feindschaft gegenüber dem Westen, die auf den Begriff „Okzidentalismus" gebracht wurde. Die gängigsten Vorwürfe lauten, dass der Westen materialistisch, oberflächlich und zügellos sei. Gegen dessen Götzendienst an Geld und Genuss wird die Rückkehr zu Geist und Spiritualität propagiert. Diese gängigen Topoi der antiwestlichen Kulturkritik sind beileibe nicht neu - sie tauchen schon in der romantischen Ablehnung des „kalten Rationalismus der Aufklärung" und auch bei Marx und Nietzsche auf.[34] Die Gemeinsamkeiten des nationalsozialistischen und des kommunistischen Totalitarismus lagen nicht zuletzt im Antiwestlertum.

Durch das Scheitern der Modernisierung ist der Westen, vor allem Amerika, ins Visier der Islamisten geraten. Wenn man den Westen auf seine dekadenten Seiten verkürzt, werden die Chancen seiner Ausdifferenzierung und Pluralität verkannt. Religion wird zum Mittel, das eigene Versagen durch den Bezug auf eine höhere Wahrnehmungs- und Seinsweise zum Triumph umzuformen. Der fundamentalistische Islam besteht selbst im 15. Jahrhundert seines Bestehens auf der Absolutheit seiner Hauptquellen, des Korans und des Prophetenvorbilds. Die Quellen werden absolut gesetzt. Ihre Auslegung ist in keine institutionalisierte Hierarchie von Religionsgelehrten eingebettet. Jeder kann sie interpretieren. Diese Mischung von Absolutheitsanspruch und mangelndem Bildungsanspruch öffnet dem politischen Missbrauch des Is-

---

33 Bernard Lewis, Die Wut der arabischen Welt. Warum der jahrhunderte lange Konflikt zwischen dem Islam und dem Westen weiter eskaliert, Frankfurt; New York 2003, S. 47ff.

34 Ian Burma, Arisha Margalit, Okzidentalismus. Der Westen in den Augen seiner Feinde, München, Wien 2005.

lams Tür und Tor. Aufgrund der fehlenden Lehrautorität können sich Gruppen ihre Feinde frei definieren und zum Dschihad gegen sie aufrufen.[35]

Die dialogische Bereitschaft, die Glaubenshaltung des Gegenübers als gleichberechtigt anzusehen, ohne deshalb die eigene zu relativieren, ist nicht hinreichend verbreitet. Islamisten stellen das Eigene in seiner Norm der Realität des Westens gegenüber, eine Diskussionsweise, die noch von kommunistischen Hochschulgruppen in den siebziger Jahren vertraut ist.[36] Dialoge sind entweder mit der Bereitschaft des gegenseitigen Lernens verbunden oder sie sind sinnlos. Sie erfordern mehr als Toleranz, nämlich gegenseitige Aufklärung und die Bereitschaft, vom Anders-Denkenden und Anders-Gläubigen zu lernen.

Für eine Verständigung müssten vor allem die Begriffe geklärt werden. Dies ist schon beim Wort „Friede" nicht der Fall, der jedenfalls nach einer durchaus gängigen Lesart die Ausweitung des Dar-al-islam auf die gesamte Welt bedeutet. Unter Toleranz verstehen viele Muslime nur die Duldung nichtislamischer Monotheisten - also von Juden und Christen - als Dhimmi (Gläubige, jedoch zweiter Klasse), d.h. als geschützte, aber unmündige Minderheiten. Gegenseitige Anerkennung wird damit nicht zum Ausdruck gebracht.

Islamisten sind meist ohne jede theologische Ausbildung. Sie missachten die in der islamischen Theologie und Jurisprudenz entwickelten Methoden zur Exegese der Heiligen Schriften und propagieren ein buchstäbliches Koranverständnis. Den Koran aber als Steinbruch zu behandeln, aus dem man sich schlägt, was einem gerade passt, widerspricht seiner sprachlichen Struktur. Die Politisierung des Islam ist vor allem ein Phänomen der Moderne. In Auseinandersetzung mit dem westlichen Kolonialismus und in Konfrontation mit der eigenen kulturellen, politischen und wirtschaftlichen Rückständigkeit haben muslimische Denker die Vorstellung entwickelt, dass nur durch die Rückkehr zur ursprünglichen und unverfälschten Lehre an die Glanzzeiten islamischer Kulturgeschichte angeknüpft werden könnte.[37]

Dem Buchstabenglauben ist entgegenzuhalten, dass unter der Annahme einer göttlichen Botschaft des Korans, diese göttliche Botschaft in menschlicher Sprache verfasst und im Kontext spezifischer historischer und gesellschaftlicher Rahmenbedingungen gedeutet werden muss. Der Koran hat eine

---

35 Christine Schirrmacher, Christen im Urteil von Muslimen, In: Ursula Spuler-Steegemann(Hrsg), a.a.o. S. 12ff.
36 Herbert Landolin Müller, „Das Christentum" aus der Perspektive der internationalen islamistischen Bewegung, in: Ursula Spuler-Stegemann, (Hrsg), Feindbild Christentum im Islam. Eine Bestandsaufnahme, Freiburg 2004, S. 110.
37 Vgl. Andreas Jacobs, Islam und Gewalt, in: Mut. Forum für Kultur, Politik und Geschichte, 3/2005, S. 60ff.

Sprache und eine Geschichte. Der „Koranismus" - die Verabsolutierung des koranischen Textes und die Vernachlässigung seiner eigentlichen Bedeutung - öffnet der Rechtfertigung von Gewalt Tür und Tor. Der Kampf um eine historische, kontextabhängige Lesung des Korans scheint im Gange zu sein. Reformdenker forderten eine Unterscheidung nach einer oberflächlichen Text- und einer tiefer liegenden Sinnstruktur. Die Sprache des Textes ist demnach Sinnverschiebungen und Kontextveränderungen unterworfen, der tiefer liegende Sinn kann als unveränderlich und für alle Zeiten gültig angenommen werden.

Der islamische Kulturfundamentalismus konkurriert mit den Wünschen von erheblichen Teilen der eigenen Jugend, die nach westlicher Lebensart streben. Die Zwiespältigkeit, ja Zerrissenheit in der Haltung zum Westen wird auf vielen Fotomontagen von muslimischen Jugendlichen deutlich, die sich mit Kopftüchern vor der fiktiven Kulisse Manhattans abbilden lassen. Der islamistische Kampf gegen die westlichen „Versuchungen" gilt nicht zuletzt dem „Schutz" der eigenen Jugend. Der Konflikt der Kulturen geht durch die vormoderne Kultur hindurch. Der „American way of life" ist bei den traditionellen Eliten auch deshalb als subversiv verdächtig, weil er eine Bedrohung für Hierarchien und deren geistige und weltliche Besitzstände sowie für die Privilegien des Mannes ist. Er stellt die innere Organisation einer traditionellen Gesellschaft bis hin zu den Geschlechterbeziehungen in Zweifel.

Eine idealtypisierende Gegenüberstellung zwischen modernen und statischen Kulturen zeigt, wie groß die Unterschiede im Selbstverständnis der Kulturen sind.

- Moderne Kulturen betonen die Zukunft, statische Kulturen die Gegenwart oder Vergangenheit
- In modernen Kulturen ist Arbeit von zentraler Bedeutung für das Wohlergehen, in statischen Kulturen gilt Arbeit als Last
- In modernen Kulturen gelten Genügsamkeit und Sparsamkeit als die Mütter von Investitionen
- In modernen Kulturen gelten Bildung und Erziehung als Schlüssel zum Fortschritt
- In modernen Kulturen sind Verdienste von zentraler Bedeutung für das Fortkommen, während in statischen Kulturen vor allem Beziehungen und Familienbande zählen
- In modernen Kulturen erstrecken sich Identifikations- und Vertrauensradius über die Familie hinaus auf die ganze Gesellschaft

- In modernen Kulturen ist ein eher strenger ethischer Kodex die Regel. Fast alle fortgeschrittenen Demokratien gehören zu den weniger korrupten Ländern
- In modernen Kulturen werden Gerechtigkeit und Fairness gegenüber jedem von der Allgemeinheit vorausgesetzt
- In modernen Kulturen ist Autorität vorwiegend horizontal verteilt, in statischen Kulturen vorwiegend vertikal angeordnet
- In modernen Kulturen ist der Einfluss religiöser Institutionen auf die Zivilebene geringer als in statischen Kulturen.[38]

Wie bereits der Kommunismus vom Konsumismus besiegt worden ist, könnte es auch dem religiösen Fundamentalismus ergehen. „There are few ways in which a man is so innocently occupied than in getting money." (Samuel Johnson) Jeder zweite arabische Jugendliche will in den Westen auswandern. Auf Dauer wird es für die meisten jungen Muslime attraktiver sein, zu entscheiden, wo sie Leben werden, wen sie heiraten und lieben dürfen, welche Religion sie praktizieren wollen, Architekt des eigenen Lebens zu sein.[39] Westlicher Hedonismus und Materialismus sind aber nur solange eine Verlockung wie man ihm näher zu kommen meint. Sobald diese Hoffnung verloren geht, gewinnen die Versprechen der Islamisten an Einfluss, Menschen mit einem Gott zu verbünden, der stärker ist als Technik, Waffen und Geld.[40] Gegenüber solchen Heilsvisionen ist der säkulare Westen unterlegen, weil er nur relative Werte zu bieten hat.

Trotz einiger ermutigender Ansätze zieht auch der dritte „Arabische Bericht über die menschliche Entwicklung", den unabhängige arabische Wissenschaftler und Fachleute im Auftrag des UN-Entwicklungsprogramms erstellt haben, eine ernüchternde Bilanz. Zugleich sehen sie aber auch nur begrenzte Möglichkeiten, diese Prozesse von außen zu beeinflussen. Der Druck von außen könnte aber den arabischen Reformern helfen. Dabei müss-

---

38 Lawrence E. Harrison, Zur Förderung eines fortschrittlichen kulturellen Wandels, in: ders., S. Huntington (Hrsg), Streit um Werte. Wie Kulturen den Fortschritt prägen, Hamburg, Wien 2000, S. 315ff.

39 Dinesh D`Souza, What`s so great about America, New York 2002,. S. 181: „The subversive American idea is one of shaping your own life, of making your own destiny, of following a path illumined not by external authorities but by your inner self. The American idea endangers the sanctity of the Muslim Home, as well as the authority of Islamic society. It empowers women and children to assert their prerogatives against the male head of the household. It also undermines political and religious hierarchies. Of all American ideas, the „inner voice" is the most dangerous because it rivals the voice of Allah as a source of moral allegiance. So Islam is indeed, as bin Laden warned, facing the greatest threat to its survival since the days of Muhammad.".

40 Tamin Ansary, Fragen an einen lesenden Afghanen. Der Westen hat es zugelassen, dass seine Kultur als Pornographie und Verbrechen wahrgenommen wird, in: Frankfurter Allgemeine Zeitung v. 10.10.01.

te aber die unbedingte Achtung des Grundsatzes anerkannt werden, dass die Araber ihren eigenen Weg zu Freiheit und guter Regierungsführung finden sollten und das Recht zur nationalen Befreiung hätten. Die Reformen in der arabischen Welt seien größtenteils in den Anfängen stecken geblieben. Politische Kräfte, seien es regierende oder oppositionelle, hätten sich den Islam selektiv angeeignet, um ihre despotische Rolle zu untermauern. Wirkliche Reformen müssen von der Achtung der Meinungs- und Versammlungsfreiheit sowie einem Ende der Diskriminierung sozialer Gruppen gekennzeichnet sein.[41]

In vielen muslimischen Ländern sitzen gemäßigte Islamisten in den Volksvertretungen. Manchmal werden Islamisten von den Privilegien des Staatsdienstes korrumpiert und manchmal mussten sie ihre Ratlosigkeit eingestehen und Modernisierern Platz machen. Oft wird der Islamismus nur noch als Ausdruck der erwünschten Abgrenzung nach Westen gesehen. Wenn aber offenkundig geworden ist, dass der Islamismus keine entwicklungsökonomische Perspektive anzubieten hat, dass Islamismus, wirtschaftlicher Fortschritt und die Lösung gesellschaftlicher Probleme nicht zusammenpassen, dürfte dieses Fieber vorübergehen. In der Türkei wird der historische Versuch unternommen, einen säkularen Weg nach Europa zu gehen und trotzdem die islamische Religion in der Gesellschaft wieder sichtbar zu machen. Es geht um den Beweis, dass Modernisierung nicht im Widerspruch zum eigenen Erbe steht.[42]

In der islamischen Welt werden gesellschaftliche Entwicklungsmöglichkeiten durch diktatorisch regierte Staaten zusätzlich unterdrückt. Sowohl die Macht der Religion wie der Politik muss zurückgedrängt werden. Die aus der Trennung von Religion und weltlichen Mächten ermöglichte Ausdifferenzierung der Teilsysteme und einsetzende Demokratisierung wäre auch in der islamischen Welt die Voraussetzung für eine größere Freiheit von Wissenschaft, Wirtschaft und Bürgern. Sie wäre zugleich die Grundlage für ein friedliches Zusammenleben der Kulturen. Die westliche Politik gegenüber der islamischen Welt sollte daher auf die Förderung der Pluralismusfähigkeit ausgerichtet sein.

Wenn die islamische Welt nicht in Not und Regression versinken will, muss sie sich der unausweichlichen Herausforderung der technologischen Revolutionen und der Globalisierung stellen, die nicht nur vom Westen, sondern auch vom fernen Osten ausgehen. Insbesondere die arabische Welt ist im internationalen Entwicklungswettlauf auch im Vergleich zu den

---

41 Vgl. Dritter Bericht für die UNDP, zit. nach Frankfurter Allgemeine Zeitung v. 6.4.2005.
42 Menschenrechte, Islam und die Zukunft. Ein Mut-Interview mit dem Orientalisten Udo Steinbach, in: Mut. Forum für Kultur, Politik und Geschichte 3/2005, S. 54ff.

Schwellenländern Asiens und Südamerikas bei Pro-Kopf Einkommen, Analphabetenrate von Frauen, Kindersterblichkeit, wissenschaftlichen und technischen Standards und in der Wettbewerbsfähigkeit zurückgeblieben.[43]

Die ärmsten Regionen der Welt leiden weniger unter den Folgen der Globalisierung als darunter, dass sie keinen Anschluss an sie finden. Der Vergleich von Nord- und Südkorea ist hier evident, aber auch die afrikanischen Länder sind weniger durch Ausbeutung als durch Abkoppelung vom Weltmarkt bestraft.[44] Eine nachholende Modernisierung erfordert eine Integration in den Weltmarkt, zu der sowohl die reicheren als auch die ärmeren Länder Voraussetzungen erbringen müssen: es geht einerseits um die Öffnung der Märkte und andererseits um die Stärkung der regionalen Voraussetzungen für Investitionen.

Für einen Anschluss an die Industriegesellschaft ist es bereits zu spät. Es geht jetzt um den Sprung in die Wissensgesellschaft. Die Umstellung der arabischen Volkswirtschaften auf wissensbasierte Erzeugnisse ist schon deshalb notwendig, weil die arabischen Länder auf dem Gebiet einfachster Industrieprodukte gegenüber den asiatischen Ländern nicht konkurrenzfähig sind.[45] Eine Wissensgesellschaft ist in noch größerer Weise auf politische Freiheitsrechte, auf die Gleichwertigkeit der Geschlechter, auf ein entwicklungsorientiertes staatliches Handeln, auf Rechtsstaatlichkeit und auf die Teilhabe der gesellschaftlichen Gruppen angewiesen. Der Aufbau einer Wissenschaftsgesellschaft fängt mit einer Form der Lehre, die statt auf ein „Nachbeten" von Texten auf selbstständiges und problemlösungsorientiertes Denken ausgerichtet ist. Das Sowohl-als-auch von Bewahrung der eigenen Identität und Offenheit gegenüber Neuem und Fremden muss an die Stelle der falschen Alternative zwischen politischer und religiöser Unterdrückung treten.

Die Frage nach den möglichen Gegenseitigkeiten zwischen der islamischen und der westlichen Welt lässt sich am ehesten aus ihren Notwendigkeiten heraus beantworten. Die jeweiligen Ambivalenzen der Kulturen rufen nach Ergänzungen der Gegensätze. Beide Kulturen sind in ihrem Umgang

---

43 Vgl. den von arabischen Wissenschaftlern erstellten United Nations Development Programm (UNDP)/ Arab Fund for Economic and Social Development, Arab Human Development Report 2002. Creating Opportunities for Future Generations, New York 2002.

44 Vgl. Mariam Lau, Kerneuropa bleibt sich treu. Streifzug durch den Antiliberalismus, in: Kapitalismus oder Barbarei?, Merkur Heft 9/10 2003, S. 788 „In einer eben veröffentlichten Umfrage der Development-Policy Abteilung bei der Weltbank sagen 75 Prozent der Befragten aus der Subsahara, multinationale Konzerne brächten ihrem Land Vorteile ... Von den 38000 Befragten in 44 unterentwickelten Ländern hält eine Mehrheit die eigenen Regierungen für schuldig an der Wirtschaftsmisere, nicht die Globalisierung."

45 Vgl. Dieter Weiss, Freiheit, Wissen und Ermächtigung von Frauen in arabischen Ländern, in: Aus Politik und Zeitgeschichte B 48/2004, S. 3ff; vgl. ders., Wege zu einer arabischen Wissensgesellschaft, in: Orient, Heft 1/2004, S. 75ff.

mit der Macht in Sackgassen geraten und müssen nach einem mittleren Weg suchen. Johann Christoph Brügel sieht den mittleren Weg nicht im Sinne eines einfachen „der mittlere Weg ist der beste", sondern als Durchfahrt zwischen Scylla und Charybdis - der Scylla einer veralteten, lähmenden Sakralität und der Charybdis einer destruktiven entfesselten Paganität. Beide könnten voneinander lernen, wie mit den Mächten der Welt und des irdischen Daseins umzugehen sei. Die westliche Welt könnte vom Islam (wie aber auch aus Elementen seiner christlichen Tradition) das Bemühen um Harmonie, Genügsamkeit und um die Verehrung wichtiger Lebensvorgänge lernen.

Der Islam könne andererseits vom Evangelium (wie auch von seiner eigenen mystischen Tradition) so wichtige Dinge wie eine größere Freiheit gegenüber dem Gesetz und den Verzicht auf Gewalt „auf dem Pfade Gottes" lernen. Dies würde die Abkehr von der Einteilung der Welt in ein „Haus des Islam" und ein zu unterwerfendes „Haus des Krieges" bedingen sowie den Verzicht auch auf den Schari,a-Staat mit seiner rechtlichen Ungleichheit für Muslime und Nichtmuslime. Aufzugeben wäre auch der universalistische Anspruch, die einzig wahre, von Irrtümern und Fälschungen freie Religion, das vollkommene System für die Gesellschaft der Gegenwart und der Zukunft zu sein. Ein solcher Anspruch habe in keiner der bestehenden Religionen eine historische Rechtfertigung und würde für die Zukunft nur neue Konflikte heraufbeschwören.

Beide Kulturen müssten das Verhältnis von Allmacht und Mächtigkeit bei Individuen und Gemeinschaft neu bedenken.[46] Die Suche nach einem neuen Gleichgewicht von individuellen Rechten und Pflichten ist eine der großen Aufgaben für alle Kulturen. Im Koran wie auch im Konfuzianismus ist mehr von Pflichten als von Rechten die Rede. Dem Islam zufolge soll sich der Mensch in das Gewebe der Gesamtheit einfügen. Er ist an die Umma - der Gemeinschaft der Gläubigen - gebunden. Ein Muslim verpflichtet sich, während seines ganzen Lebens bestimmte Gebote und Grundsätze einzuhalten. Als Gegenleistung werden seine persönlichen Rechte geschützt. Die westlichen Vorstellungen von Menschenrechten legen den Akzent auf individuelle Rechte und erwähnen Pflichten meist nur indirekt.[47]

Die Mittel zur Kommunikation sind heute in einzigartiger Weise gegeben. Das weltweit vernetzte Wissen ist revolutionär, weil es auch von Armen erworben werden kann. Das arabische Satellitenfernsehen ermöglicht es Jugendlichen, die sich nach Meinungsfreiheit sehnen und die Geiseln ihrer heimischen, auf gehorsam fixierten Erziehung sind, sich selbst die Kunst der

46 Ebd. S. 366
47 Der Westen und die Welt des Islam. Ein MUT-Interview mit der Orientalistin Annemarie Schimmel, in: Mut. Zeitschrift für Kultur Politik und Geschichte, Oktober 1995, S. 65ff.

Kontroverse beizubringen. Der freie Zugang ist in der Natur dieser Technologie angelegt.[48]

Das „islamische Erwachen" muss nicht unweigerlich eine antimoderne Erscheinung sein.[49] Moderate Islamisten und selbstbewusste Muslime würden heute - so Ludwig Ammann - von der eigenen, islamischen Moderne träumen, die ihrer Herkunft eingedenk beides schöpferisch verbindet: Alt und neu, Zeitgeist und religiöse Orientierung - „Mekka und Cola". Die Zukunft könnte auch aus einer Rückbesinnung auf die normativen Fundamente der Kultur gestaltet werden, wenn diese für die Gegenwart ausgelegt werden.

Diese Aneignung der Modernisierung sei das Gegenteil zu bin Ladens menschenverachtender Gewalt. Während die Islamisten das Nachahmen des Westens durch das Nachahmen der Vergangenheit ersetzen, lehne die islamische Renaissance nicht die Moderne, sondern die relativistische und degenerierte Kultur des Westens ab. Das islamische Erwachen sei die dritte und letzte Stufe der Dekolonisation. Nachdem die politische und ökonomische Unabhängigkeit errungen ist, kämpfen aufstrebende Schichten um kulturelle Unabhängigkeit auf dem Weg in eine eigene Moderne.

Ob der türkischen Regierungspartei für „Gerechtigkeit und Entwicklung" hierbei eine zentrale Rolle zukommt, weil sie nach Meinung von Gutgläubigen in einem schöpferischen Sinne zugleich konservativ und progressiv ist, oder ob sie ein Doppelspiel betreibt, welches sich die Vorteile der westlichen Hardware aneignet und die westliche Software zum Vorteil der eigenen bekämpft, ist allerdings noch offen. An diesem Beispiel sollte deutlich werden, wie zweischneidig oft selbst Annäherungsprozesse sind

Die Geschichte der Mittelmeerregion zeigt, dass sich die islamische und die westliche Zivilisation über Jahrhunderte hinweg gegenseitig befruchtet hätten. Der Islam als Religion sei sehr flexibel; ein Euro-Islam, der mit europäischen Verfassungen in Einklang gebracht werden kann, ist deshalb eine mögliche Perspektive.[50] Die Muslime sollen weder pakistanische, arabische oder türkische Muslime in Europa bleiben noch zu Muslimen ohne Islam werden, sondern sich als europäische Muslime neu erfinden. Sie eignen sich dennoch aus der europäischen Kultur an, was im Einklang mit der eigenen Identität steht, was nicht - wie z.B. Alkohol - ausdrücklich verboten ist. Sie können sich den Reichtum der europäischen Literatur erschließen und sich dem Trivialangebot des Fernsehens verschließen.

48 Fatima Mernissi, Islam und Demokratie. Die Angst vor der Moderne, Freiburg 2002, S. 15.
49 Ludwig Ammann, Cola und Koran. Das Wagnis einer islamischen Renaissance, Freiburg, Basel, Wien 2004.
50 Bassam Tibi, Selig sind die Belogenen. Die christlich-islamische Dialog beruht auf Täuschungen - und fördert westliches Wunschdenken, in: Die Zeit v. 29.5.2002.

Dieser optimistische Zukunftsentwurf erteilt sowohl der Angleichung (Assimilation) als auch der Absonderung (Segregation) muslimischer Zuwanderer eine Absage und zielt auf Akkulturation: Muslime wie Nichtmuslime könnten voneinander durch Übernahme von Bestandteilen der anderen Kultur lernen, sich wandeln ohne Selbstverlust.[51] Anzustreben sei die Gleichzeitigkeit einer gemeinsamen politischen Rechtskultur und dem Pluralismus unterschiedlicher religiöser Kulturen.

Rechtskultur und Pluralismus sind westliche Errungenschaften. Hinsichtlich der Grundlagen der Zusammenarbeit und der Modernisierung wird es vor allem um ein Lernen des Ostens vom Westen gehen. Das Lernen des Westens vom Islam könnte sich dagegen auf die Rolle der Spiritualität beziehen. Der derzeitige westliche Modernismus trägt wenig zur Lösung der Modernisierungskrisen bei. Vernunft lässt sich nicht einfach durch Vernunft sanieren, die Defizite der modernen Wissenschaft und die Schäden der Technik lassen sich nicht nur durch noch mehr Wissenschaft, die Übersteigerungen der Aufklärung durch noch mehr Aufklärung, und die Nebenfolgen der Technik durch noch mehr Technik beheben. Die Errungenschaften der Moderne können zwar Ethos auflösen, aber kaum ohne Hilfe von Religionen neues Ethos bilden. „Vernünftige Diskurse" dürften ohne die Abklärung kultureller Traditionen kaum in der Lage sein, eine neue Ethik zu begründen."[52]

Der westliche Postmodernismus, der als Alternative zur Moderne nur einen noch radikaleren Pluralismus und Relativismus anzubieten hat, ist kein Weg aus der Krise. Die Postmoderne ist auch nach Meinung von Hans Küng im Grunde eine Form der desintegrierten Spätmoderne. Aus der Not des mangelnden Konsensus werde die Tugend der Beliebigkeit gemacht. Aber die Moderne mit ihren Widersprüchen werde auf diese Weise nicht überwunden, sondern nur in überdrehter Form wiederholt. Weder eine totalitäre Einheit ohne Vielfalt noch eine relativistische Vielfalt ohne Einheit sei ein Weg in die Zukunft.

Religionen bedürften nicht einer letztlich aussichtslosen Restauration, sondern einer zukunftsträchtigen Transformation. An die Stelle des Glaubens an die Pseudogötter der Moderne sollte der Glaube an den einen wahren Gott treten, der die Mächte dieser Welt entzaubert und die Götzen dieser Welt entthront. Zwischen einer wenig zukunftsträchtigen Reislamisierung und einer anti- oder areligiösen Säkularisierung plädiert für ein neues ökumenisches Paradigma der Säkularität vor religiösem Horizont. Dies sei kein Kampf gegen die Moderne, aber ihre Relativierung.

---

51 Ebd. S. 100f.
52 Hans Küng, Das Christentum. Wesen und Geschichte. München 1995, 3. Aufl. S. 876.

Mit seiner Suche nach einem gemeinsamen Ethos der Weltkulturen schlägt Küng den Mittelweg zwischen zwei Extremen vor. Einerseits soll ein bornierter Absolutismus (christlicher oder islamischer Provenienz) vermieden werden, der die eigene Wahrheit „ab-solut" setzt: „los-gelöst" von der Wahrheit der anderen. Sowohl ein Exklusivitätsstandpunkt als auch ein Superioritätsstandpunkt führe zu bequemer Apologetik, zu Lernunfähigkeit und Rechthaberei, jenem Dogmatismus, der die volle Wahrheit von voneherein zu besitzen meint und sie gerade deshalb nicht findet. Zugleich warnt er aber auch vor einem oberflächlichen und unverantwortlichen Relativismus. So werde die Wahrheitsfrage bagatellisiert und banalisiert.[53]

Die Grenze zwischen wahr und falsch verlaufe heute auch nach christlichem Verständnis nicht mehr einfach zwischen Christentum und anderen Weltreligionen, sondern auch innerhalb der eigenen Religionen. Der Dialog sei demnach ein Geben und Nehmen, in dem die tiefsten Intentionen der Religionen eingebracht werden, ein Dialog in gegenseitiger Verantwortung und im Bewusstsein, dass wir alle die Wahrheit nicht fertig besitzen, sondern auf dem Wege sind zur je größeren Wahrheit. Die Wahrheit kann nur die eine sein, aber wir sind mit unserem endlichen Verstand nicht in der Lage, die vollkommene Wahrheit zu erkennen.

Statt der Widersprüche sollten wir das Komplementäre in den Religionen suchen, durch alles Exklusive das Inklusive. Küng bringt dies auf die Stichworte: Wechselseitige Information, wechselseitige Diskussion und wechselseitige Transformation: So werde es nicht zu einer unkritischen Vermischung, wohl aber zur gegenseitigen kritischen Erhellung, Anregung, Durchdringung und Bereicherung der verschiedenen religiösen Traditionen kommen, wie sich dies zwischen den verschiedenen konfessionellen Traditionen im Christentum seit längerem abzeichnet.

Nach der mehr schiedlichen als friedlichen Koexistenz sollten sich die Religionen in konstruktiver Proexistenz und friedensstiftender Kooperation bei lokalen und regionalen Konflikten üben.[54] Gerade die pluralistische Gesellschaft brauche einen grundlegenden Konsens, zu dem die verschiedenen Weltanschauungen beitragen, so dass sich zwar kein völliger Konsens, wohl aber ein „Overlapping Consensus" im Sinne John Rawls bilden könne. Wie weit dieser „überlappende" ethische Grundkonsens konkret geht, hänge von der historischen Situation ab.

Der Konsens müsse in einem dynamischen Prozess immer neu gefunden werden. Küng lehnt dabei Indifferentismus, Relativismus und Synkretismus

---

53 Hans Küng, Josef van Ess, Christentum und Weltreligionen. Islam, München 1990, 2.Aufl.,.S. 15.
54 Hans Küng, Projekt Weltethos, München, Zürich 1990, S. 169.

ab, die jeglichen klaren Standpunkt vermissen lassen. Im interreligiösen Dialog sollten Offenheit und Wahrheit, Pluralität und Identität, Dialogfestigkeit und Standfestigkeit verbunden sein.[55] Das moderne Paradigma müsse dabei in einem nachmodernen Paradigma im dreifachen Hegelschen Sinn aufgehoben werden. Die Moderne sei zu bejahen in ihrem humanen Gehalt, zu negieren in ihren inhumanen Tendenzen und zu transzendieren in eine neue pluralistisch-holistische Synthese hinein.[56]

Die Gemeinsamkeit der Religionen sieht er auch darin liegen, dass alle Religionen Handlungsbilder fördern, die einen Weg der Mitte weisen, zwischen Besitzgier und Besitzverachtung, Hedonismus und Asketismus, Weltverfallenheit und Weltverneinung. Wir bräuchten einen mittleren Weg zwischen ignorantem Rationalismus und larmoyantem Irrationalismus, zwischen Wissenschaftsgläubigkeit und Wissenschaftsverteufelung, zwischen Technikeuphorie und Technikfeindlichkeit.[57]

Die Suche nach einem Weltethos der Religionen verdient alle Unterstützung. Ihr haftet aber viel Tautologisches an. Die angestrebte Offenheit, Pluralität und Gegenseitigkeit der Religionen und Kulturen wird nur bei Religionen und Kulturen fruchten, die offen, pluralistisch und gegenseitig gesonnen sind. Die Hoffnungen bezüglich der Fundamentalisten kann sich nur auf die Ermüdung und Selbstwiderlegung richten, aus der eine größere Aufmerksamkeit für diejenigen Fundamente erwächst, in denen es aufklärerische Perioden wie in der islamischen Renaissance des 9. bis 12. Jahrhundert gab.

Dem zu eng gestrickten Konfessionalismus könnte im Religionsunterricht entgegen gewirkt werden. Vom geistigen und religiösen Erbe Europas erfahren Einheimische und Zuwanderer allenfalls in strikten konfessionalistischen Abgrenzungen. Wie aber - so Rudolf von Thadden - soll eine Integration der meisten nicht christlich geprägten Zuwanderer erfolgreich sein, wenn wir entweder wie in Frankreich die Vermittlung von Kenntnissen über unsere europäischen Glaubens- und Frömmigkeitsformen unterlassen oder wie in Deutschland nur konfessionell bestimmte Glaubenslehren anbieten, die für Andersgläubige keinen Zugang eröffnen? Weder eine Ausblendung der religiösen Wirklichkeit noch deren Konfessionalisierung werde den Bedürfnissen der Menschen gerecht. Wir bräuchten daher eine kulturgeschichtlich fundierte Religionskunde für alle Schüler und nicht einen Streit über eine Verminderung oder Vermehrung von Glaubenslehren in der Schule.[58]

---

55 Ebd. S. 49 und S. 125.
56 Vgl. Hans Küng, Das Christentum ‚a.a.O. S. 879ff.
57 Hans Küng, Projekt Weltethos, a.a.o. S. 83f.
58 Rudolf von Thadden, Europa braucht die Impulse seiner Bürger. Sie können die Institutionen vorantreiben, wenn sie sich ihrer kulturellen und religiösen Wurzeln sicher sind und zugleich Toleranz üben, in: Frankfurter Rundschau v. 20. 6.2003.

Einen wichtigen Ansatz für den Euroislam erkennen wir in den Modellen für einen „deutschen Islamunterricht". Eine echte Integration bedeutet Achtung der kulturellen und religiösen Identitäten. Die Einführung eines dem christlichen Religionsunterricht analogen islamischen Religionsunterrichts unter deutscher Schulaufsicht, in deutscher Sprache und mit an heimischen Universitäten ausgebildeten Lehrern würde einerseits der Selbstvergewisserung der eigenen Traditionen des Islams dienen und könnte ihn andererseits dialog- und pluralismusfähig machen.

Die sich modernisierenden Kulturen müssen nicht ihre eigenen Kulturen verleugnen. Sie könnten an aufklärerische Traditionen und Epochen ihrer Kultur anknüpfen. Damit könnten sie den Weg in eine eigene Moderne finden, ähnlich wie das Europa der frühen Neuzeit, welches sich in der Renaissance an der Antike orientierte oder wie Japan, welches nach dem II. Weltkrieg an die Epoche der Öffnung der japanischen Gesellschaft gegenüber dem Westen im 19. Jahrhundert anknüpfte.

Das Plädoyer des pakistanischen Präsidenten General Pervez Musharraf für eine islamische Renaissance und Aufklärung soll hier ausführlich wiedergegeben werden. „Meine muslimischen Brüder, die Zeit der Renaissance ist gekommen. Der Weg nach vorne ist, nach Aufklärung zu streben und uns darauf zu konzentrieren, durch Armutslinderung, Erziehung, Gesundheit und soziale Gerechtigkeit unsere Humanressourcen zu entwickeln. Wenn dies unsere Richtung sein sollte, kann sie nicht durch Konfrontation erreicht werden. Wir müssen den Pfad der Moderation und einen versöhnlichen Ansatz annehmen, um den Islam von dem Missverständnis zu reinigen, er sei eine Religion der Militanz und liege im Konflikt mit der Modernisierung, mit Demokratie und Säkularismus." In einer zweigeteilten Strategie der aufgeklärten Moderation würden alle gewinnen. Der eine Teil müsse von der muslimischen Welt kommen. Er bestehe aus dem Fernhalten von Militanz, Extremismus und der Annahme eines Weges der sozioökonomischen Verbesserungen. Der andere Teil müsse vom Westen kommen, der der muslimischen Welt hilft, seine Lage zu verbessern.[59]

Der Versuch, politische Modernisierung in Afghanistan und Irak mit militärischen und politischen Mitteln zu erzwingen, beruht auf der Annahme, dass Politik die Kultur ändern kann. Die umgekehrte Annahme geht davon aus, dass nicht Politik die Kultur ändert, sondern umgekehrt Kultur die Politik ändert. Die Renaissance des Islam muss aus der islamischen Kultur selbst erfolgen, zu der der Westen allerdings ideelle und materielle Modernisierungshilfe leisten kann. Die Aufgabe des Westens liegt auch hier darin, den

---

59 General Pervez Musharraf, Die Strategie der aufgeklärten Moderation, in: Frankfurter Allgemeine Zeitung v. 2.6.04.

neuen Weg eines „Congagements", einer Synthese von Containment und Engagement, zu finden.

Da auch hier Hilfe nur als Hilfe zur Selbsthilfe dauerhafte Erfolge verbürgt, wird der Erfolg letztlich von der islamischen Welt selbst abhängen. Wenn - so Bernard Lewis - die Völker des Nahen Ostens auf ihrem Weg bleiben, werde der Selbstmordattentäter womöglich zur Metapher für die gesamte Region. All das würde früher oder später zu einer neuen Fremdherrschaft führen - vielleicht von einem neuen Europa, das zu alten Methoden zurückkehrt. „Wenn sie aber ihren Kummer vergessen, die Opferrolle ablegen, ihre Streitigkeiten beilegen, ihre Talente, Energien und Ressourcen zu einer gemeinsamen Anstrengung bündeln, dann können sie aus dem Nahen Osten wieder das machen, was er im Altertum und im Mittelalter einmal war - eines der wichtigsten Zentren menschlicher Kultur. In der gegenwärtigen Lage liegt es an ihnen, sich zu entscheiden."[60]

Der Anspruch auf eine Modernisierung ohne Verwestlichung übersieht die zahlreichen, zumeist in der westlichen Kultur verankerten Voraussetzungen der Modernisierung. Umgekehrt könnten die traditionellen Kulturen auch moralische Hilfestellungen für die notwendige Selbstbegrenzung in einer nachhaltigen Entwicklung sein. In diesem Sinne wäre die Renaissance der kulturellen Traditionen eine Chance, die Ambivalenz des Fortschritts besser zu bewältigen. Die Flucht nach vorn zu noch mehr Effizienz und Emanzipation von allen natürlichen und kultürlichen Zwängen sind der neuzeitlichen Vision von Grenzenlosigkeit verpflichtet. Für die Bestimmung von Grenzen könnten Kulturen, die noch in Traditionen und Tabus, in Gemeinschaft und religiösem Ethos verankert sind, wichtige Lehren bereithalten.

Die kulturelle Bedeutung von Steigerungen nimmt ab.[61] Neben dem Können – so Gerhard Schulze - trete das Sein, neben das Prinzip der Steigerung die Idee der Ankunft. Das Steigerungsspiel sei nicht zu Ende, aber es gehe anders weiter als wir es kennen. In diesem Jahrhundert beginne ein kollektiver Lernprozess, in dessen Zentrum die Kultur steht. Etwas Neues werde gebraucht, ohne dass das Alte überflüssig würde. Das alte Denken sei nicht am Ende, wohl aber seine Eingleisigkeit.

Wir brauchen keinen neuerlichen Wechsel von Aufklärung zur Romantik, sondern die Inhalte von Aufklärung und Rationalität müssen sich ändern. In der Welt der Steigerung sei es vor allem um Sachen gegangen. Nach Jahrhunderten rigoroser Versachlichung unter Konkurrenzdruck kommt es jetzt darauf an, jenseits der Sachen zu operieren. Als Beispiel führt Schulze an,

---

60   Bernard Lewis, Der Untergang des Morgenlandes, a.a.O. S. 231f.
61   Ich folge hier Gerhard Schulze, Die beste aller Welten. Wohin bewegt sich die Gesellschaft im 21. Jahrhundert, Frankfurt/M 2004.

dass heute die gesamte Konsumgüterindustrie darüber rätselt, was Menschen wollen könnten und welche Trends gerade laufen. Die Sachprinzipien würden zwar fortleben, aber ihre fast religionsähnliche Rolle werde sich relativieren. Mit der Einbeziehung der kulturellen Frage werde unser Handeln nicht irrational, sondern noch rationaler, weil nun eine andere, nicht sachbezogene, sondern subjektbezogene Rationalität in den Vordergrund tritt.

Den „Wandel des Wandels" sieht Gerhard Schulze nicht durch ideengeschichtliche Revolutionen, sondern durch Abschwächung der dominierenden Handlungslogik erfolgen. Modernisierung und Entwicklung sind demnach sowenig ein Widerspruch wie Können und Sein. Wir müssen uns allerdings von eindimensionalen Wertsetzungen zugunsten zweidimensionaler Wahrnehmungen verabschieden. Der Übergang vom eindimensionalen zum zweidimensionalen Denken bedeutet eine wesentlich höhere kognitive Anforderung als der Wechsel von einer Dimension zur anderen unter Beibehaltung der Eindimensionalität. Das Erlernen der Gleichzeitigkeit von Können und Sein, von Modernisierung und Entwicklung, von vormoderner Tradition und Veränderung sollte an die Stelle der alten Gegensätze treten, die auf der Eindimensionalität des Entweder-oder beruht.

Auf Dauer wird es nicht möglich sein, die Defizite der Modernisierung durch Wirtschaftswachstum zu kompensieren. Wachstum hat mit der Zinsesrechnung gemeinsam, dass es nach einer exponentiellen Funktion verläuft. Die jährliche Zunahme des Bruttoinlandsprodukts beschleunigt sich bei gleich bleibendem Wachstum. In einer endlichen Welt sind derartige Prozesse nur auf Zeit, vor allem in Zeiten des Aufbaus möglich wie im Europa nach dem Zweiten Weltkrieg und derzeit in China. Nebenwirkungen des Wachstums wie exzessive Staatsverschuldungen, Umweltzerstörung und die steigende Zahl der Wachstumsverlierer stellen den gesamtwirtschaftlichen Nutzen des Wachstums in Frage.

Wir müssen die Notwendigkeit des Übergangs vom expansiven Wachstum der Aufbauzeit zum dynamischen Gleichgewicht eines dauerhaften Bestandswachstums erkennen. Das Ziel muss ein Gemeinwesen sein, dessen Wirtschaft nicht auf ständige Expansion ausgerichtet ist, sondern in dem ein ständiger Austausch von Altem und Neuem stattfindet. Diese Aufgabe der Gegenseitigkeit von alt und neu ist allen gestellt, aber die westlichen Länder tragen die höchste Verantwortung.[62] Dabei müssen sie sich auch auf die geistigen und religiösen Kräfte anderer Kulturen stützen. Das Wachstum der Erkenntnisfähigkeit ist unbegrenzt.

---

62 Kurt Biedenkopf, Die neue Sicht der Dinge. Plädoyer für eine freiheitliche Wirtschafts- und Sozialordnung, München 1985.

Eine Welteinheitskultur ist auch im Hinblick auf kulturelle Nachhaltigkeit nicht durchhaltbar. Da das „Schneller, Höher, Weiter" des Westens in einer endlichen Welt nicht globalisierbar ist, müssen wir im interkulturellen Lernen nach neuen moralischen Ressourcen und nach kleinräumigen, teilautarken und genügsameren Strukturen Ausschau halten. Eine neue Synthese zwischen einer stärkeren westlichen Selbstbegrenzung und einer kulturverträglichen Modernisierung des Islams könnte eine Zivilisation hervorbringen, in der sich die kulturelle Unterschiedlichkeit auf verträgliche Weise ergänzt.

3.4 Gutmenschentum und Populismus als Verkennung der Gegenseitigkeit

Gut meinend, wenig wissend, stark wertend - auf diese Weise stören Gutmenschen die notwendige rationale Analyse der Politik. Insbesondere in interkulturellen Zusammenhängen ist diese Haltung bis in die höchsten Ämter vorgedrungen und führte in der Vergangenheit zu bizarren Fehleinschätzungen.

Die Gegenseitigkeit der Fehler und Interessen wird zugunsten einer einseitigen Schuldzuweisung an die eigene Kultur aufgegeben. Dem fehlenden Schuld- und Verantwortungsgefühl in den meisten nichtwestlichen Kulturen wird ein verallgemeinernder Schuldverdacht an „den Westen" zugeschoben. Der Gutmensch trägt die Schuld seiner Vorväter im Herzen: Imperialismus, Kolonialismus, Rassismus. Instinktiv reagiert er selbst auf physische Angriffe mit Schuldzuweisungen an sich selbst.[63] Das macht ihn nicht unsympathisch, wohl aber unfähig zu einer realistischen Analyse.

Er schürt den Kulturrelativismus, der die Stärken der eigenen Kultur negiert, die Schwächen und selbst die Verbrechen anderer Kulturen entschuldigt. Selbst Terrorismus wird als der Aufschrei der Gequälten, als „Waffe der Schwachen" interpretiert. Der mit dem Kulturrelativismus verbundene Multikulturalismus lässt die Unterschiede zwischen den Menschen auf sich beruhen, so dass es nicht zu einer Abgleichung im Sinne gegenseitiger Interessen kommen kann. Die negative Selbstwahrnehmung unserer Kultur lässt eine Integration in sie nicht wünschenswert erscheinen. Die Fehler der Zuwanderungspolitik der letzten Jahrzehnte sind in erheblichem Maße vom Gutmenschentum verschuldet.

Im Gutmenschentum sammeln sich die humanistischen Reste der sozialistischen und liberalistischen Ideologien. Die deutschen „Grünen" steigern es noch um jenen Hedonismus, der unmittelbaren Bedürfnissen des Men-

---

63   Josef Joffe, Die Offensive des Islamo-Faschismus, in: Die Zeit v. 18.3.2004.

schen selbst dann Priorität einräumt, wenn sie auf Kosten Dritter gehen. Ihnen gilt die Natur als gut, obgleich die „nährende Mutter" auch die Alleszerstörerin ist. Christliche Gutmenschen sind wiederum von der Haltung geprägt: „Christliche Moral ja, christlicher Glaube nein" und tragen zu einer sanften Moralisierung der Gesellschaft bei. Keiner - so Günter Rohrmoser - habe mehr den Mut, christliche Werte und christliche Moral nicht zu verteidigen. Mit der aufgeklärten Moralisierung des Sündenbegriffs verschwinde aber das Verständnis von Paulus und Luther, nach denen die Schrecken der Geschichte zur Wirklichkeit des Menschen gehören. Der Moralismus lasse die Menschen die Wirklichkeit nicht mehr erleben und erfahren. Er würde den Menschen auch nicht das Bewusstsein von ihrer ungeheuren Verantwortung vermitteln.[64]

Gutmenschentum ist schlechte Theologie und schlechte Politik. Es fehlen wesentliche Einsichten in die Erbsünde und in die Boshaftigkeit des Menschen. Der Teufel - das Prinzip des Bösen - kommt in dieser Politologie und Theologie nicht mehr vor. Das Böse wird stattdessen anonymisiert, in den Strukturen und den anonymen Prozessen der Systeme, der Gesellschaft oder der Globalisierung vermutet. Menschen stehen kaum mehr mit diesen Prozessen in einem verursachenden Zusammenhang, weil sie nur noch Opfer sind, der Verhältnisse, der Gesellschaft, des Kapitalismus, des Westens, der Welthandelsordnung. Dieses Menschenbild fördert die Entpolitisierung, weil der Mensch allenfalls noch als Rebell gegen, nicht aber als Gestalter der Verhältnisse gilt. Solche Sichtweisen schmeicheln dem Menschen und werden gerne gewählt. Wenn das Gutmenschentum schließlich scheitert - wie etwa im deutschen Bildungswesen - bleibt ihm kein Rückhalt mehr in einer Rückkehr zu Disziplin oder einem klassischen Bildungskanon. In weltanschaulicher Haltlosigkeit wirft er sich neoliberalen Quantifizierern in die Arme und verpunktet selbst Bildungsprozesse bis zur Absurdität.

Mit der Reduktion des Menschen auf eine Opferrolle oder auf seine Interessen wird seine Selbsthilfe und Pflichtenethik geschwächt. Statt auch den Schwachen zu fordern - und ihn damit zu fördern - wird er in seiner Passivität bestätigt. Mit der gängigen Analyse der Unterentwicklung als „Schuld des Westens" bzw. mit der Dependenztheorie sind Generationen von gutwilligen Entwicklungshelfern in die Irre geführt worden.

Gutmenschen wollen alles, was gut ist, auf einmal haben. Ihre utopische Zeit- und Ortlosigkeit will nicht wahrhaben, dass es Grenzen gibt und dass der Mensch immer wählen muss. Gutmenschen denken an ihr gutes Herz und fühlen sich beinahe engelhaft, weil sie die Begrenzungen von Raum und Zeit negieren. Sie kennen keine Begrenzungen und keine Tragik. Der Komfort

---

64 Günter Rohrmoser, Nietzsche als Diagnostiker der Gegenwart, a.a.O. 358.

des westlichen Lebens lässt die leiblichen Begrenzungen weniger fühlen, wodurch man leicht in romantische bzw. heute in virtuelle Überhöhungen der Wirklichkeit abgleitet. Gutmenschen übersehen, dass man für alles bezahlen muss, dass man warten und begrenzen muss.

In der Spaßgesellschaft wird Kultur auf Schöngeistiges reduziert und der Spaßgesellschaft dienstbar gemacht. Gegen Spaß ist dann etwas zu sagen, wenn er zur Leitkultur erhoben wird. Eine Spaßkultur ist den Aufgaben der Zukunft nicht gewachsen, weil sie die Bedürfnisse der Gegenwart den Notwendigkeiten der Zukunft vorzieht. Sie weiß weder etwas mit moralischem Ernst noch mit den strengen Erkenntnismethoden der Aufklärung anzufangen. Begriffe wie „Rechte, Emanzipation, Toleranz" werden nach Gutmenschenart vereinseitigt und damit überstrapaziert, weil die notwendigen konservativen Komplementärbegriffe „Pflichten, Verantwortung, Moral, Gegenseitigkeit" ausgeblendet bleiben.

Die Verklärung guter Werte bemerkt nicht die Tragik ihrer Begrenzungen, wodurch der Wert dann ins Negative umschlägt. Auf diese Weise wurde aus der Emanzipation als Ursache für den Aufstieg des Westens auch die Ursache für seine Dekadenz.[65] Die Loslösung von den Zwängen der Tradition, Religion, der Natur, der Rationalität und der Pflichten setzt zunächst Freiheitsräume und neue Dynamik frei. In Dekadenz schlägt dies dann um, wenn die neuen Freiheiten nicht mit neuen Verantwortlichkeiten, neue Rechte nicht mit neuen Pflichten, neue Toleranz nicht mit der Forderung von Gegenseitigkeit verbunden werden.

Jeremy Rifkin lobt die Generation der Achtundsechziger, die mit ihren Protesten und Experimenten sowohl alte, den menschlichen Geist einengende Grenzen niederreißen als auch neue Realitäten erproben wollten.[66] Diese Deutung des Werteverlusts als „Wertewandel" ist möglich, wenn gute Wünsche und Absichten als „Engagementpotential" auf eine Stufe mit dem zurückgehenden realen Engagement gesetzt werden. Dafür muss man auf die Bewertung von Werten durch Maßstäbe verzichten. Das in der Tat zunehmende Engagement für eigene Rechte kann dann in nicht bewerteten empirischen Daten auf eine Stufe gesetzt werden mit der Ausübung von Pflichten. Die gesamte geistig-kulturelle Substanz verschwindet hinter dem abstrakten Allgemeinbegriff „Werte". Familie, Wissenschaft, Religion und Moral werden zu „Werten". Die Frage lautet aber, was die Werte wert sind. Die Beliebigkeit der neuen Formen des Engagements, die insbesondere bei Jugendlichen um die Leitbilder der Emanzipation, Selbsterfahrung und Selbstver-

---

65 Jacques Barzun, From Dawn To Decadence. 500 Years of Western Cultural Life. 1500 to the Present, New York 2001.

66 Jeremy Rifkin, Der Europäische Traum. Die Vision einer leisen Supermacht, Frankfurt, New York 2004.

wirklichung kreisen, können ein dauerhaftes und verlässliches Engagement in Institutionen und Vereinen kaum ersetzen.

Wo sich Dependenzen nicht mehr nachweisen lassen, gewinnen Verschwörungstheorien an Konjunktur. Bestseller erklärten allen Ernstes die CIA zum Täter des 11.September. Auch in Amerika musste buchstäblich das Pentagon selbst angegriffen werden, bis man bereit war, die islamistische Bedrohung zur Kenntnis zu nehmen. Sie passte nicht zu den Kategorien, weil die Verbrecher einer fremden Kultur angehörten, der man die Opferrolle zugedacht hatte. Ein weiteres Wahrnehmungshindernis sieht Walter Laqueur auch in der psychologischen Abwehr unangenehmer Tatsachen. Sie sei jedes Mal entstanden, sobald eine neue Bewegung auftauchte wie der Faschismus und Kommunismus. Man interpretierte sie im Licht der Vergangenheit und verkannte das grundsätzlich Neue an beiden.[67]

Wenn demokratische Regierungen an der Macht sind, verpflichtet sie ihre Ideologie darauf, der islamistischen Opposition demokratische Rechte und Freiheiten zu gewähren. Islamisten fühlen sich dazu keineswegs verpflichtet. Ihre Grundsätze zwingen sie umgekehrt geradezu, alle ihrer Auffassung nach gottlosen und subversiven Aktivitäten zu unterdrücken. Die Aufnahme der in islamischen Ländern verfolgten Islamisten als Asylanten und Studenten hat nicht die Dankbarkeit, sondern eher die Verachtung gegenüber dem Westen gefördert. Integrationsbemühungen stoßen beim islamistischen Weltbild an die Grenzen der Mehrheit. Gelingt es Islamisten nicht, die Mehrheiten auf ihre Seite zu ziehen, so schlägt seine demokratische Teilhabe in Hass gegen die Demokratie um.

Kritik an der islamischen Kultur galt lange Zeit als „Orientalismus".[68] Samuel Huntington wurde als Vertreter eines „irrationalistischen Kulturalismus" von Friedensforschern verdammt und mit banalen Entwürfen widerlegt, denen zufolge die Weltgesellschaft statt auf Konfrontation auf Kooperation setzen sollte.[69]

Die hehren Ziele des Terrors verliehen ihnen lange die höhere Weihe eines „Tugendterrors". Sogar in einer Schrift der Bundeszentrale für politische Bildung wird ein rhetorischer Täter-Opfer Ausgleich herbeigeführt, indem die Erlösungsphantasien des Islamismus mit der Dominanz der westlichen Welt kontrastiert werden: „Unabhängigkeit, soziale Gerechtigkeit, Gleichheit, Einheit, eine Gesellschaft ohne Laster und Korruption - das sind stichwortartig zusammengefasst, die Ziele, welche die Islamisten verfolgen. Un-

---

67   Walter Laqueur, Krieg dem Westen. Terrorismus im 21. Jahrhundert, München 2003, S. 11.
68   Vgl. Aziz Al-Azmeh, Die Islamisierung des Islam. Imaginäre Welten einer politischen Theologie, Frankfurt/M 1996, S. 10 und S. 7.
69   Harald Müller, Das Zusammenleben der Kulturen. Ein Gegenentwurf zu Huntington, Frankfurt/M1999, 3.Auflage.

abhängigkeit heißt hier zuvorderst Unabhängigkeit von westlicher Dominanz, um die „Befreiung Palästinas" und damit das endgültige Ende des europäischen Kolonialismus herbei führen zu können." Da Islamisten in westlichen Ländern schlecht als Opfer des Kolonialismus porträtiert werden können, gelten sie dafür pauschal als diskriminiert. „Da auch die öffentliche Diskriminierung anhielt, förderte das die Unzufriedenheit vieler Migranten und führte zu einem Erstarken des politischen Islam."[70]

Im Westen will man nicht wahrhaben, dass sich die Attentäter des 11. Sept. als Djihad-Kämpfer und nicht als Terroristen verstanden. Die gerne verbreitete Lesart, Atta und bin Laden hätten mit dem Islam nichts zu tun und man trage mit solchen Gleichsetzungen zu einem „Feindbild Islam" bei, ist ein wirkungsvolles Denkverbot. In der islamischen Welt ist die Djihad-Deutung dagegen weit verbreitet. Der Islamismus geht wesentlich auf die Gedanken der Muslimbrüderschaft von 1928 zurück. In diesem Geheimbund ist nicht jedes Mitglied Terrorist. Manche Wanderprediger verbreiten in Moscheen den Heiligen Krieg und manche das Wort Gottes.[71] Die oft fließenden Übergänge zwischen Islam und Islamismus kann man zum Vorteil oder zum Nachteil des Islams auslegen. Gutmenschen nutzen sie für ein Verdachtsverbot aus.

Der Mangel an eingeforderter Gegenseitigkeit treibt in den westlichen Demokratien populistische Strömungen hervor, die im Umkehrschluss nur noch die eigenen Interessen in den Vordergrund stellen. Trotz aller Unterschiede verbindet Europas Populisten und Rechtsextreme eine markante Gemeinsamkeit. Sie wenden sich gegen Einwanderung und gegen eine zu mächtige Europäische Union. Die politischen und wirtschaftlichen Eliten, aber auch die Intellektuellen haben transnationale Probleme und Konflikte lange tabuisiert. Die im Alltag spürbaren Probleme können Populisten konkurrenzlos besetzen, weil sie im öffentlichen Diskurs verdrängt werden.

Populismus ist Ausdruck der Angst vor der Vernachlässigung eigener Interessen. Die Menschen fühlen sich von den etablierten politischen Kräften nicht mehr repräsentiert. Man könnte den Populismus auch als Kulturrevolution des kleinen Mannes gegen den zu schnellen sozialen Wandel bezeichnen. Gerade sozialdemokratische Parteien verlieren an Gefolgschaft, wenn sie zu altruistisch im Sinne des Gutmenschentums sind. Der Preis für politische Korrektheit und relativistischen Multikulturalismus war in den Niederlanden so hoch, dass sich inzwischen in allen Parteien ein neuer Konsens über die Integrationspolitik eingestellt hat. Heute wird dagegen sogar eine

---

70 Vgl. Albrecht Metzger, Islam und Politik, Informationen zur politischen Bildung, hrsg. von der Bundeszentrale für politische Bildung, Bonn 2002, S. 8 und S. 18.
71 Vgl. Udo Ulfkotte, Der Krieg in unseren Städten. Wie radikale Islamisten Deutschland unterwandern, Frankfurt/M 2003.

„Assimilierung" in Form des Erlernens der Niederländischen Sprache und der Akzeptanz der westlichen Demokratie mit ihrer säkularen Verfassung gefordert.[72]

Der Kolonialismus des Westens ist so zu verurteilen wie der arabische Kolonialismus gegenüber Spanien oder der osmanische Kolonialismus gegenüber Byzanz und dem Balkan.

Auch in der moralischen Beurteilung von Kulturen muss Gegenseitigkeit herrschen, wenn man gleichberechtigt miteinander umgehen will. Die mangelnde Gegenseitigkeit zeigt sich auch durch die gegenwärtige Ausblendung der Christenverfolgungen in vielen islamischen Ländern, insbesondere im Sudan oder in Indonesien. Der Multikulturalismus trägt oft zur Blindheit gegenüber solchen Vorgängen bei.

Eine Kultur der Gegenseitigkeit würde die Widersprüche einseitiger Wahrnehmungsformen aufzuheben helfen. Wenn die demokratischen Parteien nicht miteinander kooperieren, verheddern sie sich in ihren jeweiligen Widersprüchen. Wirtschaftsliberale waren zwar kritisch gegen Zuwanderung, tolerierten sie aber wegen der benötigten billigen Arbeitskräfte. Umgekehrt setzt sich die politische Linke gegen Diskriminierungen und für Menschenrechte ein, lässt aber aus multikultureller Ideologie hinsichtlich der Unterdrückung der islamischen Frauen oder marodierender ausländischer Jugendlicher vieles auf sich beruhen. Im Ergebnis haben alle politischen Kontrahenten nicht genug für die notwendige Integration der Zuwanderer getan, weil dies eine Besinnung auf kulturelle Identität trotz ökonomischer Vorteile und fordernde Pflichten zur Integration bedeutet hätte.

In Ostdeutschland sind nicht mehr die strengen sozialistischen Forderungen an alle gefragt, sondern populistische Forderungen an andere. In den Transformationsprozessen nach dem Zusammenbruch des Sozialismus war auch von den Gegenseitigkeiten der Bürgergesellschaft die Rede. Politische Bildung wurde auf die Hardware des Westens reduziert, ihre geistesgeschichtlichen Voraussetzungen blieben außen vor. In Ostdeutschland wählte das Fernsehpublikum noch im Jahre 2004 Karl Marx zum größten Deutschen aller Zeiten. Solange man dort Gleichheit für wichtiger hält als Freiheit, kann von einer geistigen Wiedervereinigung nicht die Rede sein.[73]

Anders als beim Gutmenschen, der nur fördert, ohne zu fordern und beim Populisten, der nur Forderungen an andere stellt, geht es in der Bürger-

---

72 Rene Cuperus, Das populistische Defizit. Im 21. Jahrhundert müssen Sozialdemokraten die „Sprache der echten Wirklichkeit" neu lernen, in: Berliner Republik, 6/2003, S. 65.

73 Elisabeth Noelle, Mehr miteinander sprechen. In Deutschland will nicht zusammenwachsen, was zusammengehört, in: Frankfurter Allgemeine Zeitung v. 21.7. 2004. Sprechen hilft allerdings alleine auch nicht weiter, wenn man es nicht mit den angemessenen Inhalten verknüpft. Dies gilt in Deutschland wie für den Dialog der Kulturen.

gesellschaft um die Zusammenhänge von Rechten und Pflichten und von Geben und Nehmen. Die Notwendigkeiten und Bedingungen dieser Gegenseitigkeiten müssen im Mittelpunkt der politischen Bildungsarbeit stehen. Wenn Menschen in der bürgerlichen Moderne leben, ohne ihre Grundlagen und ihre zentralen Begriffe zu kennen, entsteht geistig-moralische Verwirrung oder fundamentalistische Nostalgie, die bis hin zu neototalitären Erlösungsversprechungen geht. Es reicht nicht, Institutionen und Begriffe der westlichen Demokratie wie Verfassung, Parlament, allgemeines Wahlrecht einzuführen und es zu unterlassen, ihre Voraussetzungen zu erklären.

Für eine bürgergesellschaftliche Kultur der Gegenseitigkeit bräuchten wir ein neues politisches Denken, welches zwischen Gegensatz und Widerspruch zu unterscheiden versteht. Gegensätze stehen in einem Spannungsverhältnis, welches konstruktiv genutzt werden kann, wenn die unterschiedlichen Pole aufeinander bezogen werden. Dieser gegenseitige Bezug wäre nicht nur eine intellektuelle, sondern auch eine moralische Leistung. In der vielfältigen Spannung des Lebendigen liegt - so Romano Guardini - der Reichtum des Seins. Gegensätze verweisen aufeinander, brauchen einander und ergeben so die Symphonie des Ganzen. Der Widerspruch zerstöre dagegen die Symphonie.[74]

Eine Politik der Gegenseitigkeit stünde „Jenseits von Links und Rechts"[75]. Sie müsste möglichst viele Elemente in ein Wechselverhältnis setzen, die in ideologischen Weltbildern als Widersprüche gelten, so z.B.

- Solidarität und Subsidiarität
- Flexibilität und sozialer Sicherheit
- Wettbewerb und Kooperation
- Autonomie und Kontrolle
- Subvention und Innovation
- sozialer Prävention und polizeilicher Repression
- Hilfe der Geberländer und guter Gouvernanz bei den Empfängerländer
- Erziehungsleistungen und öffentlichen Transferleistungen
- Sparen im konsumtiven und Investitionen in innovativen Bereichen

Im Kern geht es immer darum, unterschiedliche Wahrnehmungsweisen nicht auf Widersprüche zu reduzieren, sondern aus ihren Spannungsverhältnissen zu lernen und sie auf ihre gegenseitigen Ergänzungspotentiale zu befragen.

---

74 Romano Guardini, Der Gegensatz. Versuch zu einer Philosophie des Lebendig-Konkreten, Mainz 1985, 3. Aufl.
75 Anthony Giddens, Jenseits von Links und Rechts, Frankfurt/M 1997.

3.5 Interkulturelle Bildung für eine Zivilisation und viele Kulturen

> „Denn nichts anderes tue ich, als dass ich umhergehe,
> um jung und alt unter euch zu überreden, ja nicht für
> den Leib und das Vermögen zuerst und mehr zu sor-
> gen als für die Seele, dass sie am besten gedeihe, in-
> dem ich zeige, dass Tugend nicht aus Reichtum ent-
> steht, sondern aus Tugend Reichtum und alle anderen
> menschlichen Güter, die privaten und die für die Ge-
> meinschaft.“
>
> Sokrates[76]

In einer Modernisierung, die sowohl Beiträge zu einer weltweiten Zivilisation als auch zu einem Fortbestehen der Kulturen leistet, muss es immer auch
um die Ziele und Qualitäten des guten Lebens gehen. Die Kulturkreise stehen
wiederum in einer Beziehung zur Weltgesellschaft, woraus sich allgemein-
gültige Werte als Regeln kultivierten Umgangs ableiten lassen. Diese Art des
Umgangs erlaubt es, sich zu ignorieren oder es bei einem bloßen zivilisierten
Nebeneinander zu belassen. Als Teil der Weltzivilisation müssen sich Kulturen wechselseitig respektieren.[77]

Selbst die Wirtschaftswissenschaft hat unter der pompösen Überschrift
der „Neuen Institutionenökonomie“ die Binsenweisheit entdeckt, dass freie
Märkte für eine nachhaltige Entwicklung nicht ausreichen. Aber selbst neue
Institutionen reichen wiederum nicht aus, wenn die entsprechenden kulturellen Voraussetzungen wie die Geltung allgemeingültiger Normen und rationaler Verhaltensweisen nicht vorhanden sind.

Die Hoffnungen der Freihändler beruhen auf den komparativen Kosten-
vorteilen, die sich aus dem globalen Handel ergeben. Wenn jeder das macht,
was er am besten beherrscht, dann werden die Produkte für alle billiger und
besser. Die Einlösung dieser Hoffnungen setzt diejenigen Qualifikationen
voraus, mit denen man im Wettbewerb bestehen kann oder nischenfähig ist.
In den Globalisierungs- und in den Europäisierungsprozessen gibt es dort
mehr Verlierer als Gewinner, wo die Menschen nicht über entsprechende
Qualifikationen verfügen und eher Marktobjekte statt Marktsubjekte sind.

Aufgrund der weit reichenden Folgen westlicher Produkte und Prozesse
für andere Kulturen tragen wir zwar Mitverantwortung, aber keine Alleinver-
antwortung. Die lokalen Qualitäten unterscheiden sich erheblich und bestimmen mit, auf welchen Boden westliche Exporte fallen. Dies gilt auch für den

---

76 Zit . nach Kurt Flasch, Wert der Innerlichkeit, in: Hans Joas und Klaus Wiegandt (Hrsg),
    Die kulturellen Werte Europas, Frankfurt 2005, 2.Aufl. , S. 221.
77 Udo di Fabio, Die Kultur der Freiheit, München 2005, S. 257.

europäischen Demokratieexport nach Osten. Die politische Bildungsarbeit wird deshalb von dem ihr eigenen Begriffsuniversalismus Abstand nehmen müssen, und sich auf die differenzierten kulturellen und politischen Voraussetzungen schon innerhalb Europas einstellen müssen.[78]

In der Entwicklungspolitik herrscht heute große Einigkeit zwischen Gebern und Nehmern darüber, was getan werden muss. Die Subventionen für Landwirtschaft, Energie, Transport und Wasser haben oft zu Überinvestitionen in physisches Kapital gesorgt, während in das Humankapital der Bewohner zu wenig investiert und die Umwelt übermäßig ausgebeutet worden sei.[79] Weltbank und IWF vertreten heute Thesen, die früher als alternativ gegolten hätten. Die bloße Akkumulation von physischem Vermögen muss demnach um die Akkumulation von Humankapital und die Erhaltung oder Mehrung des Umweltkapitals erweitert werden.

Eine Untersuchung über das Wachstum von 100 Ländern ergab eine eindeutige Korrelation sowohl von Wohlstand und Bildung als auch von Demokratie und Bildung. Die Pro-Kopf-Einkommen stiegen umso schneller, je besser die Schuldbildung war. Es gibt keinen sozialökonomischen Indikator, der die Demokratisierung mehr fördert als Bildung.[80]

Der Wirtschaftshistoriker David Landes hat die kulturellen und politischen Voraussetzungen der Modernisierung zusammengefasst. In ihnen fallen liberale, rationalistische und konservative Positionen zusammen.

- wesentlich sei die Gleichstellung der Geschlechter, weil dadurch das Begabungsreservoir um das Doppelte wächst
- es dürfe keine Diskriminierung aufgrund nebensächlicher Kategorien wie Rasse oder Religion geben
- Magie und Aberglaube müssten zugunsten wissenschaftlicher Zweck-Mittel-Rationalität zurücktreten
- dem Privateigentum müssen viele Rechte verschafft werden, um das Sparen und Investitionen zu fördern
- individuelle Freiheitsrechte sind sowohl gegen Übergriffe des Staates als auch gegen Verbrechen und Korruption zu sichern
- Vertragsrechte müssen durchsetzbar sein vor einer unabhängigen Justiz

---

78 Vgl. Fritz Erich Anheim, Differenzierung tut not. Politische Bildung und die Neugliederung Osteuropas, in: Osteuropa, August 2005, S. 59ff.

79 The Quality of Growth. Publiziert für die Weltbank durch die Oxford University Press, Oxford Sept.2000.

80 Vgl Wolfgang Uchatius, Das Geheimnis des Wachstums, in : Die Zeit v. 28.6.01 und Wolfgang Merkel, Demokratie in Asien. Ein Kontinent zwischen Diktatur und Demokratie, Bonn 2003.

- eine stabile Regierung muss nicht unbedingt demokratischen, aber rechtsstaatlichen Maßstäben unterworfen sein
- nicht Menschen, sondern Gesetze sollen regieren.[81]

Grenzen der Wissensakkumulation existieren beim einzelnen Menschen, nicht aber im arbeitsteiligen Wissen, das gesamtgesellschaftlich akkumuliert und durch die elektronischen Medien immer umfassender gespeichert, verknüpft, verbreitet und verarbeitet wird. Es gibt daher auch keine objektiven Grenzen für ökonomische Entwicklungen, sofern sie an die arbeitsteilige Wissensakkumulation gebunden ist. Der technologische Wissenszuwachs kann die Wirkungsgrade unserer Produktions- und Verfahrenstechnik verbessern.[82]

Eine hoch spezialisierte Wissenschaft gleicht eher einer Dekonstruktion von Bildung. In postmodernen Gesellschaften liegen die größten Defizite in der kulturellen Bildung. Das Denken ist auch aufgrund der allmählichen Ablösung der Schriftkultur durch die Bildkultur vom Regen in die Traufe geraten: von den Ideologien des 20. Jahrhunderts zur postmodernen Beliebigkeit und vom Schematismus des Maschinenmodells zu einer umfassenden Entschematisierung, eine Art Episodismus, der alles Gegenwärtige nur noch als vorbeihuschendes Phänomen erfasst, ohne ein Wirklichkeitsbild im Sinne einer Theorie zu entwerfen.[83]

In der Rede von der „Wissensgesellschaft" fehlt es an einer Unterscheidung von Information, Wissen und Bildung des Menschen.[84] Es muss nicht nur gelehrt werden wie man die Produktionsmittel einsetzt, verwaltet und

---

81 David Landes, Wohlstand und Armut der Nationen. Warum die einen reich und die anderen arm sind, Berlin 1999, S. 233f.
82 Vgl. Christian Welzel, Fluchtpunkt Humanentwicklung. Über die Grundlagen der Demokratie und die Ursachen ihrer Ausbreitung, Wiesbaden 2002, S. 301f.
83 Gerhard Schulze, Die beste aller Welten, a.a.O. S. 357f.
84 Lothar Späth betont die Bedeutung der Wissensgesellschaft für Transformationsprozesse. Seine Ausführungen zu Ostdeutschland gelten sinngemäß auch für andere Transformationsgebiete, die über den Anschluss an eine sich bereits wieder auflösende Industriegesellschaft hinauskommen wollen. Vgl. ders. „Deutschland muss mehr Risikobereitschaft entwickeln", in: Finanz und Wirtschaft, 11. August 2004. „Das Forschungs-, Innovations- und Universitätsnetz muss im Aufbau Priorität bekommen. Es kommt weniger darauf an, noch mehr Bahn- und Autobahnkilometer zu erstellen. Wichtiger ist es, alte und neue Universitäten auszubauen und die richtige Forschungsstruktur zu schaffen; dann kommen die interessantesten Wissenschaftler und Studenten in den Osten. Hier muss eine höhere Risikobereitschaft ausgebildet werden, sonst schaffen es die neuen Bundesländer nicht, den Wettbewerb gegen die Wachstumsregionen in Osteuropa zu gewinnen. Mit der Struktur von heute ist das nicht zu machen. Die einzige Chance eines erfolgreichen Aufbaus Ost sehe ich also darin, durch Qualifizierung junger Menschen den Standort Ostdeutschland schneller zu einer wettbewerbsfähigen Forschungs- und Technologielandschaft zu entwickeln, im Sinne einer Leuchtturmtheorie."

verfertigt, sondern auch wie man dieses Wissen und Know-how an die junge Generation weitergibt, wie man die Arbeit nach Sachkompetenz und Verdiensten zuteilt, wie man dem individuellen und kollektiven Unternehmensgeist die Chance gibt, sich zu betätigen, wie man es den Menschen überlässt, die Früchte ihrer Arbeit oder ihres Unternehmens zu genießen oder zu verwenden.

Ohne Bildung ist keine Teilhabe an der Kultur möglich. Kultur ist eine Frage des Sich-Vertraut-Machens, des Kennen-Lernens. Man kann sich auch nur in dem Maße den Normen, die in einer Gemeinschaft gelten, gemäß verhalten, in dem man sich Kenntnisse von deren Kultur verschafft hat.[85] In einer Demokratie werden auf Dauer Mehrheitsbeschlüsse nur akzeptiert, wenn die unterlegenen Minderheiten solidarisch sind. Dies setzt ein Gefühl der politischen Zugehörigkeit voraus.

Die europäischen Nationen mussten ihre nationalen Identitäten „aufstocken", gewissermaßen um eine europäische Dimension erweitern. Die Hoffnung, die europäische Identität werde sich sozusagen als beiläufiges Nebenprodukt ökonomischer Erfolge und institutioneller Reformen der EU herausbilden, wird durch die Geschichte des Nationalismus widerlegt. Ein notwendiger „Europäismus" als Bekenntnis zur europäischen Souveränität und zum politischen Willen, die westlich-europäische Identität zu gestalten, muss in einer europäischen Bildung seinen Ausgang nehmen. Ein Mitbürgertum der Einheimischen und der Zuwanderer ist ohne ein Mindestmaß an gemeinsamer Bildung nicht möglich.

Interkulturelle Bildung bietet den unschätzbaren Vorteil, dass sie etwas mit Kultur zu tun haben muss. Zumindest im „Dialog" und in der Auseinandersetzung mit fremden Kulturen müsste Europa wieder über sich selbst nachdenken. Aus der Auseinandersetzung mit dem Fremden könnte das Denken in Unterschieden und damit in Alternativen gerettet und das Eigene vor dem Allgemeinen bewahrt werden. Ziele des interkulturellen Lernens sollten weder Gleichheit noch Einheitlichkeit sein, sondern die Förderung der Voraussetzungen von Gegenseitigkeit. Das Minimum wäre dabei eine gegenseitige Toleranz und das Maximum eine gegenseitige Ergänzung der unterschiedlichen Entwicklungsstufen der Kulturen.

Die Bereitschaft vom Fremden zu lernen, setzt die Fähigkeit voraus, Eigenes und Fremdes zu unterscheiden. Die bloße Offenheit für Fremdes, gepaart mit selbstanklägerischer Kritik führt zu jenem multikulturellen Relativismus, dem alles irgendwie gleich gültig zu sein scheint. Entsprechend geführte „Dialoge der Kulturen" pflegen sich auf den kleinsten gemeinsamen Nenner von guten Absichten zu einigen, die keine konkrete Verantwortung

---

85   Manfred Fuhrmann, Bildung. Europas kulturelle Identität, ,a.a.O., S. 91 und S. 111.

und Pflichten konstituieren. Je weiter die Übereinstimmungen getrieben werden, desto dehnbarer und folglich ohnmächtiger müssen zwangsläufig die ethischen Normen werden, bis die Dialoge schließlich auf bloße Bekräftigung jener unverbindlichen Sittlichkeit zulaufen, die nicht das Ziel, sondern das Problem im postmodernen Europa ist.[86]

Wenn die Auseinandersetzung mit der eigenen Kultur nur in Gestalt von Kulturkritik geführt wird, leistet sie einem Kulturrelativismus Vorschub, der für Migranten wenig Anreize zur Annäherung an diese Kultur bietet. Wenn alle Kulturen als gleichwertig gelten, gibt es keine Gründe für die Überwindung von kulturell bedingten Entwicklungsrückständen. Von daher ist es problematisch, wenn man interkulturelles Lernen als Kritik der eigenen und Offenheit gegenüber anderen Kulturen definiert. Auch die geforderte „Empathie, Toleranz, Solidarität und Konfliktfähigkeit", das Bekämpfen von Klischees und der Fremdheit des anderen, die Betonung der Verbindungen und gegenseitigen Einflüsse[87] thematisieren nicht das Spezifische und Eigene.

Die Unterschätzung der Differenzen zwischen den Kulturen steht in der Tradition einer optimistischen Anthropologie, die bereits dem sozialistischen Gleichheitsdenken zugrunde gelegen hatte. Auch die angestrebte „Mehrkulturalität" beruht auf der optimistischen Annahme, dass junge Menschen mit Migrationshintergrund „eine mehrkulturelle Identität" entwickeln. Die Globalisierung habe eine pluralisierende Wirkung auf Identitäten, schaffe eine Vielzahl von Möglichkeiten und neuen Positionen der Identifikation. Mehrkulturalität ist demnach kein Hinderungsgrund für die notwendige Integration, sondern könne im Gegenteil ein Modell für die Sozialisation der Zukunft sein. Menschen mit monokultureller Identität seien weniger zukunftsfähig.[88]

Dieser Optimismus übersieht jedoch, dass nur Bildungseliten in der Lage sind, die Widersprüche unterschiedlicher Kulturen auf einer höheren Ebene aufzuheben und gerade daraus eine neue Identität zu gewinnen. Selbst monokulturelle Bildung ist sehr ungleich verteilt. Interkulturelle Bildung stellt hohe, geradezu elitäre Forderungen, weil sie eine doppelte Bildung sein müsste. Sie muss sowohl die eigene Kultur wie die andere verstehen. Die meisten Menschen sind nicht in der Lage, in sich etwa eine neue west-östliche Synthese zu verkörpern. Viele Menschen sind unter den erschwerten Bedingungen der Migration nicht einmal in der Lage, sich die Herkunfts-

---

86 Joachim Fest, Die schwierige Freiheit, Berlin 1993, S. 80.
87 Vgl. Herbert-Quandt-Stiftung (Hrsg), Europäische Identität und kultureller Pluralismus: Judentum, Christentum und Islam in europäischen Lehrplänen. Empfehlungen für die Praxis, Bad Homburg 2003, S. 10.
88 Josef Freise, Aspekte der Identitätsentwicklung zugewanderter Jugendlicher: allgemeine Spannungsfelder, das Problem der Diskriminierung und Konsequenzen für die Jugendhilfe, in: Katja Feld, Josef Freise, Annette Müller (Hrsg), Mehrkulturelle Identität im Jugendalter. Die Bedeutung des Migrationshintergrunds und der Sozialen Arbeit, Münster 2004, S. 29.

oder die Gastkultur anzueignen. Formen diffuser Identität und kultureller Regression, von der sozialen Verwahrlosung bis hin zur irrationalen Über-identifikation mit Teilelementen der eigenen Kultur sind die Folge. Geradezu dramatisch sind in diesem Zusammenhang die Hinweise der Terrorismusfor-schung, denen zufolge sich achtzig Prozent der islamistischen „Heiligen Krieger" aus den Kreisen muslimischer Einwanderer im Westen rekrutieren.[89]

In Wissenschaft und Wirtschaft sowie in allen Ebenen der internationa-len Kooperationen ist Interkulturalität eine Voraussetzung für Spitzenleistun-gen. Auf der anderen Seite des Spektrums sind Fremdenfeindlichkeit und Rechtsextremismus heute vornehmlich bei der geistigen Unterschicht anzu-treffen. Schwerpunkte für eher sozialpädagogische Formen des interkulturel-len Lernens betreffen weniger die klassischen kulturellen Bildungsinhalte, sondern die Einübung von Primär- und Sekundärtugenden, also von sozialer Bildung. Diese erwachsen weniger aus Moralpredigten als aus dem Training. Tugenden müssen geübt werden. Sozialpädagogen sollten sich nicht nur als Aufklärer der Rechte, sondern auch der Pflichten von Sozialschwachen ver-stehen und mit ihnen die notwendigen sozialen Tugenden trainieren.

Den Preis für die liberale Offenheit zahlen nicht die Bewohner der Vil-lenviertel, sondern der verarmten Stadtteile. Sie werden im täglichen Kon-kurrenzkampf mit den Problemen der Zuwanderung oft allein gelassen. In den gehobenen Wohnvierteln sind die Probleme der Zuwanderung kaum spürbar. Wer mit den Folgen der Schleuserkriminalität und Schwarzarbeit direkt konfrontiert ist, droht vom Extrem des verordneten Multikulturalismus ins Gegenextrem des Rechtsextremismus zu flüchten.

Der Anteil der Ausgaben der EU für Bildung und Kultur ist nicht erwäh-nenswert. Die Vorlage der Kommission für eine künftige Kulturpolitik der EU bleibt einer bloßen Summierung (und dürftigen Dotierung) der Pro-gramme verhaftet. Sie lässt auch nicht die Konturen eines kulturpolitischen Konzepts erkennen und ignoriert jegliche Zukunftsvision.[90] Im Hinblick auf die Rolle der europäischen und interkulturellen Bildung können sich die Eurokraten auch nicht mit dem Subsidiaritätsprinzip herausreden. Das Ni-veau stimmt schon bei ihnen selbst nicht. Geradezu peinlich waren die Aus-führungen der europäischen Regierungschefs über die Frage, wie man die Europapolitik den Bürgern näher bringen könne. Sie entschieden sich - wie schon in der Einleitung des Buches gewürdigt - für das Fernsehen und dabei insbesondere für Unterhaltungssendungen.[91]

---

89 Zit. nach einer Meldung der Frankfurter Allgemeine Zeitung v. 10.3.2005.
90 Vgl. Olaf Schwenke, Europa fördert Kultur, in: Aus Politik und Zeitgeschichte B49/2004, S. 25.
91 Vgl. Hajo Friedrich, Quizsendungen sollen Europa in die Wohnzimmer tragen. Wie Politi-ker Interesse und Aufmerksamkeit der Bürger schärfen wollen, in: Frankfurter Allgemeine Zeitung v. 9.11.2004.

Wie es um Inhalt und Qualität der neuen Bildungsoffensiven steht, lehrt uns der „Bolognaprozess". 1999 trafen Minister aus 29 europäischen Staaten die Vereinbarung, einen Reformprozess in Gang zu setzen, der die Qualitätssteigerung und Vergleichbarkeit der Studiengänge in ganz Europa zum Ziel hat. Mittlerweile beteiligen sich 40 Staaten Europas. Die Studiengänge werden einheitlich auf ein Bachelor-Master-Format herunter getrimmt. Damit wird die europäische Vielfalt zugunsten einer amerikanisch inspirierten, angesichts knapper Geldmittel in ihrer Durchführung eher sowjetischen Form von Vereinheitlichung deformiert. Für kreatives und selbständiges Denken mittels ausgedehnter Lektüre wird es in den normierten „workloads" keine Freiräume mehr geben.

Die Verquickung eines solchen Normierungsvorgangs mit den Instrumenten des Neoliberalismus führt zu regelmäßigen Evaluierungen und Akkreditierungen durch eine Art Qualitätstribunal, das sich schon aufgrund mangelnder wissenschaftlicher Eigenqualifikation (welcher ernstzunehmender Wissenschaftler gäbe sich als Bildungsspitzel her) auf quantifizierbare Beurteilungskriterien stützt. In den neuen „Akademischen Produktionsgenossenschaften" (Wolfgang Kemp) wird die Qualität von Lehre und Forschung nicht mehr von Personen, Ideen und Inhalten abhängen, sondern von ihrer nur flächendeckenden Kontrolle, die auf formalisierbare und quantifizierbare Kriterien angewiesen ist.[92]

Die Annahme, dass Spitzenleistungen vor allem durch Geldprämien zum Grundgehalt gefördert werden müssen, entstammt einem proletarischen Denkansatz, der nichts von inneren Motivationen weiß. Nachdem die egalitären und emanzipatorischen Leitlinien humanistische Ideale im Bildungswesen zerstört haben, bleibt ihren Verfechtern nichts anderes übrig, als mit Geldprämien die eigene Gleichheitsideologie wieder zu überwinden. Das Benchmarking garantiert das Einpendeln auf dem kleinsten gemeinsamen Niveaunenner. Das „Geforsch" (Hartmut von Hentig) und die entsprechende Projektemacherei über alles und jedes hat eigenständiges Denken längst zu einem Hobby verkümmern lassen. Statt mit der Verbesserung der Rahmenbedingungen versucht man mit Regulationen Qualität zu produzieren. Planwirtschaftliche Kontrollsysteme erfahren in Europa eine Renaissance im neoliberalen Gewande.

Das materialistische Basis-Überbau Denken bleibt über den Marxismus hinaus die große Herausforderung Europas. Die fehlende „Produktion" von Bedeutung wird zu einer Gefahr für den europäischen Geist, welcher nur noch als Gespenst eine Schattenexistenz fristen darf. Europäisch wäre es gewesen, die Vielfalt europäischer Bildungsformen als sich ergänzende Bereicherung zu verstehen, sie wechselseitig anzuerkennen und das Spannungs-

---

92 Wolfgang Kemp, Die Selbstfesselung der deutschen Universität. Eine Evaluation, in: Merkur Heft 4, 2004, S. 294ff.

feld von Offenheit, Kreativität und Selbstreflexion in den Hochschulen zu fördern und zu fordern.

Das Internet und die virtuellen Universitäten vergrößern die Grundlagen für grenzüberschreitende Kommunikation. Diese Grundlagen sind aber keine Inhalte. Medien müssen durch eine Bildung bewältigt werden, da nur sie die Unstrukturiertheit und Beliebigkeit der Informationen durch Zusammenhänge zu erklären und im Überangebot der Daten das Wesentliche vom Unwesentlichen zu unterscheiden hilft.

Der Niedergang der europäischen Bildung resultiert auch aus mangelnder Normativität. Ohne Normativität und ohne ein entsprechendes Menschen- und Weltbild wissen Eltern und Lehrer nicht, woraufhin sie eigentlich erziehen sollen noch wissen Sozialarbeiter und Ehrenamtler, woraufhin sie eigentlich sozialisieren sollen. Wenn wir unserer Kultur keine Ideale und Leitbilder mehr abzugewinnen vermögen, haben wir weder im Dialog der Weltkulturen noch im Dialog mit der eigenen Jugend etwas zu bieten.[93] Bildung resultiert auch aus der Formung durch Bilder, welche die Informationen auf das Wesentliche reduzieren. Das Wesentliche entstammt unseren Menschen-, Welt- und Gottesbildern, also dem kulturellen Selbstverständnis.

Die Zersplitterung von Wissensinhalten, die in keinem orientierenden Zusammenhang mehr gelehrt werden, resultiert aus der Emanzipation des Wissens von der Moral, der Ausbildung von der Erziehung und der Wissenschaft von wertrationalem Wissen. Die Vorstellungen sind verdampft, was man eigentlich lernen soll. Das Grundprinzip jeder Ordnung von Wissensbeständen wurde fallengelassen: die Unterscheidung von Wesentlichem und Austauschbarem, von Zentralem und Randständigem, Pflicht und Kür, Kernfächern und Wahlfächern.

Dietrich Schwanitz hat Bildung treffend als ist ein durchgearbeitetes Verständnis der eigenen Zivilisation beschrieben. Sie müsse dazu beitragen, dass wir die verloren gegangenen Maßstäbe wieder aus unserer eigenen Kultur ableiten und dabei die große Erzählung von der Geschichte unserer Kultur neu fassen, sie zusammenhängend lehren und dabei auch deutlich sagen, worin der Unterschied zu anderen bestand und besteht.[94]

Es geht weniger um einen festen Kanon des zu Wissenden als um einen Kanon von Grundkenntnissen und Schlüsselqualifikationen. In diesem Sinne ist Bildung kein Zustand, sondern ein lebenslanger Prozess, der zwei sich ergänzende Momente umfasst: die Ausbildung von Individualität und Persönlichkeit und die Befähigung zu sozialer Kooperation. Bildung ist die Bedingung der Möglichkeit, Freiheitsräume individuell und sozial gestalten

93   Vgl. Günter Rohrmoser, Nietzsche als Diagnostiker der Gegenwart, München 2000.
94   Dietrich Schwanitz, Bildung. Alles, was man wissen muss, Frankfurt/M 1999.

zu können.[95] Angesichts der unüberschaubaren Fülle von Informationen ist wiederum eine Voraussetzungen zum Erwerb von Bildung unabdingbar: das Erlernen des selbständigen Denkens und Lernens. Die entscheidende Kompetenz-Kompetenz liegt in der Fähigkeit, das Lernen gelernt zu haben, sich Wissen selbständig anzueignen und anwenden zu können und neue Situationen auf Allgemeines beziehen zu können.

Bildung geht über eine Verwertbarkeit von Qualifikationen hinaus. Handlungsfähigkeit, Kritikfähigkeit, Fähigkeit zur Selbstbestimmung und zur selbständigen Lebensführung sowie eine erfolgreiche Identitätsbalance erfordern mehr als den Erwerb von Wissen: Eigentätigkeit, Lernen und gemeinsames Handeln gehören zu diesem weiteren Bildungsverständnis ebenso wie kulturelle Bildung, soziales Lernen, emotionale Entwicklung und politische Bildung.[96]

Bei der Erfassung von Komplexität geht es weniger um begriffliche Zuspitzung als um das Erkennen von Mustern, des „Gesichts" bzw. eben des „Bildes" der Wirklichkeit. Aussagekräftig für das Erkennen von Mustern sind nicht die zahlenmäßig erfassbaren Messwerte, sondern die Beziehungen zwischen den Komponenten. Sie sagen uns das Wesentliche und setzen damit Maßstäbe für unser Verhalten. In der angestrebten Erkenntnis der Beziehungen bzw. des „Wesens" einer Sache fallen klassisch-humanistische und nachmoderne, an der Komplexität ausgerichtete Bildungsideale zusammen.

Die Anforderungen an eine interkulturelle Bildung umfassen das Orientierungswissen über die eigene Herkunft, Wissen über die Rechtskultur, Sozialkultur und politische Kultur des eigenen Kulturkreises und eines anderen Kulturkreises. Aus dem Vergleich der Gemeinsamkeiten und Unterschiede werden die Maßstäbe geschärft und die Selbst- und Fremdreflexionsfähigkeit geschult.

Bildung im Sinne einer aktiven Bewältigung und Gestaltung von Modernisierungsprozessen wäre kein Gegensatz zur Praxis, sondern selbst Praxis. Das Wort Bildung hat seinen Ursprung in der mittelalterlichen Mystik, wonach der Mensch das Bild Gottes in seiner Seele trägt und in sich aufzubauen hat. Bild umfasst Nachbild und Vorbild zugleich. Wer sich der Partikularität überlässt, ist ungebildet. Einem solchen Menschen fehlt es an Abstraktionskraft; er kann nicht von sich selbst absehen und auf ein Allgemeines hinse-

---

95 Armin G. Wildfeuer, Um der Freiheit willen: Zur legitimationstheoretischen Rekonstruktion eines originären Erziehungs- und Bildungsauftrages des freiheitlich-demokratischen Verfassungsstaates, in: Ursula Nothelle-Wildfeuer, Norbert Glatzel (Hrsg), Christliche Sozialethik im Dialog. Zur Zukunftsfähigkeit von Wirtschaft, Politik und Gesellschaft, Grafschaft 2004, S. 297ff.

96 Thomas Rauschenbach, Plädoyer für ein neues Bildungsverständnis, in: Aus Politik und Zeitgeschichte 12/2005, S. 6.

hen. Bildung als Erhebung zur Allgemeinheit umfasse heute einen möglichst großen Gesichtskreis bis hin zur Menschheit.[97]

Bildung darf nicht vorzeitig auf anwendungsorientierten Nutzen schielen. Die Offenheit der Zukunft findet ihre Entsprechung in einem offenen Suchprozess selbständig denkender Menschen. Wir brauchen einen umfassenden Bildungsbegriff, der die Hardware (Technik, Strukturen) und die Software (geistig-moralisches Selbstverständnis und politische Kultur) umfasst. Kultur und Struktur müssen zueinander passen und sich gegenseitig bedingen.

Der Bildungsstand der Bevölkerung muss pyramidenförmig aufgebaut sein. Ein Vergleich der Bildungsinvestitionen südostasiatischer und lateinamerikanischer Länder zeigt, dass die Südostasiaten nicht so viel mehr Mittel in Bildung investieren, sondern die Mittel anders verteilt haben, nicht primär in die Elitenbildung, sondern in die Primarbildung. Die Förderung von Bildung in autokratisch regierten, unterentwickelten Gesellschaften verspricht dynamische Multiplikatoreffekte für wirtschaftliche und demokratische Entwicklungspotentiale.[98]

Progressive Werte wie die Gleichstellung der Geschlechter und die Nichtdiskriminierung von Rassen und Religionen, liberal-ökonomische und liberaldemokratische Werte wie der Schutz von Privateigentum und individuellen Freiheitsrechten und konservative Werte wie Erziehung zur Sparsamkeit und Schutz vor Verbrechen und Korruption durch eine stabile und funktionierende Staatsordnung konvergieren hierbei in einer Weise, welche die alten Konflikte sowohl der politischen Theorien als auch der Kulturen relativieren.

Bildung erfordert Geduld angesichts der Zeiträume, die hierbei im Gegensatz zu den strukturellen und ökonomischen Transformationsprozessen erforderlich sind. Geduld, Besinnung und Begrenzung stehen allerdings quer zum westlichen Fortschrittsdenken, in dem es meist um die beschleunigte Überwindung von Grenzen geht. In den notgedrungen langsamen Bildungsprozessen winkt kein „Ende der Geschichte" und keine Verbrüderung der Menschheit, sondern nur Mühe, Schweiß und Arbeit.

---

97 Hans Georg Gadamer, Wahrheit und Methode. Grundzüge einer philosophischen Hermeneutik, Tübingen 1990, 6.Aufl., S. 15ff.
98 Wolfgang Merkel, Demokratie in Asien. Ein Kontinent zwischen Diktatur und Demokratie, Bonn 2003, S. 292.

4. Das offene Europa und seine Grenzen

Kulturelle Werturteile determinieren heute die meisten innen- und außenpolitischen Entscheidungen. Da die westlichen Länder ihre Identität aus universalistischen Prinzipien ableiten, versuchen sie diese auch auszudehnen. Wenn sie sich als besondere Kultur wahrnehmen würden, bräuchten sie die Ausdehnung ihrer Werte in andere Kulturen nicht als moralische Aufgabe zu verstehen. Da sich in Europa die zur Zeit der Erweiterungsphase regierenden Politiker zugleich als multikulturell definieren, wird unsere Außenpolitik nach den Vorgaben eines multikulturellen Universalismus gestaltet. Würden wir uns durch unser gemeinsames westliches Erbe definieren, dann würden sich Europa und Nordamerika stärker auf die atlantischen Beziehungen konzentrieren und die Europäische Union hätte die orthodoxen und islamischen Länder Europas nicht in ihre Erweiterungspläne einbezogen.

Es hat den europäischen Staatsmännern nichts genutzt, die Bedeutung der Kultur zu verdrängen. Nicht die institutionellen Veränderungen, sondern die maßlosen Erweiterungspläne haben zur Ablehnung des Verfassungsvertrages geführt. Der tendenzielle Universalismus der Erweiterungsprojekte ist vor allem hinsichtlich der Erweiterung von sozialer Solidarität problematisch. Eine Universalisierung der Solidarität droht den konkreten Schutz der Arbeitnehmer brüchig zu machen.

Die Orientierungslosigkeit der europäischen Außenpolitik resultiert auch daraus, dass diese sich ihrer kulturellen Wurzeln und Bestimmungen nicht bewusst ist. Kultur als Unterscheidungskriterium passt nicht in das multikulturelle Weltbild von der Gleichwertigkeit der Kulturen. Die Unterschätzung der Bedeutung der Rechtskultur trug zur überdehnten Erweiterungspolitik der EU bei, in der Rumänien und Bulgarien als Aufnahmekandidaten behandelt werden, obwohl sie lediglich demokratischen, aber nicht rechtsstaatlichen Maßstäben genügen. Die Freundschaften mit „lupenreinen Demokraten", die in Wirklichkeit Autokraten sind, und die Vorstellungen von der „multipolaren Welt" führen weg von einer westlichen Bündnispolitik hin zu einer Schaukel- und Opportunitätspolitik.

In der Innenpolitik der westlichen Länder dominiert seit Jahrzehnten der Multikulturalismus und in der Außenpolitik der Universalismus. Diese Paradoxie löst sich leicht auf, wenn man die gemeinsame Wurzel dieser Denkweisen erkennt. Beide verleugnen die Einzigartigkeit der westlichen Kultur. Eine Konsequenz dieser Denkweise ist dann etwa der vom Westen angeführte Krieg für ein „multikulturelles Kosovo" oder für eine multikulturelle Demokratie im Irak. Die Ergebnisse dieser Kriege sind mehr als ernüchternd.

Weder die Vorstellungen von individuellen Menschenrechten noch von demokratischer Teilhabe scheinen universalisierbar zu sein.

Seit 1990 herrscht in der Außenpolitik westlicher Länder die Philosophie
des Universalismus vor. Sie ist ein Produkt der westlichen Kultur, die in
nichtwestlichen Kulturen auch als solches gesehen wird. Nach dem Zusammenbruch des Sozialismus schienen eine Universalisierung der Menschenrechte und der Demokratie und damit das Ende der Ideengeschichte nahe zu
sein. In den neunziger Jahren führte die Menschenrechtspolitik zum westlichen Interventionismus, der u.a. das Eingreifen in die Balkankriege rechtfer-
tigen sollte. Nach dem 11. September 2001 mündete der Kampf gegen den
Terror schließlich in einer Strategie der universellen Demokratisierung, die
noch über die Menschenrechtspolitik hinausgeht und freie und gleiche Wahlen zum Maßstab der Legitimität macht.

Die Glaubwürdigkeit des Interventionismus krankt an seiner Selektivität,
da Eingriffe gegenüber Großmächten wie China und Russland nicht einmal
diskutierbar schienen. Zudem lassen sich weder China noch Russland in die
neue Demokratisierungsstrategie integrieren. Sie gehören im Gegenteil nur
deshalb zu den relativ stabilen Zonen der Welt, weil sie ihre fehlende Rechtssicherheit und Zivilgesellschaftlichkeit durch Autoritarismus kompensieren.

Nur solange lediglich freie und gleiche Wahlen als Maßstab von Demokratisierung gelten, kann man von einer „demokratischen Weltrevolution"
sprechen. Es ist jedoch relativ leicht, in einem Land Wahlen durchzuführen,
aber sehr schwer, eine Gesellschaft nach den Grundsätzen des konstitutionellen Liberalismus zu ordnen. Eine rechtsstaatliche Demokratie beruht sowohl
auf freien Wahlen als auch auf den Selbstbindungen des Rechtsstaates. Außerhalb des westlichen Kulturkreises ist diese Staatsform nur stellenweise
und ansatzweise gelungen. Im Gegenteil droht eine Demokratisierung die
Instabilität von Regionen erhöht, in denen ihre Voraussetzungen nicht gegeben sind. Eine gute Gouvernanz scheint in der Demokratie nur möglich,
sofern sie auf der Rechtskultur eines konstitutionellen Liberalismus und auf
der Konflikt- und Kooperationskultur eines aufgeklärten Bürgertums aufbau-
en kann.

Als Jugoslawien und Indonesien noch von starken Männern regiert wurden, waren Toleranz und Säkularität jedenfalls stärker ausgeprägt als unter
den später folgenden Demokratien. Die voran getriebene Universalisierung
westlicher Ideale leistete „failing states" oft unwillentlich Vorschub, indem
sie halbwegs stabile, aber autoritäre Staatsgebilde mit ihren westlichen Normen und Strukturen überforderte. Es könnte sein, dass die von der EU geför-
derte und geforderte Demokratisierung der Türkei den dortigen Islamisten
die Gelegenheit bieten wird, unter dem Deckmantel der Religionsfreiheit und
demokratischer Strukturen den Einfluss des kemalistischen Militärs soweit
zurückzudrängen, dass sie ihrem Ziel einer islamischen Gesellschaft näher
kommen.

Der Empfehlung von Huntington, der Westen möge sich auf sich selbst zurückziehen, kann man aber nur bis zu einem gewissen Punkt folgen. Er sieht es nicht als Aufgabe des Westens an, andere Kulturen nach dem Bild des Westens zu formen, zumal dies nicht in der relativ schrumpfenden Macht des Westens liege. Wir sollten stattdessen versuchen, die einzigartigen Qualitäten der westlichen Kultur zu erhalten, zu schützen und zu erneuern, um die Kultur des Westens zu bewahren. Es sei im Interesse der USA und der Europäischen Union, die politische, wirtschaftliche und militärische Integration des Westens zu stärken und sich so abzustimmen, dass Staaten anderer Kulturen keine Differenzen unter ihnen ausnützen könnten.[1]

Schon von den Rändern Europas würde ein sich selbst überlassenes Chaos durch Armutsmigration, Kriminalität und Terrorismus zu uns herüber schwappen. Selbst das Wegschauen von den weit entfernt erscheinenden Umtrieben von Taliban und El Kaida in Afghanistan hat sich als fatal erwiesen. Ein westlicher Isolationismus wäre als Gegenextrem zum Interventionismus schon in sicherheitspolitischer Hinsicht nicht praktikabel. Amerika und die Europäische Union sind vielmehr zur Gratwanderung zwischen den Extremen des Interventionismus und Isolationismus gezwungen.

Der Westen sollte weiterhin auf humanitäre und demokratische Entwicklungen Einfluss nehmen, ohne die nichtwestlichen Länder dabei zu überfordern und gerade dadurch zu destabilisieren. Ein gemeinsamer Nenner der Weltkulturen wäre dabei weniger im individuellen Menschenrechtsverständnis und bei demokratischen Teilhaberechten zu suchen als in einer ökonomischen Modernisierungspolitik durch gute Gouvernanz. Sie entspräche auch den Zielen und Strukturen der bisherigen Europäischen Union, deren Markenzeichen nicht die demokratische Teilhabe, sondern die Steuerung von liberalisierten Märkten durch funktionsfähige supranationale Rechtssysteme war.

Die Europäische Union sollte Bosnien und der Türkei keine Demokratisierung aufzwingen, vor der sie ihre supranationalen und intergouvernementalen Institutionen aus guten Gründen geschützt hat. In den Grenzen der Universalisierung von Modernisierung und guter Gouvernanz werden dann aber auch die Grenzen des Westens insbesondere im Hinblick auf die Erweiterungsprojekte der Europäischen Union sichtbar.

---

1   Samuel Huntington, Kampf der Kulturen, a.a.O.

4.1 Die Grenzen des Universalismus

Universalisten sehen aus der Involvierung des Westens in die globalen Prozesse auch eine moralische Pflicht zur Einmischung erwachsen. Aufgrund der westlichen Dominanz in der Welt akzeptieren sie keine Neutralität und keinen Isolationismus. Die idealistische Form des Universalismus der Regierung Clinton und das machtpolitische Ordnungsdenken der Regierung Bush verknüpfen sich in der generellen Forderung an die USA, ihre Weltmachtrolle für eine Ordnungshegemonie zu nutzen. Die liberal-ökonomischen Globalisten, die immer für eine Ausweitung der Märkte zu haben sind, schließen sich dem gerne an.

Der Politikwissenschaftler Zbigniew Brzezinski fasst diese Positionen zusammen. Er sieht nach dem Zusammenbruch der Sowjetunion nur noch eine globale Gestaltungsmacht. Noch nie in der Geschichte der Menschheit habe eine Nation über so große wirtschaftliche, politische und militärische Macht verfügt. Amerika sei gleichzeitig die erste und einzige wirkliche Weltmacht. Zum ersten Mal habe eine Demokratie die Vorherrschaft inne. Damit sei eine wichtige Voraussetzung für Frieden, Wohlstand und Demokratie in der Welt gegeben. Amerika sei in den entscheidenden Domänen globaler Macht unangefochten. Seine weltweite Militärpräsenz suche ihresgleichen. Es verfüge über einen bahnbrechenden technologischen Vorsprung und seine Kultur finde trotz einiger Missgriffe nach wie vor weltweiten Anklang. Die einzige Alternative zur globalen Führungsrolle der USA wäre die internationale Anarchie. Ohne ein anhaltendes und gezieltes Engagement Amerikas würden die Kräfte weltweiter Unordnung die internationale Bühne beherrschen.[2]

Auch der britische Historiker Nial Ferguson ruft die einzige verbliebene Supermacht USA dazu auf, ihrer globalen Verantwortung stärker gerecht zu werden und konsequenter ein globales Ordnungsimperium zu errichten. Die Amerikaner dürften bei ihren Interventionen nicht immer den Fehler wiederholen, unzureichende Mittel für nichtmilitärische Aufgabenfelder bereit zu stellen und in unrealistischer Zeit wirtschaftlichen und kulturellen Wandel erwarten. Die Alternative zu einer Pax Americana als unipolarer Konstellation sei das Chaos. Amerika sei das einzige Land, welches sich dieser undankbaren und unpopulären Aufgabe stellen könne.[3]

Die neokonservativen Universalisten halten die Unterschiede zwischen den Kulturen für zweitrangig gegenüber ihren Gemeinsamkeiten. In Anleh-

---

2   Zbigniew Brzezinski, Die einzige Weltmacht. Amerikas Strategie der Vorherrschaft, Frankfurt/M 2002, 5. Auflage.

3   Nial Ferguson, Das verleugnete Imperium. Chancen und Risiken amerikanischer Macht, Berlin 2004.

nung an die Thesen des israelischen Politikers Natan Sharansky teilt Präsident George W. Bush die Welt in freie und stabile Staaten einerseits und in unfreie und instabile Staaten andererseits. Jedes Volk das frei wählen kann, werde sich für ein Leben in Demokratie und Freiheit entscheiden. Die westliche Sicherheit sei von der Freiheit aller abhängig, die nicht nur weltweit wünschenswert, sondern auch nützlich ist, weil sie die globale Sicherheit fördert. Demokratische Länder hätten eine wichtige Aufgabe bei der Durchsetzung der Freiheit auf der ganzen Welt. Die ungefestigten Angstgesellschaften seien im Innern sehr schwach. Wenn sie nicht von außen unterstützt würden, fielen sie in sich zusammen.[4]

Diese utopischen Hoffnungen erklären alle Probleme aus der einen Wurzel der Unfreiheit und wollen mit einem Mittel lösen. Sie beruhen auf der Annahme von der Gleichheit der Kulturen, welche die unterschiedlichen Voraussetzungen der Kulturen ignoriert. Die politischen Erlösungsansprüche des Marxismus scheinen auf neokonservative Revolutionäre übergegangen zu sein. Wie bei allen Utopien findet sich hier ein tautologisches Weltbild, in der Freiheit als die Voraussetzung für Wohlstand und Sicherheit gilt, wiewohl diese auch die Voraussetzung von Freiheit sind. Bei der Suche nach einem ersten Beweger gerät die Wechselseitigkeit der Faktoren aus dem Auge, die einem zur Bescheidenheit und zur gleichzeitigen harten Arbeit an den einzelnen Elementen der Freiheit zwingen würde.

Der Irak-Krieg Amerikas beruht ganz wesentlich auf dem Irrtum, man könne das kulturelle Selbstverständnis einer islamischen Gesellschaft mit westlichen Strukturen erneuern.[5] In welche Widersprüche sich der Westen bei dem Projekt verheddert, Kulturen durch Politik zu verändern, erkennen wir auch an der zwielichtigen Rolle Saudi-Arabiens, die einerseits als Freund des Westens und andererseits als Hauptfinanzier islamistischer Gruppen gilt. Auch der 11. September resultierte nicht zuletzt aus einem tragischen Irrtum. Die CIA hatte im Kampf gegen die sowjetische Besetzung Afghanistans fast 100000 radikale Mudschahedin aus vierzig islamischen Ländern für den amerikanischen Stellvertreterkrieg rekrutiert. Diese wussten nicht, dass sie

---

4   Natan Sharansky with Ron Dermer, The Case for Democracy. The Power of Freedom to overcome Tyranny and Terror, New York 2004.

5   Vgl. Ronald D. Asmus, Der bewaffnete Fortschritt. Amerika muss den Nahen Osten demokratisieren. Und sei es mit militärischen Gewalt, in: Die Zeit v. 6.3.2003 „Wir müssen den amerikanischen Einfluss künftig nutzen, um soziale Veränderungen in Richtung Demokratie und Modernisierung zu fördern. Das muss Bestandteil der Strategie im Kampf gegen den Terrorismus werden. Eine erfolg versprechende Strategie gegen den Terrorismus muss über militärische Prävention hinausgehen und politische Vorbeugung betreiben, den Krieg gegen den Terrorismus müssen wir militärisch führen. Aber ebenso müssen wir uns um den Wandel im Nahen und Mittleren Osten kümmern. Wir müssen dazu beitragen, dass politische und gesellschaftliche Systeme entstehen, die eine Teilhabe ihrer Bürger ermöglichen und die politische Verantwortlichkeit der Regierenden sicherstellen."

ihren Djihad für Amerika führten. Amerika wusste nicht, dass es seine späteren Feinde finanzierte.

Die Überdehnung Amerikas hätte gar nicht deutlicher zum Ausdruck gebracht werden können als in dem legitimierenden Hinweis von George W. Bush auf Woodrow Wilson. Dessen Parole im I. Weltkrieg vom „Krieg, um alle Kriege zu beenden" oder „to make the world safe for democracy" hat sich für Europa als verfrüht erwiesen. Amerikas Parteinahme trug zwar zum Sturz der Monarchien in Deutschland und Österreich bei. In und nach den Kriegswirren entstanden in diesen Ländern jedoch nur fragile, ungefestigte Demokratien, die schließlich zur Beute totalitärer Kräfte wurden.

Sofern man dafür wiederum das ausbleibende Engagement Amerikas im Europa der Nachkriegszeit mitverantwortlich macht, kann das Fazit nur lauten: Das Engagement muss entweder total sein und auch die „reeducation" der Bevölkerung umfassen - wie in Deutschland und Japan nach dem Zweiten Weltkrieg - oder es sollte unterbleiben. Im Gegensatz zur Intervention in Deutschland und Japans fehlt den Amerikanern im Irak die Legitimation eines Verteidigungskrieges. In islamischen Ländern bräuchte es nicht nur „reeducation", sondern eine nachholende neuzeitliche Aufklärung. Militärische Anstöße von außen, von einer sogar als „ungläubig" und kulturell minderwertig klassifizierten Kultur, hemmen die Entwicklung zur Demokratie eher, weil sie als Provokation der eigenen Identität und der eigenen Sinnsysteme aufgefasst werden.

Die offensive Verbreitung „universaler Werte von Freiheit, Demokratie, Privateigentum und Marktwirtschaft" (George W. Bush) übersieht, dass alle diese Errungenschaften rechtsstaatliche Fundamente und ein aufgeklärtes mündiges Bürgertum voraussetzen. Rechtsordnungen sind leicht abzuschreiben; ihre Realisierung setzt jedoch eine Rechtskultur voraus, die nicht zuletzt aus religiösen und kulturellen Normen erwächst. Westliche Begriffe und Strukturen sind in anderen Kontexten leicht zu missbrauchen und zu verfremden. Die Übernahme der westlichen Hardware ohne die dazugehörige Software erzeugt eine Ambivalenz, welche strukturelle Fortschritte allzu oft ins Negative umschlagen lässt.

In Europa unterscheiden sich Konservative von Progressiven vor allem durch ihren Kulturpessimismus. Im amerikanischen Neokonservatismus findet sich dagegen eine Verbindung von Konservatismus und Optimismus, die zur Blindheit gegenüber Ambivalenz neigt, weil sie die Welt nur in Gut-Böse Kategorien einteilt. Ihre Tendenz, das Aufkommen von Ambivalenz um jeden Preis zu verhindern, ruft eine Eindeutigkeit hervor, die der Komplexität der Welt nicht gerecht wird. Die Verleugnung der Ambivalenz erzeugt im Umgang mit anderen Kulturen permanente Missverständnisse. Die Neigung zur befreienden Tat, die sich im Zweifel für die Aktion und gegen das Abwarten entscheidet, verleitet in der Verbindung mit dem Glauben an die eigene gerechte Sache zu Fehleinschätzungen.[6]

Paul Kennedy erklärt den Aufstieg und Fall der großen Mächte in der Neuzeit aus dem gleich bleibenden Rhythmus von Aufstieg, Überdehnung, Erschöpfung, Abstieg - von den Habsburgern im 16. Jahrhundert bis zur UDSSR und den Vereinigten Staaten an der Schwelle zum 21. Jahrhundert. Im 16. Jahrhundert war es das Haus Habsburg, das nach der Vormacht strebte, im Siebzehnten waren es die Könige Frankreichs, und im Achtzehnten begann der Aufstieg Großbritanniens zur kolonialen Hegemonialmacht in der Welt. Im 20. Jahrhundert schlug Deutschlands kurze Stunde, ehe sich die bipolare Welt herausbildete.[7] In jedem Fall führte die Überdehnung zum späteren Untergang.

Auch der demokratische Westen könnte sich überdehnen. Politische Interventionen haben oft erst die kulturellen Differenzen verstärkt, die dann in neuen politischen Konflikten mündeten. Im generellen Scheitern der Kolonialmächte, in Algerien und Vietnam oder im Zerfall des sowjetischen Imperiums zeigen sich die Grenzen einer politischen Beeinflussbarkeit fremder Kulturen. Diese Lektion wird oft deshalb nicht verstanden, weil das Scheitern der politischen Herrschaft wiederum im Lichte politischer Konflikte im Umfeld von Sozialismus und Kapitalismus oder von Nationalismus und Demokratie interpretiert wird.

Eingriffe, die den Systemcharakter der Kulturen nicht berücksichtigen, lösen jedoch nur Einzelprobleme. Sie berücksichtigen nicht die Nebenwirkungen und übersteuern im Sinne ihrer einseitigen Zielsetzung. Allein schon aus der Unkenntnis, Missachtung und Zerstörung der im System wirkenden Regelkreise erwächst eine Logik des Misslingens. Wenn man nicht über die empirische Intuition des Einheimischen verfügt, läuft man Gefahr, durch steuernde Eingriffe das Gegenteil dessen herbeizuführen, was man beabsichtigt. Gegenüber Eingriffen von Außenstehenden verhält sich das System dann infolge seiner nicht erfassten Querverbindungen gegenintuitiv.[8]

Eine voraussetzungslose Demokratisierung hat schon an den Rändern Europas Nationalisten, Ethnozentristen, Fundamentalisten und Rassisten und an die Macht befördert und in den Nachfolgestaaten der Sowjetunion (mit Ausnahme des westlich geprägten Baltikums) seltsame Hybridgewächse von Demokraturen, Oligarchien und Mafiokratien hervorgebracht. Auch die neu-

---

6   Vgl. Christopher Baethge, Amerika, Blicke. Über den Umgang mit Ambivalenz, in: Merkur, Heft 4/2004, S. 316ff.

7   Paul Kennedy, Aufstieg und Fall der großen Mächte. Ökonomischer Wandel und militärischer Konflikt von 1500 bis 2000, Frankfurt/M 1989.

8   Frederic Vester, Die Kunst, vernetzt zu denken. Ideen und Werkzeuge für einen neuen Umgang mit Komplexität. Bericht an den Club of Rome, München 2002, S. 47.

en demokratischen Anläufe in Georgien und der Ukraine werden nur dann gelingen, wenn sie die Voraussetzungen der Demokratie nachträglich einzuführen verstehen und die demokratischen Ansprüche des Westens sie nicht überfordern werden.

Aus der Tragik, dass eine voraussetzungslose Demokratisierung Extremismus und Hybridisierung befördert, wird sich der Westen auch nicht mit der Arbeitsteilung herauswinden können, demzufolge sich die Europäische Union vor allem um bürgergesellschaftliche Formen der Universalisierung bemüht, während die USA die Demokratie mit Feuer und Schwert voran treibt. Auch die Projekte der EU, die den Balkan und die Türkei integrieren sowie den Nahen und Mittleren Osten bis hin nach Afghanistan mit vornehmlich zivilen Mitteln demokratisieren und modernisieren wollen, unterliegen der Gefahr der Überdehnung.

Der damalige Verteidigungsminister Peter Struck sprach davon, dass „die deutsche Sicherheit am Hindukusch" verteidigt werden müsse. Dabei genügt schon ein Zeitungsartikel über „Koranschändungen", um das Leben westlicher Soldaten und Aufbauhelfer in Gefahr zu bringen. Demokratische Wahlen sind auch hier möglich. Die Schwierigkeiten für rechtsstaatliche Strukturen am Hindukusch brachte aber der zuständige Isaf-Kommandeur auf den Punkt: Da es nicht die Aufgabe der Nato sei, Mohnfelder niederzubrennen, sei die paradoxe Situation entstanden, dass durch den Schutz der westlichen Soldaten der Anbau und Handel mit Drogen besser blüht als je zuvor. Seit der Besetzung Afghanistans ist es zu einem dramatischen Anwachsen des Rauschgiftanbaus und -handels in Afghanistan gekommen. Noch 2002 ist der Mohnanbau auf 14 der 32 Provinzen Afghanistans beschränkt gewesen. Unter dem Schutz der Alliierten ist er seither auf 28 Provinzen ausgedehnt worden und deckt jetzt 80 Prozent des Heroinkonsums Europas ab.[9]

Der Westen droht mit seinen ideellen Ansprüchen seine Möglichkeiten zu überdehnen und seine eigene Rechtskultur zu gefährden. Afghanistan müsste zu seiner Befriedung wahrscheinlich komplett und dauerhaft besetzt werden. Die dafür benötigten ca. 700.000 Soldaten (Peter Struck) vermag der Westen nicht aufzubringen. Er ist daher auf Kollaboration mit jenen Warlords angewiesen, die sich vom Drogenhandel finanzieren. Wir verstricken uns in Zustände, in denen unsere ideellen Ziele in keinem Verhältnis mehr zu den Mitteln und den eingegangenen Partnerschaften stehen. Dem daraus entstehenden Mangel an Glaubwürdigkeit könnten neue Feindschaften folgen - die Unsicherheit würde erhöht. Selbst mit der Hilfe Russlands und Chinas

---

9   Frankfurter Allgemeine Zeitung v. 19.7.04.

droht der Westen dabei zu scheitern, den eurasischen Raum zu stabilisieren. Schlimmstenfalls könnte er damit die eigene Destabilisierung vorantreiben.

Mit der Verbreitung der westlichen Demokratievorstellungen folgen die Neokonservativen zumindest unbewusst der Annahme, dass im „Kampf der Kulturen" nur eine die Oberhand gewinnen kann.[10] Aufgrund ihres Kulturoptimismus halten sie es für selbstverständlich, dass dies die westliche Kultur sein wird.

Kulturkonservative wie Samuel Huntington ziehen aus der Bejahung westlicher Werte eine entgegengesetzte defensive Schlussfolgerung. Da sie von der Einzigartigkeit der westlichen Kultur überzeugt sind, halten sie deren Universalisierung nicht nur für unmöglich, sondern für eine Gefährdung der internationalen Sicherheit. Nicht Wirtschaft und Politik, sondern der kulturelle Überbau entscheide über die Entwicklung einer Gesellschaft. Während die Universalisten davon ausgehen, dass Politik Kultur verändert, gehen Kulturkonservative davon aus, dass umgekehrt Kultur die Politik verändert.[11] Allenfalls auf die Kultur, nicht aber auf die Politik der anderen Kulturen selbst könne sinnvoll Einfluss genommen werden.

Samuel Huntington sieht den Westen durch seinen Interventionismus und Multikulturalismus in einen „Kampf der Kulturen" verwickelt. Die Interventionen des Westens in andere Kulturkreise und die freiwillige Vermischung mit anderen Kulturkreisen im Innern seien die gefährlichste Quelle von Instabilität.[12] Die „globalen Monokulturalisten" wollten die Welt Amerika gleichmachen, die Multikulturalisten wollten wiederum Amerika der Welt gleichmachen. Ein multikulturelles Amerika sei jedoch unmöglich, weil ein nichtwestliches Amerika nicht mehr amerikanisch wäre. Eine multikulturelle Welt sei dagegen unvermeidbar, weil ein globales Imperium unmöglich ist. Der Multikulturalismus stelle eine Gefährdung des Westens im Innern und der Universalismus eine Gefährdung des Westens im Ausland dar. Beide Sichtweisen leugneten die Einzigartigkeit der westlichen Kultur. Um den Zusammenstoß der Kulturen zu verhindern, müsse der Westen gleichermaßen von Universalisierung und vom Multikulturalismus Abstand nehmen.[13]

---

10 Bernard Lewis, Der Atem Allahs. Die islamische Welt und der Kampf der Kulturen, Bergisch-Gladbach 2002, S. 67 „Wenn Zivilisationen aufeinanderprallen, gibt es eine, die die Oberhand behält, und eine, die zerschlagen wird. Idealisten und Ideologen mögen salbungsvoll daherreden von einer „Vermählung der besten Elemente" von beiden Seiten, aber das normale Resultat eines solchen Zusammenstoßes ist die wilde Ehe der schlechtesten."

11 Vgl. Samuel P. Huntington, Kulturen zählen, in: Ders., Lawrence E. Harrison (Hrsg), Streit um Werte. Wie Kulturen den Fortschritt prägen, Hamburg, Wien 2000, S. 9.

12 Samuel Huntington, Der Kampf der Kulturen. Die Neugestaltung der Weltpolitik im 21. Jahrhundert, München, Wien 1996, 4. Aufl.

13 Ebd.. S. 350.

Die Selbstbehauptung der USA und des Westens erfordert die Erneuerung der westlichen Identität. Die Sicherheit der Welt erfordert die Akzeptanz einer multikulturellen, d.h. nach Kulturkreisen geordneten Welt. Selbst die Ausbreitung der westlichen Pop-Kultur und westlicher Lebensweisen könne schon traditionelle Kulturen im Kern verunsichern und zum Hass gegen den Westen beitragen. Auch die ideellen Ziele des westlichen Universalismus würden in anderen Kulturen als Ausdruck von Imperialismus gedeutet und ernten nur Hass und Widerstand.

Zur Beschränkung auf die eigene Hemisphäre gehöre auch die Aufgabe, die Völker Mitteleuropas wieder in unsere kulturelle und wirtschaftliche Gemeinschaft zu integrieren und die Bande zwischen Paris, Rom und München und Leipzig, Warschau, Prag und Budapest neu zu knüpfen. Gegenüber den Ländern aus dem orthodoxen und islamischen Kulturkreis müssten dagegen die Grenzen behauptet werden. Russland wäre als Kernstaat der Orthodoxie und als große Regionalmacht mit legitimen Sicherheitsinteressen an seinen südlichen Grenzen anzuerkennen.

Auch Henry Kissinger warnt Amerikaner und Westeuropäer davor, im globalen Maßstab zu intervenieren, um das westliche Modell von rechtsstaatlicher Demokratie und Markwirtschaft zu exportieren. Die Gefahr einer Überdehnung der Kraft sei die problematische Kehrseite der universalen Vision. Eine zu große Macht ziehe weltweite Gegnerschaft auf sich. Das Streben nach weltweiter Gerechtigkeit drohe in permanenten Interventionen und globalem Krieg zu enden. Selbst das Trachten nach einer wohlwollenden Hegemonie würde den USA eine Last aufbürden, die keine Gesellschaft jemals erfolgreich über einen unbegrenzten Zeitraum hinweg hat tragen können. Ein bewusstes Streben nach Hegemonie sei der sicherste Weg zur Zerstörung der Werte, die Amerika groß gemacht hätten.

Amerika soll sich seiner herausragenden Stellung bewusst sein, seine Politik aber so betreiben, als lebte es noch immer in einer Welt mit vielen Machtzentren. Amerikas ultimative Herausforderung bestehe darin, seine Macht in moralischen Konsens zu verwandeln, indem es seine Werte nicht durch Zwang, sondern durch bereitwillige Akzeptanz in einer Welt verbreitet, die trotz allen scheinbaren Widerstands dringend einer aufgeklärten Führung bedarf.[14]

Das Paradoxon der amerikanischen Macht besteht für Joseph S. Nye darin, dass die USA einerseits so mächtig sind wie nie zuvor, auf der anderen Seite aber mit dieser Macht ihre Ziele immer weniger durchsetzen können.[15]

---

14 Vgl. Henry Kissinger, Die Herausforderung Amerikas. Weltpolitik im 21. Jahrhundert, München, Berlin 2002.
15 Joseph S. Nye, Das Paradoxon der amerikanischen Macht. Warum die einzige Supermacht der Welt Verbündete braucht, Hamburg 2003.

In Zeiten der Informationsrevolution und der Globalisierung habe sich das Wesen der Macht verändert. Machtmittel, die bis vor kurzem noch von den Regierungen der Nationalstaaten monopolisiert waren, seien internationalen Akteuren jeder Art und selbst Privatpersonen zugänglich. Die Großmächte befänden sich heute auf derselben Seite. Statt von strategischer Rivalität gespalten seien sie durch die Gefahr von terroristischer Gewalt und Chaos vereint.

Die internationale Politik gleiche einem „komplexen dreidimensionalen Schachspiel". Auf den beiden oberen Schachbrettern sei die harte militärische und wirtschaftliche Macht, auf dem unteren Schachbrett die weiche kulturelle Macht angesiedelt. Nur die beiden oberen Ebenen seien der staatlichen Einflussnahme zugänglich. In militärischer Hinsicht hätten wir es mit einer unipolaren Weltordnung zu tun, die von der amerikanischen Hegemonialmacht bestimmt werde. Auf der wirtschaftlichen Ebene sei die Welt bereits heute multipolar geordnet, mit den USA, Europa, Japan und bald auch China als den dominanten Mächten. Die weiche Macht sei so breit verteilt, dass sich jeder Souveränitätsbegriff ad absurdum führe. Selbst die einzige Supermacht sei daher auf Verbündete angewiesen - in der Staatenwelt, in der Welt der internationalen Organisationen, unter den transnationalen Konzernen und Nichtregierungsorganisationen.

Die Verteidigung der Heimatfront müsse auf der untersten Ebene des Schachspiels ansetzen. Sie beginne mit der Kultur-, Rechts- und Einwanderungspolitik, setzt sich fort über eine effiziente und gerechte Wirtschafts- und Bildungspolitik und umfasst erst am Ende auch militärische Maßnahmen. Unter der weichen Macht versteht Nye alles, was die kulturell-ideologische Attraktivität und die Glaubwürdigkeit eines Landes verbessert. Weiche Macht bringt andere dazu, dass sie das wollen, was man selber will.

4.2 Die Erweiterung der europäischen Gouvernanz

Im Umgang mit dem totalitären Islamismus sollten wir uns der Lehren des Kalten Krieges erinnern. Die unbedingte Bereitschaft zur Verteidigung des eigenen Territoriums bzw. im heutigen Fall der eigenen Kultur sollte mit einer „Appeasement-Politik" gegenüber den real existierenden Mächten einhergehen.

Es kann nicht um eine „Demokratisierung des Nahen Ostens", sondern nur um seine Modernisierung gehen. Ernst-Otto Czempiel weist darauf hin, dass von den 16 Versuchen Amerikas im vergangenen Jahrhundert, Demokratie mit Gewalt zu exportieren, nur drei erfolgreich waren: auf der Gewürzinsel Grenada, einem Ministaat, sowie in Deutschland und Japan nach 1945. Hier hatte der Gewalteinsatz der Abwehr bewaffneter Aggressionen gedient und traf auf auch geistig-moralisch gebeugte Gesellschaften. Diese Ablehnung einer gewaltsamen Form von Demokratisierung darf umgekehrt nicht zur Demokratieschwärmerei auf europäische Art führen, wenn Czempiel behauptet, dass die EU mit ihrer Demokratisierungsstrategie vor allem bei der Heranführung der Beitrittsländer große und gute Erfahrungen gemacht habe.[16] Dies gilt nur für die westlich und in früheren Zeiten vor der kommunistischen Herrschaft zumindest zeitweise rechtsstaatlich geprägten Ländern Ostmitteleuropas, nicht aber für die Staaten Ost- und Südosteuropas.

Die Erwartung, man könne demokratische Strukturen ohne hinreichend funktionierende Gouvernanz in postkommunistische Systeme übertragen, beruhte auf einem Basis-Überbau Denken im neoliberalen Gewand. Die sehr unterschiedlichen Ergebnisse zwischen den westlich geprägten ostmitteleuropäischen und den orthodox geprägten Ländern Ost- und Südosteuropas zeigen, wie entscheidend Humankapital und die damit verbundene gute Gouvernanz sind. In deren Vernachlässigung in den osteuropäischen Transformationsländern wiederholten sich Fehler der Entwicklungspolitik. Erst wenn Russland oder Serbien den Standard ihrer Rechtsstaatlichkeit auf das Niveau der Tschechischen Republik oder Südkoreas heben, könnte das Pro-Kopf-Einkommen der Bevölkerung und die Lebensqualität der Bürger wesentlich verbessert werden.

Das universalistisch motivierte Ausgreifen in ein fremdes Sinnsystem kann für beide Seiten verheerende Folgen haben. Das westliche Nationalstaatsverständnis hat in zersplitterten Stammeskulturen mehr Kriege als Frieden gestiftet. Die Übertragung demokratischer Strukturen in Clankulturen erzeugt eine systembedingte Korruption, die Gewaltenteilung und Gewaltenkontrolle auf ihre Weise außer Kraft setzen. Den Fundamentalismus kann man auch als Hass auf die Versuchungen interpretieren, die im westlichen Kulturangebot enthalten sind. Sie stellen zugleich Sinnsysteme und Strukturen (einschließlich entsprechender Privilegien) in Frage.

Die Grenzen Europas zeigen sich an den Grenzen der Universalisierbarkeit der westlichen Kultur. Wo rechtsstaatliche Strukturen wie in Russland zu systembedingter Korruption führen, ist der Begriff „defekte Demokratie" eine unzulässige Beschönigung. Bei systembedingter Korruption handelt es sich um den Widerspruch zur Gewaltenteilung und Gewaltenkontrolle des demokratischen Rechtsstaates. Er kommt diesmal nicht im totalitären, sondern im nihilistischen Gewand daher, wenn keine allgemeingültigen Werte und Regeln mehr anerkannt werden. In einer durch autoritäre Staatsgewalt

---

16 Ernst-Otto Czempiel, Unsichtbare Macht. Die Ausbreitung der Demokratie ist das Gebot der modernen Welt. Militärische Mittel taugen dafür jedoch wenig, in: Internationale Politik Heft 5/2005.

gesicherten Kleptokratie kann es auch keine Marktwirtschaft im Sinne eines fairen und durch Regeln eingehegten Wettbewerbs geben. Russland kann nur als kleineres Übel im Kampf gegen den totalitären Fundamentalismus gelten. In traditionellen statischen Kulturen gilt der Wettbewerb als eine Form der Aggression. Korruption gilt demgegenüber als Ausdruck von Treue und als Gefühl der Verpflichtung gegenüber Familie und Freunden. Treue ist eine partikularistische Verpflichtung, die sowohl antikapitalistisch wie antirechts-staatlich ist. Treue und Markt, Ehre und Rechtsstaat sind keine sich ergän-zenden Gegensätze, sondern Widersprüche, die im Zusammenprall dilemma-tische Situationen heraufbeschwören. Der „Familialismus" ist einerseits ein Hindernis für Entwicklung, andererseits aber eine Hilfe im Überlebens-kampf.

Alles, was für die politische Zivilisation des Westens heute wichtig ist, haben Amerikaner und Europäer in den letzten zweihundert Jahren gemein-sam entwickelt. Angesichts ihrer relativ und in Europa auch absolut schrumpfenden Bevölkerung brauchen sich Amerika und Europa auch aus Schwäche. Der Westen umfasst nur noch weniger als ein Zehntel der Welt-bevölkerung. Zwischen den USA und der Europäischen Union nach Multipo-larität zu rufen, ist daher genauso verfehlt wie die von der Regierung George W. Bush lange Zeit praktizierte Unipolarität. Multipolarität entstammt dem Denken vom Gleichgewicht der Macht. Wenn aber gemeinsame zivilisatori-sche Werte auf dem Spiel stehen, geht es um die Bündelung der gemeinsa-men Werte und Kräfte im Kampf gegen Barbarei und Chaos. Wer Polarität zwischen den USA und Europa fordert, leugnet die kulturelle Gemeinschaft des Westens.[17]

Die Integration westlich orientierter Länder in NATO und EU muss durch Assoziationen mit Ländern ergänzt werden, die zwar nicht demokra-tisch sind, aber im Gegensatz zu den „failing states" als zivilisierte Partner gelten können. Der Westen braucht zivilisierte Partner, die zum stabilen Kern der Welt gehören. Neben der Staatenwelt entstehen zunehmend quer verlau-fende Gemeinschaften, die an das Feudalzeitalter erinnern, in dem die Staa-ten gegenüber Partikulargewalten schwach waren. Thomas P.M. Barnett unterscheidet die Welt nach Staaten, welche die Moderne akzeptieren, und denen, die keinen Zugang zu ihr haben oder sie ablehnen. Die erste Staaten-gruppe sei der „stabile Kern", die zweite die „Krisenzone".

---

17 Vgl. Colin Powell: „But these need be no poles among nations that share basic values. We have no desire to create such poles, either. Indeed, we must work to overcome differences, not to polarize them....instead of wasting lives and treasure opposing each other as in the past, today`s powers can pull in the same direction to solve problems common to all." Vgl. „The Washington Post" v. .6.9.2003.

Zum stabilen Kern gehören ihm zufolge Europa, Nordamerika, Japan, China, Indien, Australien, Südafrika, Brasilien, Chile und Argentinien, ein globalisierter Kern, der sich durch starke Vernetzungen auszeichnet. Deren Regierungen seien stabil und der Wohlstand hoch oder steigend. In der Krisenzone, zu der Afrika, der Nahe Osten, Zentralasien, Indonesien und der Rest Südamerikas gehören, sei die Globalisierung kaum oder gar nicht spürbar. Diese Krisenzone leidet unter repressiven Regimen, Armut und Seuchen. Wenn die Welt in Sicherheit und Frieden leben will, müsse die Krisenzone verkleinert und in den Kern eingebunden werden. Die Staaten des Kerns müssen Sicherheit in die Krisenzone exportieren.[18]

Die Grenzen des Stabilitätsexports werden dem Stabilitätskern allerdings schon auf dem Balkan aufgezeigt. Nur die zum westlichen Kulturkreis gehörenden Länder Slowenien und Kroatien haben sich zufrieden stellend entwickelt. In Bosnien-Herzegowina und dem Kosovo muss sich der Westen mit einem fragilen Waffenstillstand begnügen. Eine stärkere Selbstbesinnung und Selbstbegrenzung auch beim Stabilitätsexport wird für die westliche Selbstbehauptung unverzichtbar. Stabilität wäre demnach eine Art Minimalkonsens zivilisierter Staaten, der sich weniger aus Demokratisierung als aus guter Gouvernanz" ergibt: aus Verlässlichkeit, Rechtssicherheit, Kompetenz und Kooperation von Staat, Markt und gesellschaftlichen Teilsystemen. Auf dieser Grundlage ließen sich erfolgreiche Modernisierungsprozesse in die Wege leiten, die erst danach zur Demokratisierung überleiten.

In den Modernisierungsprozessen gibt es unterschiedliche Stadien und Stufen. Abstufungen sind keine moralischen Urteile. Jede Kultur muss Stufen hoch schreiten und ist vor Rückschritten nie gefeit. Stufen sind Grundsteine, die nicht ausgrenzen, sondern Aufforderungen zum Anstieg sind. Im Hinblick auf eine „nachholende Modernisierung" beansprucht die westliche Kultur der Moderne Leitbildcharakter. Ohne eine Gegenseitigkeit mit dem Westen können nachholende Modernisierungsprozesse nicht gelingen, weil westliche Wissenschaft und Technik, ökonomisches und organisatorisches Know-how, Investitionen und Hilfestellungen zur Modernisierung unverzichtbar sind. Die vorherrschende Kultur war in der Geschichte immer der Maßstab für nachholende Modernisierung gewesen.[19]

Unter den nichtwestlichen Staaten, die in den letzten dreißig Jahren den Übergang zur freiheitlichen Demokratie in Angriff genommen haben, sind

---

18 Thomas P.M. Barnett, The Pentagon`s New Map, New York 2004.
19 Bernard Lewis, Der Untergang des Morgenlandes. Warum die islamische Welt ihre Vorherrschaft verlor, Bergisch-Gladbach 2002. „In jeder Periode der menschlichen Geschichte bezog sich Modernität oder ein ähnlicher Ausdruck auf die Gebräuche, Normen und Standards der herrschenden und sich ausbreitenden Kultur. Jede herrschende Kultur hat in ihrer besten Zeit anderen ihre Modernität aufgezwungen."

diejenigen am weitesten fortgeschritten, die vor dem Mehrheitsprinzip Kapitalismus und Rechtsstaatlichkeit einführten. Südkorea, Taiwan, Thailand und Malaysia wurden über Jahrzehnte vom Militär oder Einheitsparteien beherrscht. Nach und nach liberalisierten sie die Wirtschaft, reformierten sie die Rechtsordnung, gewährten Glaubens- und Reisefreiheit. Erst am Ende dieses langwierigen Prozesses wurden freie Wahlen zugelassen. Fareed Zakaria vergleicht diesen Prozess mit der Lösung der beiden Hauptaufgaben, die der amerikanische Verfassungsvater James Madison jeder Regierung stellt: Zuerst müsse der Staat die Bürger unter Kontrolle bringen, dann sich selbst. Ordnung sei die Bedingung der Freiheit. Eine legitimierte Führung, materieller Wohlstand, freiheitliche Demokratie ruhe auf diesen beiden Pfeilern.[20]

Individuelle Menschenrechte lassen sich nicht universalisieren, weil in anderen Kulturkreisen unterschiedliche Menschenbilder vorherrschen. Das Menschenbild der Muslime weicht deutlich von westlichen Vorstellungen ab. Menschen werden als Geschöpfe Allahs verstanden, dem sie allein ihre Würde verdanken. Ihre Bestimmung liegt nicht in der Selbstentfaltung, sondern in ihrer durch Allah gegründeten Vereinigung als gleiche ohne Ansehen ihrer sonstigen Unterschiede. Der einzige prinzipielle Unterschied besteht in der Trennung zwischen Gläubigen und Ungläubigen. Im Islam sind Menschenrechte nur insoweit anerkannt, als sie sich unmittelbar dem Koran entnehmen lassen. Es handelt sich dabei aber nicht um einklagbare Rechtspositionen des einzelnen und noch weniger um subjektive Abwehrrechte gegen staatliche Ein- oder Übergriffe, sondern um situationsbezogene ethische Anforderungen, die sich in erster Linie an die Gläubigen richten und ihnen Verhaltenspflichten auferlegen.

Im Fernen Osten versteht sich der Mensch weniger als Einzelperson denn als soziales Wesen und Mitglied einer Gemeinschaft. Bei einem Konflikt zwischen Individuum und Gemeinschaft wird dieser Vorrang eingeräumt. Der hierarchischen Über- und Unterordnung entsprechend ist das Verhältnis der Menschen zueinander weniger durch Rechte als durch Pflichten gekennzeichnet. Angesichts dieser Menschenbilder wird in nah- und fernöstlichen Kulturkreisen die Forderung nach Verwirklichung der individuellen Menschenrechte westlicher Prägung und entsprechender Demokratievorstellungen irreal.

Einen Minimalkonsens der Kulturen erkennen wir dagegen in den Zielen der Modernisierung. Überall auf der Welt haben Menschen ein Interesse daran, zu leben und zu überleben. Daher haben sie auch ähnliche Grundbedürfnisse. Dazu gehört in erster Linie das Recht auf Leben und Überleben,

---

20   Fareed Zakaria, Das Ende der Freiheit?, a.a.O., S. 51.

welches seinerseits an drei Bedingungen geknüpft ist: die Sicherung des individuellen und sozialen Lebens, die natürliche Gleichheit aller Menschen sowie die Wahrung der menschlichen Identität und Integrität. Daraus lassen sich weitere Postulate ableiten: die Daseinssicherung, die Gewährleistung der physischen Existenz (Recht auf Nahrung, Wohnung und Kleidung), die Ermöglichung eines eigenen Lebenserwerbs (Recht auf Arbeit) oder der Schutz vor Verarmung durch Krankheit und Alter (soziale Sicherung).[21]

Der Wunsch nach einem längeren, gesünderen, weniger mühseligen Lebens ist nicht auf den Westen beschränkt. Hinsichtlich solcher allgemeinen Ziele gibt es wenig Zweifel, was jeweils besser ist als das andere. Modernisierung lässt sich in diesem Sinne definieren als kulturübergreifender Wunsch nach Teilhabe an der Nutzung der Techniken der Industrie- und Kommunikationsgesellschaft, an Urbanisierung und Wohlstand, an Bildung und Menschenrechten. Mit Ausnahme von religiös Wahnsinnigen ist es unstrittig, dass das Leben besser ist als der Tod, Gesundheit besser ist als Krankheit, Wohlstand besser ist als Armut, Bildung besser ist als Unwissenheit.

Die Konflikte der Kulturen gehen über die Art der Voraussetzungen und über die Höhe des Preises, den sie für die Ambivalenz dieser Fortschritte zu zahlen bereit sind. Umstritten sind vor allem die Wertehierarchien, die Geschlechterverhältnisse und die Verteilung von Rechten und Pflichten zwischen den Individuen und der Gemeinschaft. Kaum umstritten ist hingegen die Notwendigkeit einer guten Gouvernanz als Voraussetzung von Modernisierung.

Der Peruaner Hernando de Soto stellt die Eigentumsrechte als Voraussetzung der Modernisierung in den Vordergrund. Es sei nicht die Ausnahme, sondern die Regel, dass sich Eliten mit Hilfe eines semiautoritären Systems, aber auch durch kulturelle und ethnische Ausschließungen ihre Pfründe und Privilegien sichern und wenig an einer allgemeinen Entwicklung interessiert sind. Dieser „Kapitalismus" sei eine böse Karikatur der westlichen Marktwirtschaft. Wirtschaftliche Betätigung finde vielfach nur in einem Schutzraum für ein paar wenige etablierte Unternehmen statt, so dass es für Newcomer kaum möglich ist, sich auf dem Markt durchzusetzen. Gerade Kleinunternehmen sind der Willkür der Bürokratie ausgeliefert und vom Ausschluss aus den Märkten bedroht. Die Rechtssysteme der Entwicklungsländer hätten nur Teileelemente der westlichen Eigentumsverrechtlichungen übernommen und sie mit inkompatiblen Gesellschaftselementen verknüpft.

In den ärmeren Ländern entstünden heute vielfältige Formen der Schattenwirtschaft, die schon einen beträchtlichen Teil der produktiven Gesamt-

---

21 Hans-Peter Schneider, „Vom Rechte, das mit uns geboren ist... , in: Frankfurter Allgemeine Zeitung v. 19.5.2005.

leistung ausmachen und eine Art Vorstufe kapitalistischer Entwicklung sind. Die informellen Unternehmer seien ein latenter Mittelstand und Kern einer künftigen Zivilgesellschaft. Ihnen fehle es vor allem an einer verlässlichen Rechtsordnung.

Es ist jedoch zu vordergründig, die Frage „Why capitalism triumphs in the west and fails everywhere else"[22] nur mit Eigentumsrechten zu beantworten. Eigentumsrechte sind nur ein Bestandteil der Rechtsordnung und diese ist nur ein Bestandteil der Rechtskultur, die aus den Normen und Sinnbestimmungen der Kultur erwächst. Es geht vielmehr um Kooperation der Teilsysteme, Rechts- und Eigentumssicherheit, funktionsfähige öffentliche Verwaltung und unabhängige Justiz, berechenbare Politik, innere und äußere Sicherheit. Die Komplexität und Globalität der heutigen Welt lässt sich weder durch eine Regierung und Verwaltung von oben nach unten noch von einer demokratischen Willensbildung von unten nach oben bewältigen.

Wir brauchen zunehmend Formen der Kooperation von Staat, Markt und Zivilgesellschaft, die keine Korruption auf Kosten Dritter sein darf, sondern das gemeinsame Wohl der sich als zusammengehörend empfindenden Menschen zum Ziel hat. Für eine gute Gouvernanz bedarf es noch keines mündigen Bürgers, sondern „nur" einer kreativen und innovativen Elite, ihrer Flexibilität als Grundlage von Wettbewerbsfähigkeit und ihrer öffentlichen Moral als Grundlage von Nachhaltigkeit.

In den staatlichen Bündnissystemen und gesellschaftlichen und wirtschaftlichen Verflechtungen müssen sowohl die Gemeinsamkeiten gepflegt als auch die Unterschiede in Abstufungen ihren Ausdruck finden. Die westliche Welt ist heute soweit mit anderen Kulturen vernetzt, dass eine Selbstisolation nicht möglich wäre. Aber sie muss sich vor Verstrickungen hüten, die das Maß ihrer Einfluss- und Handlungsmöglichkeiten übersteigen. Für die Unterscheidung von Vernetzung und Verstrickung bedarf es klarer Maßstäbe, die weniger aus einem Demokratieuniversalismus als aus der Rechts- und Kooperationskultur abzuleiten sind.

---

22 Vgl. Hernando de Soto, 2000. The Mystery of Capital. Why Capitalism Triumphs in the West and Fails Everywhere Else, London 2000.

5. Selbstbesinnung und Selbstbegrenzung Europas

Sowohl die globalen Vernetzungen wie die europäischen Erweiterungsprozesse erfordern eine Differenzierung nach Integration, Assoziation, Kooperation und Abgrenzung. Man beeinflusst Staaten durch das Zuckerbrot unterschiedlicher Mitgliedschaften in internationalen Organisationen mit ihren Vorteilen und umgekehrt durch die Peitsche der Rückstufungen und des Ausschlusses. Dieses Prinzip half den Kalten Krieg beenden; es war auch erfolgreich bei der Erweiterung der NATO, bei Chinas Bemühungen um die Meistbegünstigungsklausel und der Aufnahme in die Welthandelsorganisation. Die EU hat diese Differenzierungen bisher nicht im hinreichenden Maße vorgenommen. Nicht zuletzt fehlt es an einer Regelung für ein Ausschlussverfahren aus der Europäischen Union.

Die Europäische Union ist eine Wirtschafts- und Rechtsgemeinschaft, aber keine demokratische Union. Sie steht weniger in der Tradition der griechischen Stadtstaaten als in der des Römischen Reiches. Die Römer haben uns die Anfänge des Konstitutionalismus und des Rechtsstaates hinterlassen. Das vieldiskutierte Demokratiedefizit der EU war die Bedingung ihres Erfolgs. Die EU schuldet der relativen Isolation ihrer Institutionen ihre größten Erfolge. Wo sie ihre Verträge zur Volksabstimmung stellt, gefährdet sie die Fortschritte, die oft erst nachträgliche Zustimmung finden.

Dieses Modell der europäischen Gouvernanz wäre für die Entwicklung und Modernisierung auch in anderen Regionen geeignet. In der Moderne war der Besitz von Land und sonstigen materiellen Ressourcen entscheidend für den Wohlstand eines Landes. Nicht zuletzt durch den Zusammenbruch der Sowjetunion und durch die Erfolge der Europäischen Union wurde jedoch deutlich, dass materielle Ressourcen und physische Macht für Informations- und Dienstleistungsgesellschaften weniger wichtig sind als für Agrar- und Industriegesellschaften.

Die Europäische Union ersetzt nicht den Nationalstaat, sondern ergänzt ihn durch supranationale und intergouvernementale Mechanismen. Sie verkörpert die Ergänzung des inklusiven staatlichen Souveränitätsverständnisses durch eine Öffnung für neue Formen des kollektiven „Regierens jenseits des Nationalstaats.[1] Die Europäische Union kann als fortgeschrittenste nachmoderne Organisation gelten. Sie ist in erster Linie eine Rechtsgemeinschaft, die auf Machtausgleich, Kontrolle und Kompromisslösung angelegt ist. Mit

---

[1] Vgl. Peter A. Zervakis, Globalisierung und Europäisierung als Herausforderungen für den Wandel des Nationalstaates in Europa, in: Ralf Elm (Hrsg), Ethik, Politik und Kulturen im Globalisierungsprozess. Eine interdisziplinäre Zusammenführung, Bochum , S. 295; Vgl. auch Jeremy Rifkin, Der europäische Traum, a.a.O.

ihren supranationalen Institutionen sowie der nach Außen und Innen begrenzten Souveränität ist sie angesiedelt zwischen modernen internationalen Organisationen und dem klassischen Nationalstaat. Sie hat eine Vorbildrolle dafür übernommen, wie Frieden, Wohlstand und Konfliktprävention im gegenseitigen Einvernehmen und als Interessenausgleich der Beteiligten zu organisieren sind.

Die Behauptung von Grenzen ist kein Ausdruck von Hochmut, sondern der Einsicht, dass die europäische Gouvernanz schon innerhalb der westlichen Welt gefährdet ist. Erst mit einer neu zu erringenden Zukunftsfähigkeit des liberalen Modells würden sich die Chancen für ihre Erweiterung verbessern. Die Frage nach den Grenzen der westlichen Kultur stellt sich zugleich nach außen und nach innen.

Europas Kulturrelativismus zeigt sich heute symptomatisch im Fehlen von Maßstäben für innere und äußere Grenzen. Der Verlust eines kollektiven Selbstverständnisses, welches das Eigeninteresse in eine Beziehung zum Gemeinwohl setzt, ist letzlich eine geistig-moralische Krise. Schon die Suche nach einer Idee des verbindlich Guten als minimalem konsensualen Fundament jeder Gesellschaft gilt dem Relativismus als unzulässig. Die Grenzen des europäischen Kulturrelativismus erkennen wir in den neuen Selbstverständigungsprozessen über Identität und Kultur Europas. Aus ihnen werden auch die neuen Grenzen Europas klarer erkennbar werden.

Kulturrelativismus nach innen und Kulturuniversalismus nach außen sind unterschiedliche Formen von Grenzenlosigkeit, welche die innere und äußere Stabilität des Westens gefährden.

Sie führen zu gleichzeitigen Auflösungs- und Überdehnungserscheinungen. Ein Multikulturalismus, der Toleranz mit Gleichgültigkeit und Beliebigkeit verwechselt, könnte unsere Kultur zur Identitätslosigkeit führen und eine Universalisierung westlicher Strukturen und Werte verwickelt uns in Regionen, die wir nicht verstehen und in Kriege, die wir nicht gewinnen.

Statt eine wieder fragil gewordene Demokratie zu universalisieren, sollte der konstitutionelle Liberalismus für die Welt gesichert werden. Marktwirtschaft und Rechtsordnung Europas stellen die Wege dar, die auch in anderen Weltregionen nachgeahmt werden könnten. Die Europäische Union ist selbst nicht demokratisch strukturiert, sondern hat sich zunächst auf die Ordnung des Marktes durch eine gemeinsame Rechtsordnung beschränkt. Erst nach der Sicherung der Strukturen öffnete sie sich - womöglich zu früh - demokratischen, ja sogar

Plebiszitären Formen der Willensbildung. Doch bevor man die europäische Gouvernanz demokratischen Prozessen der Willensbildung öffnet, müssen die Voraussetzungen der bislang meist nur auf der nationalen Ebene gegebenen demokratischen Konflikt- und Kooperationskultur auch auf europäischer Ebene gegeben sein.

Die westlichen Demokratien kranken in unterschiedlichem Ausmaß an mangelnder Zukunftsfähigkeit. Der demokratische Entscheidungsprozess muss daher effizienter gestaltet, kurzfristige Bedürfnisse in eine Relation zu langfristigen Notwendigkeiten gesetzt werden, zerfallende politische Institutionen wieder aufgebaut und bürgerliche Vereinigungen gestärkt werden. Die Eliten müssen ihrer geistig-moralischen Verantwortung gerecht werden und Maßstäbe setzen, die nicht nur rechtlicher, sondern auch moralischer Natur sind. Ohne diese innere Ausfüllung wird die Demokratie zunehmend gefährdet, weil sie zur Auflösung und Manipulation der Freiheit, zum Zerfall des Gemeinschaftslebens und der Zukunftsfähigkeit führen könnte.

Gemeinsame Entscheidungen gehen nicht aus dem multikulturellen Nebeneinander hervor. Sie erfordern als Grundlage einer guten Gouvernanz eine gemeinsame Rechtskultur, die nicht aus der Übernahme von Gesetzesbeständen, sondern aus dem sittlichen und religiösen Selbstverständnis der Kulturen erwächst. Die Demokratie ist ihrem Wesen nach an die „Eunomie", an die Gültigkeit des guten Rechts gebunden. Der Mechanismus des Herstellens von Mehrheiten muss unter der Geltung von Werten stehen, die für die Mehrheit bindende Vorgabe sind.

Zumindest in dem Kern des erweiterten Europas, in dem nicht nur Interessen abgeglichen, sondern gemeinsam die Zukunft gestaltet werden soll, bedarf es einer gemeinsamen Rechtskultur. Für eine gemeinsame Rechtskultur bedarf es eines Grundkonsenses über Gerechtigkeit, über Moral und zumindest über die Wege der Suche nach ihr. Bei den „Beitrittsverhandlungen" zur Europäischen Union sollte es nicht nur um die Abgleichung von Rechtsverträgen, sondern um Selbstverständigungsprozesse gehen. Nie und nirgends - so Max Scheler - stiften bloße Rechtsverträge allein wahre Gemeinschaft, sie drücken sie höchstens aus.[2] Vertrags- und Lippenbekenntnisse zur Europäischen Rechtsordnung sind billig.

Intelligente Kooperation als Markenzeichen der heutigen Europäischen Union markiert sowohl die Grenze eines bundesstaatsähnlichen Integrationsbereiches als auch eines staatenbundähnlichen Kooperationsbereiches. . Wenn man die Voraussetzungen zur Integrations- und Kooperationsfähigkeit vor allem in der Kultur liegen sieht, ist die Arbeit an der Kultur die große Aufgabe Europas, aus der die Möglichkeiten, aber auch die Grenzen des zukünftigen Europas hervorgehen werden. .

In einer multikulturellen Welt dürfen keine absoluten Standpunkte verfochten werden; daher ist der Universalismus abzulehnen. Jedes Gemeinwe-

---

2   Zit. nach Giovanni Reale, Kulturelle und geistige Wurzeln Europas, Paderborn u.a., 2004, S. 9

sen muss aber seine relativen, d.h. an einem bestimmten Ort gültigen Standpunkte einfordern, wenn es Bestand haben will. Die westliche Kultur sollte andere Kulturen nicht an absoluten Maßstäben, sondern am Maßstab ihrer Integrations- und Kooperationsfähigkeit in und für die westliche Kultur messen. Wenn die Union in unterschiedliche Kulturen zerfiele, wäre ihre Gouvernanz dahin und sie wäre an ihrem eigenen Erfolg und ihrer eigenen Anziehungskraft gescheitert.

Zur Überwindung der für Europa so gefährlichen Allianz von postmodernem Relativismus und prämodernem Essentialismus bedarf es zunächst eines neuen sowohl tragfähigen als auch konsensfähigen Kulturverständnisses. Eine bloße „Kultur als Identität", die dem ethnischen oder nationalen Ethos der Solidarität und Eigentlichkeit verpflichtet ist, kann in Europa niemals ausreichen.

Europa braucht einen Paradigmenwechsel. Ein Paradigma ist „...eine ganze Konstellation von Überzeugungen, Werten und Verfahrensweisen usw., die von den Mitgliedern einer gegebenen Gemeinschaft geteilt werden."[3] Ein Geschichtsbild, welches auf solche Paradigmenwechsel hofft, wendet sich gegen ein deterministisches Geschichtsbild im Sinne eines ständigen Fortschritts oder eines durch Ermüdung der Kultur vorherbestimmten Untergangs des Abendlandes. Es passt zur europäischen Dialektik, in der Epochen nicht einfach aufeinander folgen, sondern auseinander gehen. Nicht additive Linearität, sondern Dialektik, eine Art Kontinuität in Diskontinuität ist ihr Gesetz.[4]

Weder die Konzentration auf die düsteren Epochen der europäischen Geschichte noch der Multikulturalismus, der die Besonderheit der europäischen Kultur leugnet, kann die für die gemeinsame Handlungsfähigkeit notwendige Identifikation hervorbringen. Europas Identität ergibt sich auch aus dem Bewusstsein der europäischen Geschichte, einschließlich seiner dunkelsten Stunden und der daraus hervorgegangenen Wandlungen.

Die Kenntnis der dunklen Seiten der nationalen und europäischen Geschichte ist auch deshalb wichtig, weil sie oft Anlass für eine Metanoia waren, einer grundlegenden Wandlung, welches die Erinnerung an das vergangene Böse einschließt. Die entsprechende kritische Selbstreflexion unterscheidet etwa die deutsche Vergangenheitsbewältigung von der Türkischen. Doch die Erinnerung darf nicht die Freude an der Metanoia lähmen und auch die besseren Ergebnisse der Kultur einer Dauerkritik aussetzen, wie man sie heute als selbstgerechte Attitüde allerorten vorfindet.

---

3   Thomas S. Kuhn, Die Struktur wissenschaftlicher Revolutionen, Frankfurt 1976, 2.Aufl., S. 186.
4   Vgl. Hans Küng, Das Judentum. Die religiöse Situation der Zeit, München, Zürich 2004, S. 98ff.

Eine Nation definiert sich vor allem durch ihre Geschichte. Die Verbindlichkeit dieser Definition liegt in der Verfassung. Gleiches wird auch für die europäische Nation gelten. Fast alle europäischen Nationen sind mehr oder weniger Vielvölkerstaaten und trotzdem Repräsentanten einer Nation. Geschichte und Idee dieser Nationen sind entscheidend für die Identifikation, die ein beständiges Plebiszit (Ernest Renan) erfordert. Identität ist ein Konstrukt. In einer spezifisch europäischen Identität verstünde man sich sowohl als Bürger einer Nation wie auch als Bürger Europas.

Bei einem neuerlichen Paradigmenwechsel in der europäischen Kultur geht es nicht um eine bloße Rückkehr zu den Wurzeln im Sinne einer Wiederbelebung gehen. Für eine NeuBildung Europas müssen die abendländischen Quellen für die heutigen Probleme rekonstruiert werden.

Eine neue Aufklärung müsste letztlich die düsteren Wahrheiten des christlichen Menschenbildes mit der aufgeklärten Hoffnung auf strukturelle Veränderbarkeit versöhnen. Das idealistisch gestimmte Gutmenschentum war weder Hitler noch ist es einem bin Laden gewachsen. Die Einsicht in die Ambivalenz alles Menschlichen träumt nicht von der erlösenden Synthese. Es bleibt nur das immer neue Bemühen um Balance von Optimismus und Pessimismus, von Wissenschaft und Religion, von Egoismus und Altruismus, von Ethik und Wirtschaft, von Kritik und Selbstkritik. Nur auf diese Weise lässt sich die Dialektik der Aufklärung ausbalancieren oder im Idealfall zur Komplementarität führen.

Im Jahre 2005 war - in Rom und in Köln - eine Renaissance des Papsttums zu beobachten. Es könnte eine Generation erwachsen, die sich nicht mehr primär über Kritik definiert, wobei man auch dies wiederum übertreiben kann. Der Weg darf nicht von der Hyperkritik zur bloßen Verehrung führen, sondern sollte in eine Dialektik von Bejahung und Kritik und diese wiederum in der Dialektik von Kritik und Selbstkritik münden.

Das Papsttum verkörpert in seiner Globalität ein Symbol dafür, was europäische Renaissance in der heutigen Welt bedeuten könnte. Es verbindet europäische Tradition mit der Vielfalt der Weltkirche, die gleichwohl einer Einheit bedarf. Wie unglaublich unzeitgemäß und gerade dadurch großartig die Maßstäbe der Kirche sein können, hat sich nicht zuletzt im Drama des öffentlichen Sterbens von Johannes Paul II. gezeigt. Er hat uns - so der polnische Schriftsteller Andrzej Stasiuk - seinen Tod hinterlassen: „In dieser verblödeten Welt, wo Altsein sträflich ist, wo Krankheit und Schwäche an ein Verbrechen grenzen und jeder, der keine Kraft für Produktion und Konsum hat, zum Auswurf zählt, wo Armut und Elend nur in Fernsehberichten aus fernen Ländern gestattet sind - da hatte er den Mut, vor den Augen von Millionen zu sterben... Als er nicht mehr sprechen konnte, war das seine letzte Lektion."[5]

---

5   Andrzej Stasiuk, Er hat mir gezeigt, daß ich ein Teil der Menschheit bin. Das Wunder von

In den siebziger Jahren war der atheistische Sowjetkommunismus der größte Feind des Christentums. Heute ist es der Relativismus. Insofern ist die Wahl Kardinal Ratzingers als Signal der Katholischen Kirche zu verstehen, sich der „Diktatur des Relativismus" entgegen zu stellen. Der neue Papst wendet sich seit Jahrzehnten in seinen Schriften und Reden gegen diesen Relativismus. Seine Namenswahl bezieht sich auf den von ihm verehrten Benedikt von Nursia als einem der Väter des Abendlandes.

Der Schluss vom Sein auf das Sollen gilt bekanntlich als „naturalistischer Fehlschluss". Papst Benedikt XVI. hält die Rückbindungen an die beiden großen Quellen der Erkenntnis - Natur und Geschichte - dagegen für notwendig. Eine neue naturrechtliche Denkweise deute sich in den Bekenntnissen zu den Menschenrechten an. Aus dem Sein des Menschen werde auf das Sollen seiner Rechte gefolgert. Beide Bereiche sprächen nicht einfach aus sich selbst, aber von beiden könne Wegweisung ausgehen. Der Verbrauch der Natur, die sich unbegrenzter Verfügung widersetzt, habe neue Besinnungen in Gang gebracht über die Wegweisung, die von der Natur selbst ausgeht. Herrschaft über die Natur im Sinn des biblischen Schöpfungsberichtes bedeute nicht gewalttätige Ausnutzung der Natur, sondern das Verstehen der inneren Möglichkeiten und fordere so die sorgsame Form, in welcher der Mensch der Natur und die Natur dem Menschen dienen.[6]

Kant hatte die Erkennbarkeit Gottes im Bereich der reinen Vernunft bestritten, aber Gott, Freiheit und Unsterblichkeit als Postulate der praktischen Vernunft dargestellt, ohne die seiner Einsicht nach konsequenterweise sittliches Handeln nicht möglich schien. Die Absehung von Gott droht zur Unmenschlichkeit zu führen. Auch wer den Weg zur Bejahung Gottes nicht finden kann, sollte deshalb - so der Papst - das Leben zu gestalten versuchen als ob es Gott gäbe. Da werde niemand in seiner Freiheit beeinträchtigt, aber unser aller Dinge fänden einen Anhalt und ein Maß, deren wir dringend bedürften. Was wir vor allem bräuchten, seien Menschen, die durch einen gelebten Glauben Gott glaubwürdig machen in dieser Welt und in diesem Sinne schöpferische Minderheiten seien.[7]

Wie es eine Pathologie des Religiösen gibt, so gibt es auch eine Pathologie der Vernunft als Dialektik der Aufklärung. Rationalität kann selbstzerstörerisch werden, wenn sie sich von ihren Wurzeln löst und das Machenkönnen zum einzigen Maßstab erhebt. Der Maßstab der Vernünftigkeit wird dann

---

Warschau: Wie Johannes Paul II. zum ersten Mal Polen besuchte und warum man kein Christ sein braucht, um seine Lehren zu verstehen, in: Frankfurter Allgemeine Zeitung v. 13.8.2005.

6   Joseph Kardinal Ratzinger, Werte in Zeiten des Umbruchs, a.a.O. S. 96f.

7   Joseph Ratzinger, Europa in der Krise der Kulturen, in: Marecello Pesa, Josef Ratzinger, Ohne Wurzeln, a.a.O., S. 82.

allein aus den Erfahrungen des wissenschaftlich-technischen Funktionalität, der so genannten „instrumentellen Vernunft" genommen. Der Reduktionismus droht die Synthese von Vernunft, Religion und Recht zu zerstören.

Der Papst spricht von einer positiv verstandenen Trennung, die der Religion ihren vom Staat und seinen Ordnungen unterscheidenden Lebensraum achtet und schützt. Jürgen Habermas spricht von einer „postsäkularen Gesellschaft", die sich auf das Fortbestehen religiöser Gemeinschaften einzustellen hat. Er verweist darauf, dass der liberale Staat mit seinem egalitären Vernunftrecht religiöse Wurzeln hat. In der Logik der säkularen Gesellschaft werde Gläubigen aber die Aufgabe zugewiesen, in öffentlichen Diskussionen ihre Glaubensvorstellungen in eine säkulare Sprache zu übersetzen. Dies führe zu einem unfairen Ausschluss der Religion aus der Öffentlichkeit. Damit sich die postsäkulare Gesellschaft nicht von den wichtigen Ressourcen der Sinnstiftung abschneidet, solle sich auch die säkulare Seite einen Sinn für die Artikulationskraft religiöser Sprachen bewahren. Auch was nichtreligiös ist, sollte die Kraft, die aus den religiösen Quellen kommen kann, nicht verleugnen.[8]

Im öffentlichen Bewusstsein von einer postsäkularen Gesellschaft spiegelt sich dagegen eine normative Einsicht, die für den politischen Umgang von Ungläubigen mit gläubigen Bürgern Konsequenzen hat. In ihr setzt sich die Erkenntnis durch, dass die „Modernisierung des öffentlichen Bewusstseins" phasenverschoben religiöse wie weltliche Mentalitäten erfasse und reflexiv verändere. Beide Seiten könnten, wenn sie die Säkularisierung der Gesellschaft gemeinsam als einen komplementären Lernprozess begreifen, ihre Beiträge zu kontroversen Themen in der Öffentlichkeit dann auch aus kognitiven Gründen gegenseitig ernst nehmen. Eine liberale politische Kultur könne sogar von den säkularisierten Bürgern erwarten, dass sie sich an Anstrengungen beteiligen, relevante Beiträge aus der religiösen in eine öffentliche zugängliche Sprache zu übersetzen.[9]

Die Vorsilbe „inter" steht für Austausch, Öffnung und Wechselseitigkeit, aus denen im Idealfall eine gegenseitige Ergänzung zumindest aber ein friedliches Nebeneinander der Kulturen erwachsen könnte. Das Interkulturelle Lernen war bisher ein Tummelplatz idealistischer Pädagogen und Multikulturalisten oder von Geschäftemachern, die Wissen verkaufen. Zwischen diesen Polen gilt es erst eine realistische Form des Interkulturellen Lernens aufzubauen, die auf die Gegenseitigkeiten abhebt und benennt, wo ein Geben und Nehmen möglich ist und wo nicht.

---

8   Jürgen Habermas, Glauben und Wissen, Frankfurt/M 2001.
9   Jürgen Habermas, Vorpolitische Grundlagen des demokratischen Rechtsstaates?, in: ders., Joseph Ratzinger, Dialektik der Säkularisierung. Über Vernunft und Religion, Freiburg, Basel, Wien, S. 33ff.

Neue Leitbilder sind der beste Weg, um alte Leitbilder zu vergessen. Im Europa nach dem II. Weltkrieg wurde der Besitz von Land unwichtiger als in der Agrargesellschaft von einst. In der Wissensgesellschaft wird der Besitz von Wissen so wichtig wie der Besitz von Rohstoffen in der Industriegesellschaft. Von daher sind die Europäer heute mehr interessiert am Besitz von Know-how und Technologie, von Bildung und Humankapital als am Besitz von Land. Auch der Konkurrenzkampf um Wissen und um Technologien ist hart, aber es macht keinen Sinn, ihn mit gewaltsamen Mitteln zu führen. Er wird primär mit kulturellen Mitteln geführt.

Bildung als „Megathema des 21. Jahrhunderts" wird sich als kritischer Einspruch gegen die ausschließliche Zweckrationalität des Wissens und als Einspruch gegen einen in Funktionalitäten denkenden Modernisierungswahn behaupten müssen, der mittlerweile auch das Bildungswesen selbst erreicht hat. Jener europäische Geist, der allein Begeisterung für Europa auslösen kann, findet sich heute nicht in seinen Institutionen und Bildungsstätten. Letztlich wird aber der europäische Geist darüber entscheiden, ob Europa die Voraussetzungen einer zukunftsfähigen Kultur durch Bildung, Sparsamkeit, Erziehung, Verdienst nach Leistung, Gemeinsinnigkeit, Gleichwertigkeit und Gerechtigkeit in Ehren halten wird. Die Renaissance dieser soziokulturellen Tugenden und ihre Erweiterung um nachmoderne Tugenden wie Offenheit und Identität, Dynamik und Nachhaltigkeit könnte die europäische Kultur zu einem besseren Vorbild für die Modernisierungsprozesse anderer Kulturen machen.

Die Welt ist durch die Globalisierungsprozesse wieder flach geworden. Die allseitige Vergleichbarkeit von Produkten und damit auch allseitige Konkurrenz sind die ökonomische Folge und Vernetzungen und Verstrickungen sind die politische Folge. Zu diesem Megathema des 21. Jahrhunderts wird es keine Lösungen im Sinne einer Erlösung geben. Weder die Einseitigkeiten einer neoliberalen, mit dem Rückzug des Staates verbundenen Beschleunigung der Marktkräfte noch eine rigide Gegnerschaft gegen die Globalisierung helfen weiter. Bei der Suche nach einem dritten Weg kann Europa seine spezifische Dialektik einbringen.

Im Zusammentreffen der Kulturen muss sich die europäische Kultur definieren, d.h. auch begrenzen. Grenzenlosigkeit, ob in moralischer oder politischer Hinsicht, ist beinahe schon ein Synonym für die Auflösung von Kultur. Nach den Dekonstruktionen der Postmoderne geht es heute um die Rekonstruktion einer europäischen Nachmoderne, deren Offenheit durch Maßstäbe ausgefüllt und durch Grenzen geschützt wird. Die Kultur des Westens ist eben keine Kultur der Beliebigkeit. Bürger- und Menschenrechte stehen nicht einmal zur Debatte geschweige denn zur alternativen Mehrheitsentscheidung. Die Europäische Union wird dann eine Zukunft haben, wenn sie

sich auf die Stärken der abendländischen Kultur besinnt, sich durch Selbstbegrenzungen vor Überdehnungen schützt und sich gegenüber Relativismus
und totalitärem Fundamentalismus zu behaupten weiß.

Eine radikal offene Kultur, die sich nicht vor ihren Gegnern schützt, wäre eine beliebige Kultur, welche die Offenheit wieder verlieren würde. Die
Grenzen der Europäischen Union liegen paradoxerweise in der Vielfalt und
Offenheit der westlich-europäischen Kultur und in den freiheitlichen und
rechtsstaatlichen politischen Strukturen selbst. Gerade diese Vielfalt und
Offenheit und die sich daraus ergebende Lernfähigkeit fordern die Abgrenzung gegenüber denjenigen, welche die Vielfalt zerstören, die Offenheit
missbrauchen und die Lernfähigkeit nicht leisten können oder wollen. Um
die europäische Vielfalt und Offenheit zu bewahren, müssen beide begrenzt,
geschützt und mit identifizierbaren Inhalten gefüllt werden.

> „Horch auf dein Herz:
> Europa stirbt nicht:
> Es kann nicht sterben,
> solang du es liebst.“
>
> George Forestier

Literaturverzeichnis

Adam, Konrad, Die beiden Leitkulturen. Eine Besinnung auf die Zehn Gebote und die Menschenrechtstradition gilt als verdächtig. Derweil wird der Vormarsch des Islam akzeptiert, in: Die Welt v. 16.11.2005.

AG Europäische Integration, Beitrittskandidat Türkei Friedrich-Ebert Stiftung Bonn Februar 2004 .

Al-Azmeh, Aziz, Die Islamisierung des Islam. Imaginäre Welten einer politischen Theologie, Frankfurt/M 1996.

Alboga, Bekir, Islamische Welt. Selbstverständnis in Deutschland, in: Ost-West. Europäische Perspektiven Heft 1, 2004.

Altmann, Franz-Lothar, Südosteuropapolitik, in: Werner Weidenfeld, Wolfgang Wessels, (Hrsg.), Jahrbuch der Europäischen Integration 2002/2003, Berlin 2003.

Altmann, Franz-Lothar, Regionale Kooperation in Südosteuropa, in: Aus Politik und Zeitgeschichte, B 10-11/2003.

Ammann, Ludwig, Cola und Koran. Das Wagnis einer islamischen Renaissance, Freiburg, Basel, Wien 2004.

Anastasakis, Othon, Democratic Transition in Serbia and the Road to Europe; Two Steps Forward , One Step Back, in: Nicolas Hayoz, Leszek Jesien, Wim van Meurs (eds), Enlarged EU – Enlarged Neighbourhood. Perspectives of the European Neighbourhood Policies, Bern 2005.

Andruchowytsch, Juri, Das letzte Territorium, Frankfurt/M 2003.

Andruchowytsch, Juri , Stasiuk, Andrzej, Mein Europa, Frankfurt/M 2004 .

Andrukhovych, Yuri, Epilogue: The Color of Freedom and Oranges, in: Nicolas Hayoz, Andrej N. Lushnycky (EDS), Ukraine At A Crossroads, Bern u.a. 2005.

Angenendt, Arnold, Die religiösen Wurzeln Europas, in: Das gemeinsame Haus Europa, Hamburg 2001.

Anheim, Fritz Erich, Differenzierung tut not. Politische Bildung und die Neugliederung Osteuropas, in: Osteuropa, August 2005 .

Ansary, Tamin, Fragen an einen lesenden Afghanen. Der Westen hat es zugelassen, dass seine Kultur als Pornographie und Verbrechen wahrgenommen wird, in: Frankfurter Allgemeine Zeitung v. 10.10.2001.

Aron, Raymond, Plädoyer für das dekadente Europa, Frankfurt/M 1978.

Asmus, Ronald D., Der bewaffnete Fortschritt. Amerika muss den Nahen Osten demokratisieren. Und sei es mit militärischen Gewalt, in: Die Zeit v. 6.3.2003 .

Asmuth, Tobias, Das schwierige Leben im Wartesaal. Zehn Jahre nach Dayton: Bosnien-Herzegowina zwischen Hass und Hoffnung, in: Das Parlament v. 21.3.05.

Baberowski, Jörg, Der Feind ist überall. Stalinismus im Kaukasus, München 2003.

Baethge, Christopher, Amerika, Blicke. Über den Umgang mit Ambivalenz, in: Merkur, Heft 4/2004.

Bakradse, Lascha, Georgien - Europa oder Asien? Eine Betrachtung, in: Wostok-Spezial Georgien 1/2005 .

Barnett, Thomas P. M., The Pentagon`s New Map, New York 2004.

Barzun, Jacques, From Dawn To Decadence. 500 Years of Western Cultural Life. 1500 to the Present, New York 2001.

Baum, Hermann Alois, Das Paradoxon der unbeliebigen Beliebigkeit in der Postmoderne, in: Peter Boskamp, Heinz Theisen, (Hrsg.), Krisen und Chancen unserer Gesellschaft, Berlin 2002 .

Beck, Ulrich, Grande, Edgar, Das kosmopolitische Europa, Frankfurt/M 2004.

Bell, Daniel, Die Zukunft der westlichen Welt. Kultur und Technologie im Widerstreit, Frankfurt/M 1976.

Berber, Friedrich, Das Staatsideal im Wandel der Weltgeschichte, München 1978 2.Auflage.

Beyme, Klaus von, Gesellschaftlicher Wandel: Verlierer und Gewinner, in: Hans-Hermann Höhmann, Hans-Henning Schröder (Hrsg.), Russland unter neuer Führung. Politik, Wirtschaft und Gesellschaft am Beginn des 21. Jahrhunderts, Schriftenreihe der Bundeszentrale für politische Bildung, Bonn 2001.

Biedenkopf, Kurt, Die neue Sicht der Dinge. Plädoyer für eine freiheitliche Wirtschafts- und Sozialordnung, München 1985.

Birg, Herwig, Die demographische Zeitenwende. Der Bevölkerungsrückgang in Deutschland und Europa, München 2001.

Birg, Herwig, Dynamik der demographischen Alterung. Bevölkerungsschrumpfung und Zuwanderung in Deutschland, in: Aus Politik und Zeitgeschichte B20/2003 .

Biser, Eugen, Das Friedenspotential der abrahamitischen Weltreligionen, in: Mut. Zeitschrift für Kultur, Politik und Geschichte Mai 2004.

Böckenförde, Ernst Wolfgang, Die Entstehung des Staates als Vorgang der Säkularisation (1967), in: ders., Recht-Staat-Freiheit, Frankfurt/M 1991.

Böckenförde, Ernst-Wolfgang, Nein zum Beitritt der Türkei, in: Frankfurter Allgemeine Zeitung v. 10.12.2004.

Böckenförde, Ernst-Wolfgang, Europa und die Türkei. Die Europäische Union am Scheideweg?, in: Mut. Forum für Kultur, Politik und Geschichte, Juni 2005.

Bondar, Andrij, Revolution zu verschenken. Was wird aus der Ukraine?, in: Frankfurter Allgemeine Zeitung v. 5.10.2005.

Boskovska, Nada, „Jugoslawen" in der Schweiz. Von der pflegeleichten Minderheit zur problembehafteten größten Ausländergruppe, in: Neue Zürcher Zeitung v. 21./22.10.2000.

Bracher, Karl Dietrich, Die Krise Europas. Seit 1917, Aktualisierte Ausgabe, Berlin 1998.

Brague, Remi, Europäische Kulturgeschichte, in: Ralf Elm (Hrsg.), Europäische Identität: Paradigmen und Methodenfragen, Baden-Baden 2002.

Bremer, Thomas, Ist die Lage völlig verfahren? Katholische und orthodoxe Kirche in Russland, in: Herder Korrespondenz 56 9/2002 .

Breuer, Rita, Wie du mir so ich dir? Die Freiheit des Glaubens zwischen Christentum und Islam, in: Ursula Spuler-Stegemann (Hrsg.), Feindbild Christentum im Islam, Freiburg 2004.

Brooks, David, America´s Moral Revival, in: International Herald Tribune v. 9.8.2005 .

Brügel, Johann Christoph, Allmacht und Mächtigkeit. Religion und Welt im Islam,

München 1991.

Buchanan, Patrick J., The Death of the West. How dying Populations and Immigrant Invasions Imperil Our Country and Civilization, New York 2002.

Burgdorf, Wolfgang, Die europäische Antwort. Wir sind der Türkei verpflichtet, in: Frankfurter Allgemeine Zeitung v. 6.1.2004.

Bürkle, Horst, Das Christentum und die Integration Europas. Der europäische Gedanke. Hintergrund und Finalität. hrsg. von Reinhard C. Meier-Walser, Bernd Rill (Sonderausgabe Politische Studien), München 2000.

Buruma, Ian, Margalit, Avishai, Okzidentalismus. Der Westen in den Augen in den Augen seiner Feinde, München, Wien 2005.

Buscher, Herbert S., Stüber, Heiko, Ein Jahr EU-Osterweiterung: Erste Erfahrungen, Probleme, Aussichten, Konrad-Adenauer-Stiftung, Sankt Augustin 2005.

Büscher, Wolfgang, Berlin-Moskau. Eine Reise zu Fuß, Reinbek 2003, 5.Auflage.

Calic, Marie-Janine, Der Stabilitätspakt für Südosteuropa. Eine erste Bilanz, in: Aus Politik und Zeitgeschichte B 13-14/2001.

Capra, Fritjof, Verborgene Zusammenhänge. Vernetzt denken und handeln - in Wirtschaft, Politik, Wissenschaft und Gesellschaft, Bern, München, Wien 2002.

Castells, Manuel, Die Macht der Identität. Teil 2 der Trilogie. Das Informationszeitalter, Opladen 2002.

Castells, Manuel, Der Aufstieg der Netzwerkgesellschaft, Opladen 2003.

Conze, Werner, Ostmitteleuropa. Von der Spätantike bis zum 18. Jahrhundert, München 1992.

Coudenhove-Kalergi, Richard, Die Wiedervereinigung Europas, Wien, München 1964.

Cuperus, Rene, Das populistische Defizit. Im 21. Jahrhundert müssen Sozialdemokraten die „Sprache der echten Wirklichkeit" neu lernen, in: Berliner Republik, 6/2003.

Czempiel, Ernst-Otto Unsichtbare Macht. Die Ausbreitung der Demokratie ist das Gebot der modernen Welt. Militärische Mittel taugen dafür jedoch wenig, in: Internationale Politik Heft 5/2005.

D`Souza, Dinesh, What`s so great about America, New York 2002.

Delgado, Mariano, Ein Glaube, verschiedene Wege. Europäisches Christentum an der Schwelle zum dritten Jahrtausend, in: Das gemeinsame Haus Europa, Hamburg 2001.

Delhey, Jan, Korruption in Bewerberländern zur Europäischen Union, in: Soziale Welt 3/2002.

Delors, Jacques, Eine Avantgarde als Motor für den europäischen Einigungsprozess, in: Werner Weidenfeld (Hrsg.), Europa-Handbuch, a.a.O., S. 854.

Derrida, Jacques, Habermas, Jürgen, Unsere Erneuerung. Nach dem Krieg: Die Wiedergeburt Europas, in: Frankfurter Allgemeine Zeitung v. 31.5.2003.

Deutsch-Belarussische Gesellschaft (Hrsg.), Bibliographie Belarus/Weißrussland 1990-2000. Vom Aufbruch zum Umbruch. Eine Sammlung von Publikationen in westlichen Sprachen, zusammengestellt von Jan Ulrich Claus.

Di Fabio, Udo, Die Kultur der Freiheit, München 2005.

Diamond, Jared, Kollaps. Warum Gesellschaften überleben oder untergehen? Frankfurt/M. 2005, 2. Auflage.

Dietz, Barbara, Ost-West-Migration im Kontext der EU-Erweiterung, in: Aus Politik und Zeitgeschichte B 5-6/2004.

Diner, Dan, Von der „Urkatastrophe" zur „Dauerkatastrophe", in: Universitas August 1999 .

Duncker, Gerhard, Zwischen Konstantinopel und Istanbul. Erfahrungen eines deutschen Pfarrers in der Türkei, in: Ursula Spuler-Stegemann (Hrsg.), Feindbild Christentum im Islam, Freiburg 2004.

Durant, Will, Kulturgeschichte der Menschheit. Weltreiche des Glaubens, Bd.5, München 1985.

Durkot, Juri, Auf dem Weg nach Europa - an der Grenze zu Schengen, in: Wostok 3/2003.

Durkot, Juri, Schwenk nach Osten - die Ukraine und die Vierer-Union, in: Wostok 4/2003.

Eagleton, Terry, Was ist Kultur? Eine Einführung, München 2001.

Edmond, John, The Next Mediterranean Enlargement of the European Community: Turkey, Cyprus and Malta? Dartmouth 1992.

Empfehlung der Europäischen Kommission zu den Fortschritten der Türkei auf dem Weg zum Beitritt, in: Helmut König, Manfred Sicking (Hrsg.), Gehört die Türkei zu Europa? Wegweisungen für ein Europa am Scheideweg, Bielefeld 2005.

Erdmann, Klaus, Theisen, Heinz (Hrsg.), Der west-östliche Hörsaal. Interkulturelles Lernen zwischen Ost und West, Berlin 2000. .

Fehr, Helmut, Eliten und Bürgergesellschaft in Ostmitteleuropa (1968-2003), in: Aus Politik und Zeitgeschichte B 5-6/2004.

Ferguson, Nial, Das verleugnete Imperium. Chancen und Risiken amerikanischer Macht, Berlin 2004.

Fischer, Karsten, Das Projekt des Fundamentalismus. Über Kulturkritik und Identitätspolitik, in: Merkur, Heft 4.

Flasch, Kurt, Wert der Innerlichkeit, in: Hans Joas und Klaus Wiegandt (Hrsg.), Die kulturellen Werte Europas, Frankfurt 2005, 2.Auflage.

Flückiger, Paul, Die Cliquen-Wirtschaft, in: Die Zeit v. 5.1. 2005.

Freise, Josef, Aspekte der Identitätsentwicklung zugewanderter Jugendlicher: allgemeine Spannungsfelder, das Problem der Diskriminierung und Konsequenzen für die Jugendhilfe, in: Katja Feld, Josef Freise, Annette Müller (Hrsg.), Mehrkulturelle Identität im Jugendalter. Die Bedeutung des Migrationshintergrunds in der Sozialen Arbeit, Münster 2004.

Freise, Josef, Interkulturelle Soziale Arbeit. Theoretische Grundlagen - Handlungsansätze - Übungen zum Erwerb interkultureller Kompetenz, Schwalbach 2005 .

Friedmann Thomas L., The Lexus and the Olive Tree, New York 1999.

Friedrich, Hajo, Quizsendungen sollen Europa in die Wohnzimmer tragen. Wie Politiker Interesse und Aufmerksamkeit der Bürger schärfen wollen, in: Frankfurter Allgemeine Zeitung v. 9.11.2004 .

Fuhrmann, Manfred, Bildung. Europas kulturelle Identität, Stuttgart 2002.

Gadamer, Hans Georg, Wahrheit und Methode. Grundzüge einer philosophischen Hermeneutik, Tübingen 1990, 6.Auflage.

Garin, Eugenio, Die Kultur der Renaissance, in: Propyläen Weltgeschichte, Sechster

Band, Frankfurt/M 1976.

Geiss, Immanuel, Europas Identität, in: Universitas Heft 9, 2004.

Genscher, Hans-Dietrich, Vorwort, in: Zbigniew Brzezinski, Die einzige Weltmacht. Amerikas Strategie der Vorherrschaft, Frankfurt/M, 2002, 5.Auflage.

Gerhards, Jürgen, Europäische Werte - Passt die Türkei kulturell in die EU?, in: Aus Politik und Zeitgeschichte B38/2004 .

Gerhards, Jürgen, unter Mitarbeit von Michael Hölscher, Kulturelle Unterschiede in der Europäischen Union. Ein Vergleich zwischen Mitgliedsländern, Beitrittskandidaten und der Türkei, Wiesbaden 2005.

Giddens, Anthony, Jenseits von Links und Rechts, Frankfurt/M 1997.

Gilly, Seraina, Die baltischen Staaten 10 Jahre nach der wiedererlangten Unabhängigkeit: unter besonderer Berücksichtigung Estlands, in: 10 Jahre seit dem Untergang der Sowjetunion. Der postsowjetische Raum im Wandel, hrsg. von der Schweizerischen Osteuropabibliothek, Bern 2002.

Giordano, Ralph, Islam, Islamismus - Totalitarismus des 21. Jahrhunderts?, in: Bernhard C. Wintzek (Hrsg.), Denkfalle Zeitgeist. Eine Ermutigung zu Maß und Mitte, Asendorf 2003.

Glucksmann, Andre, Russisches Roulette - Die Anbetung der Führer im Osten hat im Westen Tradition, in: Die Welt v. 10.1.2004.

Göllner, Josef Thomas, „Ich wurde mit dem Schwert in der Hand zu euch gesandt", in: Das Parlament v. 29.3.04.

Gollwitzer, Helmut, Europa, Abendland, in: Joachim Ritter (Hrsg.), Historisches Wörterbuch der Philosophie II, Basel, Stuttgart 1972.

Götz, Roland, Die wirtschaftliche Kluft zwischen Russland und dem Westen, in: Russland in Europa? Innere Entwicklungen und internationale Beziehungen - heute, hrsg. vom Bundesinstitut für ostwissenschaftliche Studien, Köln u.a. 2000.

Grant, Michael, Der Untergang des Römischen Reiches, Bergisch-Gladbach 1988.

Grosser, Alfred, Deutschland in Europa, Weinheim, Basel 1998.

Guardini, Romano, Der Gegensatz. Versuch zu einer Philosophie des Lebendig-Konkreten, Mainz 1985, 3. Auflage.

Guggenberger, Bernd, Sein oder Design. Im Supermarkt der Lebenswelten, Reinbek 2000, S. 289f.

Habermas, Jürgen Warum braucht Europa eine Verfassung?, in: Die Zeit v. 28.6.2001.

Habermas, Jürgen, Glauben und Wissen, Frankfurt/M 2001.

Habermas, Jürgen, Vorpolitische Grundlagen des demokratischen Rechtsstaates?, in: ders., Joseph Kardinal Ratzinger, Dialektik der Säkularisierung. Über Vernunft und Religion, Freiburg, Basel, Wien 2002.

Hankel, Wilhelm, Schachtschneider, Karl Albrecht, Starbatty, Joachim, Die Euro-Illusion - Ist Europa noch zu retten?, Reinbek 2001 .

Hänsch, Klaus, Europäische Skepsis und europäische Erwartungen, in: Neue Gesellschaft/Frankfurter Hefte 12/2004.

Harprecht, Klaus, Bibelfest ins Übermorgen. Wie hälst du`s mit der Religion? Die Antwort darauf trennt Amerika von Europa - und die Kluft wird immer breiter, in: Die Zeit v. 5.12.2002.

Harrison, Lawrence E., Zur Förderung eines fortschrittlichen kulturellen Wandels, in: ders., S. Huntington (Hrsg.), Streit um Werte. Wie Kulturen den Fortschritt prägen, Hamburg, Wien 2000.

Hatschikjan, Magarditsch, Die „großen Fragen" in Südosteuropa. Ein Balkan-Locarno für stabile Strukturen, in: Aus Politik und Zeitgeschichte B 13-14/2001.

Hayoz, Nicolas, Jesien, Leszek, Meurs; Wim van (eds), Enlarged EU – Enlarged Neighbourhood. Perspectives of the European Neighbourhood Policy, Bern 2005
.

Hayoz, Nicolas, Lushynsky, Andrej N. Prologue: Ukraine`s New Deal, in: dies. (Eds), Ukraine At A Crossroads, Bern u.a. 2005.

Heitmeyer, Wilhelm; Müller, Joachim; Schröder, Helmut, Verlockender Fundamentalismus. Türkische Jugendliche in Deutschland, Frankfurt/M 1997.

Herbert-Quandt-Stiftung (Hrsg.), Europäische Identität und kultureller Pluralismus: Judentum, Christentum und Islam in europäischen Lehrplänen. Empfehlungen für die Praxis, Bad Homburg 2003.

Herman, Arthur, Propheten des Niedergangs. Der Endzeitmythos im westlichen Denken, Berlin 1998.
.

Herrmann, Rainer, Die ideologische Leere. Der Anstoß für einen neuen Diskurs für die arabische Welt könnte aus der Türkei kommen, in: Frankfurter Allgemeine Zeitung v. 19.12.2003.

Hermann, Rainer, Im Geist von Tarabya. Deutsche und Türken diskutieren über die Entwicklung des Islams, in: Frankfurter Allgemeine Zeitung v. 1.7.2004.

Hermann, Rainer, Die Türkei hat ihre Wirtschaft umgebaut, in: Frankfurter Allgemeine Zeitung v. 4.10.2005.

Hesse, Konrad, Grundzüge des Verfassungsrechts der Bundesrepublik Deutschland, neu bearbeitete Auflage Heidelberg 1990.

Heumann, Hans-Dieter, Deutsche Außenpolitik jenseits von Idealismus und Realismus, München 2001.

Heusgen, Christoph, Auf dem Weg zu einer gemeinsamen Außen- und Sicherheitspolitik der Europäischen Union, in: Till Blue, Till Lorenzen, Andreas Warntjen (Hsg), Herausforderung Europa - Von Visionen zu Konzepten, Baden-Baden 2003.

Hoch, Marc, Endspiele im Kosovo, in: Süddeutsche Zeitung v. 4.5.2005.

Höffe, Otfried, Über die Macht der Moral, in: ders.: (Hrsg.), Lesebuch zur Ethik. philosophische Texte von der Antike bis zur Gegenwart, München 1999, 2. Auflage, .

Höffe, Otfried, Das Übermorgenland. So schnell wird die Türkei nicht europäisch, in: Frankfurter Allgemeine Zeitung v. 11.12.2002.

Holm, Kerstin, Das korrupte Imperium. Ein russisches Panorama, München, Wien 2003.

Holm, Kerstin, Massentrost in der Wüste. Gottes eigener Kontinent, in: Frankfurter Allgemeine Zeitung v. 27.2.2004.

Homann, Karl, Vorteile und Anreize. Zur Grundlegung einer Ethik der Zukunft, hrsg. von Christoph Lütge, Tübingen 2002.

Hösch, Edgar, Geschichte der Balkanländer. Von der Frühzeit bis zur Gegenwart, München 1933.

Hösle, Vittorio, Moral und Politik. Grundlagen einer politischen Ethik für das 21. Jahrhundert, München 1997.

Hösle, Vittorio, Könnte die Europäische Union als Bundesstaat funktionieren?, in: Universitas 12/2001.

Hübner, Kurt, Der Unterschied des Abendlandes. Was die Präambel der Europäischen Verfassung verschweigt, in: Frankfurter Allgemeine Zeitung v. 19.5.2005.

Hübner, Kurt, Kritische Bemerkungen zur Präambel der europäischen Verfassung, in: Mut. Zeitschrift für Kultur, Politik und Geschichte, September 2005 .

Huntington, Samuel, Kampf der Kulturen. Die Neugestaltung der Weltpolitik im 21. Jahrhundert, München, Wien 1996, 4. Auflage.

Huntington Samuel, Kulturen zählen, in: Ders., Lawrence E. Harrison (Hrsg.), Streit um Werte. Wie Kulturen den Fortschritt prägen, Hamburg, Wien 2000.

Huntington, Samuel, Who Are We? America`s Great Debate, London 2004.

Ignatow, Assen, Europa im russischen Diskurs: Die neue Phase einer alten Debatte, in: Russland in Europa? Bonn 2002.

Ingold, Felix Philipp, Doppeladler und Stalinhymne, in: Neue Zürcher Zeitung v. 20.12.2000.

Ingold, Felix Philipp, Noch angesichts von Peitschenhieben strotzt du vor Eitelkeit, in: Frankfurter Allgemeine Zeitung v. 4.1.2003.

International Monetary Fund (IMF), World Economic Outlook. Focus on Transition Economies, Washington 2000.

Isensee, Josef, Die christliche Identität Europas, in: Walter Fürst, Joachim Drumm, Wolfgang M. Schröder (Hrsg.), Ideen für Europa. Christliche Perspektiven der Europapolitik, Münster 2004.

Jacobs, Andreas, Islam und Gewalt, in: Mut. Forum für Kultur, Politik und Geschichte, 3/2005.

Jenkins, Phillip, The Next Christendom: The Coming of Global Christianity, Oxford 2002.

Joachim, Fest, Die schwierige Freiheit, Berlin 1993.

Joas, Hans, Wiegandt, Klaus, (Hrsg.), Die kulturellen Werte Europas, Frankfurt/M 2005, 2.Auflage.

Joffe, Josef, Die Offensive des Islamo-Faschismus, in: Die Zeit v. 18.3.2004.

Joffe, Josef, Die Verständnis-Falle, in: Die Zeit v. 9.9.2004.

Kaelble, Hartmut, Schmid, Günther, (Hrsg.), Das europäische Sozialmodell. Auf dem Weg zum transnationalen Sozialstaat, Berlin 2004; .

Kant, Immanuel, Werke in sechs Bänden, hrsg. von Wilhelm Weischedel, Wiesbaden und Frankfurt/M 1956, IV Bd. .

Kaps, Carola, Zwischen Licht und Schatten. Eine erste Bilanz des Stabilitätspakts für Südosteuropa, in: Frankfurter Allgemeine Zeitung v. 26.10.2001.

Kasper, Walter, Theologische Hintergründe im Konflikt zwischen Moskau und Rom, in: Ost-West. Europäische Perspektiven 3 (2002) Heft 3.

Kaufmann, Franz Xaver, Schrumpfende Gesellschaft. Vom Bevölkerungsrückgang und seinen Folgen, Frankfurt/M 2005.

Kemp, Wolfgang Die Selbstfesselung der deutschen Universität. Eine Evaluation, in: Merkur Heft 4, 2004.

Kennedy, Paul, Aufstieg und Fall der großen Mächte. Ökonomischer Wandel und militärischer Konflikt von 1500 bis 2000, Frankfurt/M 1989.

Kermani, Navid, Das heilige Phantasma, in: Die Zeit v. 2.1.2003.

Kissinger, Henry, Die Herausforderung Amerikas. Weltpolitik im 21. Jahrhundert, München, Berlin 2002 .

Kleine-Brockhoff, Thomas, Wenn Rassenruhe ausbricht. Kalifornien erlebt das größte Sozialexperiment aller Zeiten: der stete Zuzug von Einwanderern lässt die Weißen zu einer Minderheit werden - ohne Unruhen, ohne Proteste. Beobachtungen aus San Jose, einer Stadt, in der 177 Nationalitäten ohne Leitkultur auskommen, in: Die Zeit v. 28.6.2001.

Kleinert, Detlef, Balkan - war da was? Eine Zwischenbilanz, in: Mut. Forum für Kultur, Politik und Geschichte,. Februar 2004 .

Köcher, Renate, Beklommenheit vor dem historischen Schritt. Die Bevölkerung sieht überwiegend Risiken der Ost-Erweiterung der EU, in: Frankfurter Allgemeine Zeitung v. 21.4.2004.

Köcher, Renate, Wirtschafts- oder Wertegemeinschaft? Die Frage des Beitritts der Türkei entscheidet über den künftigen Weg Europas, in: Frankfurter Allgemeine Zeitung v. 19.2.2003.

Kocka, Jürgen, Wo liegst du, Europa? Die Identität des Kontinents ist nicht eindeutig. Aber es gibt Kriterien, an denen man sie erkennt, in: Die Zeit v. 28.11.2002.

Kolakowski, Leszek, Die Wiedergeburt des Abendlandes?, in: Europa - Horizonte der Hoffnung, in: Karl Rahner, (Hrsg.), Europa - Horizonte der Hoffnung, München 1980.

Konrad-Adenauer Stiftung, Religion-Politik-Gesellschaft. Ergebnisse einer repräsentativen Umfrage, Sankt Augustin, Mai 2003.

Koschnik, Hans, Politische Friedensarbeit im Auftrag der Europäischen Union in Mostar, in: Peter Graf (Hrsg.), Dialog zwischen den Kulturen in Zeiten des Konflikts, Osnabrück 2003.

Kramer, Heinz, Die Europäische Gemeinschaft und die Türkei. Entwicklung, Probleme und Perspektiven einer schwierigen Partnerschaft, Baden-Baden 1988.

Krüssmann, Michael, Privatisierung und Umstrukturierung in Russland, Berlin 1998.

Küenzlen, Gottfried, Die Wiederkehr der Religion, München 2003.

Kuhn, Thomas S., Die Struktur wissenschaftlicher Revolutionen, Frankfurt 1976, 2.Auflage.

Küng, Hans, Josef van Ess, Christentum und Weltreligionen. Islam, München 1990, 2.Auflage.

Küng, Hans, Projekt Weltethos, München, Zürich 1990.

Küng, Hans, Das Christentum. Wesen und Geschichte, München 1994, 3. Auflage.

Küng, Hans, Spurensuche. Die Weltreligionen auf dem Weg, München 1999, 3.Auflage.

Küng, Hans, Das Judentum. Die religiöse Situation der Zeit, München, Zürich 2004.

Kurennoji, Alexander, Das Rechtssystem Russlands im Hinblick auf die öffentliche Verwaltung, in: Klaus Erdmann, Heinz Theisen (Hrsg.), Gibt es eine gemeinsame Zukunft? Die öffentlichen Verwaltungen Russlands und Deutschlands im

Transformationsprozess, Schriftenreihe der Fachhochschule des Bundes für öffentliche Verwaltung, Brühl 1998.

Kutz, Martin, Zentrum und Peripherie, oder: Über den Zusammenhang von kultureller und wirtschaftlicher Dynamik Europas in Geschichte und Gegenwart, in: Martin Kutz, Peter Wegland (Hrsg.), Europäische Identität? Versuche, kulturelle Aspekte eines Phantoms zu beschreiben. Schriftenreihe des wissenschaftlichen Forums für internationale Sicherheit Bd. 15, Bremen o.J. .

Lampert, Heinz, Bossert, Albrecht, Die Wirtschafts- und Sozialordnung der Bundesrepublik Deutschland im Rahmen der Europäischen Union, München 2001.

Landes, David, Wohlstand und Armut der Nationen. Warum die einen reich und die anderen arm sind, Berlin 1999.

Langner, Katrin, Verstärkte Zusammenarbeit in der Europäischen Union. Stärkung der Integration oder hin zu einem Europa von mehreren Geschwindigkeiten?, Frankfurt/M 2004.

Laqueur, Walter, Krieg dem Westen. Terrorismus im 21. Jahrhundert, München 2003.

Laqueur, Walter, Europa im 21. Jahrhundert, Merkur August 2005.

Laschet, Armin, Länger beraten als eine Zigarettenpause lang, in: Frankfurter Allgemeine Zeitung v. 30.6.2004.

Lau, Mariam, Kerneuropa bleibt sich treu. Streifzug durch den Antiliberalismus, in: Kapitalismus oder Barbarei?, Merkur Heft 9/10 2003.

Leggewie, Claus, Die Türkei in der Europäischen Union? Zu den Positionen der Debatte, in: ders. (Hrsg.), Die Türkei und Europa. Die Positionen, Frankfurt/M 2004.

LeGoff, Jacques, Das alte Europa und die Welt der Moderne, München 1994.

LeGoff, Jacques, Die Geburt Europas im Mittelalter, München 2004.

Leithäuser, Johannes, Die hohe Kunst des Gesprächs. Öffentliches Nachdenken über den Islam und die Folgen für die westliche Welt, in: Frankfurter Allgemeine Zeitung v. 12.11.2002.

Lerch, Wolfgang Günter, Allzeit westwärts. Die EU-Vollmitgliedschaft ist für die Türkei auch eine Frage der Ehre, in: Frankfurter Allgemeine Zeitung v. 15.7.2004.

Lewis, Bernard, Der Atem Allahs. Die islamische Welt und der Westen - Kampf der Kulturen?, Frankfurt, 2001, 3.Auflage.

Lewis, Bernard, Der Untergang des Morgenlandes. Warum die islamische Welt ihre Vorherrschaft verlor, Bergisch-Gladbach 2002.

Lewis, Bernard, Der Atem Allahs. Die islamische Welt und der Kampf der Kulturen, Bergisch-Gladbach 2002.

Lewis, Bernard, Die Wut der arabischen Welt. Warum der jahrhunderte lange Konflikt zwischen dem Islam und dem Westen weiter eskaliert, Frankfurt/M, New York 2003.

Lewschin, Alexander, Die Korruption in der Ukraine - Bremse der wirtschaftlichen Entwicklung, in: Wostok Nr. 4/2000.

Libal, Wolfgang, Kohl, Christine von, Der Balkan. Stabilität oder Chaos in Europa, Hamburg, Wien 2000.

Lindner, Rainer, Am Ende des Lateins? Belarus, die EU und das europäische Erbe, in:

Osteuropa 2/2004.

Lipset, Seymour Martin, Lenz, Gabriel Salman, Korruption, Kultur, Märkte, in: Lawrence E. Harrison, Samuel P. Huntington (Hrsg.), Streit um Werte, a.a.O.

Lorz, Ralph Alexander, Zurück in die Zukunft, in: Frankfurter Allgemeine Zeitung v. 24.11.2004.

Luchterhand, Otto, Zum Entwicklungsstand von Rechtsstaat und Bürgergesellschaft, in: Russland in Europa, Bundeszentrale für politische Bildung Bonn 2002.

Mackow, Jerzy, Am Rande Europas? Nation, Bürgergesellschaft und außenpolitische Integration in Belarus, Litauen, Polen, Russland und der Ukraine, Freiburg, Basel, Wien 2004.

Mai, Gunther, Europa 1918-1939. Mentalitäten, Lebensweisen, Politik zwischen den Weltkriegen, Stuttgart 2001.

Maier, Hans, Welt ohne Christentum - was wäre anders? Freiburg, Basel, Wien 1999.

Maier, Hans, Europäische Kultur: Phantom oder Wirklichkeit?, in: Ost-West. Europäische Perspektiven 2, 2001 Heft 4.

Malik, Fredmund, Führen Leisten Leben. Wirksames Management für eine neue Zeit, Stuttgart, München 2004, 16.Auflage.

Malinoswski, Krzystof, Wo endet Europa? Polnische Ansichten zum europäischen Limes, in: Hans Arnold, Raimund Krämer (Hrsg.), Sicherheit für das größere Europa. Polnische Optionen im globalen Spannungsfeld, Texte der Stiftung Entwicklung und Frieden Band 14, Bonn 2002.

Manaeu, Aleh, Langer Marsch - bloß wohin? Integrationswandel im Wandel, in: Osteuropa 2/2004.

Mappes-Niediek, Norbert, Balkan-Mafia. Staaten in der Hand des Verbrechens, Berlin 2003.

Mappes-Niediek, Norbert, Der Geschmack von Freiheit und Anarchie, in: Die Zeit v. 7.11.2002.

Margolina, Sonja, Hilfe und Korruption oder die Tücken des Altruismus, in: Karl Eimermacher, Ursula Justus (Hrsg.), Vom Sinn und Unsinn westlicher Förderung in Russland, Bochum 2002.

Margolina, Sonja, Pax Eurasica. Die russische Idee nimmt Konturen an: Aus russischen Zeitungen, in: Frankfurter Allgemeine Zeitung v. 27.6.01 .

Mazower, Mark, Der dunkle Kontinent. Europa im 21. Jahrhundert, Frankfurt/M.

Mazower, Mark, Der Balkan, Berlin 2002.

Meier, Christian, Das „europäische Wunder". Die Frage nach seinen Voraussetzungen, in: Merkur Heft 5/2001.

Meier, Christian, Die griechisch-römische Tradition, in: Hans Joas, Klaus Wiegandt (Hrsg.) Die kulturellen Werte Europas, Frankfurt/M 2005, 2. Auflage .

Melamedow, Grigori, Die Perspektiven der russisch-ukrainischen Beziehungen, in: Wostok 1/2005.

Meri, Lennart, Wenn es keine Kleinstaaten gäbe, müsste man sie erfinden. Das Wissen um die eigene Kleinheit verpflichtet, die Identität zu bewahren, in: Neue Zürcher Zeitung v. 28/29.7.2001.

Merkel, Wolfgang, Systemtransformation. Eine Einführung in die Theorie und Empirie der Transformationsforschung, Opladen 1999.

Merkel, Wolfgang, Demokratie in Asien. Ein Kontinent zwischen Diktatur und Demokratie, Bonn 2003 .

Mernissi, Fatima, Islam und Demokratie. Die Angst vor der Moderne, Freiburg 2002.

Merzinger, Udo M., Die Huntington-Debatte. Die Auseinandersetzung mit Huntingtons „Clash of Civilizations" in der Publizistik, Kölner Arbeiten zur internationalen Politik, Bd.13, Köln 2000.

Metzger, Albrecht, Islam und Politik, Informationen zur politischen Bildung, hrsg. von der Bundeszentrale für politische Bildung, Bonn 2002.

Meurs, Wim van, Den Balkan integrieren. Die europäische Perspektive der Region nach 2004, in: Aus Politik und Zeitgeschichte B10-11/2003.

Meurs, Wim van, Die neue Nachbarschaft. Der Blick jenseits der großen Erweiterung von 2004, in: Europäisch Zeitung, Juni 2003.

Meyer, Thomas, Fundamentalismus - Aufstand gegen die Moderne, Hamburg 1989.

Meyer, Thomas, Identitätspolitik - vom Missbrauch kultureller Unterschiede, Frankfurt/M 2002.

Meyer, Thomas, Die Identität Europas. Der EU eine Seele?, Frankfurt/M 2004.

Miegel, Meinhard, Die deformierte Gesellschaft. Wie die Deutschen ihre Wirklichkeit verdrängen , Berlin, München 2003.

Miegel, Meinhard, Epochenwende. Gewinnt der Westen die Zukunft? Berlin 2005, 3.Auflage .

Miljutenko, Wladimir, Abgrund der Armut in einem reichen Land, in: Wostok 3/2003.

Mitteilung der Kommission, Europäische Nachbarschaftspolitik, Strategiepapier, Kommission 2004, v. 12.5.2004.

Mitterauer, Michael, Warum Europa? Mittelalterliche Grundlagen eines Sonderwegs, München 2003, 2. Auflage.

Mögelin, Chris, „Die Transformation von Unrechtsstaaten in demokratische Rechtsstaaten". Rechtlicher und politischer Wandel in Mittel- und Osteuropa am Beispiel Russlands, Berlin 2003.

Moltmann, Jürgen, Die Würde der Differenz. Im sich verschärfenden Kopftuchstreit muss der Staat anerkennen, das die Symbole der Religionen nicht alle gleichwertig sind, in: Die Zeit v. 26.2.2004.

Müller, Harald, Das Zusammenleben der Kulturen. Ein Gegenentwurf zu Huntington, Frankfurt/M1999, 3.Auflage.

Müller, Herbert Landolin, „Das Christentum" aus der Perspektive der internationalen islamistischen Bewegung, in: Ursula Spuler-Stegemann, (Hrsg.), Feindbild Christentum im Islam. Eine Bestandsaufnahme, Freiburg 2004, S. 110.

Münch, Richard, Die Kultur der Moderne, Bd.1 und 2, Frankfurt/M 1986.

Münch, Richard, Europa als Projekt der Identitätsbildung, in: Till Blume, Till Lorenzen, Andreas Warntjen (Hrsg.), Herausforderung Europa - Von Visionen zu Konzepten, Baden-Baden 2003.

Murray, Charles, Europa, du warst besser. Fast alle Errungenschaften verdankt die Menschheit dem Alten Kontinent, in: Die Zeit v. 22.4.04.

Musharraf, General Pervez, Die Strategie der aufgeklärten Moderation, in: Frankfurter Allgemeine Zeitung v. 2.6.2004.

Nadas, Peter, Parasitäre Systeme. Vom geistigen und mentalen Trümmerhaufen, den uns der Kalte Krieg hinterließ, in: Neue Zürcher Zeitung v. 4./5. 11.2000.

Nida-Rümelin, Julian, Demokratie als Kooperation, Frankfurt/M 1999 .

Noelle, Elisabeth, Mehr miteinander sprechen. In Deutschland will nicht zusammenwachsen, was zusammengehört, in: Frankfurter Allgemeine Zeitung v. 21.7. 2004.

Nothelle-Wildfeuer, Ursula, Menschenwürde, soziale Gerechtigkeit und Sozialstaat, in: Manfred Nicht, Armin Wildfeuer (Hrsg.), Person - Menschenwürde - Menschenrechte im Disput, a.a.O.

Nye, Joseph S., Das Paradoxon der amerikanischen Macht. Warum die einzige Supermacht der Welt Verbündete braucht, Hamburg 2003.

Orlando, Leoluca, Das Problem der Identität, in: Mut. Zeitschrift für Kultur, Politik und Geschichte 7/2004 .

Ostrogorski, Wladimir, Quo vadis, Russland?, in: Wostok 3/2002.

Ott, Alexander, Die Ukraine: Partner oder Vasall Russlands?, in: Russland in Europa? Bundeszentrale für politische Bildung 2003 .

Pan`kouski, Sjarhej, Minsk - das Vierte Rom?, in: Osteuropa 2/2004.

Perovic, Latinka, „Serbiens Regime in historischer Perspektive. Dominanz des Kollektivismus über liberales Denken, in: Neue Zürcher Zeitung v. 28.9.2000.

Perzanowska-Zamajtis, Malgorzata, Polen - Brücke zwischen der EU und Europas Osten?, in: National and International Studies. Public Administration, Bialystok 2/2004.

Pflüger, Friedbert, Ein neuer Weltkrieg? Die islamistische Herausforderung des Westens, München 2004.

Platzer, Hans-Wolfgang, Sozial- und Beschäftigungspolitik - Herausforderungen und Aufgaben für die Europäische Union, in: Europa an der Schwelle zum 21. Jahrhundert, hrsg. von der Bundeszentrale für politische Bildung, Bonn 1998.

Pleines, Heiko, Korruption und organisierte Kriminalität, in: Russland unter neuer Führung, a.a.O.

Pollack, Detlef, Religion und Politik in den postkommunistischen Staaten Ostmittel- und Osteuropas, in: Aus Politik und Zeitgeschichte B 42-43/2002.

Pond, Elisabeth, Die Stunde Europa. Ein Kontinent auf dem Weg zur Weltmacht, Berlin , München 2000.

Porter, Michael E., Einstellungen, Werte, Überzeugungen und die Mikroökonomie des Wohlstands, in: Lawrence E. Harrison, Samuel P. Huntington (Hrsg.), Streit um Werte, a.a.O., S. 37ff.

Putnam, Robert D., Making Democracy Work: Civic Traditions in Modern Italy, Princeton-New Jersey 1993.

Rakava, Alena, Gegen den Strom. Belarussische Kleinunternehmen, in: Osteuropa 2/2004.

Ratzinger, Joseph Kardinal, Gott und die Welt. Glauben und Leben in unserer Zeit. Ein Gespräch mit Peter Seewald, Stuttgart, München 2000.

Ratzinger, Joseph Kardinal, Glaube Wahrheit Toleranz. Das Christentum und die Weltreligionen, Freiburg Basel Wien 2003 .

Ratzinger, Joseph Kardinal, Warum hasst sich der Westen?, in: Cicero. Magazin für politische Kultur Juni 2004.

Ratzinger, Josef Kardinal, Werte in Zeiten des Umbruchs. Die Herausforderungen der Zukunft bestehen, Freiburg 2005.

Ratzinger, Joseph Kardinal, Europa in der Krise der Kulturen, in: Marcello Pesa, Joseph Ratzinger, Ohne Wurzeln. Der Relativismus und die Krise der europäischen Kultur, Augsburg 2005.

Ratzinger, Joseph Kardinal, Werte in Zeiten des Umbruchs. Die Herausforderungen der Zukunft bestehen, Freiburg, Basel, Wien 2005.

Rauschenbach, Thomas, Plädoyer für ein neues Bildungsverständnis, in: Aus Politik und Zeitgeschichte 12/2005.

Reale, Giovanni, Kulturelle und geistige Wurzeln Europas, Paderborn u.a., 2004.

Reddy, Rammanohar, Wer spielt mit, wer gewinnt, wer verliert? Indien - ein Aufschwung mit Schattenseiten, in: Neue Zürcher Zeitung v. 27.12.2000.

Remi Brague, Europa: eine exzentrische Identität, Frankfurt M/New York 1993.

Rifkin, Jeremy, Der Europäische Traum. Die Vision einer leisen Supermacht, Frankfurt, New York 2004.

Rohrmoser, Günter, Geistige Wende. Christliches Denken als Fundament des Modernen Konservativismus, München 2000.

Rohrmoser, Günter, Nietzsche als Diagnostiker der Gegenwart, München 2000 .

Romanowa, Nina, „Schreiender Samt" ist aus der politischen Mode, in: Wostok 4/2004.

Ross, Andreas, Getrennt marschieren, vereint scheitern. Integrationspolitik in Europa: Ein Vergleich, in: Frankfurter Allgemeine Zeitung v. 12.11.2005.

Roß, Jan, Der Papst. Johannes Paul II - Drama und Geheimnis, Hamburg 2003.

Ruge, Undine Europas variable Geometrie. Die erweiterte Union braucht eine Avantgarde, in: Blätter für deutsche und internationale Politik 3/2003.

Rushdie, Salman, Ausgezeichneter Staatsfeind. Die Türkei hat ihren berühmtesten Schriftsteller angeklagt. Das darf Europa nicht dulden, in: Die Zeit v. 20.10.2005. .

Satter, David, A Low, Dishonest Decadence, in: The National Interest, Number 72, Summer 2003.

Savramis, Demosthenes, Wesen und Eigenart der griechisch-orthodoxen Kirche im Vergleich zu anderen Kirchen, in: ders. (Hrsg.), Religionen, Düsseldorf 1972.

Scharpf, Fritz W., Ist Europa regierbar? in: Herausforderung Europa - von Visionen zu Konzepten, hrsg. von Till Blume, Till Lorenzen , Andreas Warntjen, Baden-Baden 2003.

Schaub, Stefan, Supranationales Recht als Antwort auf die Globalisierung. GATT, WTO, Trips - worum geht es dabei eigentlich? , in: Peter Boskamp, Heinz Theisen (Hrsg.), Krisen und Chancen unserer Gesellschaft, a.a.O.

Scheffer, Paul, Das Scheitern eines Traums. Die multikulturelle Gesellschaft ist eine Illusion. Der Aufstieg von Populisten wie Haider, Fortuyn und Berlusconi zwingt, über die Grenzen des offenen Europas nachzudenken, in: Die Zeit v. 11.7.2002 .

Scherrer, Jutta, Kulturologie. Russland auf der Suche nach einer zivilisatorischen Identität, Essener Kulturwissenschaftliche Vorträge Nr. 13, Göttingen 2003.

Scheuing Volker, Die Leugnung des Völkermords an den Armeniern, in: Frankfurter

Allgemeine Zeitung v. 22.1.2004.

Schilling, Heinz, Die neue Zeit. Vom Christenheitseuropa zum Europa der Staaten. 1250 bis 1750, Siedler Geschichte Europas, Berlin 1999.

Schlögel, Karl, Promenade in Jalta und andere Städtebilder, München, Wien 2001.

Schlögel, Karl, Die Mitte liegt ostwärts. Europa im Übergang, München, Wien 2002.

Schmidt, Helmut, Die Selbstbehauptung Europas. Perspektiven für das 21. Jahrhundert, Stuttgart, München, 2000.

Schmidt, Thomas E., Heimat - Leichtigkeit und Last des Herkommens, Berlin 1999S. S. 33; vgl. auch Barbara Barsch, So tröstet uns Beständigkeit. Globalisierung und nationaler Separatismus in Ost- und Mitteleuropa, in:. Institut für Auslandsbeziehungen; Neues Moskau. Kunst aus Moskau und St. Petersburg, 2000 .

Schmidt-Häuer, Christian, Der Magier und die Mafia. Serbiens Premier Zoran Djindjic wurde ermordet, weil er sich von seinen korrupten Helfern lösen wollte, in: Die Zeit 20.3.2003 .

Schmierer, Joscha, Mein Name sei Europa. Einigung ohne Mythos und Utopie, Frankfurt/M.

Schneider, Hans-Peter, „Vom Rechte, das mit uns geboren ist... , in: Frankfurter Allgemeine Zeitung v. 19.5.2005.

Scholl-Latour, Peter, Allahs Schatten über Atatürk. Die Türkei in der Zerreißprobe. Zwischen Kurdistan und Kosovo, München 2001.

Schönig Werner, Soziale Arbeit in der Sozial- und Arbeitsmarktpolitik. Grundsatzfragen, Handlungsfelder und Perspektiven, in: Peter Boskamp, Heinz Theisen (Hrsg.), Krisen und Chancen unserer Gesellschaft, a.a.O. .

Schröder, Friedrich-Christian, Russland und seine „gastarbajtery", in : Frankfurter Allgemeine Zeitung v. 17.6. 2002.

Schulze, Gerhard, Die beste aller Welten. Wohin bewegt sich die Gesellschaft im 21. Jahrhundert, Frankfurt/M 2004.

Schulze, Hagen, Phoenix Europa, Berlin 2000.

Schwanitz, Dietrich, Bildung. Alles, was man wissen muss, Frankfurt/M 1999.

Schwarz, Karl-Peter, Zweifel an EU-Beitritt Rumäniens 2007, in: Frankfurter Allgemeine Zeitung v. 5.3.2005.

Schwarzer, Alice, Wer verbrennt wen? Die Banlieue: Ein Aufstand junger Männer, in: Frankfurter Allgemeine Zeitung v. 17.11.2005.

Schweitzer, Albert, Kultur und Ethik, München 1990.

Schwenke, Olaf, Europa fördert Kultur, in: Aus Politik und Zeitgeschichte B49/2004.

Schwok, Rene, Bloetzer Stefan, Die Beziehungen zwischen der Schweiz und der EU, in: Aus Politik und Zeitgeschichte 36/2005.

Senocak, Zafer, Europa ist eine Kunst. Die unbestimmte Reise der Türkei, in: Frankfurter Allgemeine Zeitung v. 28.1.2004.

Sharansky Natan with Ron Dermer, The Case for Democracy. The Power of Freedom to overcome Tyranny and Terror, New York 2004.

Siegl, Elfie, Das Land hat einen viel schlechteren Ruf, als es verdient. Trotz des autoritären Regimes ist ein vielfältiges Wirtschaftsleben entstanden/ Das so genannte „Weißrussische Modell" verbindet Plan- und Marktwirtschaft, in: Frankfurter Allgemeine Zeitung v. 30.12.2002.

342

Sinn, Hans-Werner. 4,5 Millionen Verlierer. Die Industrieproduktion wandert aus Deutschland ab, in: Die Zeit v. 22. 12.2003.

Sinn, Hans-Werner, Ist Deutschland noch zu retten? München 2004, 5. korrigierte Auflage .

Slaughter, Anne-Marie, „A New World Order", Princeton 2004.

Smith, Huston, Beyond the Post-Modern Mind, New York 1989.

Soto, Hernando de, The Mystery of Capital. Why Capitalism Triumphs in the West and Fails Everywhere Else, London 2000.

Späth, Lothar, „Deutschland muss mehr Risikobereitschaft entwickeln", in: Finanz und Wirtschaft, 11. August 2004.

Staack, Michael, West-östliche Bildungskooperation in der Republik Belarus, in: Klaus Erdmann, Heinz Theisen (Hrsg.), Der west-östliche Hörsaal. Interkulturelles Lernen zwischen Ost und West, Berlin 2000.

Stability Pact for South Eastern Europe, Köln 10.6.1999. Final Document.

Stasiuk, Andrzej, Er hat mir gezeigt, daß ich ein Teil der Menschheit bin. Das Wunder von Warschau: Wie Johannes Paul II. zum ersten Mal Polen besuchte und warum man kein Christ sein braucht, um seine Lehren zu verstehen, in: Frankfurter Allgemeine Zeitung v. 13.8.2005.

Stiglitz, Joseph, Die Schatten der Globalisierung, Bundeszentrale für politische Bildung, Bonn 2002.

Stratenschulte, Eckart D., Ukraine: „Und jetzt: action!" Die Aktionspläne der Europäischen Nachbarschaftspolitik, in: Osteuropa 2/2005 .

Stümke, Volker, „Nur die Religion kann Europa wieder aufwecken". Impulse der Europarede des Novalis für die Evangelische Kirche, in: Martin Kutz, Petra Wegland (Hrsg.), Europäische Identität? Versuch, kulturelle Aspekte eines Phantoms zu beschreiben, München 2004.

Tamcke, Martin Das Orthodoxe Christentum, München 2004.

Taubes, Jacob L., Politischer Messianismus, Köln, Opladen 1963.

Teetzmann, Doris, Europäische Identität im Spannungsfeld von Theorie, Empirie und Leitbildern, Göttingen 2001.

Tenbock, Christian, Real existierender Kapitalismus. Schwache Gewerkschaften, harte Unternehmer: In Osteuropa kommt die Arbeiterbewegung nicht vom Fleck. Hat das westeuropäische Konsensmodell noch eine Chance?, in: Die Zeit v. 9.11.2004.

Tenbrock, Christian, Verkehrte Angst. Die Migrationswelle aus Osteuropa ist kleiner als befürchtet. Polen und Tschechien werden selbst zu Einwanderungsländern, in: Die Zeit v. 19.8.2004.

Thadden, Rudolf von, Europa braucht die Impulse seiner Bürger. Sie können die Institutionen vorantreiben, wenn sie sich ihrer kulturellen und religiösen Wurzeln sicher sind und zugleich Toleranz üben, in: Frankfurter Rundschau v. 20. 6.2003.

The Quality of Growth. Publiziert für die Weltbank durch die Oxford University Press, Oxford Sept.2000.

Theisen, Heinz, Russland und die Grenzen der Globalisierung, in: Klaus Erdmann, Heinz Theisen (Hrsg.), Gibt es eine gemeinsame Zukunft? Die öffentlichen Verwaltungen Russlands und Deutschlands im Transformationsprozess, Schriftenreihe der Fachhochschule des Bundes für öffentliche Verwaltung, Brühl 1998.

Theisen, Heinz, Zukunftspolitik. Langfristiges Handeln in der Demokratie, München 2000.

Theisen, Heinz, Fördern und Fordern. Gegenseitigkeit als Grundlage einer zukunftsfähigen Ordnung, in: Bermhard C. Wintzek (Hrsg.), Denkfalle Zeitgeist. Asendorf 2003.

Theisen, Heinz, Die Grenzen des Westens, in: Neue Gesellschaft/Frankfurter Hefte 12/2004.

Theisen, Heinz, Die vielfältige Einheit Europas. Das Dilemma der Europäischen Union zwischen Erweiterung und Vertiefung, in: Scheidewege. Jahresschrift für skeptisches Denken, Jahrgang 2004/2005 .

Theisen, Heinz, Ein dritter Weg für Europa. Die kulturelle Erweiterung der Europäischen Union, in: Osteuropa 2//2005.

Theisen, Heinz, Kulturelle Grenzen der Demokratisierung, in: Mut. Forum für Kultur, Politik und Geschichte August 2005.

Thumann, Michael, Ihre Rede ist Jein und Nö. Die EU beginnt Gespräche mit der Türkei - doch viele hoffen auf deren Scheitern, in: Die Zeit v. 6.10.2005.

Tibi, Bassam, Europa ohne Identität. Die Krise der multikulturellen Gesellschaft, München 2000.

Tibi, Bassam, Selig sind die Belogenen. Die christlich-islamische Dialog beruht auf Täuschungen - und fördert westliches Wunschdenken, in: Die Zeit v. 29.5.2002.

Tibi, Bassam, Die fundamentalistische Herausforderung. Der Islam und die Weltpolitik, München 3. Auflage, 2002.

Tibi, Bassam, Der neue Totalitarismus. „Heiliger Krieg" und westliche Sicherheit, Darmstadt 2004.

Tibi, Bassam, Mit dem Kopftuch nach Europa? Die Türkei auf dem Weg in die Europäische Union, Darmstadt 2005.

Tibi, Bassam, Mit dem Kopftuch nach Europa? Die Türkei auf dem Weg in die Europäische Union, Darmstadt 2005.

Tiemann, Burkhard, Rechtsgrundlagen und Zukunftsoptionen einer europäischen Sozialunion. Die soziale Dimension des Integrationsprozesses, in: Peter Boskamp, Heinz Theisen (Hrsg.), Krisen und Chancen unserer Gesellschaft, a.a.O.

Tiemann, Burkhard, Die Gesundheits- und Sozialpolitik der Europäischen Union. Gemeinschaftsrechtliche und europapolitische Perspektiven für das deutsche Gesundheits- und Sozialwesen, Köln 2005.

Timmermann, Heinz, Russland und die internationalen europäischen Strukturen, in: Russland in Europa? a.a.O. .

Tocqueville, Alexis de, Über die Demokratie in Amerika, Stuttgart 1997.

Tomuschat, Christian, Schwäche durch Starrheit, in: Frankfurter Allgemeine Zeitung v. 27.4.2004.

Trotha, Trutz von, „Die Zukunft liegt in Afrika. Vom Zerfall des Staates, von der Vorherrschaft der konzentrischen Ordnung und vom Aufstieg der Parastaatlichkeit", in: Leviathan, Heft 2, 2000.

Uchatius, Wolfgang, Das Geheimnis des Wachstums, in: Die Zeit v. 28.6.01 .

Ulfkotte Udo, Der Krieg in unseren Städten. Wie radikale Islamisten Deutschland unterwandern, Frankfurt/M 2003.

UNDP, Human Development Report, New York, Oxford 1999.

UNDP, Human Development Report, New York, Oxford 2000.

UNDP, Arab Fund for Economic and Social Development, Arab Human Development Report 2002. Creating Opportunities for Future Generations, New York 2002.

Vannahme, Jochim Fritz, Der geduldige Deutsche. Wider westliche Bürokraten und östliche Bauernführer: EU-Kommissar Verheugen hat zäh für die Erweiterung der EU gekämpft, in: Die Zeit v. 22.4.2004.

Verheugen, Günter, „In Europa können Sie kein Land ausschließen", in: Das Parlament 5./12. April 2004.

Verheugen, Günter, Das Kuschel-Europa ist von gestern. Ein Beitritt der Türkei würde die Europäische Union stärken und sie zum weltpolitischen Akteur machen, in: Die Zeit v.7.10.2004.

Verheugen, Günter, Europa in der Krise. Für eine Neubegründung der europäischen Idee, Köln 2005.

Verhofstadt, Guy, „Plädoyer für die Vereinigten Staaten von Europa". Belgiens Ministerpräsident Guy Verhofstadt wirbt für eine bundesstaatliche Einigung des Kontinents und eine EU der zwei Geschwindigkeiten, in: Frankfurter Allgemeine Zeitung v. 2.12.2005.

Vester, Frederic, Die Kunst, vernetzt zu denken. Ideen und Werkzeuge für einen neuen Umgang mit Komplexität. Bericht an den Club of Rome, München 2002.

Villepin, Dominique de, Die Lehren von Brüssel, in: Frankfurter Allgemeine Zeitung v. 20.12.03.

Vlahutin, Romana, From a Border Land to a Cross-border State, in: Nicolas Hayoz et al., Enlarged EU – Enlarged Neighbourhood, a.a.O. .

Vlk Miloslav Kardinal, Wird Europa heidnisch? Kardinal Miloslav Vlk im Gespräch mit Rudolph Kucera, Augsburg 1999.

Vorländer, Hans, Politische Kultur, in: Willy Paul Adams, Peter Lösche (Hrsg.), Länderbericht USA, Schriftenreihe der Bundeszentrale für politische Bildung, 3. Auflage, Bonn 1998.

Vorländer, Hans, Liberale Tradition und kultureller Konservatismus in den USA, in: Österreichische Zeitschrift für Politikwissenschaft 28 (1999).

Voswinkel, Johannes, Geschmiert und gereinigt. Korruption und Geldwäsche kosten Russland die Hälfte seiner Wirtschaftskraft, in: Die Zeit v. 4.8.2005.

Wagner, Richard, Der leere Himmel. Reise in das Innere des Balkan, Berlin 2003.

Wallace, Helen, Die Dynamik des EU-Institutionengefüges, in: Markus Jachtenfuchs, Beate Kohler-Koch (Hrsg.), Europäische Integration, Opladen 1996.

Walter, Franz, Dürr, Tobias, Die Heimatlosigkeit der Macht. Wie die Politik in Deutschland ihren Boden verlor, Berlin 2000.

Weber, Max, Die „Objektivität" sozialwissenschaftlicher und soziopolitischer Erkenntnis(1904), in: ders., Aufsätze zur Wissenschaftslehre, Tübingen 3. Aufl. 1968, .

Weber, Max, Die protestantische Ethik und der Geist des Kapitalismus, Hamburg

1975.

Wehler, Hans-Ulrich, Verblendetes Harakiri: Der Türkei-Beitritt zerstört die EU, in: Aus Politik und Zeitgeschichte B 33-34/2004.

Weidenfeld, Werner, Kulturbruch mit Amerika?. Das Ende transatlantischer Selbstverständlichkeit Nölling,, Gütersloh 1997.

Weidenfeld, Werner, Europa - aber wo liegt es? in: Werner Weidenfeld (Hrsg.), Europa-Handbuch, Bundeszentrale für politische Bildung, Bonn 2002.

Weidenfeld, Werner, Giering, Claus, Die Zukunft Europas, in: Werner Weidenfeld (Hrsg.), Europa-Handbuch, a.a.O.

Weiler, J.H.H., Ein christliches Europa. Erkundungsgänge, Salzburg, München 2004.

Weiss, Dieter, Freiheit, Wissen und Ermächtigung von Frauen in arabischen Ländern, in: Aus Politik und Zeitgeschichte B 48/2004.

Weiss, Dieter, Wege zu einer arabischen Wissensgesellschaft, in: Orient, Heft 1/2004.

Welzel, Christian, Fluchtpunkt Humanentwicklung. Über die Grundlagen der Demokratie und die Ursachen ihrer Ausbreitung, Wiesbaden 2002.

Wentker, Hermann, Die Verdrängung des Religionsunterrichts, in: Frankfurter Allgemeine Zeitung v. 6.8.2005.

Werdt, Christophe von, „Noch ist die Ukraine nicht gestorben..." Schwierige Nations- und Staatsbildung zwischen Ost und West, in: 10 Jahre seit dem Untergang der Sowjetunion. Der postsowjetische Raum im Wandel, hrsg. von der Schweizerischen Osteuropabibliothek, Bern 2002.

Wessels, Wolfgang, Die Erweiterung der EU- Visionen und Strategien, in: Europäische Integration: Vertiefung durch Erweiterung?, hrsg. von Rolf H. Hasse und Cornelie Kunze, Leipziger Beiträge, Leipzig 2002.

Wiehler, Frank Die Erweiterung der Europäischen Union: Eine Herausforderung. Textsammlung „Agenda 2000", Baden-Baden 1998.

Wildfeuer, Armin G., Menschenwürde - Leerformel oder unverzichtbarer Gedanke?, in: Manfred Nicht, Armin Wildfeuer (Hrsg.), Person - Menschenwürde - Menschenrechte im Disput, Münster 2002.

Wildfeuer, Armin G., Um der Freiheit willen: Zur legitimationstheoretischen Rekonstruktion eines originären Erziehungs- und Bildungsauftrages des freiheitlich-demokratischen Verfassungsstaates, in: Ursula Nothelle-Wildfeuer, Norbert Glatzel (Hrsg.), Christliche Sozialethik im Dialog. Zur Zukunftsfähigkeit von Wirtschaft, Politik und Gesellschaft, Grafschaft 2004.

Wingen, Max, Die Geburtenkrise ist überwindbar: Wider die Anreize zum Verzicht auf Nachkommenschaft, Grafschaft 2004.

Winkler, Heinrich-August, Die Wiedervereinigung als neuer Fluchtpunkt der deutschen Geschichte, in: Universitas 10/2000.

Winkler, Heinrich-August, Europa am Scheideweg, in: Frankfurter Allgemeine Zeitung v. 12.11.2003.

Wittkowsky, Andreas, Der Nationalstaat als Rentenquelle. Determinanten der ukrainischen Politik, in: Internationale Politik und Gesellschaft 2/1999.

Wittkowsky, Andreas, Der Stabilitätspakt für Südosteuropa und die „führende Rolle" der Europäischen Union, in: Aus Politik und Zeitgeschichte B 29-30/2000.

World Bank, World Development Report, Washington D.C.,1997.

Yesilyurt, Zuhal, Die Türkei und die Europäische Union. Chancen und Grenzen der Integration, Osnabrück 2000.

Yunus, Muhammad, „Eine Welt ohne Armut muss keine Utopie sein", in: Universitas 6/1999.

Zakaria, Fareed, Das Ende der Freiheit? Wieviel Demokratie verträgt der Mensch? Frankfurt/M 2005.

Zeeden, Ernst Walter, Hegemonialkriege und Glaubenskämpfe: 1556 -1648, Propyläen-Geschichte Europas, Berlin 1998.

Zervakis Peter A., Globalisierung und Europäisierung als Herausforderungen für den Wandel des Nationalstaates in Europa, in: Ralf Elm (Hrsg.), Ethik, Politik und Kulturen im Globalisierungsprozess. Eine interdisziplinäre Zusammenführung, Bochum 2004.

Zervakis, Peter A., Der Hellenozentrismus als Fremdkörper in der Europäischen Union? Zur Bedeutung der politischen Kultur für die verspätete Europäisierung der Institutionen Griechenlands, in: Franz Knipping, Matthias Schönwald (Hrsg.), Aufbruch zum Europa der zweiten Generation. Die europäische Einigung 1969-1984, Sonderdruck o.J.

Zürn, Michael, Regieren jenseits des Nationalstaats. Globalisierung und Denationalisierung als Chance, Frankfurt/M 1998.

Schriften der Katholischen Fachhochschule
Nordrhein-Westfalen

Katholische
Fachhochschule ○ ○ ○ ○
Nordrhein-Westfalen

University of Applied Sciences

Die *Schriften* liefern Impulse für die Wissenschaft und Einblicke in die eigene Tätigkeit der KFH NW aus ihren Fachbereichen Sozialwesen, Gesundheitswesen und Theologie.

Die ersten Bände:

Brigitte Hasenjürgen
Christiane Rohleder (Hrsg.)
Geschlecht im sozialen Kontext
Perspektiven für die Soziale Arbeit
Schriften der KFH NW, Band 1
2005. 315 Seiten. Kart. 33,00 Euro (D)
ISBN 3-938094-81-8

Armin G. Wildfeuer (Hrsg.)
Konflikthafte Kinderräume
Schriften der KFH NW, Band 3
2006. Ca. 320 Seiten. Kart. Ca. 33,00 Euro (D)
ISBN 3-938094-79-6

In Ihrer Buchhandlung oder direkt bei

Verlag **Barbara Budrich**
Barbara Budrich Publishers

Stauffenbergstr. 7. D-51379 Leverkusen Opladen
Tel +49 (0)2171.344.594 • Fax +49 (0)2171.344.693 • info@budrich-verlag.de
US-office: Uschi Golden • 28347 Ridgebrook • Farmington Hills, MI 48334 • USA •
ph +1.248.488.9153 • info@barbara-budrich.net • www.barbara-budrich.net

Weitere Bücher und Zeitschriften unter
www.budrich-verlag.de